Umgangsformen

Inge Uffelmann

Umgangs-formen

in Beruf und Privatleben

Mit Tipps
zum richtigen Verhalten im Ausland

Der Text dieses Buches entspricht den Regeln
der neuen deutschen Rechtschreibung.

Zeichnungen: Katja Rosenberg, Wiesbaden: S. 219, 220, 223, 293, 319, 359, 387; Gerhard Wawra: 233, 243
Redaktion und technische Realisierung:
FROMM MediaDesign GmbH, Selters/Ts.

10 1130395817 2635 4453 6271

03 02 01 00

Inhalt

Ein Wort vorweg

Umgangsformen sind Formen, die zunehmend umgangen werden.
(Oliver Hassencamp)

Benimm sei wieder »in«, hört man überall, als ob es zeitweise keine Anstands- und Verhaltensregeln gegeben hätte oder gutes Benehmen eine gewisse Zeit lang »out« gewesen wäre. Bestimmte Verhaltensnormen sind jedoch immer und bei allen Völkern dieser Erde »in«, denn keine soziale Gruppe kann ohne Regelungen überleben. Freilich, und das ist der springende Punkt, was bei wem als richtiges Verhalten gilt und was nicht, unterliegt einer gewissen Willkür.

Man muss sich den Ausdruck »Verhaltensregeln« als eine Art leeres Raster vorstellen, das jede Gesellschaft und jede Zeit, manchmal auch eine Randgruppe innerhalb einer Gesellschaft, für sich nach ihren jeweiligen Bedürfnissen und Vorstellungen füllt.

In früheren Zeiten war das, was die so genannte Oberschicht tat, im europäischen Kulturkreis, also Adel und Klerus, von vorbildhaftem Charakter. Das langsam heranwachsende Bürgertum orientierte sich an diesem Verhalten, kopierte es und erklärte es zur verbindlichen Norm des guten Benehmens. Mit Hilfe dieser äußeren Verhaltensmuster hoffte man, den Abstand zu den niedersten Ständen, vor allem den Bauern, zu wahren.

Jede Gesellschaft ist wie ein lebender Organismus und folglich einem ständigen Wandel unterworfen. In unserer Gesellschaft hat sich in den Nachkriegsjahren ein besonders rascher und drastischer Wandel vollzogen. Die so genannten Revoluzzer der 68er Generation machten eine Menge Rabatz und sahen eines ihrer erklärten Ziele darin,

Los zu werden den alten Zopf ist ein vernünftig Begehren, aber wer wird darum den Kopf gleich rattenkahl sich scheren?
(Emanuel Geibel)

alte Zöpfe abzuschneiden. Antiquiert erscheinende Verhaltensregeln – und welche erschienen ihnen nicht antiquiert? – wurden von den radikalen Verfechtern der neuen Ordnung systematisch ignoriert. Im Grunde war damit jedoch nichts anderes als eine neue Regel entstanden und die lautete: Das Alte wird nicht beachtet! Diese neue Regel war – als Beispiel diene etwa die konsequent durchgeführte antiautoritäre Erziehung – genauso starr und unerbittlich wie die alte Etikette, die man verwarf. War es einst erklärtes Ziel gewesen, zum Bürgertum, möglichst zum gehobenen Bürgertum, zu gehören, so war jetzt alles auf den Kopf gestellt. Ein Mitglied des so genannten Establishments zu sein, pfui Teufel! Sprüche aus jener Zeit, wie beispielsweise das markige: »Wer zweimal mit der Gleichen pennt, gehört schon zum Establishment«, machen deutlich, dass auch hier eine neue starre Regel die alte abgelöst hatte, lediglich ihr Inhalt hatte sich ins Gegenteil der früheren Forderung verkehrt: Promiskuität statt Treue.

Zum Glück haben nur sehr wenige Eltern in jener Zeit eine radikal antiautoritäre Erziehung betrieben. Die Kinder dieser Eltern sind nämlich inzwischen herangewachsen und bekommen die Folgen ihrer »Nicht-Erziehung« unangenehm zu spüren. Gar keine Erziehung, ein völliges Laisser-faire ist, wie man inzwischen weiß, mindestens so schlecht wie eine allzu strenge Disziplin. Wo gar keine Erziehung erfolgt, da wird nicht einmal ein leeres Raster vermittelt. So viel hat man begriffen.

Kluge Eltern haben sich damals für eine Art Mittelding entschieden und sind damit gar nicht so schlecht gefahren. Sie haben ihre Kinder nicht *anti*autoritär, sonden *un*autoritär erzogen. Statt alles zu erlauben und gar keine Grenzen zu setzen, haben sie die nötigen Regeln auf partnerschaftlicher Basis vermittelt.

Zeiten des Umbruchs bringen immer auch eine gewisse Verunsicherung mit sich, vor allem, wenn der Umbruch so rasant vor sich geht und so tiefgreifend ist, wie wir es in den Nachkriegsjahren erlebten. Man fragt sich, ist das Neue wirklich so viel besser? War am Alten nicht doch dies oder jenes erhaltenswert? Rückbesinnung und Fortschritt gehen immer ein wenig Hand in Hand.

Der größte Feind des Fortschritts ist nicht der Irrtum, sondern die Trägheit. *(Henry Thomas Buckle)*

Wer also heute sagt, gutes Benehmen sei wieder gefragt, der meint wohl lediglich gewisse Verhaltensweisen, die vor Jahren Hochkonjunktur hatten, aber zwischenzeitlich ein wenig aus der Mode waren. Sind aber genau diese Normen in der Tat diejenigen, die wieder »in« sind? Oder ist es wie bei der Kleidermode auch? Ein bestimmter Stil kommt wieder auf, aber deshalb würde man nicht die Kleider der 20er Jahre aus der Mottenkiste holen oder sie bis auf jede Naht genau kopieren.

Wer sich heute benimmt, wie es zu Kaiser Wilhelms Zeiten üblich war, wer also beispielsweise beim Gruß militärisch die Hacken zusammenknallt oder übertrieben dienert, über den wird man hinter vorgehaltener Hand lachen. Die Gründe sind klar: Zu Kaisers Zeiten war gutes Benehmen das, was die Hofetikette zwingend vorschrieb. Die Liste dieser zu reinen Förmlichkeiten erstarrten Umgangsformen war endlos und genauso groß war die Zahl der Fettnäpfchen, in die man treten konnte. Die Förmlichkeit, einst wohl als eine Art Stützkorsett nötig, wirkt heute bloß noch steif. Der heutzutage auf alte Etikette bedachte Mensch bewegt sich wie eine Marionette, er hängt am Faden von Vorschriften, von denen er selbst oft nicht sagen kann, wozu sie eigentlich gut sein sollen. Das macht sowohl ihn als auch die Vorschrift lächerlich.

Wenn sich heute allerdings jemand an diesen alten Regeln orientiert, sie sozusagen als Richtungsweiser benutzt, so wie der Couturier den alten Modestil als Anregung auf-

Ausnahmen sind nicht immer Bestätigung der alten Regel. Sie können auch Vorboten einer neuen Regel sein.
(Marie von Ebner-Eschenbach)

fasst, dann sieht das Ergebnis schon ganz anders aus. Jede alte Regel sollte genau betrachtet und durchdacht und entweder angenommen oder verworfen werden, je nachdem, ob sie auch heute einem sinnvollen, nützlichen Zweck dient.

Dieser sinnvolle, einem Nutzen dienende Zweck ist der höfliche, respektvolle Umgang mit dem Mitmenschen, der ein freundliches und friedliches Miteinander garantiert. Aus diesem Blickwinkel betrachtet, ist eine Benimmvorschrift wie »Kartoffeln schneidet man nicht mit dem Messer« sinnlos. Wer ästhetisch mit Messer und Gabel hantiert, kann das friedliche Miteinander nicht dadurch stören, dass er eine Kartoffel mit dem Messer statt mit der Gabel zerteilt. Wer dagegen seinen Tischnachbarn schmatzend und mit vollem Mund von der Seite anquatscht, ihm dabei vielleicht sogar Essenspartikel auf den Teller spuckt, kann das freundliche Miteinander sehr wohl empfindlich stören. Insofern hat die Regel: »Mit vollem Munde spricht man nicht« auch heute durchaus ihre Berechtigung.

Ein Sprichwort sagt: »Was du nicht willst, das man dir tu, das füg auch keinem anderen zu.« Grundsätzlich ist das eine ganz brauchbare Richtlinie für gutes Benehmen. Sie hat freilich ihre Grenzen dort, wo die eigenen Grenzen liegen. Jemand, der behauptet, ihm mache es absolut nichts aus, von jedermann geduzt zu werden, darf daraus nicht ableiten, dass er umgekehrt das Recht habe, jedermann ungefragt duzen zu dürfen. Es ist Taktgefühl gefragt, Einfühlungs- und Unterscheidungsvermögen.

Wenn wir bei Tante Helga eingeladen sind, von der wir alle wissen, dass sie auf alte Etikette größten Wert legt, dann tun wir ihr in Gottes Namen eben den Gefallen und bemühen uns, daran zu denken, dass man die Kartoffel nicht mit dem Messer schneidet, dass die Dame nicht die

Beine übereinander schlägt und was der – heute – sinnlosen Formalitäten mehr sind. Wir tun das, weil mit Tante Helga nicht zu diskutieren ist. Tante Helga hat nämlich immer Recht. Es dient also dem friedlichen Miteinander, sich bei Tante Helga wie bei Hofe zu benehmen, auch wenn man sich inzwischen bei Hofe schon längst nicht mehr benimmt wie bei Tante Helga.

Kurz, auch beim guten Ton ist Flexibilität gefragt. Darauf ist dieses Buch ausgerichtet. Wer die feste, unumstößliche, eindeutig richtige Regel sucht, schaut in diesem Buch vergeblich nach. Hier gibt es nur praktische Ratschläge und Hinweise mit Variationen. Im Einzelfall muss jede und jeder selbst entscheiden, wie sie oder er sich in einer bestimmten Situation richtig verhält. Und das kann manchmal ein ganz rasches Umschalten bedeuten. Wer das nicht beherrscht, ist mit all seinem guten Benehmen dumm dran. Ein Mensch, der zu Zeiten von Wilhelm zwo ein Vorbild an Etikette gewesen wäre, würde heute überall belächelt, auch bei offiziellen Anlässen. Und doch ist nach wie vor ein offizieller Anlass, beispielsweise ein Empfang beim Bundespräsidenten, etwas anderes, als ein zwangloses Treffen mit Freunden. Wer aber ein sicheres Gespür dafür entwickelt, was in den jeweiligen Situationen das angemessene, richtige Verhalten ist, von dem wird man sagen, er wisse sich zu benehmen.

Es gibt ein Minimum von Unaufrichtigkeit, das von jedem verlangt werden kann: Höflichkeit. *(Hans Kraislheimer)*

Die gute Kinderstube

Wer sich im Sinne der herrschenden gesellschaftlichen Regeln »richtig« zu benehmen weiß, von dem sagt man, er habe eine gute Kinderstube genossen. Andererseits sagt der Volksmund: »Was Hänschen nicht lernt, lernt Hans nimmermehr«. Diesen Aussagen zufolge muss man Kindern das gute Benehmen also beibringen – und zwar rechtzeitig. Wurde das versäumt, ist für alle Zeiten Hopfen und Malz verloren. Wer so denkt, hat wenig Vertrauen in die Lernfähigkeit des Heranwachsenden und des Erwachsenen. Es gibt genügend Beispiele für Menschen, die erst im späteren Leben die Einsicht gewannen, dass eine gewisse Höflichkeit und Rücksichtnahme im Umgang mit anderen gar nicht so schlecht ist. Andererseits gibt es solche, denen es an so genannter Erziehung nicht mangelte und die gerade deswegen als Erwachsene in ihrem Benehmen sehr zu wünschen übrig lassen.

Zum Glück werden althergebrachte Benimmregeln heutzutage neu überdacht. Manches, was früher unumstößlich galt, ist heute außer Kraft gesetzt oder zumindest deutlich gemildert. Das betrifft auch die Kindererziehung. Mehr als früher gestattet man den Kindern, eigene Erfahrungen zu sammeln. Das ist gut so. Kinder sind neugierig, sie sollen und müssen (!) auf Erkundung ausgehen, auch im Bereich des Benehmens. Erziehung in Sachen Benimm sollte also eher ein Sammeln von Erfahrungen sein als die bloße Einhaltung von Vorschriften.

Eltern verzeihen ihren Kindern die Fehler am schwersten, die sie selbst ihnen anerzogen haben.
(Marie von Ebner-Eschenbach)

Erziehung ohne Drill

Alle Menschen, vor allem aber Kinder, lernen durch (nachahmenswerte) Vorbilder und Beispiele. Gerade an denen mangelt es jedoch häufig. Statt Vor*bilder* zu sein, sind viele Erziehungsberechtigte eher Vor*beter*. Sie geben ihren Kindern verwirrende Signale, indem sie vom Kind etwas verlangen, woran sie selbst, wie das Kind beobachten kann, sich nicht halten.

Da ist der Vater, der sein Kind anherrscht: »Iss deinen Teller leer!«, der aber selbst am nächsten Tag für sich in Anspruch nimmt, seinen Teller nicht leer zu essen, oder der barsch befiehlt: »Räum deine Sachen auf!«, der aber seinen eigenen Kram regelmäßig von seiner Ehefrau wegräumen lässt. Da ist die Mutter, die sagt: »Du sollst mich nicht anschwindeln!«, die aber selber am Telefon der Freundin eine haarsträubende Unwahrheit sagt. Da ist die Kindergärtnerin, die auffordert: »Hände waschen vor dem Essen!«, aber sie selbst setzt sich zu Tisch, ohne die Hände gewaschen zu haben.

Kinder sind Menschen, die mit Lügen erzogen werden, die Wahrheit zu sagen.
(Rudolf Rolfs)

Erziehung, die auf Befehle baut, wird leicht zum Drill, der seinerseits nur zu leicht Trotz hervorruft. Das Ergebnis können Menschen sein, die sich, wo sie nur können, fast zwanghaft daneben benehmen.

Was man von seinem Kind verlangt und erwartet, muss mit dem übereinstimmen, was man ihm vorlebt. Statt zu befehlen, muss man erklären. Es geht ja nicht darum, einen blind gehorsamen Menschen heranzuziehen, sondern einen kritischen, mündigen Bürger. Wie aber soll ein Kind Kritikfähigkeit lernen und entwickeln, wenn man ihm Autoritätshörigkeit anzüchtet. »Kinder müssen Respekt vor ihren Eltern haben«, hört man auch heute noch oft. Und wenn man es hört, dann spürt man schon an der Betonung, dass das Wort Respekt als ein Synonym für

In dir muss brennen, was du in anderen entzünden willst.
(Augustinus)

Angst und nicht für Achtung steht. Es scheint dann so, als sehnten sich die Leute, die das sagen, zu jenen Zeiten zurück, als Kinder die Eltern noch mit »Herr Vater« und »Frau Mutter« anzusprechen hatten. Wo Angst herrscht, können sich Mündigkeit und Selbstständigkeit nicht entwickeln – das wird auch heute noch leicht übersehen.

Ein Kind, das sich heute weigert, »danke« zu sagen oder die Hand zu geben, wird deswegen nicht zwangsläufig ein unhöflicher Mensch. Vielleicht hatte es aus seiner Sicht einen guten Grund, den Dank zu verweigern? Wenn es aber erlebt, dass die Mutter, der Vater, die älteren Geschwister »bitte« und »danke« sagen, dann wird es das eines Tages auch tun. Im Augenblick jedoch erprobt es möglicherweise seine Persönlichkeit – ein Zug, den man nicht unterdrücken sollte. Denn fragen Sie sich einmal selbst, wie gut Sie »nein« sagen können. Wie oft Sie sich winden und vielleicht ungewollte Zugeständnisse machen, weil Sie nicht ablehnen können? Wer als Kind gelernt hat, dass man sich nicht weigern darf, etwas zu tun, wie soll der als Erwachsener fest auftreten und sagen können: »Nein, ich möchte das nicht!« – Ein Problem, das, nebenbei bemerkt, Frauen häufiger betrifft als Männer, denn kleinen Mädchen wird noch viel weniger gestattet, »nein« zu sagen, als kleinen Jungen. Allerdings ist das eine Problematik, die mehr mit der Psychologie der kindlichen Sozialisation zu tun hat und weniger mit unserem Thema, dem guten Umgang.

Im Leben lernt der Mensch zuerst das Gehen und Sprechen. Später lernt er dann, stillzusitzen und den Mund zu halten.
(Marcel Pagnol)

Benimmregeln für Kinder

Selbstverständlich erwartet man auch heute, dass Kinder im Alltagsleben ein paar Dinge tun und beherrschen, die zum Bereich des guten Benehmens gehören. Beispielsweise, dass sie sich bedanken, dass sie bitten und nicht fordern, dass sie grüßen und so weiter. Kinder sollten solchen Anforderungen freiwillig und gern nachkommen, sie sollten nicht gezwungen werden und sie sollten vor allen Dingen Sinn und Zweck der Forderung begreifen und akzeptieren können. Die Antwort: »Das gehört sich so!« oder »Das macht man so!« ist nicht ausreichend, es muss mindestens ergänzt werden: »Weil ...«, und dann hat eine wirklich plausible Erläuterung zu folgen.

Erziehung: einen Kopf drehen, bis er verdreht ist – natürlich auf den neuesten Stand. *(Karlheinz Deschner)*

Das ist ganz nebenbei auch ein guter Test für die Verhaltensvorschrift selbst. Denn auf eine Benimmregel, die wir nicht erklären und gut begründen können, sollten wir möglicherweise verzichten.

Was wir von dem Kind erwarten, sollten wir selbst dem Kind nicht verweigern. Man hört aber selten Eltern, die sich bei ihrem Kind in normalen Alltagssituationen bedanken oder es höflich um etwas bitten. Und es gibt auch nur wenige Erwachsene, die sich in die Situation des Kindes hineindenken. Versetzen Sie sich gedanklich einmal in eine Welt, in der fast alles ein paar Nummern zu groß für Sie ist, in der Sie von Riesen umgeben sind, denen Sie nur bis ans Knie, vielleicht bis an die Hüfte reichen. Das ist ansich schon einschüchternd genug, da braucht es wahrhaftig keine Drohungen mehr von irgendwelchen Stimmen, die da von hoch oben etwas befehlen.

Ein paar Dinge werden heute von Kindern glücklicherweise kaum noch verlangt. Allen voran der Knicks und der Diener. Auch wenn der Knicks nurmehr ein auf ein Minimum reduzierter Kniefall ist, so kann er diese Herkunft doch nicht leugnen. Die Zeiten, wo Mädchen oder Frauen vor irgendjemandem in die Knie gingen, sind vorbei! Und auch der Junge braucht keinen Diener mit tiefer Rumpfbeuge mehr zu machen.

Das heißt nicht, dass die Höflichkeit zwischen zwei Menschen abgeschafft wäre. Der Gruß, ob mit oder ohne Handschlag, hat seine Funktion als gegenseitige Achtungsbezeugung zwischen zwei Gleichartigen und behält sie. Was abgeschafft ist und auch richtigerweise abgeschafft gehörte, ist die Anerziehung einer devoten Haltung einem anderen Menschen gegenüber. Der erwachsene Mensch kann später selbst entscheiden, ob ihm ein Mitmensch so viel Ehrfurcht Wert ist, dass er sich selbst vor ihm erniedrigen und vor ihm in die Knie gehen möchte, wie es beispielsweise hohe religiöse Würdenträger und hochrangige Adlige gelegentlich noch heute für sich als selbstverständlich fordern.

Auch die Regel, dass Kinder zu schweigen haben, wenn Erwachsene miteinander reden, ist heute deutlich gemildert. Man kann nicht erwarten, dass ein Kind in der Schule den Mund aufmacht, wenn es zu Hause gelernt hat, in Anwesenheit Erwachsener still zu sein. Natürlich wird man auch nicht zulassen, dass ein Dreijähriger das gesamte Gespräch beherrscht. Statt einem Kind den Mund zu verbieten, sollte man lieber nach Ablenkung Ausschau halten und dem Kind etwas zu Spielen in die Hand geben. Ein älteres Kind kann und soll man ganz bewusst in allgemeine Unterhaltungen miteinbeziehen.

Die Erfahrung lehrt uns, dass der Mensch aus Erfahrungen nichts lernt. *(George Bernard Shaw)*

Auch Tischsitten lernt das Kind am besten, wenn es, vielleicht zunächst im eigenen Hochstuhl, mit am Tisch sitzt oder doch zumindest zusammen mit den Erwachsenen isst. Ein Kind, das jahrelang allein isst oder gefüttert wird, hat kein Vorbild, an dem es sich orientieren könnte. Je früher man das Kind an Messer und Gabel gewöhnt – es gibt ja relativ ungefährliche, aber leicht zu handhabende Kinderbestecke –, desto besser und selbstverständlicher wird es damit als Erwachsener umgehen können.

Gerade das Thema Essen ist eine nicht ganz unproblematische Angelegenheit. Grundsätzlich soll man ein Kind nie zwingen, den Teller leer zu essen, auch dann nicht, wenn es sich sein Essen selbst aufgetan hat. Ein Kind kann die Portion auf dem Teller zum Fassungsvermögen seines Magens noch nicht in Relation setzen. Sogar Erwachsene verschätzen sich ja hierbei gelegentlich. So mancher, der als Erwachsener gegen sein Übergewicht ankämpft, wurde als Kind gezwungen, über die Sättigungsgrenze hinaus den Teller leer zu essen.

Jeder Zwang ist Gift für die Seele.
(Ludwig Börne)

Genausowenig soll man ein Kind zwingen, etwas zu essen, das es partout nicht mag. Andererseits soll man ihm auch nicht verwehren, etwas zu probieren. Wir möchten uns beim Anblick einer verlockend erscheinenden Speise auch nicht sagen lassen: »Davon brauchen Sie gar nicht erst zu kosten, das wird Ihnen sowieso nicht schmecken!« Kinder sind neugierig, sie wollen – und sollen! – ihre eigenen Erfahrungen machen. Wenn ein Kind trotz der Warnung der Mutter, dass ihm das Anchovisfilet auf der Pizza nicht schmecken wird, dennoch davon abbeißen will, dann soll man es abbeißen (und wieder ausspucken) lassen. Nach einer solchen Erfahrung ist das Kind möglicherweise eher bereit, bei einer anderen Gelegenheit die Warnung der Mutter zu akzeptieren.

Ebenfalls nicht mehr zeitgemäß ist es, kleinen Kindern beizubringen, Bekannte und Nachbarn mit »Onkel« und »Tante« anzusprechen. Kinderpsychologen warnen aus gutem Grund vor dieser alten Gewohnheit. Ein Kind soll zwar lernen, Vertrauen zu fassen, es soll aber auch ganz klar und deutlich zwischen Familienangehörigen und Fremden unterscheiden können. Ein Kind, das in der

Lage ist, die Wörter »Onkel« und »Tante« auszusprechen, kann auch »Herr« oder »Frau« sagen. Menschen, mit denen die Eltern selbst nicht per Du sind, sollten auch dem Kind nicht als Onkel und Tante vorgestellt werden.

Höflichkeit gegenüber Kindern

Gegenüber einem fremden Kind sollte man als Erwachsener die Höflichkeit an den Tag legen, die man selbst von diesem Kind erwartet. Wird man beispielsweise von einem Kind gegrüßt, hat man die Verpflichtung zurückzugrüßen. Viele Menschen glauben allerdings, sie dürften einem Kind in jedem Falle befehlen. Möchten sie sich im Bus setzen, und es ist kein Platz frei, dann bitten sie nicht etwa ein Kind, für sie aufzustehen, nein, sie befehlen es und bedanken sich nicht einmal, wenn das Kind tatsächlich seinen Platz für sie räumt. Sollte dieses Kind gar die Unverschämtheit besitzen – so stellt es sich in den Augen solcher Menschen ja dar –, es abzulehnen, seinen Platz frei zu machen, dann bricht ein Donnerwetter los.

Es ist absolut nicht einzusehen, dass Kinder immer und überall gegenüber Erwachsenen zurückzustecken hätten. Ein Kind, das im Metzgerladen oder beim Bäcker an der Reihe ist, aber von einem Erwachsenen einfach übertönt wird, hat das Recht, laut zu sagen: »Nein, ich war eher da und jetzt bin ich dran!« Leider gibt es noch viele Erwachsene, die meinen, Kinder könnten gefälligst warten. Der Fremde ist dem Kind ebensosehr Vorbild wie die Eltern und Erzieher. Daran sollte man immer denken.

Es gibt keine andere vernünftige Erziehung, als die, Vorbild zu sein – wenn's nicht anders geht, ein abschreckendes.
(Albert Einstein)

Vom Du zum Sie

In die Reihe der Höflichkeitsfragen gehört auch eine, die das ältere Kind oder vielmehr das Kind an der Schwelle zum Erwachsenen betrifft. Wie soll man als Fremder oder als Bekannter der Familie diese noch sehr jungen Leute ansprechen?

Verkäufer und Verkäuferinnen in Geschäften hört man oft »junger Mann« oder »junger Herr« zu männlichen Jugendlichen sagen. Mädchen werden oft mit »mein Fräulein« angesprochen. Bei sehr jungen Frauen kann die Anrede Fräulein wohl noch benutzt werden, obwohl nichts dagegen einzuwenden wäre, auch da analog zum Mann gleich zur Anrede »junge Frau«, »junge Dame« überzugehen. Sollte das Fräulein sich nämlich entschließen, nicht in den Stand der Ehe zu treten, und das kommt heute ja immer häufiger vor, wird es über das angemessene Alter hinaus bei der Anrede Fräulein bleiben. Diese Anrede ist aber absolut nicht mehr zeitgemäß.

Selbst wenn man sich um eine direkte Anrede herumdrückt, ist es nicht grundsätzlich verkehrt, Jugendliche so etwa ab dem Alter von 16 bis 18 Jahren mit »Sie« anzusprechen. Kennt man den Vornamen, so kann man junge Leute mit der Mischung von ihrem Vornamen und der Anrede Sie ansprechen.

Gleichheit mag vielleicht ein Recht sein, aber keine menschliche Macht kann sie in die Tat umsetzen. *(Honoré de Balzac)*

Gerade beim hier erwähnten Fall taucht aber ein gewisses Problem auf. Wenn man den Namen kennt, dann kennt man meist auch das Kind, das jetzt mit 16 oder 17 Jahren ein junger Erwachsener ist, schon länger. Es fällt einem oft gar nicht auf, dass man es mit einem inzwischen groß gewordenen Menschen zu tun hat, der ein Anrecht auf Gleichstellung hat. Immerhin wird man selbst von dem Nachbarskind oder dem Kind entfernter Bekannter ja auch gesiezt.

Nur sehr wenige junge Menschen haben so viel Selbstvertrauen und Sicherheit im Auftreten, dass sie von sich aus sagen: »Entschuldigen Sie, aber ich bin jetzt siebzehn Jahre alt und ich möchte nicht mehr von Ihnen geduzt werden.« Die Initiative, vom Du zum Sie zu wechseln, geht meist vom Erwachsenen aus, und da wird leicht etwas falsch gemacht. Ohne lange nachzudenken, fragt der Nachbar oder der Bekannte den jungen Menschen: »Du hast doch nichts dagegen, wenn ich dich weiterhin duze?« Oder: »Darf ich noch du zu dir sagen?« Oder: »Muss ich jetzt Sie zu dir sagen?«

Kinder müssen die Dummheiten der Erwachsenen ertragen, bis sie groß genug sind, sie zu wiederholen.
(Jean Anouilh)

Die so formulierten Fragen bringen den jungen Menschen in ziemliche Verlegenheit, vor allen Dingen den, der in der Tat ab jetzt gerne gesiezt würde. Versetzen Sie sich in seine Situation. Wie soll er antworten? Soll er etwa sagen: »Jawohl, ich habe etwas dagegen, wenn Sie mich weiterhin duzen«?

Wer dagegen mit Worten wie: »Ich möchte Ihnen ab jetzt das Sie anbieten, immerhin sind Sie so gut wie erwachsen«, den Übergang zum Sie einleutet, schafft dem jungen Menschen eine andere Ausgangsposition. Er kann das Angebot, das freiwillig von der Gegenseite gemacht wird, ohne Skrupel annehmen. Und sollte er es ablehnen, so hat die Ablehnung einen positiven Charakter.

Auch derartige Überlegungen anzustellen und sich in die Situation des anderen hineinzudenken sind ein Teil des guten Benehmens und des höflichen Umgangs miteinander.

Höflicher Umgang mit unbekannten Mitmenschen

Gerade, wenn es um die kleine Hilfsbereitschaft im Alltag geht – also nicht um den persönlichen Einsatz bei einer Katastrophe, um Erste Hilfe oder Ähnliches, sondern um die kleine, eher unverbindliche Handreichung –, kommt ein merkwürdiges Phänomen zum Tragen. Die meisten Menschen sind gar nicht so stoffelig und wenig hilfsbereit, wie sie scheinen. Sie wissen oft nur nicht, wie sie ihre Hilfe anbieten sollen. Und ohne Worte ist eine Hilfestellung oft nicht möglich, oder sie könnte missverstanden werden.
Aus dieser Unsicherheit heraus tun viele Menschen so, als bemerkten sie nicht, dass eine Handreichung gebraucht wird. Werden sie jedoch höflich, mit netten Worten um ihre Hilfe gebeten, sind die meisten sofort zu einer Hilfestellung bereit. Scheuen Sie sich also nicht, um Hilfe zu bitten.
Allerdings: Der Ton macht die Musik. Wer glaubt, Anspruch auf eine Hilfestellung zu haben, und sie dem Ton nach gebieterisch einfordert: »He, Sie, helfen Sie mir gefälligst mal …«, der kann durchaus eine wütende Abfuhr erleben.
Auch eine allgemein an eine beliebige Gruppe gerichtete Bitte kann ungehört verhallen. Es kommt vor, dass eine junge Frau mit Kinderwagen in einer Straßenbahn voller Leute darum bittet, man möge ihr doch helfen, den Wagen aus der Bahn zu heben, doch keiner rührt sich. Es fühlt sich nämlich keiner direkt angesprochen.
Hätte sie dagegen gezielt eine bestimmte Person um Hilfe gebeten: »Wären Sie wohl so nett und würden mit helfen, den Wagen aus der Straßenbahn zu heben?«, hätte sie gewiss

Erfolg gehabt. Dass sich ein direkt angesprochener Mensch stur stellt und nicht zur Hand geht, ist ziemlich selten.
Wer nun doch von sich aus behilflich sein möchte und etwa einem älteren oder behinderten Menschen beim Einsteigen in Bus oder Straßenbahn helfen will, muss diesen Menschen zwangsläufig am Arm nehmen. Wer das wortlos tut, könnte schroff abgewiesen werden. Keinesfalls ist man einem blinden Menschen auf diese Weise wortlos behilflich.
Wie aber spricht man die ältere Dame, den alten Herrn, den behinderten Menschen an, wenn man helfen möchte? Also, in gar keinem Fall mit »Oma« oder »Opa« oder gar einfach mit »Du«, auch wenn die älteren Herrschaften den Eindruck machen, sehr liebevolle Großeltern zu sein. Eine derartige Anrede dürfen sich ausschließlich die Familienangehörigen erlauben. Man fragt schlicht, klar und einfach: »Kann ich Ihnen behilflich sein?« Und man drängt sich nicht weiter auf, wenn man hört: »Danke, sehr nett von Ihnen, aber ich schaffe es allein.« Und man ist auch nicht beleidigt, wenn der andere mit dem humorvollen Hinweis: »Nee, geht allein schon schwer genug« die Hilfeleistung ablehnt.

Wenn alle Menschen sich immer gegenseitig beistünden, dann bedürfte niemand des Glückes.
(Menander)

Das gilt umso mehr, wenn wir einem behinderten Mitmenschen unsere Hilfe anbieten; was wir im Übrigen mit der gleichen Selbstverständlichkeit und knappen Höflichkeit tun sollten, die wir auch gegenüber einem Nichtbehinderten an den Tag legen. Man spricht ihn ohne jeden mitleidigen Unterton an und ohne indiskrete Fragerei.
»Kann ich Ihnen helfen?«, fragt man auch die Mutter mit Kinderwagen, wenn sie am Bus, an der Straßenbahn, am Treppenaufgang oder wo auch immer Hilfe braucht. Auch hier sagt man nicht: »Na, junge Frau« oder gar »Frolleinchen« oder was manchen vermeintlich galanten Herren so alles einfällt. Und sollte es sich um einen Vater mit Kinderwagen handeln, darf man ruhig auch Hilfe anbieten – sogar als Frau!

Auf der Straße

Fußgänger gegen ihresgleichen

Das ist Ihnen sicher auch schon einmal passiert: Sie gehen völlig in Gedanken versunken auf der Straße. Da rempelt Sie plötzlich jemand an und hastet weiter, ohne ein Wort zu sagen. Oder, schlimmer noch, der Rempler raunzt obendrein: »Passen Sie doch auf!«

Für den außenstehenden Beobachter ist das eine interessante Szene, die sich ihm völlig anders darbietet als den beiden Beteiligten. Der in Gedanken Versunkene, nennen wir ihn hier der Kürze wegen den Träumer, ist sich wahrhaftig keiner Schuld bewusst. Er empfindet es im Gegenteil als grobe Beleidigung, erst gerempelt und dann auch noch angeblafft zu werden. Vielleicht fühlt er sich sogar berechtigt, zurückzuschnauzen. Dass er in der Tat durch seine Gedankenverlorenheit so auf der Straße lief, dass er für andere ein Hindernis darstellte, ist ihm gar nicht bewusst. Der Rempler hingegen hat möglicherweise nicht bemerkt, dass der Träumer träumte. Ihm schien es, als denke dieser Flegel einfach nicht daran, ein wenig auszuweichen in einem Moment, in dem es eng wurde auf der Straße. Also ist es nur billig, ihm eine Lehre zu erteilen.

Insgesamt handelte es sich, wie der Außenstehende sehen kann, um ein typisches Missverständnis. Aber auch um Mangel an Aufmerksamkeit und Einfühlung.

Ein Mensch ohne Aufmerksamkeit ist gar nicht geeignet, in der Welt zu leben.
(Philip Chesterfield)

Aufmerksamkeit ist hier der wichtigere Begriff. Wer sich in der Öffentlichkeit bewegt, sollte sich um größtmögliche Aufmerksamkeit bemühen, nicht zuletzt im eigenen Interesse. Statt angerempelt zu werden, kann man auch in ein Auto laufen! Aufmerksamkeit sollte aber auch dem Mitmenschen gelten. Der Rempler hätte bei etwas mehr Aufmerksamkeit merken können, dass er es mit einem Träumer und nicht mit einem Flegel zu tun hat.

Der höfliche Umgang mit dem Mitmenschen fängt also auf der Straße an, auf der man sich, wenn irgend möglich, so bewegt, dass man niemanden behindert. Das ist schon an einem schönen Frühlingstag auf einer ganz normalen Straße nicht immer ganz leicht. Es wird noch schwieriger, wenn ungünstige Umstände hinzukommen, Regen zum Beispiel oder das hektische Gewusel eines langen Samstags in der Vorweihnachtszeit.

Bleiben wir zunächst bei der normalen Alltagssituation. Wer im Gewühl der Stadt einen gemütlichen Schaufensterbummel machen möchte, sollte sich nah an den Schaufenstern halten und nicht mitten auf dem Trottoir bummeln. Schon gar nicht bleibt man unvermittelt mitten auf dem Gehsteig stehen. Denn durch solches Verhalten sind Karambolagen fast unvermeidlich. Das gilt vor allem auch für Bekannte, die sich auf der Straße treffen, mit Handschlag begrüßen und einen Schwatz halten wollen. Niemand kann ihnen das verwehren, aber sie sollten sich dazu einen Platz suchen, an dem sie anderen nicht im Wege stehen.

Dank der Modernisierung gibt es heute eigentlich nur noch zwei Gruppen von Fußgängern: die schnellen und die toten.
(James Dewar)

Und wie beim Autofahren sollte man auch als Fußgänger beim Überholen den Überholten nicht schneiden.

Herrscht besonders viel Gedränge auf der Straße, ist es besser, jeder geht einzeln. Eingehakt gehende Pärchen bilden leicht ein Hindernis. Und selbst wenn wenig Gedränge herrscht, ist es nicht sehr angenehm, wenn sich einem eine Front von drei oder noch mehr Eingehakten nähert. Ganz abgesehen von der Enge, die auf der Straße entsteht, hat eine solche Front für den Entgegenkommenden auch etwas Bedrohliches.

Auf öffentlichen Rolltreppen kann man gehen und stehen. Wer stehen möchte, sollte das auf der rechten Seite tun, dann kann ein eiliger Zeitgenosse links vorbei. Auch hier gilt: Ein Pärchen sollte sich, auch wenn es schwerfällt, für einen Moment trennen und hintereinander stehen, um die linke Seite für Eilige freizuhalten. Wer es wirklich eilig hat, darf natürlich auch freundlich darum bitten, dass man ihm Platz macht. Sich einfach wortlos vorbeischieben oder gar -drängen, ist nicht die feinste Art. Die Rolltreppe blockieren allerdings auch nicht.

Wer auf dem Zebrastreifen die Straße überquert, kann den Raum von der Mitte bis zum rechten Rand beanspruchen, die linke Hälfte des Streifens sollte für die Entgegenkommenden von der anderen Straßenseite reserviert sein.

Auch wer mit sperrigem Gut auf der Straße geht, sollte darauf achten, dass er andere nicht behindert. Sehr schön wäre es, wenn andere einem Menschen mit ungewöhnlichem Gepäck behilflich wären. Zum Beispiel darf eine Dame einem ihr unbekannten Herrn, der ein schweres Paket zur Post schleppt, ruhig die Tür aufhalten.

Selbstverständlich müssen Hundebesitzer ihre vierbeinigen Freunde in der Stadt an die Leine nehmen und sie müssen darauf achten, dass die Leine keinem anderen zum Stolperstrick wird.

Herrscht graues Regenwetter und geht man mit geöffnetem Schirm, dann muss man darauf achten, dass man mit seinem Parapluie keinem anderen den Hut vom Kopf fegt oder ihn sonstwie behindert. Auch im Bus sollte man seine tropfnasse Musspritze nicht so halten, dass das Wasser dem Nebenmann in die Schuhe läuft und was der hübschen Dinge mehr sind, die man mit einem Regenschirm anstellen kann. Durchaus erlaubt ist es hingegen, einem Menschen, der vom Regen überrascht wurde, den eigenen Schirm als Mitunterschlupf anzubieten – etwa, wenn man gemeinsam an einer nicht überdachten Bushaltestelle steht.

Das schöne Wetter wird bei weitem nicht so dankbar von den Menschen erkannt, als man das bloß minder gute gleich übermäßig allgemein tadeln hört.
(Wilhelm von Humboldt)

Kurz und gut, wer sich als Fußgänger auf der Straße bewegt, sollte im eigenen Interesse und im Interesse der anderen rücksichtsvoll und aufmerksam sein. Auch ein wenig Hilfsbereitschaft schadet nicht.

Das gilt natürlich auch für sämtliche Fahrzeugführer, seien es nun Auto-, Rad-, Skateboard- oder Rollerbladefahrer. Sie alle sind gegenüber dem Fußgänger fast ausnahmslos im Vorteil und werden, so scheint es, immer dreister. Dabei täte es unbedingt Not, dass wir gerade im Straßenverkehr mehr Rücksicht aufeinander nehmen und mehr Höflichkeit zeigen. Ein Appell, der wahrscheinlich wider ungehört verhallen wird, denn wer sich gewohnheitsmäßig rüpelhaft verhält, schmökert meist nicht in Benimmbüchern.

In öffentlichen Verkehrsmitteln

Was in der U-Bahn Überfüllung genannt wird, nennt man in einem Nachtklub intime Atmosphäre.
(Frank Sinatra)

Bei öffentlichen Verkehrsmitteln ist zwischen Bussen, Straßen-, U- und S-Bahnen einerseits, Fernzügen, Flugzeugen und Ähnlichem andererseits zu unterscheiden. Natürlich bemüht man sich in beiden um Höflichkeit, doch macht die Tatsache, dass man bei den Kurzstreckenfahrzeugen eben nur sehr kurze Zeit mit den anderen Fahrgästen zusammen ist, einen Unterschied.

So wird man in Bus oder Straßenbahn nicht grüßen, wenn man einsteigt, es sei denn, man benutzt täglich zur selben Zeit dieselbe Linie und sieht dort immer wieder dieselben Gesichter. Ein freundliches Lächeln, ein Kopfnicken, ein Gruß sind dann durchaus angebracht. Auch dem Fahrer oder der Fahrerin kommen sie zu, sofern diese nicht in einer abgeschlossenen Kabine sitzen. Gerade aber vom Fahrzeugführer sollte man keine Gegenreaktion erwarten. Bedenken Sie: Sie grüßen einen Fahrer, ein Fahrer dagegen müsste im Laufe eines Diensttages Hunderte von Fahrgästen zurückgrüßen.

Den oder die Mitreisenden in einem kleinen sechs Personen fassenden Coupé eines Fernzuges, mit denen man vielleicht zwei, drei oder noch mehr Stunden zusammensitzt, darf man durchaus grüßen, ohne dass das gleich eine Aufforderung zu einer Unterhaltung wäre. Und wenn man das Abteil verlässt, weil man am Ziel seiner Reise angekommen ist, darf man sich verabschieden und den anderen eine gute Weiterreise wünschen, auch wenn man sich während der Fahrt nicht mit ihnen unterhalten hat. Unüblich ist es allerdings, dabei die Hand zu geben, selbst wenn man während der Fahrt vielleicht eine angeregte Unterhaltung miteinander führte. Sollte sich jedoch eine richtige Bekanntschaft ergeben haben, hat man gar Geschäftskarten oder Adressen ausgetauscht, will man also in Kontakt bleiben, ist auch der Gruß mit Handschlag angebracht.

Wir sitzen alle im selben Zug und viele im falschen Coupé.
(Erich Kästner)

Auch im Flugzeug wird man den Sitznachbarn grüßen. Schließlich sitzt man auf engstem Raum eine gewisse Zeit lang in seiner unmittelbaren Nähe. Ebenso grüßt man zurück, wenn die meist am Eingang stehende Stewardess oder der Stewart einen im Flugzeug willkommen heißen.
Auf ähnliche Verhältnisse wie in den Flugzeugen trifft man heute in den Zügen mit Großraumwagen. Hier steht zwar kein Schaffner oder Zugbegleiter zur Begrüßung an der Tür, doch dem Mitreisenden, neben dem man Platz nimmt, sollte man ruhig einen Gruß entbieten, zumindest lächelt man ihm freundlich zu.
In Flugzeugen und Zügen gibt es reservierte Plätze. Es kommt oft vor, dass sich jemand vertan hat und auf dem falschen Platz sitzt. Vor allem ungeübten Reisenden (auch das gibt es noch!) passiert das leicht einmal. Man sollte also immer davon ausgehen, dass es sich um ein Versehen handelt, wenn jemand beispielsweise einen ihm nicht zustehenden Fensterplatz besetzt hat. Legt man selbst aller-

größten Wert auf diesen Platz, dann weist man höflich auf den Fehler hin. Das macht die weitere Reise angenehmer, als wenn man den auf dem falschen Platz sitzenden gleich anherrscht und ihm mit dem Ticket unter der Nase herumfuchtelt.

Freundlichkeit ist eine Sprache, die Taube hören und Blinde lesen können. *(Mark Twain)*

Ist man selbst ein alter Hase in Flugzeug oder Zug, hat man die Landschaft schon tausendmal gesehen, dann kann man sogar großzügig auf den Fensterplatz verzichten. Man darf auch, wenn man einen unerwünschten Platz erwischt hat, fragen, ob der Mitreisende bereit ist, mit einem den Sitz zu tauschen. Manche Menschen mögen im Flugzeug nämlich gar nicht unbedingt am Fenster sitzen. Und im Zug vertragen viele Menschen das Rückwärtsfahren nicht gut. Höflich fragen ist immer erlaubt. Aus gutem Grund höflich ablehnen aber auch.

Manche Leute haben ein besonderes Bedürfnis nach Unterhaltung. Sie sprechen jeden an, fest davon überzeugt, auch andere würden gern und immerzu reden. Mir ist es schon passiert, dass ein durchaus freundlicher Herr, der mich lesend im Zugabteil fand, sagte: »Unterhalten wir uns doch ein bisschen, dann brauchen Sie nicht zu lesen.« Er meinte, mir einen Gefallen zu tun, da er sich nicht vorstellen konnte, dass man aus einem anderen Grund als schierer und verzweifelter Langeweile ein Buch zur Hand nehmen könne. Wir haben uns dann über das Lesen unterhalten. Sicherlich hätte er, wenn auch ungern, geschwiegen, wenn ich ihm freundlich erklärt hätte, dass ich es vorzöge zu lesen.

Die Zeitung: heute aktuell, morgen Wurstpapier, in zwanzig Jahren Kulturgeschichte. *(Paul Fechter)*

Apropos lesen: Gerade in den engen Sitzen eines Flugzeugs oder Großraumwagens ist das Zeitunglesen so eine Sache. Man sollte sich bemühen, so wenig wie möglich mit den Seiten zu rascheln und vor allem dem Sitznachbarn nicht die halbe Zeitung unter die Nase zu halten. Umgekehrt ist es nicht besonders fein, dem lesenden

Nachbarn aufdringlich in die Zeitung zu linsen. Sollte man einen Artikel entdecken, der einen brennend interessiert, kann man um das entsprechende Blatt bitten, sobald man sieht, dass der Besitzer der Zeitung die Seite entbehren kann.

Niemandem kann in einem Zugabteil, im Flugzeug oder in einem sonstigen öffentlichen Verkehrsmittel das Wort verboten werden. Es darf aber erwartet werden, dass diejenigen, die sich unterhalten möchten, das leise tun, um diejenigen, die lesen oder schlafen möchten, nicht zu stören. Leider wird das nicht immer beachtet. Fühlt man sich gestört, kann man höflich darum bitten, dass die Unterhaltung in leiserem Ton geführt wird. Ob dem entsprochen wird, ist offen. In jedem Fall hat man mehr Aussicht auf Erfolg, wenn man höflich bittet, statt sich gleich lautstark zu beschweren.

Reden ohne Schweigen wird Geschwätz. *(Romano Guardini)*

Darf man sich in eine Unterhaltung einklinken, die andere Reisende miteinander führen? Ja, wenn ganz offensichtlich ein Thema von allgemeinem Interesse Gegenstand der Unterhaltung ist und man selbst dazu etwas beizutragen hat. Nein, wenn es um ein persönliches Thema geht. Wird vom Wetter, von der Landschaft, eventuell auch über ein momentan brisantes politisches Thema, das alle angeht, gesprochen, so darf man sich wohl höflich einschalten. Wird aber über die Party bei Meiers am letzten Samstag oder über das bevorstehende Abitur der Tochter gesprochen, dann hat ein Außenstehender in diesem Gespräch nichts zu suchen.

Früher gab es strenge Regeln, wer wen wann wo und wie ansprechen darf. Immer nur der so genannte Ranghöhere durfte den Rangniederen zu einem Gespräch einladen. Den Rang festzustellen war – und ist – gelegentlich sehr verwirrend und schwierig. Ich halte diese Regel grundsätzlich für überholt. Ein sehr junger Mensch kann etwas höchst Interessantes, Originelles, Wichtiges zu sagen haben. Warum sollte er oder sie schweigen müssen, nur weil nach Rangunterschieden Gesprächserlaubnis erteilt wird? Da wir gerade bei den jungen Leuten sind. Bei vielen von ihnen sind seit geraumer Zeit mit Kopfhörern versehene Walkmen beliebt. Je jünger die Träger dieser technischen Errungenschaft, desto lauter oft der Ton, der aus den Kopfhörern oder Ohrstöpseln noch nach außen quäkt. Sofern man sich bei der nach innen gerichteten Lautstärke überhaupt noch Gehör verschaffen kann – meist muss man den jungen Leuten zusätzlich auf die Schulter tippen –, darf man die jungen Leute sehr wohl darum bitten, die Lautstärke zu reduzieren. Bei einer kurzen Busfahrt allerdings wird man das nicht tun; man geht ja immerhin das Risiko ein, nur eine schnippische Antwort zu bekommen. In manchen Regionen ist es übrigens genauso verboten, in öffentlichen Verkehrsmitteln Walkman zu hören, wie es verboten ist, mit einem Pappteller voll Pommes mit Mayo einzusteigen.

Die Emanzipation ist erst dann vollendet, wenn gelegentlich auch eine total unfähige Frau in eine verantwortliche Position aufrücken kann.
(Heidi Abel)

Wer im Zug oder Flugzeug reist, hat meistens Gepäck dabei. In der guten alten Zeit half der Herr der häufig körperlich etwas schwächeren Dame dabei, das Gepäck zu verstauen. Heute gibt es Frauen, die behaupten, es stünde ihrer Emanzipation im Wege, wenn ihnen geholfen wird. Dazu passend gibt es Männer, die nicht ohne einen gewissen schadenfreudigen Trotz behaupten, wenn die Frauen meinten, emanzipiert sein zu müssen, dann sollten sie gefälligst auch ihre Koffer selber wuchten. Kurz, es darf heutzutage niemand Hilfe als eine selbstverständliche Leistung erwarten. Dort, wo sie angeboten wird, sollte man sie ruhig dankend annehmen. Und da, wo sie wirklich gebraucht wird, muss man sie unter Umständen mit höflicher Bitte einfordern – und darauf gefasst sein, sie trotzdem nicht zu bekommen. Auf jeden Fall darf die kräftige junge Dame dem gebrechlichen alten Herrn den Koffer ins Gepäcknetz heben oder beim Ein- und Aussteigen behilflich sein. Und auch einem kräftigen jungen Mann darf und soll geholfen werden, wenn er denn aus irgendeinem Grund Hilfe braucht.

Es gibt genug charakterfeste Männer, die eine Frau nicht sitzen lassen – besonders im Bus und in der Straßenbahn.
(Grethe Weiser)

Das gilt für die Kurzstrecken-Verkehrsmittel ganz genauso wie für die Fernzüge. Oft ist bei diesen Verkehrsmitteln das Ein- und Aussteigen schwierig. Besonders betroffen sind Mütter und Väter mit Kinderwagen. Von sich aus regt sich da bedauerlicherweise nicht immer eine helfende Hand.

Während es in Flugzeugen aus gutem Grund gar keine Stehplätze gibt und Fernzüge meist nur zu Ferienzeiten so überfüllt sind, dass man keinen Platz bekommt, ist die volle Straßenbahn oder der volle Bus in den Stoßzeiten eher die Regel. Früher galt: Der Herr steht für die Dame auf, die junge Frau für die ältere Dame und auch für den alten Herrn, das Kind für den Erwachsenen. Heute heißt es eher: Wer sitzt, der sitzt.

Sicher ist es freundlich, wenn der Standfestere dem weniger Standfesten seinen Sitzplatz anbietet. Manche Dame und auch so mancher Herr fühlen sich heute aber eher beleidigt, wenn man für sie oder ihn den eigenen Sitzplatz räumt. »So alt bin ich ja nun auch noch nicht!«, hört man dann. Nun, man kann ja fragen. In jedem Fall sollte man den eigenen Sitzplatz mit einem freundlichen Wort einem ganz bestimmten anderen Fahrgast anbieten und nicht einfach wortlos aufstehen. Es gibt nämlich ganz Flinke, die sitzen schwuppdiwupp auf dem freigemachten Platz, obwohl er für sie gar nicht geräumt wurde.

Man kann auch einen Kompromiss vorschlagen, vielleicht indem man fragt, ob man dem anderen ein Gepäckstück abnehmen und auf dem eigenen Schoß halten darf. Auf einen leeren Sitzplatz gehören Tüten und

Taschen höchstens, wenn im Wagen ohnehin gähnende Leere herrscht.
Oft setzen sich Fahrgäste auf den Platz an der Gangseite und lassen den Fensterplatz leer. Vielleicht wollen sie verhindern, dass sich jemand neben sie setzt, vielleicht fahren sie nur eine Station weit und wollen nicht auf den hinteren Platz abgedrängt werden. Wenn Sie selbst sitzen möchten, dann bitten Sie einen solchen Mitfahrer, rüberzurücken oder Ihnen den Weg zu dem noch freien Sitz zu ermöglichen. Wenn Sie auf dem hinteren Platz sitzen und aussteigen möchten, bitten Sie den Nebenmann rechtzeitig, Sie vorbeizulassen. Wer selbst jemanden vorbeilassen muss, steht dazu auf, die Sitze sind meist zu eng hintereinander angebracht, als dass es genügte, bloß die Beine beiseite zu nehmen.
Grundsätzlich sollten alle Fahrgäste, wenn irgend möglich, einen Sitzplatz einnehmen. Das ist eine Frage der Vernunft, denn wer sitzt, ist im Falle eines Unfalls meist weniger gefährdet als der Stehende, der keinen guten Halt hat und durch das Vehikel leicht geschleudert werden kann.
Bereits vor der Benutzung eines öffentlichen Verkehrsmittels sind heutzutage ein paar Hürden zu nehmen. Schaffner gibt es schon längst nicht mehr. Auch der Fahrer, der früher sowohl Billets verkaufte und abstempelte als auch das Fahrzeug steuerte, ist neuerdings meist entlastet und sitzt in einer abgeschotteten Kabine. Fahrkarten gibt's am Automaten, den zu bedienen manchmal einer Geheimwissenschaft gleichkommt. Wenn Sie sehen, dass jemand mit der Tücke des Objekts kämpft, dürfen Sie sich ruhig einmischen und behilflich sein. Umgekehrt können Sie einen Umstehenden um Rat fragen, wenn Sie mit dem Automaten nicht zurecht kommen. Meiner eigenen Erfahrung nach ist es gescheit, ein Kind zu fragen,

wie beispielsweise ein komplizierter Fahrkartenautomat mit 20 bunten Tasten zu bedienen ist. Das Interesse an technischen Dingen ist bei vielen Kindern sehr groß, sie wissen Bescheid und sie freuen sich meist, wenn man sie fragt.

Beim Einkauf

Es macht selbstverständlich einen Unterschied, ob man in einem kleinen Fachgeschäft, in dem man individuell bedient wird, eine Ware einkauft oder im großen, anonymen Supermarkt seinen Wagen zwischen den Regalen herumschiebt.
Wo man individuell bedient wird, ist es durchaus auch üblich, beim Betreten des Ladens zu grüßen. Allerdings, den Hut zu ziehen, braucht der Herr nicht. Das sind olle Kamellen aus vergangenen Zeiten. Ohnehin wird ja augenblicklich – das kann sich aber natürlich rasch wieder ändern – nicht so viel Hut getragen wie etwa noch vor 30 oder 40 Jahren.
Wer einen Supermarkt oder ein Warenhaus betritt, grüßt nicht. Freilich schadet es auch nicht, der Frau oder dem Mann an der Kasse ein Lächeln zu schenken. Und wenn man regelmäßig Kunde im selben Großmarkt ist und dort auf die immerselben Angestellten stößt, kann man sich auch zunicken oder grüßen. Wenn nicht gerade Hochbetrieb herrscht, wird man vielleicht sogar ein paar Worte wechseln.
Oft kommt es vor, dass Leute es tatsächlich oder angeblich sehr eilig haben. Sie drängeln sich dann an der Warteschlange vorbei an die Spitze und fragen den ersten in der Schlange, ob er oder sie bereit ist, sie vorzulassen. Ich lehne das grundsätzlich ab, nicht weil ich eine verbohrte

Die Engländer sind die einzigen Menschen, die sogar Schlange stehen, um in eine Schlange zu kommen.
(Pierre Daninos)

Prinzipienreiterin bin, sondern weil ich auch gegenüber den anderen, die hinter mir in der Schlange stehen, eine Verantwortung habe. Mir persönlich mag es Recht sein, wenn jemand vorgelassen wird, aber der Vierte oder Fünfte in der Reihe hinter mir hat es möglicherweise auch eilig und er wäre von meiner Entscheidung mitbetroffen, ohne selbst dabei entschieden zu haben. Genau mit dieser Erklärung verweise ich jemanden, der sich vordrängeln möchte, ans Ende der Schlange.

Etwas anderes ist es, wenn jemand innerhalb der schon wartenden Schlange mit mir den Platz tauschen möchte. Dadurch kommt es für die hinter uns Stehenden zu keiner Verlängerung der Wartezeit. Je nachdem, wie es mit meiner eigenen Zeit bestellt ist, lasse ich das zu oder nicht. Wenn ich mich natürlich mit einem zum Bersten gefüllten Wagen allein der Kasse nähere und es kommt jemand mit einem einzigen Artikel in der Hand, dann lasse ich demjenigen gern den Vortritt.

Frauen lieben es im Grund gar nicht, Klatsch weiterzuerzählen. Sie wissen nur nicht, was sie sonst damit anfangen sollen.
(Romy Schneider)

Oft beobachtet man, dass der Supermarkt ein Ort des gemütlichen Schwätzchens ist. Da stehen dann zwei Hausmänner oder Rentner – manchmal auch Hausfrauen, aber die haben erfahrungsgemäß weniger Zeit – mit vollen Einkaufswagen vor einem Regal oder der Kühltruhe, sodass die anderen Kunden nur mit Mühe an die Waren kommen. Man darf sich ruhig getrauen, solche Leute mit Höflichkeit darauf hinzuweisen, dass sie hier im Weg stehen. Auch wenn der kleine Tratsch vor der Theke im Bäcker- oder Metzgerladen stattfindet, darf ein dadurch behinderter Kunde das Wort ergreifen. Der Kaufmann oder die Verkäuferin dürfen das nicht so ohne weiteres. Schließlich ist der Kunde König, und einen König kann man nicht einfach zurechtweisen.

Unbedingt auch erlaubt ist der Einsatz für den Schwächeren. Gerade in Bäckerläden ist die Theke oft sehr hoch.

Kleine Kinder, rasch von der Mutter zum Brotkaufen geschickt, können sich, bis sie drankommen, die Beine in den Bauch stehen. Es gibt genügend Erwachsene, die die Situation des Kindes ausnutzen und es beiseite schieben. Da darf, da sollte man sogar eingreifen und sagen: »Entschuldigen Sie, das Kind war bereits vor Ihnen da.«

In Geschäften, in denen der Kunde individuell beraten und bedient wird, wohl auch Einkäufe einer gewissen Preisklasse tätigt und häufiger kauft, wie beispielsweise in Modegeschäften, ergibt es sich oft, dass der Verkäufer oder die Verkäuferin den Namen des Kunden beziehungsweise der Kundin kennt und ihn oder sie auch damit anspricht. Wie verhält man sich dann als der angesprochene Kunde? Nicht in jeder Branche, nicht in jedem Geschäft ist es üblich, dass das Personal Namensschildchen trägt. Darf man einfach nach dem Namen fragen? Ja, ich finde man darf. Ich glaube sogar, man darf noch mehr: Man darf darum bitten, den Namen aufgeschrieben zu bekommen. Denn, mal ehrlich, wer behält einen Namen schon gleich beim ersten Mal? Und wie peinlich, wenn man das letzte Mal die Verkäuferin nach ihrem Namen gefragt hat und ihn dann beim nächsten Mal doch wieder nicht weiß. Die Verkäufer und Verkäuferinnen sind da in einem gewissen Vorteil. Sie kennen den Namen des Kunden oder der Kundin vom Scheck, der ausgestellt wurde, von der Kreditkarte, einem Bestellzettel oder Ähnlichem.

Viele Menschen nutzen das Geld, das sie nicht haben, für den Einkauf von Dingen, die sie nicht brauchen, um damit Leuten zu imponieren, die sie nicht mögen.
(Walter Slezak)

Je größer der Laden, desto größer oft die Hilflosigkeit: Wo finde ich was? Im Allgemeinen trifft man immer irgendwo auf Personal, bei dem man sich freundlich erkundigen kann. Umgekehrt bietet oft eine Angestellte ihre Hilfe an, wenn man sich gern erst einmal ungestört umschauen möchte. Das darf man natürlich zum Ausdruck bringen, man muss aber auch verstehen, dass einem das Personal auf den Fersen bleibt. Es hat schließlich Anweisung, nicht nur zur Beratung zur Verfügung zu stehen, sondern auch Diebstähle zu verhindern. Und das wäre ein schlechter Dieb, dem man sein Vorhaben gleich an der Nasenspitze ablesen kann. Haben Sie also Verständnis, wenn man Ihnen nicht so ohne weiteres von der Seite weicht.

Lächeln ist die beste Art, den Leuten die Zähne zu zeigen. *(Werner Finck)*

Suchen Sie in einem Supermarkt nach einem bestimmten Produkt und ist weit und breit kein Hauspersonal zu sehen, so sprechen Sie höflich einen anderen Kunden an. Werden Sie selbst angesprochen, antworten Sie freundlich, auch wenn man Sie unhöflich mit den Worten angehauen hat: »He, Sie, wo gibt's 'n hier ...?« Gelegentlich dämmert einem ruppigen Zeitgenossen das eigene unfreundliche Verhalten eher, wenn man ihm zuvorkommend antwortet, als wenn man mit gleicher Münze zurückzahlt.

In Wartezimmern und Amtsstuben

Wartezimmer bei Ärzten sind ähnliche Aufenthaltsorte wie Zugabteile. Sind schon andere Wartende da, wenn man den Raum betritt, grüßt man, sucht sich einen leeren Stuhl und wartet. Ist man zu zweit gekommen oder trifft man einen Bekannten, darf man sich leise unterhalten. Mit fremden Wartenden ein Gespräch anzufangen ist hier heikler als im Zug. Wer zum Arzt geht, hat meist andere Sorgen als ein vergnügter Reisender und möchte unter Umständen nicht gern angesprochen werden. Ist man selbst der Angesprochene, kann man sich hinter einer Zeitschrift verkriechen, sich in das mitgebrachte Buch vertiefen oder auch ganz ehrlich zugeben: »Entschuldigen Sie bitte, aber mir ist nicht nach Reden zumute.«

Die Ärzte verzeihen uns jeden Lebenswandel, der in ihr Wartezimmer führt. *(Sigmund Graff)*

Besucht man häufiger denselben Arzt, wird man die Sprechstundenhilfe mit Namen grüßen. Die Hand wird man ihr – schlicht aus hygienischen Gründen – nicht reichen, sie wäre streng genommen verpflichtet, sich dann die Hände waschen zu gehen. Ist man schon lange »Stammkunde« und hat sich die Sprechstundenhilfe als besonders freundlich erwiesen, darf man ihr zu einer Festlichkeit wie etwa dem bevorstehenden Weihnachtsfest eine kleine Aufmerksamkeit mitbringen. Aber wohlgemerkt, eine Aufmerksamkeit, kein Geschenk. Ein Tütchen mit fünf oder sechs feinen Trüffeln oder Marzipanpralinen – ja; eine große Bonbonniere – nein.

Bei den diversen Ämtern gibt es meist keine Wartezimmer. Man lässt die Klienten auf dem Flur warten. Ist die Zahl der bereits Wartenden überschaubar, grüßt man. Herrscht Gedränge und entsprechende Verdrießlichkeit, kann ein freundliches Gesicht aufmunternd wirken. Ein Gruß wird möglicherweise unerwidert bleiben.

Warten ist noch eine Beschäftigung. Auf nichts warten – das ist schrecklich.
(Cesare Pavese)

Ist man dran, kann es nicht schaden, dem zuständigen Beamten oder der Beamtin mit Freundlichkeit zu begegnen. Es beruht zwar auf einem groben Vorurteil, Beamte als muffelig und nicht gerade von Arbeitseifer sprühend darzustellen, aber es gibt durchaus Vertreter der Zunft, die dieser Einstufung Vorschub leisten. Gerade sie haben eine sehr feine Antenne dafür, ob man ihnen mit ehrlicher oder mit überspitzter, vielleicht gar ironischer Freundlichkeit entgegentritt. Spüren Sie selbst also, dass Ihre Freundlichkeit nicht echt wäre, dann halten Sie sich lieber zurück und seien Sie so sachlich wie irgend möglich! Es gibt einen Tatbestand, mit dem man gerade auf Ämtern neuerdings häufiger konfrontiert wird und dem man mit äußerstem Takt begegnen sollte. Da kommt es gelegentlich vor, dass einen jemand fragt: »Entschuldigen Sie, ich habe meine Lesebrille vergessen, können Sie mir vielleicht helfen, das Formular auszufüllen?« Dem Fragenden ist unter Umständen nicht damit gedient, dass Sie ihm Ihre eigene Lesebrille anbieten. Oft genug handelt es sich um noch relativ junge Menschen, denen man Alterssichtigkeit eigentlich kaum zutraut – und nicht zu Unrecht. Ihre Augen sind nicht schlecht, aber sie können nicht lesen und schreiben. Es ist eine traurige, aber nicht von der Hand zu weisende Tatsache, dass die Zahl der Analphabeten in diesem unserem Lande wächst. Den Betroffenen ist das meist sehr peinlich. Man sollte ihnen die missliche Lage, in der sie sich ohnehin schon befinden, nicht dadurch erschweren, dass man sie mit einer dummen oder gar sarkastischen Bemerkung auflaufen lässt. Man tut, als glaubte man die Geschichte von der vergessenen Brille, liest ihnen die Fragen vor und füllt den Bogen nach ihren Angaben aus. Dass man einem Ausländer in gleicher Weise behilflich ist, sollte ebenso selbstverständlich sein (siehe hierzu auch Seite 62).

Amtsgebäude und Hochhäuser, in denen Arztpraxen untergebracht sind, verfügen natürlich über Aufzüge. In einem etwas altväterlich angehauchten Benimmbuch steht noch zu lesen: »Der Fahrstuhl ist nun einmal ein sehr enger geschlossener Raum, und in geschlossenen Räumen trägt man grundsätzlich keine Kopfbedeckung. Es gibt großzügige Vertreter des männlichen Geschlechts, die auf dem Standpunkt stehen, das Gesetz des Hutes in der Hand gelte für den Fahrstuhl nur dann, wenn auch Damen darin sind …« und so weiter.

Es kommt nicht darauf an, was für einen Hut man auf dem Kopf hat, sondern was für einen Kopf unter dem Hut. *(Herbert George Wells)*

Richtig, zuallererst ist die Liftkabine ein enger Raum. Ein vor oder neben sich gehaltener Hut nimmt erfahrungsgemäß mehr Platz weg als ein auf dem Kopf getragener. Deshalb sollte er – ungelüpft – dort bleiben. Dass die Vorschrift ohnehin nur Herren betrifft, ist sowieso klar. Eine Dame nimmt ihren Hut, solange sie sich in der Öffent-

lichkeit befindet, nicht ab – dient er doch nicht zuletzt gelegentlich auch der Kaschierung einer nicht mehr ganz astreinen Frisur. Weshalb sie ihn auch durchaus im Café aufbehält, obwohl sie den Mantel ablegt.
Betritt der Herr das Wartezimmer des Arztes, wird er den Hut an der Garderobe ablegen. Ob er die Amtsstube mit dem Hut in der Hand betritt oder den Hut nur kurz zieht und dann wieder aufsetzt, hängt von der Situation und seinem eigenen Geschmack ab. Vielleicht hat er viele Unterlagen dabei und braucht beide Hände, um die Aktenmappe zu öffnen und seine Papiere zu entnehmen – wohin dann mit dem Hut? Da ist er doch auf dem Kopf am besten aufgehoben.

Am Telefon

Das Diensttelefon

Das Telefon ist zum meist benutzten Fernkommunikationsmittel geworden. Wir telefonieren ständig, nicht nur mit Freunden, Verwandten und Bekannten, sondern zunehmend auch mit Unbekannten, das heißt beispielsweise mit Behörden, Firmen oder Geschäften, wo wir dann unter Umständen mit einem uns unbekannten Menschen verbunden sind.
Wenn man eine Nummer wählt, kann es geschehen, dass sich zwar jemand meldet, jedoch leider nicht immer in einer Art und Weise, die einem unmissverständlich deutlich macht, dass man an der richtigen Stelle gelandet ist. Da es nicht sehr angenehm ist, als Anrufer erst einmal herausfinden zu müssen, ob man überhaupt richtig verbunden ist, sollte es jedem, der an einem offiziellen Telefon sitzt, selbstverständlich sein, sich so zu melden, dass der Anrufer weiß: Hier bin ich richtig. Umgekehrt sollte

Das Telefon ist eine Erfindung des Teufels, die die erfreuliche Möglichkeit, sich einen lästigen Menschen vom Leibe zu halten, teilweise wieder zunichte macht.
(Ambrose Bierce)

dann der Anrufer sich so deutlich und ausführlich vorstellen, dass auch der Angerufene weiß, mit wem er es zu tun hat.

Wer beispielsweise bei der Firma XY anruft, weil er dort Frau Meier sprechen möchte, sollte sich auch bei Herrn Müller, der den Hörer abgenommen hat, vorstellen, ehe er darum bittet, weiterverbunden zu werden. Also etwa so: Nummer wählen, das Rufzeichen ertönt, dann nimmt jemand ab und sagt: »Firma XY, Versandabteilung, Kurt Müller. Guten Tag.«

Als Anrufer wissen Sie, dass sie grundsätzlich an der richtigen Stelle sind, nun brauchen sie nur noch die richtige Person. Also sagen Sie: »Guten Tag, Herr Müller. Hier spricht Klaus Schulze von der Firma ZZ, könnte ich bitte Frau Meier sprechen?«

»Einen Moment, ich verbinde.«

Herr Müller hat so die Gelegenheit, seine Kollegin schon vorzuinformieren, dass Herr Schulze von der Firma ZZ sie sprechen möchte, und muss den Hörer nicht mit den Worten: »Für Sie« weiterreichen.

Es kann natürlich sein, dass Sie als Privatmensch bei einer Behörde, einer Firma, einem Geschäft anrufen und noch nicht wissen, mit wem Sie sich mit Ihrem speziellen Problem verbinden lassen müssen. In einem solchen Fall sollte man sich vorher genau überlegen und eventuell auch notieren, was man fragen will, welche Abteilung man braucht und so weiter. Ruft man die Auskunft an, wird man oft gebeten, einen Namen zu buchstabieren, und zwar nach Möglichkeit anhand der nationalen oder internationalen Buchstabiertafel. Auch da ist es angebracht, wenn man sich vorher alles genau überlegt oder notiert hat, damit man nicht für den Auskunftgebenden verwirrend herumstottert. Papier und einen wirklich funktionierenden (!) Stift sollte man ebenfalls bereit lie-

Buchstabiertafel

Inland:		**Ausland:**
A	Anton	Amsterdam
Ä	Ärger	–
B	Berta	Baltimore
C	Cäsar	Casablanca
CH	Charlotte	–
D	Dora	Danmark
E	Emil	Edison
F	Friedrich	Florida
G	Gustav	Gallipoli
H	Heinrich	Havana
I	Ida	Italia
J	Julius	Jerusalem
K	Kaufmann	Kilogramm
L	Ludwig	Liverpool
M	Martha	Madagaskar
N	Nordpol	New York
O	Otto	Oslo
Ö	Ökonom	–
P	Paula	Paris
Q	Quelle	Quebec
R	Richard	Roma
S	Samuel	Santiago
SCH	Schule	–
T	Theodor	Tripoli
U	Ulrich	Upsala
Ü	Übermut	–
V	Viktor	Valencia
W	Wilhelm	Washington
X	Xanthippe	Xanthippe
Y	Ypsilon	Yokohama
Z	Zacharias	Zürich

gen haben, um sich die erteilte Auskunft gleich aufschreiben zu können. Und man bedankt sich natürlich auch für die Auskunft, die man bekommen hat, auch wenn man sie gegebenenfalls bezahlen muss.

Gerade bei Behörden, aber auch bei manchen Firmen, kann es ziemlich lange dauern, bis man weitervermittelt wird. Zwar wird diese Wartezeit heute häufig mit eingespielter Musik überbrückt, ob das wirklich eine gute Lösung ist, sei dahingestellt. Nicht jeder ist immer dazu aufgelegt, irgendwelches Gedudel zu hören, noch dazu, wenn er dafür bei einem Ferngespräch teuer bezahlen muss. Der Hinweis, dass es sich um ein Ferngespräch handelt, ruft auf der Gegenseite auch nicht immer eine entsprechende Reaktion hervor. Umsomehr sollte man sich selbst um eine rasche Abwicklung bemühen, wenn ein Anruf von außen eingeht.

Das Privattelefon

Katzen erreichen mühelos, was uns Menschen versagt bleibt: durchs Leben zu gehen, ohne Lärm zu machen. *(Ernest Hemingway)*

Im privaten Telefonverkehr gibt es ein paar andere Dinge zu beachten. Die Zeiten, zu denen man anruft, sind eingeschränkt. Vor 8.30 Uhr morgens und nach 22 Uhr abends sollte man ohne Not keinen Menschen ans Telefon holen, es sei denn, man kennt den anderen sehr gut und weiß, dass sie oder er auch gerne noch um Mitternacht telefoniert.

Ebenfalls ungünstige Telefonzeiten sind die Mittagspause, die man getrost von 13 bis 15 Uhr ansetzen sollte (es gibt Leute, die nach dem Essen gern ein Nickerchen machen), und die Zeit des üblichen Abendbrots einschließlich der Fernsehnachrichten, also so etwa die Zeit zwischen 19 und 20.30 Uhr.

Natürlich werden einem heute Nachrichten auch im Fernsehen bei den verschiedensten Sendern zu beinahe jeder Stunde geboten, aber viele Menschen sehen eben gerne die Nachrichtensendung eines bestimmten Senders. Ein wenig Gewohnheitstier sind wir ja alle. Es kann also in keinem Fall schaden, sich erstmal zu erkundigen, ob man gerade stört mit seinem Anruf, und wenn das der Fall sein sollte, sich entweder extrem kurz zu fassen oder anzubieten, später wieder anzurufen.

Selbstverständlich darf man auch zu ungewöhnlichen Zeiten anrufen, wenn es dem Angerufenen von Nutzen ist. Angenommen, Sie betreiben irgendeine Art von Dienstleitungsgewerbe und es kommen Kunden zu Ihnen oder Sie besuchen Kunden. Nun haben Sie einen Termin mit einem Kunden auf morgens 8.30 Uhr festgelegt, können diesen Termin aus irgendeinem triftigen Grund aber unmöglich einhalten. In einem solchen Fall wird es dem Kunden lieber sein, am Abend vorher auch um 22 Uhr noch angeklingelt zu werden, als am nächsten Morgen mit sinnloser Warterei Zeit zu verplempern. Auch ein Anruf um 8.00 Uhr morgens wäre in einem solchen Fall vertretbar.

Kommt ein Anruf für Sie selbst zeitlich ungelegen, dürfen Sie das unbedingt sagen. »Entschuldigen Sie bitte, der Kuchen brennt mir an/ich versäume meinen Zug/ich habe Gäste«, oder was immer es gibt, das Sie jetzt am ausführlichen Telefonieren hindert. Bitten Sie um die Nummer des Anrufers, sofern Sie sie nicht wissen und bieten Sie späteren Rückruf an.

Denn eine Störung seiner Freuden sucht jeder möglichst zu vermeiden.
(Wilhelm Busch)

Wie meldet man sich als Angerufener? Früher galt es als grob unhöflich nur einfach »Hallo?« oder »Ja?« in die Muschel zu rufen. Im Ausland sieht man das etwas anders. »Hello?« ist in England und USA absolut üblich, die Italiener fragen »Pronto?«. Diese anonyme Form der Antwort ist wenig hilfreich, denn der Anrufer weiß nicht, ob er sich verwählt hat. Freilich hat der Angerufene, wenn er den Namen des Anrufers erfährt, den geringen Vorteil, zuerst zu wissen, mit wem er es zu tun hat. Auch die eigene Rufnummer statt des Namens zu nennen bietet wenig Schutz vor unerwünschten Anrufen.

Sich mit Namen zu melden scheint die beste und schnellste Form des Einstiegs in die Telefonkonversation. Dabei meldet sich sowohl die Dame als auch der Herr mit dem Nachnamen. Selbstverständlich bleibt es beiden unbenommen, sich mit vollem, also mit Vor- und Zunamen, zu melden. Besonders im Geschäftsleben ist das empfehlenswert, vor allem dann, wenn es in einem Betrieb mehrere Mitarbeiter gleichen Nachnamens gibt.

Die Kinder des Hauses sollten sich mit Vor- und Nachnamen melden, bei Vornamensgleichheit mit einem Elternteil eventuell mit dem Zusatz »junior«. Wer irgendwo zu Gast ist und ans Telefon geht, meldet sich mit: »Hier bei Soundso« und setzt dann eventuell den eigenen Namen hinzu.

Wer sich verwählt hat, sollte, wenn er seinen Irrtum entdeckt, nicht einfach wortlos auflegen. Ein freundliches Wort der Entschuldigung, auf das der falsch Angeklingelte möglichst ebenso freundlich und verständnisvoll antworten sollte, ist jedem zuzumuten. Schließlich haben wir alle schon mal die falsche Nummer gedreht oder die falschen Tasten gedrückt und waren dann froh, vom anderen Teilnehmer nicht als »Trottel« oder Ähnliches bezeichnet worden zu sein.

Gelegentlich geschieht es freilich, dass ein Falschwähler von seiner absoluten Unfehlbarkeit überzeugt ist und dem falsch Angewählten unterstellt, er halte sich am verkehrten Telefon auf. Da kommt es dann schon mal zu einem merkwürdigen Hickhack. »Ja wieso, was haben Sie denn für eine Nummer?«, wird man da beispielsweise gefragt. Man gibt Auskunft und bekommt zu seiner Verwunderung mitgeteilt: »Na also, das kann ja wohl nicht

sein, die Nummer habe ich ja nicht gewählt.« Wenn einem das zu dumm wird, darf man auflegen ohne ein weiteres Wort. Und man ist auch keineswegs verpflichtet, mit jemandem, der sich verwählt hat, eine lange Konversation zu führen, obwohl es mitunter so scheint, als legten es Leute darauf an, unter dem Vorwand, sich verwählt zu haben, ein längeres Gespräch zu führen.
Meist bemerkt man seinen Fehler erst, wenn sich am anderen Ende ein Teilnehmer meldet, den man überhaupt nicht kennt. Manchmal aber merkt man schon in dem Augenblick, in dem die Nummer gewählt ist und der erste Rufton nach draußen geht, dass man sich vertan hat. Soll man dann trotzdem weiter klingeln lassen, obwohl man ja weiß, dass eine falsche Verbindung zustande kommen wird? Ich denke, nein. Die meisten Menschen sitzen nicht neben dem Telefon auf der Lauer oder spurten sofort beim ersten Ton los. Man muss es ohnehin mehrmals läuten lassen, bis der andere Teilnehmer den Hörer abhebt. Und wer weiß, welches Ungemach man dem Angerufenen gerade in dem Augenblick bereitet? Nicht ohne Grund greifen Witzzeichner immer wieder auf das Klischee des beim Baden Gestörten zurück. Wenn ich beim ersten Ton schon weiß, ich habe mich verwählt, dann lege ich wieder auf – in der Hoffnung, dem Belästigten damit den wenigsten Ärger gemacht zu haben.

Anrufbeantworter und Handys

Ein kleines Kapitel für sich sind die Anrufbeantworter und die immer beliebter gewordenen schnurlosen Handys.
Ich kenne kaum jemanden, der es liebt, mit einer Maschine parlieren zu müssen. Viele Menschen sind abgeschreckt, wenn sie das Band des Anrufbeantworters anlaufen hören und legen wortlos auf. Andere können sich an den mechanischen Gesprächspartner nicht gewöhnen,

Die Entwicklung der Technik ist bei der Wehrlosigkeit vor der Technik angelangt.
(Karl Kraus)

sie stottern herum und vergessen vor Aufregung die Hauptsache: nämlich ihren Namen, ihre eigene Telefonnummer und/oder ihr Anliegen zu nennen. Außerdem fürchten sie, ihr hilfloses Gestammel könne auf der Gegenseite zu Heiterkeitsausbrüchen führen. Anderen ist der Vorlauf auf dem Band zu lang, sie sprechen bereits, noch ehe der berühmte Piepston zu hören war, wieder andere fühlen sich durch einen angeblich oder möglicherweise tatsächlich witzigen Text aus dem Konzept gebracht.

Wir werden auch weiterhin mit den Sprechmaschinen leben müssen. Dem Besitzer der Maschine sei deshalb gesagt: Halten Sie Ihren Vorlauftext knapp und möglichst sachlich. Nicht alles, was man selbst für witzig hält, wird auch von anderen so empfunden. Außerdem muss man immer bedenken, dass auch ein sehr ernster Grund für einen Anruf vorliegen kann. Es ist dann für beide Beteiligten unangenehm, wenn ein alberner Vorlauftext abgespult wird.

Dem Benutzer wird empfohlen: Seien Sie immer darauf vorbereitet, eine Maschine statt eines Menschen an den Apparat zu kriegen. Formulieren Sie Ihr Anliegen dann kurz und schlicht, nennen Sie Ihren Namen und, sofern diese bei der Gegenseite nicht bekannt ist, Ihre Rufnummer und bitten Sie um Rückruf. Dabei ist es günstig, gleich eine Zeit anzugeben, zu der Sie persönlich zu erreichen sind, sonst könnte es sein, dass es zum Ringelreihen der Anrufbeantworter kommt.

Übrigens, Einladungen zu einer zwanglosen Party, einem Gartenfest, einem kleinen Essen mit Freunden oder Bekannten, zum Kindergeburtstag oder was es sonst so an inoffiziellen Einladungen gibt, darf man heute telefonisch aussprechen. Die Zeiten, wo man schriftlich auch zum kleinen Abendessen einlud, sind vorbei. Eine auf den Anrufbeantworter gesprochene Einladung ist allerdings im Eigeninteresse wenig sinnvoll – man weiß ja nicht, ob die Einladung angenommen wurde und mit wie vielen Gästen man folglich rechnen darf.

Das tragbare Telefon hat inzwischen längst seinen Siegeszug angetreten. Es mag viele Fälle geben, in denen es von unschätzbarem Vorteil, wenn nicht gar lebensnotwendig, ist, immer und überall erreichbar zu sein. Doch, was dem einen von Nutzen ist, kann dem anderen zum erheblichen Ärger gereichen. Ein schnurrendes Telefon in der Jackentasche mag auf der Straße, im Supermarkt, im Schnellimbiss oder beim Friseur angehen. Im Kino bei laufendem Film, im Theater, im Konzert, während eines Vortrags, in einem feinen Restaurant et cetera wäre es mehr als eine Belästigung und während einer Beerdigung oder Trauerfeier wird es nicht zu Unrecht als eine verletzende Beleidigung empfunden.

Menschen, die von einer neuen Erfindung nur die guten Seiten sehen wollen, nennt man Techniker.
(Werner Mitsch)

Längst haben das die Hersteller der Mobiltelefone erkannt, und so sind inzwischen Handys auf dem Markt, die sich durch sensorische oder optische Impulse bemerkbar machen. Dennoch muss der Benutzer auch in diese Geräte hineinsprechen. Dass Handys, die ja mit Funk arbeiten, in Flugzeugen hochgefährlich sein können und auch Autofahrer sich und andere in größte Gefahr bringen, wenn sie ihr Handy während der Fahrt benutzen, ist zwar grundsätzlich bekannt. Dennoch gibt es immer wieder Leute, die selbstherrlich meinen, sie seien der Technik mit all ihren Tücken haushoch überlegen. Eine derart fatale Selbstüberschätzung ist allerdings keine Frage des Benimms, sondern ein psychologisches Problem. In jedem Fall dürfen Sie einen Handybenutzer im Flugzeug bei der Stewardess »verpetzen«, und als Beifahrer eines handybenutzenden Fahrers dürfen Sie höflich aber mit energischer Entschiedenheit verlangen, er möge während des Fahrens sein Handy nicht benutzen.

Die Überschätzung eines Menschen kann vor allem Luxus der teuerste sein.
(Hans Arndt)

In diesem Zusammenhang ist übrigens auch ein kurzer Hinweis für Träger von Uhren mit Weckautomatik angebracht. Wer einen solchen Chronometer sein eigen nennt, sollte unbedingt darauf achten, dass er die Weckvorrichtung abgestellt hat, ehe er irgendwo hingeht, wo das plötzliche Surren als störend empfunden werden muss!

Öffentliche Veranstaltungen

Bei jeder öffentlichen Veranstaltung, sei es ein Vortrag, eine Dichterlesung, ein Kinobesuch oder eine Theaterpremiere, kommen wir zwangsläufig mit fremden Menschen zusammen. Es sind also Verhaltensregeln gefragt.

Das Kino kommt wieder! Die Leute wollen miterleben, ohne dass die Familie dazwischenquatscht. *(Oliver Hassenkamp)*

Sicherlich kann man sich im Kino ungezwungener benehmen als bei einem Konzert mit einem gefeierten Stardirigenten. Dennoch schadet es nichts, auch im Kino ein paar Regeln zu beachten: Wenn man zu spät dran ist oder absichtlich spät gekommen ist, um dem oft übermäßig langen Reklame- und Vorschaublock zu entgehen, so muss man unter Umständen mit einem Platz in den vorderen Reihen oder am Rand vorlieb nehmen. Es ist ziemlich unhöflich, sich in die Mitte einer Reihe vorzudrängen und dann vielleicht auch noch umständlich den Mantel abzulegen, wenn der Hauptfilm bereits läuft. Den ausgezogenen Mantel legt man auch nicht über die Lehne des Sitzes vor sich. Man hält ihn entweder auf dem Schoß oder gibt ihn an der Garderobe ab. Allenfalls darf man Jacke oder Mantel auf dem Vorder- oder Nebensitz ablegen, wenn im Kino gähnende Leere herrscht, was ja gelegentlich vorkommt.

Auch im Kino ist es ziemlich unangenehm, wenn jemand mit Bonbonpapier raschelt oder allzu geräuschvoll das noch rasch in der Pause vor dem Hauptfilm angebotene Eis schleckt. Sich solches Verhalten barsch zu verbitten ist wenig sinnvoll. Man kann es mit einer höflichen Bitte versuchen. Sofern andere Plätze frei sind, kann man auch den Sitz wechseln.

Früher war die im Kino sitzende Dame mit Hut ein beliebtes Thema der Karikaturisten. Heute wird ohnehin sehr viel weniger Hut getragen und die meisten wissen, dass eine Kopfbedeckung dem Hintermann die Sicht nimmt. Es scheint ein abgehaktes Problem zu sein.

Es ist Sinn und Zweck einer tollen Klamotte, das Publikum zum Lachen zu bringen. Zu zweit und in der Gruppe lacht man im Allgemeinen lauter und ausgelassener, als wenn man allein ins Kino gehen würde. Gönnen Sie anderen den Spaß, auch wenn sie sich vielleicht ungebärdiger amüsieren, als es Ihrem Geschmack entspricht. Wird allerdings neben, vor oder hinter Ihnen allzu aufdringlich geflüstert oder gar laut gesprochen, dann sollten Sie schon sagen, dass Sie sich dadurch gestört fühlen. Dafür ist ein vollständiger Satz angebracht, ein »pssst!« ist nicht sehr freundlich und bringt auch oft nicht den gewünschten Erfolg.

Lachen ohne Anlaß ist pure Dämlichkeit. *(Loriot)*

All das gilt gleichermaßen für jede andere Veranstaltung. Mehr noch als im Kino achtet man bei Vorträgen oder Dichterlesungen darauf, sich so leise wie irgend möglich zu verhalten, sollte man spät dran sein. Auch bei Veranstaltungen, die in »Räumen mit Konsumationsbestuhlung« stattfinden, wie das in schönem Amtsdeutsch heißt, also Kleinkunst- oder Kabarettveranstaltungen, bei denen das Publikum an kleinen Tischen sitzt und Getränke »konsumiert«, sollte man sich diskret benehmen. Denn wer sich hier nicht leise verhält, stört ja nicht nur das Publikum, sondern auch den Vortragenden oder die Künstler auf der Bühne.

Bei großen Konzerten oder Theateraufführungen wird man ohnehin vor der Pause meist nicht mehr hineingelassen, wenn man zu spät gekommen ist. Es sei denn, man ist glücklicher Besitzer einer eigenen Loge. Allerhöchstens wird einem die Tür geöffnet, sodass man in den Saal darf, man muss aber an der Seite stehenbleiben. Jedenfalls sollte man das höflichkeitshalber tun, auch wenn man vom Platzanweiser nicht direkt dazu aufgefordert wurde.

Der gedämpfte Ton ist im Theater und Konzertsaal übrigens auch schon vor der Vorstellung und während der Pause im Foyer angebracht. Man unterhält sich dort, während man vielleicht an der Bar einen Schluck nimmt, in Zimmerlautstärke. Wenn man irgendwo im Gedränge einen Bekannten sieht, ruft oder pfeift man nicht laut hinter ihm her.

Im Theater und Konzert hat man eine Platzkarte, man weiß, ob der eigene Platz am Rand oder in der Mitte der Reihe liegt. Wer in der Reihenmitte sitzt, sollte weder bei Vorstellungsbeginn noch nach der Pause als Letzter angehetzt kommen, schließlich muss man an allen anderen, schon sitzenden Besuchern, vorbei. Man kehrt dabei den schon auf ihren Plätzen sitzenden Personen immer die Vorderfront zu und bedankt sich mit einem stummen Kopfnicken und einem Lächeln. Ein unablässiges »Dankeschön, vielen Dank« ist eher störend.

Wer andere vorbei lassen muss, steht selbst der Einfachheit halber auf. Die Sitzreihen sind meist eng, nur die Beine zur Seite drehen, schafft oft nicht genügend Raum.

Ein endlos diskutiertes Thema ist die korrekte Kleidung bei öffentlichen Veranstaltungen. Im Kino oder bei einem einfachen Vortrag ist sicherlich kein besonderes Outfit gefragt. Normale Straßenkleidung ist richtig. Freilich, einen ungewaschenen Typen mit ausgeprägtem Eigenduft neben sich sitzen zu haben kann sehr unangenehm sein. Wenn irgend möglich, wechselt man den Platz. Auch im Konzert und Theater kann einem das passieren, da ist die Ausweichmöglichkeit leider gering.

Viele Leute gehen gern vor dem Theater- oder Konzertbesuch zum Essen. Das ist keine schlechte Idee; ein gefüllter Magen kollert und knurrt nicht so leicht. Leider wird dabei gelegentlich vergessen, dass man hinterher noch eine Veranstaltung besuchen will. Sie selbst sollten daran denken und möglichst kein Gericht bestellen, das rohen Knoblauch enthält.

Mit etwas Anstrengung läßt sich alles auf dieser Welt geheimhalten – ausgenommen Knoblauch.
(Alexander Roda Roda)

Früher waren Theater- und Konzertbesuche etwas Besonderes und man kleidete sich dem Anlass entsprechend festlich. Heute sieht man das alles nicht mehr so eng. Dennoch unterscheidet man recht genau zwischen einer normalen Aufführung im Stadttheater und einer Welturaufführung in einem großen Theater von internationalem Renommee, aber auch zwischen Sprechtheater und Oper, Ballet oder Konzert.

Musikveranstaltungen gehen üblicherweise mit einer festlicheren, aufwendigeren Garderobe einher als Theateraufführungen. Trotzdem ist es unangebracht, zu einem kleinen Konzert in einem kleinen Saal in einer Robe zu erscheinen, mit der man vielleicht zu den Salzburger oder den Bayreuther Festspielen gehen könnte. Wer heute zu solchen Veranstaltungen »overdressed«, also zu elegant, erscheint, wirkt eher lächerlich, als dass er bewundert wird. (Siehe auch »Mode und korrekte Kleidung«).

Früher gingen die Leute ins Konzert, um Musik zu hören. Heute gehen sie hin, um Dirigenten zu sehen.
(Paul Hörbiger)

Applaus, Applaus

Die Gagen mancher Künstler sind horrend, dennoch möchte keiner auf das Zubrot des Applauses verzichten. Es sei ihnen gegönnt. Bei Rock- und Pop-Konzerten ist es üblich, dass das Publikum kurz klatscht, wenn es einen bestimmten Titel erkennt. Bei klassischer Musik gilt das grundsätzlich auch heute noch als unmögliches Verhalten, obwohl es gelegentlich bei den Zugaben vorkommt. Gänzlich unüblich ist der »Wiedererkennungsapplaus« bei berühmten Monologen im Sprechtheater. Man stelle sich vor, Hamlet hebt an: »Sein oder Nichtsein ...«, und das Publikum fängt an zu klatschen.

Wer weiß, vielleicht ändert sich das eines Tages. Schließlich geschieht es ja auch schon immer öfter, dass es bei klassischen Aufführungen – zumal bei Opern – Szenenapplaus gibt, dass bei einem Liederabend jedes einzelne Lied oder bei einer Sinfonie jeder einzelne Satz beklatscht wird. Früher war dieses Verhalten ein Zeichen von Unbildung und wurde mitleidig belächelt oder durch entsprechende Äußerungen des Missfallens verständigeren Teils des Publikums gerügt.

Jeder Einzelne im Publikum mag ein Depp sein, zusammen sind diese Leute aber ein Genie. *(Volker Schlöndorff)*

Der Szenenapplaus nach der großen Arie wird heute auch vom klassischen Musikkenner geduldet. Ja, er kommt sogar im Sprechtheater nach besonders langen oder extrem schweren Monologen vor, wenn sich das Publikum durch eine überdurchschnittliche Leistung eines Schauspielers zu einem spontanen Applaus hingerissen fühlt. Und genau das ist der springende Punkt: Szenenapplaus sollte erstens eine spontane Reaktion des überwiegenden Teils des Publikums und zweitens ein kurzer Zwischenapplaus sein. Es stimmt, dass ein einzelner Klatscher dazu manchmal den Anstoß gibt, keinesfalls jedoch sollte man allein verbissen weiterklatschen, auch wenn man persönlich noch so begeistert ist.

Ebenfalls üblich ist es, im Boulevard- und Volkstheater den Erstauftritt des ersehnten Hauptdarstellers mit Applaus zu begrüßen. Im dramatischen Sprechtheater hingegen ist das bisher noch immer unüblich, selbst wenn viele Theaterschauspieler heute auch durch Fernseh- und Filmrollen bekannt sind und entsprechend ungeduldig vom Publikum erwartet werden.
Eine Sonate, eine Sinfonie oder jedes andere in Sätze gegliederte Musikstück wird zwischen den Sätzen nicht durch Applaus unterbrochen. Der Schlussapplaus kann, bei entsprechender Leistung, ja umso frenetischer ausfallen. »Standing ovations«, Applaus, bei dem sich das Publikum zusätzlich erhebt, ist nicht selten. Dabei wird durchaus auch getrampelt, gepfiffen »bravo« respektive »brava« oder »bravi« gerufen, es werden Blumen und ganze Sträuße auf die Bühne geworfen – eine Sitte, die aus südlichen Ländern, vor allem aus dem begeisterungsfähigen Italien zu uns gekommen ist. Und ich möchte den Künstler sehen, der sich durch derart enthusiastische Begeisterungsstürme unangenehm berührt fühlte!
Bei Kirchenkonzerten, Passionsspielen und Messen wird üblicherweise nicht applaudiert. Obwohl auch hier sich die Sitten insofern ändern, als man nach Kirchenkonzerten, die nicht in einem religiösen Rahmen stehen, durchaus Schlussapplaus hört. Man muss also mit allem rechnen, auch mit Applaus in der Kirche.
Normalerweise gelten Pfiffe und Buhrufe als Äußerungen des Missfallens. Ehe man sich selbst zu solchen Bekundungen hinreißen lässt, sollte man mindestens zweimal überlegen. Eine einfach schlechte künstlerische Leistung, beklatscht man nicht oder nur sehr zurückhaltend: Das reicht vollkommen aus. Bedenken Sie, dass auch der Künstler nur ein Mensch ist und vielleicht just an diesem Tage nicht gut drauf war.

Anerkennung und Applaus können auch Vernichtung bedeuten.
(Helmut Qualtinger)

Ist man in ein Konzert geraten, in dem eine Musik gespielt wird, mit der man persönlich nichts anfangen kann, hält man bis zur Pause durch und geht dann – schweigend. Draußen kann man mit seinen Freunden diskutieren, nicht drin im Saal. Es könnte ja immerhin möglich sein, dass Ihr Musikverständnis nicht ausreicht, die wahre künstlerische Leistung zu beurteilen, und dass Sie mit Ihrer persönlichen Missfallensäußerung den Kunstgenuss anderer versierterer Zuhörer stören.
Das Gleiche gilt für das moderne Sprechtheater. Wenn Ihnen das Stück oder die Art der Präsentation nicht behagt, dann verlassen Sie den Zuschauerraum möglichst unauffällig. Bedenken Sie, dass es Besucher gibt, denen die Aufführung zusagt. Versetzen Sie sich in deren Lage. Würden Sie gern von Menschen gestört werden, denen die Aufführung nicht gefällt?

Gedränge an der Garderobe

Wenn jeder an sich denkt, ist an alle gedacht.
(Anonymes Graffito)

Nach dem Ende einer Veranstaltung geht oft ein großes Gerangel an der Garderobe los. Erstaunlicherweise gibt es viele Männer, die da mit reiner Körpermasse zierlichere Damen und durchaus auch Herren beiseite drängen. Man kann versuchen, sich gegen solches Verhalten verbal zur Wehr zu setzen. Die Erfahrung lehrt freilich, dass notorische Drängler – meist sind es dieselben, die auch auf der Autobahn viel mit der Lichthupe arbeiten – sowohl gegenüber einer freundlichen als auch gegenüber einer spitzen Bemerkung erstaunlich immun sind. Man muss sie wohl mit einem Achselzucken gewähren lassen.
Grundsätzlich ist es sinnvoll, dass von einem Paar oder kleinen Grüppchen nur einer zur Garderobe geht und die Mäntel holt. Nach alter Schule sollte das der Herr sein. Ich finde, es sollte spontan und pragmatisch entschieden werden, wer die Mäntel holt.

Angenommen, der Herr hat zufällig jemanden getroffen, mit dem er noch geschwind zwei wichtige Worte wechseln möchte. Dann müsste entweder die Dame warten, bis das geschehen ist, oder der Herr müsste sich die Unterhaltung verkneifen. Dabei könnte doch genauso gut die Dame in der Zwischenzeit um die Mäntel anstehen. Oder es sind drei mehr oder weniger gleichaltrige Damen zusammen ins Theater gegangen. Warum sollen sie alle drei das Gedrängel an der Garderobe vergrößern? Da ist es doch besser, eine von ihnen geht und holt die Mäntel, während die anderen etwas abseits warten.
Nicht jeder, der an der Garderobe ein wenig drängelt, ist ein unhöflicher Mensch. Es gibt kleine Städte, in denen der letzte Bus in einen Vorort vor Mitternacht fährt. Lassen Sie jemandem, der sagt, er müsse noch den letzten Bus erwischen, ruhig den Vortritt, wenn Sie selbst mit dem eigenen Wagen oder zu Fuß gekommen und auf kein öffentliches Verkehrsmittel angewiesen sind. Ein verpasster Bus kann erhebliche Unannehmlichkeiten, allemal jedoch hohe Taxikosten verursachen.

Die Gründe angeben, warum man bittet, ist auch eine Bitte, und zwar die wirksamste von allen.
(Plinius)

Kinder bei öffentlichen Veranstaltungen

Eine etwas heikle Frage ist die, ob Kinder zu einer öffentlichen Veranstaltung, die für Erwachsene gedacht ist, mitgenommen werden dürfen. Wer hier – wie ich es tun möchte – ein striktes Nein spricht, setzt sich dem Vorwurf der Kinderfeindlichkeit aus. Doch wäre auch aus der Sicht des Kindes hierzu etwas zu sagen. Vor einigen Jahren gab es in bestimmten Kreisen eine Welle der Sympathie für »alternative« Väter und Mütter, die ihren kleinen Nachwuchs überall bei sich hatten. Oft, so schien es, zum Verdruss der Kinder selbst, die ihrem Unmut, ihrer Langeweile und manchmal auch ihrer Angst lautstark Ausdruck gaben. Und genau das ist der springende Punkt.

Es gibt kein problematisches Kind, es gibt nur problematische Eltern. *(Alexander S. Neill)*

Eine Veranstaltung, die für ein Kind langweilig oder gar beängstigend sein wird, sollte man dem Kind lieber nicht zumuten. Denn das gelangweilte oder verängstigte Kind wird nur zu leicht zur Zumutung für die anderen erwachsenen Besucher der Veranstaltung. Es hat wahrhaftig nichts mit Kinderfeindlichkeit zu tun, wenn man einsieht, dass nicht alles für jeden und in jedem Alter gut und richtig ist.

Die Eltern müssen schauen, ob sie einen Babysitter finden können oder sie müssen im Zweifel auf das eigene Vergnügen zugunsten der Kinder verzichten. Wenn Sie Ihr Kind beispielsweise an Musik heranführen wollen, können Sie das bei Veranstaltungen tun, die speziell für Kinder gedacht und gemacht sind.

Nehmen Sie Ihr Kind erst dann zu Erwachsenenveranstaltungen mit, wenn Sie sicher sind, dass das Kind sie auch verkraften kann. Im Notfall müssen Sie die Veranstaltung vorzeitig verlassen. Die Rechte einer Überzahl von erwachsenen Zuhörern gehen nun einmal allein schon nach den Regeln der Demokratie denen von ein oder zwei Kindern vor.

Es ist zwar richtig, dass in anderen Ländern diesbezüglich andere tolerantere Sitten herrschen. Vor allem in den schwarzafrikanischen Ländern wird man bei fast allen öffentlichen Veranstaltungen neben Erwachsenen und älteren Menschen auch Kinder jeden Alters sehen. Aber es mag bezeichnend sein, dass ausgerechnet ein afrikanischer Schriftsteller, der Nobelpreisträger Wole Soyinka, einmal bei einer Lesung in Bayreuth eine afrikanische Mutter ermahnte, ihr Kind ruhig zu halten, weil er sich in seinem Vortrag gestört fühlte.

Gotteshäuser, Museen und Bibliotheken

Kirchen, Synagogen, Moscheen und Tempel sind Gotteshäuser und als solche Stätten der stillen Einkehr und inneren Sammlung. Folglich verhält man sich in ihnen leise und äußerst zurückhaltend, auch wenn man sie lediglich aus kunsthistorischem Interesse besucht. Darüber hinaus beachtet man die Kleidervorschriften, die für diese Häuser bestehen. Sofern eine Kopfbedeckung für Männer oder Frauen vorgeschrieben ist, wie beispielsweise in der Synagoge oder in den katholischen Kirchen südlicher Länder, bedeckt man den Kopf, wobei Männer Hüte, Frauen Kopftücher wählen. Urlauber, die in den südlichen Ländern Kirchen, Dome und Kathedralen besichtigen wollen, sollten sich das rechtzeitig überlegen, bevor sie ihre Tagestour beginnen, denn man sieht es dort gar nicht gern, wenn Touristen in kurzen Shorts oder Frauen in Tops mit Spaghettiträgern diese Häuser betreten. Zumindest sollte man bedeckende Kleidungsstücke dabei haben, die man vor dem Betreten des Gotteshauses anlegt. Wird man von einer Amtsperson gebeten, das Haus wegen ungebührlicher Kleidung zu verlassen, so hat man dem unverzüglich und ohne Widerspruch Folge zu leisten.
Aus mehr oder weniger gutem Grund ist Nichtmitgliedern mancher Religionsgemeinschaft der Zutritt zu einigen Gotteshäusern oder heiligen Stätten ohnehin ganz und gar untersagt. In jedem Fall ist dieses Verbot zu respektieren. Was keineswegs heißt, dass man nicht außerhalb des Gebäudes oder der Stätte Sinn und Zweck eines solchen Verbots hinterfragen und diskutieren dürfte.
Sofern in einer Kirche oder einem Gotteshaus das Filmen und Fotografieren nicht ohnehin verboten ist, sollte man keinesfalls während eines Gottesdienstes herumknipsen, schon gar nicht mit Blitzlicht. Und man sollte in einem

Gotteshaus auch kein Eis schlecken oder Pommes knabbern, rauchen oder andere entweihende Handlungen vornehmen, wie etwa Abfälle in eine Weihwasserschale werfen. Eltern sollten auch darauf achten, dass ihre Kinder nicht wild herumtoben. Kinder, die sich in den oft düsteren und leicht angsteinflössenden Gotteshäusern fürchten, sollte man nicht mit Gewalt zwingen, sich lange darin aufzuhalten.

Niemand auf der Welt bekommt soviel dummes Zeug zu hören wie die Bilder in einem Museum. *(Jules de Goncourt)*

Auch Museen, Gemäldegalerien und Bibliotheken sind Orte, an denen man sich angemessen und ruhig verhält. In Museen geht es dabei noch am freiesten zu, hier wird man auch am ehesten Kinder mitnehmen. Allerdings ist es kein Fehler, auch Kindern Sinn und Zweck eines Museums klar zu machen und sie darauf hinzuweisen, dass ein Museum kein öffentlicher Spielplatz ist. Gemäldegalerien sind für kleinere Kinder meist tödlich langweilig, man sollte ihnen den Besuch, wenn überhaupt, nur sehr kurz zumuten oder spezielle Kinderausstellungen mit ihnen besuchen. Bibliotheken und darin die Lesesäle sind Orte der äußersten Ruhe und Konzentration. Allenfalls flüsternd darf man sich hier rasch mit jemandem über irgendetwas austauschen. Wer wirklich etwas zu besprechen hat, findet in jeder Bibliothek außerhalb der Lesesäle passende Räumlichkeiten dafür.

Korrektes Verhalten gegenüber Ausländern

Jeder ist ein Ausländer, fast überall. *(Plakatwerbung gegen Ausländerfeindlichkeit)*

Ganz besonders aufmerksam und höflich verhält man sich gegenüber Ausländern. Dabei ist man freilich weder aufdringlich noch neugierig, noch so übertrieben höflich, dass es schon wieder unhöflich wirkt, weil zu spüren ist, dass es der Höflichkeit an Echtheit mangelt. Doch habe ich noch nie erlebt, dass ein Ausländer es als ungebührliche Einmischung empfunden hätte, wenn ich in Fällen, in denen ganz offensichtlich Verständigungsschwierigkeiten bestanden, meine sprachlichen Vermittlerdienste anbot. Zum Beispiel im Zug, wenn ein Schaffner einem ausländischen Reisenden vergeblich zu erklären versucht, dass und wo er umsteigen muss.

Während eines Italienurlaubs standen eine Freundin und ich in einem Außenbezirk von Rom an einer Bushaltestelle, an die man uns verwiesen hatte. Eine sehr einfache Signora, wohl eine Hausfrau auf dem Weg zum täglichen Einkauf, ging an uns vorbei und betrachtete uns mit fragendem Blick. Als sie Minuten später wieder vorbeikam und wir immer noch an der Haltestelle standen, kam sie zu uns und erklärte uns mit Worten und vielen Handzeichen, dass diese Haltestelle nur nachts angefahren wird. Die Tageshaltestelle sei ein Stück weiter unten. Ich fand das sehr nett und aufmerksam von dieser Frau, denn weil an dieser Haltestelle kein Fahrplan hing, hätten wir gewiss noch eine gute Weile gebraucht, bis wir unseren Irrtum bemerkt hätten.

Umgekehrt empfinde nicht nur ich es als sehr unhöflich, einem Ausländer, der sich darum bemüht, Deutsch zu sprechen, in seiner Muttersprache – falls man diese beherrscht – ins Wort zu fallen. Man achtet selbstverständlich die Bemühung, hört mit Geduld zu und antwortet selbst mit korrektem, aber einfachem Deutsch. Keinesfalls greift man zu Dummdeutsch und man duzt den Fremden nicht einfach! Wird man auf der Straße um eine Auskunft gebeten, vielleicht: »Wo Bahnhof?«, dann sagt man nicht: »Du gehen geradeaus, dann zweite links. Du verstehen?«, sondern man erklärt: „Sie gehen geradeaus …«, dabei zeigt man deutlich mit der Hand die Richtungen und mit den Fingern die Zahl der Straßen, die zu überqueren sind. Wird man dennoch nicht verstanden, sucht man ander-

Menschen, die mit Leichtigkeit fremde Sprachen erlernen, haben gewöhnlich einen starken Charakter. *(Ludwig Börne)* weitig nach Hilfe oder kramt in seinen eigenen Fremdsprachenkenntnissen. Keinesfalls nützt es, lauter zu sprechen als gewöhnlich. Wenn ein Ausländer uns nicht versteht, dann ist es deshalb, weil er die deutsche Sprache nicht beherrscht, nicht weil er schwerhörig wäre.

Oft ist es reine Gedankenlosigkeit, die auch den gebildeten Menschen dazu verführt, gewisse Fehler zu machen. Denken Sie also an folgende Punkte:

Sprechen Sie einen Ausländer, ganz egal welcher Hautfarbe oder welcher Herkunft er auch sein mag, zunächst immer erst in klarem, korrektem, einfachem Deutsch an. Unterstellen Sie grundsätzlich, dass sich der Fremde bemüht hat, unsere Sprache zu lernen. Kommen Sie ihm nicht gleich mit den eigenen Fremdsprachenkenntnissen. Auch wenn der Ausländer Sie duzt, duzen Sie in keinem Fall zurück! In den allerwenigsten Fällen ist dieses Du ein Mangel an Achtung oder Höflichkeit Ihnen gegenüber. Die Unterscheidung zwischen »Sie« und »Du« ist beileibe nicht in allen Sprachen üblich und stellt allemal für den lernenden Ausländer eine gehörige Schwierigkeit dar; immerhin müssen ja zum Beispiel die Verbformen der Anredeform angeglichen werden.

Selbstredend verhält man sich dem dunkelhäutigen Ausländer gegenüber ganz genauso wie gegenüber dem inländischen fremden Mitmenschen oder dem ausländischen Europäer. Allerdings gibt es heikle Momente und auch durchaus verständliche Überempfindlichkeiten.

Ich kenne eine ganze Reihe von afrikanischen Studenten, die sehr ärgerlich reagieren, wenn sie angestarrt werden oder wenn sie hören, dass Kinder ihren Eltern bezüglich dieser fremd aussehenden Menschen neugierige Fragen stellen. Ich kenne aber auch Afrikaner und Inder, die freimütig zugeben, »ihren« ersten Europäer auch fassungslos angestarrt oder gar für einen Geist gehalten zu haben.

Kinder sind nun einmal neugierig. Das ist ein Glück, ohne Neugier würden sie kaum etwas lernen. Manche Menschen wissen, dass es niemandem peinlicher ist, als den eigenen Eltern, wenn das Kind plötzlich tönt: »Mama, guck mal was der Mann für 'ne Nase hat!« Und so wissen auch viele Ausländer, dass es nicht unbedingt ein Zeichen von häuslichem Rassismus ist, wenn das Kind in naiver Neugier nach der dunklen Hautfarbe eines anderen Menschen fragt oder einfach laut kräht: »Papa, da ist ein Neger!« Es kann eine gute Lösung sein, das Kind und den Fremden miteinander bekannt zu machen. Das heißt, den Fremden freundlich anzusprechen und zu sagen: »Mein Töchterchen/mein kleiner Sohn möchte Sie gerne kennen lernen.« Das kann natürlich auch schiefgehen, das hängt nicht zuletzt auch von der Kooperationsbereitschaft des Fremden ab.

Wenn die Neugierde sich auf ernsthafte Dinge richtet, dann nennt man sie Wissensdrang. *(Marie von Ebner-Eschenbach)*

In den frühen 70er Jahren verbrachte ich einige Wochen in der Stadt Kumasi in Ghana. Eines Tages geschah es, dass ein kleiner Steppke, der an der Hand seines Vaters ging, laut und ganz offensichtlich in verspottender Absicht »Obroni!« rief. Dem Vater war das sichtlich peinlich, doch durfte er die Hoffnung haben, dass ich das Wort nicht verstanden hatte. Tatsächlich waren und sind meine Kenntnisse der sehr schwierigen Tonsprache Twi minimal, doch das Wort, das der Junge gerufen hatte, kannte ich. Es bedeutet schlicht »Weißer, Europäer«. Und da ich das Wort für »Afrikaner« kannte, ging ich zu dem Knirps hin, schaute ihn scheinbar scharf an und sagte im selben Ton wie er: »Abibiman«. Erst riß er groß die Augen auf, dann kicherte er, sein Vater sagte etwas zu ihm, vielleicht im Sinne von: »Siehst du, das kommt davon«, und dann stellte sich heraus, dass der Vater ein astreines Englisch sprach. Wir führten eine lange Unterhaltung und zum Schluss wusste der Junge alles, was er über die frem-

Man sollte stets erwägen, dass eine Beleidigung nicht nach dem Maßstab dessen, der sie zufügt, beurteilt werden darf, sondern nur nach den Empfindungen dessen, der sie empfängt.
(Joseph Addison)

de weiße Frau wissen wollte. Als ich ihm zum Abschied die Hand reichte und ihn »Adàmfo« – Freund – nannte, da strahlte er übers ganze Gesicht.

In jedem Fall soll man beachten, dass bestimmte Begriffe aufs Höchste belastet sind, und dass nicht wir, sondern allein der oder die Betroffene darüber zu befinden hat, was er oder sie als beleidigend empfindet und was nicht. Es gibt sprachwissenschaftlich gebildete Deutsche, die sehr von oben herab darüber dozieren, wie blödsinnig es sei, den Begriff »Neger« zu meiden und statt dessen »Schwarzer« zu sagen, weil doch beide Begriffe haargenau das Gleiche bedeuteten. Der eine sei eben sprachlich lateinischen (niger) der andere mittelhochdeutschen beziehungsweise gotischen Ursprungs. Oder sie bemühen ihre literarische Bildung und weisen darauf hin, dass der senegalesische Dichter, Staatsmann und Friedenspreisträger des deutschen Buchandels Léopold Sédar Senghor in seinen sämtlichen Schriften immer nur den Begriff »nègre« verwendet und in den von ihm autorisierten Übersetzungen nichts gegen das Wort »Neger« einzuwenden hatte. Es geht aber nicht darum, auf welche Wurzeln ein Wort zurückgeht, es geht darum, wie der damit Bezeichnete das Wort empfindet. Wenn es in den Ohren des Betroffenen ein Schimpfwort darstellt, dann ist es eine zusätzliche Beleidigung und Missachtung, wenn man auch noch mit wortgeschichtlich untermauerten Belehrungen daherkommt. Das Wort »Neger« wird wegen seiner Anlehnung an den abwertenden amerikanischen »Nigger« als Beleidigung aufgefasst, weshalb man es nicht verwenden sollte.

Höflicher Umgang mit den Nachbarn

Grundsätzlich verhält man sich gegenüber dem Nachbarn und entfernten Bekannten nicht anders als gegenüber dem fremden Mitmenschen, nämlich freundlich, höflich, aufmerksam und hilfsbereit. Dazu gehört zum Beispiel, dass man sich nach einem Umzug in eine neue Wohnung oder in ein neues Haus mit den unmittelbaren Nachbarn, in einer kleineren Wohneinheit mit allen Hausbewohnern bekannt macht.

Der neue Nachbar

Um sich bei neuen Nachbarn in angemessener Form vorzustellen, ist weder eine Riesenfete nötig noch muss man artige Besuche mit Blumenstrauß machen. Es genügt einfach, wenn man sich bei einer zufälligen Begegnung im Treppenhaus, im Keller, in der Tiefgarage oder auf dem Hof bekannt macht.

Wir machen uns Freunde. Wir machen uns Feinde. Aber Gott macht uns den Nachbarn nebenan.
(Gilbert Keith Chesterton)

Hat man nach einer Zeit von vielleicht vier oder sechs Wochen noch nicht alle Hausbewohner zufällig getroffen, kann man bei den übrigen zu einer angemessenen Zeit – also nicht vor 10 Uhr morgens, nicht nach 21 Uhr abends und nicht während der Mittagsruhe – klingeln und sich kurz vorstellen: »Guten Tag. Mein Name ist Karin Schmitz, ich bin mit meinem Mann und meinen zwei Kindern in die Wohnung im 2. Stock links eingezogen.« Mehr braucht man über sich selbst nicht zu erzählen. Wird man freilich höflich hereingebeten, bekommt vielleicht ein Tässchen Kaffee angeboten, so sollte man das annehmen, wenn man es nicht gerade brandeilig hat. Man merkt ja, ob es eine höfliche Geste des Gegenübers ist, oder der Anfang einer allmählichen Inbesitznahme, vor der man sich natürlich von allem Anfang an so gut wie möglich schützen möchte.

Fürchtet man, den Nachbarn mit einem unangekündigten Besuch zu überfallen, so steckt man ihm zunächst eine Visitenkarte in den Briefkasten. Auf der vermerkt man, dass man der neue Mieter ist und sich am … um … persönlich vorstellen wird.

Es gibt Besucher, die so ungeschickt sind, immer dann zu kommen, wenn man zu Hause ist. *(Jean Iris Murdoch)*

Auch wenn Sie merken, dass der Nachbar zu Hause ist, aber aus welchem Grund auch immer (jetzt) nicht öffnen möchte, klingeln Sie nicht Sturm. Stecken Sie ihm eine Visitenkarte mit der zusätzlichen Information, dass Sie der neue Mieter, die neue Mieterin sind, in den Briefkasten und belassen Sie es dabei. Sucht der Nachbar oder die Nachbarin Ihren Kontakt, wird er oder sie von sich aus den nächsten Schritt tun und auf Sie zukommen.

Nachbarschaftshilfe und Hausordnung

Es empfiehlt sich, mit wenigstens einigen der Nachbarn unverbindlichen, aber freundlichen Umgang zu haben. Schließlich kann man nie wissen, wann man einmal auf die Hilfe des Nachbarn angewiesen sein wird. Deswegen muss man ja nicht regelrecht aufeinanderglucken wie die Mieter der »Lindenstraße«, die über jede intime Einzelheit der Mithausbewohner bis ins letzte Detail informiert sind. Es muss auch nicht unbedingt ein Nachbar aus dem eigenen Haus sein, mit dem man etwas näheren Kontakt hält. Vielleicht versteht man sich mit Bewohnern aus dem Nebenhaus besser. Jedenfalls müssen während der Reisezeit gelegentlich die Blumen gegossen sowie die Post und die Zeitungen aus dem Briefkasten genommen werden, da ist mal auf ein Kind oder ein Haustier aufzupassen. Selbst wenn man sich solche Hilfen gegenseitig leistet, ist man deshalb noch nicht zu regelmäßigen Kaffeekränzchen oder anderen Einladungen verpflichtet.

Ein schlechter Nachbar ist eine so große Plage wie ein guter ein Segen ist.
(Hesiod)

Allerdings ist es eine nette Geste, einem Nachbarn, der drei oder vier Wochen lang die Blumen gegossen und die Post aus dem Kasten genommen hat, aus dem Urlaub eine kleine – nach Möglichkeit geschmackvolle – Aufmerksamkeit mitzubringen. Keinesfalls drückt man dem Nachbarn für seine Gefälligkeit ein Trinkgeld in die Hand! Etwas anderes ist es, wenn Sohn oder Tochter des Nachbarn mit solchen Hilfeleistungen ihr Taschengeld ein wenig aufbessern wollten. Dann sollte vorher abgesprochen sein, dass sie für den kleinen Dienst Geld bekommen werden. Und wenn sie ihre Aufgabe wirklich gewissenhaft erledigt haben, sollte man nicht knausrig sein.

Man grüßt die Nachbarn innerhalb des Hauses, aber auch außerhalb, wenn man sich fern vom Hause zufällig in der Stadt begegnet, mit Namen, sofern man ihn weiß. Kennt man den Nachbarn aus dem nächsten oder übernächsten Haus oder aus dem Parterre des Hochhauses, in dem man selbst im 17. Stock wohnt, nur vom Sehen, so genügt ein freundliches Kopfnicken und/oder ein »Guten Tag«.

Zur Nachbarschaftshilfe gehört es auch, mal einen schweren Einkaufskorb ein paar Stufen hochzutragen oder beim Transport eines Kinderwagens im Treppenhaus Hand anzulegen.

Das meiste auf der Welt geht nicht durch Gebrauch kaputt, sondern durch putzen.
(Erich Kästner)

Selbstverständlich hat jeder die Hausordnung zu beachten. Auch ein junger Mann muss dafür sorgen, dass die Treppe geputzt ist, wenn die Hausordnung vorsieht, dass die Mieter oder Eigentümer dafür selbst zuständig sind. Selber putzen muss er nicht; wenn er eine Freundin findet, die dumm genug ist, das für ihn zu erledigen – gut. Wenn er sich eine bezahlte Putzfrau leisten kann, auch gut. Der Putzverpflichtung einfach nicht nachzukommen, weil er glaubt, als Mann für solche niederen Arbeiten nicht geschaffen zu sein, ist nicht nur ein Verstoß gegen die Hausordnung, es ist auch ein Verstoß gegen die Regeln der Höflichkeit.

Ein weiterer wichtiger Punkt der Hausordnung ist die Einhaltung von Ruhezeiten. Alle, die in einem Mehrfamilienhaus leben, haben mehr oder weniger Teil am Leben der anderen, denn absolut schalldichte Wände gibt es im normalen Wohnungsbau nun einmal nicht. Was als Lärm gilt und als belästigend empfunden wird, ist relativ. Eine Mutter, die selbst zwei lebhafte Kleinkinder um sich hat, wird das laute Radio des Nachbarn oder das Geige übende Kind in der Wohnung über ihr kaum oder gar nicht hören. Der sensible Dichter in der anderen Nachbarwohnung dagegen könnte dabei die Wände hochgehen.

Unter allen entsetzlichen Dingen das entsetzlichste ist Musik, wenn sie erst erlernt wird. *(Christian Friedrich Hebbel)*

Zu keiner Zeit ist es angebracht, Wohnungs- oder Haustüren zuzuschmeißen, dass alle Wände wackeln. Auch wenn man blendender Laune ist, sollte man nicht Arien schmetternd oder laut pfeifend durch das Treppenhaus springen. Vor 7 Uhr morgens, nach 22 Uhr abends und in der Mittagspause – je nach landschaftlicher Region zwischen 13 und 15 oder 12 und 14 Uhr – verbietet sich überhaupt jeder vermeidbare Lärm. Dazu gehört auch beispielsweise die Benutzung des Müllschluckers, der insbesondere in den modernen Betonburgen oft eine erhebliche Lärmbelästigung darstellt.

Dass man die Wasserspülung der Toilette benutzt, dagegen kann niemand etwas einwenden, auch wenn in den hellhörigen Betonkästen sogar das oft zu einer erheblichen Belästigung ausarten kann. Doch dass abends nach 22 Uhr nicht mehr geduscht wird – gar von einem verhinderten Operettentenor –, das kann man als Nachbar schon verlangen. Wer jedoch noch zu später Stunde ein Vollbad nehmen muss oder will, kann sich mit einem kleinen Trick behelfen. Man kann Badewasser ohne Rauschen einlaufen lassen, indem man ein Handtuch um den Hahn wickelt und das Wasser am Tuch entlang in die Wanne laufen lässt. So vermeidet man den plätschernden Lärm des einlaufenden Wassers. Wenn man dann badet, ohne viel zu plantschen, und das Wasser erst am nächsten Morgen ablaufen lässt, wird kein Nachbar einen Grund finden, sich zu beklagen.

Ruhe und Ordnung: ist dies Glückseligkeit? Im Kerker ist auch Ruhe und Ordnung.
(Wilhelm Heinse)

Gegen andauernde Ruhestörungen sollte man etwas unternehmen. Am besten bespricht man den Sachverhalt mit dem störenden Nachbarn ruhig und sachlich; meist hat das Erfolg. Anders verhält es sich bei sporadischen Ruhestörungen. Beim frisch eingezogenen Nachbarn kreischt plötzlich die Bohrmaschine. Man darf davon ausgehen, dass das kein Dauerzustand sein wird – man muss also nicht gleich zum Telefon greifen und sich beschweren. Natürlich wäre es schön, würde der maschinenbohrende Nachbar sich an die üblichen, fürs Krachmachen erlaubten Zeiten halten. Wahrscheinlich aber wird er einen Beruf haben, dem er zu diesen Zeiten nachgehen muss, weshalb er vielleicht auch mal nach 22 Uhr noch die letzten drei Löcher fürs Regal bohrt oder gar am Samstagnachmittag oder Sonntag diese Arbeit verrichtet.

Oft liest man in einschlägigen Büchern, es sei nett und höflich, die Nachbarn zu warnen, wenn es mal laut wird, etwa, weil man ein Fest feiern oder eben die Regale an die Wand dübeln will. Dieser Rat ist leicht hingeschrieben, aber in der Ausführung gestaltet er sich schwierig bis unmöglich.

Ich selbst lebe beispielsweise in einem Haus mit neun Parteien. Die haben allesamt Anteil, wenn in einer der Wohnungen die Bohrmaschine zum Einsatz kommt oder eine Stereoanlage bis zum Anschlag aufgedreht wird. Außerdem stehen weitere Häuser sehr dicht im Umkreis. Wenn da im Sommer im Garten oder auf der Dachterrasse des übernächsten Hauses eine Party gefeiert wird, dann bekommt man das deutlich mit, es sei denn, man schließt die eigenen Fenster hermetisch und lässt zusätzlich die Rolläden herunter.

Auf die Pauke hauen will jeder, aber tragen will sie keiner. *(Ulrich Bremi)*

Wem also soll man nun Bescheid sagen, bevor man anfängt, mal auf die Pauke zu hauen? Sicher, man kann bei den unmittelbaren Nachbarn klingeln, ihnen eine mündliche Vorwarnung geben und um Verständnis bitten. Es wird aber immer auch einige geben, die nicht gewarnt werden konnten.

Und wie warnt man vor? Am besten, indem man rechtzeitig – also nicht erst am Tage der großen Party, sondern möglichst einige Tage vorher – entweder persönlich zu den Nachbarn geht, oder indem man ihnen eine kleine, hübsch formulierte schriftliche Warnung in den Briefkasten steckt. Heute ist auch eine telefonische Vorwarnung durchaus akzeptabel. Und auch die schriftliche Warnung braucht nicht per Hand abgefasst zu sein – sie kann maschinengeschrieben und fotokopiert oder computergeschrieben und ausgedruckt sein, das heißt, sie kann allgemeinen Charakter haben und braucht die einzelnen Nachbarn nicht namentlich anzusprechen.

Dass man die Lärmwarnung einige Tage vorher abgibt, hat einen einzigen guten Grund: So können die Nachbarn selbst Vorkehrungen treffen. Sei es, dass sie sich vielleicht selbst auch Gäste einladen, sei es, dass sie sich Theater- oder Konzertkarten besorgen oder auch nur eine Schachtel Ohropax aus der Apotheke.

Die Aufforderung mancher Benimmexperten, gleich mit Blumen, Pralinen, einer Flasche Wein oder ähnlichen

»Aufmerksamkeiten« um vorweggenommene Entschuldigung für die Lärmbelästigung zu bitten, halte ich allerdings für ziemlich übertrieben, ganz abgesehen davon, dass der Durchschnittsbürger sich das ohnehin nur leisten kann, wenn er höchstens einen Nachbarn im Zweifamilienhaus hat.

Musik wird oft nicht schön gefunden, weil stets sie mit Geräusch verbunden.
(Wilhelm Busch)

Ist man selbst nicht vorgewarnt worden und muss nun ein paar Stunden lang fröhlichen Partylärm ertragen, so sollte man die Größe haben, ein Auge zuzudrücken. Ist es gar zu laut und zieht sich die Festivität obendrein bis lange nach Mitternacht hin, kann man zum Telefon greifen. Man sollte aber weder anonym am Telefon toben, denn wenn man schon anruft, soll man auch sagen, wer man ist und ruhig erklären, dass man sich von dem anhaltenden Lärm sehr gestört fühlt, noch sollte man gleich die Polizei einschalten. Reaktionen dieser Art können das nachbarschaftliche Verhältnis auf Dauer schwer belasten. Eine andere Möglichkeit wäre, am nächsten Tag mit dem Nachbarn, bei dem es so laut war, eine sachliche Aussprache herbeiführen. In jedem Fall ist es sinnvoll, zunächst nach gütlichen Mitteln der Einigung zu suchen, selbst dann, wenn man sich wirklich sehr stark belästigt fühlt. Eines sollte man immer bedenken: Auch ein Gastgeber steckt möglicherweise in einer üblen Zwangslage. Nicht immer hat der Gastgeber alleinige Verfügungsgewalt über die Knöpfe seiner Stereoanlage und die Hausbar. Man hat gelegentlich Gäste (unter Umständen haben Sie selbst das auch schon einmal erlebt), die sich anders verhalten, als man sich das als Gastgeber wünscht. Das ist schlimm und peinlich genug. Doch dann auch noch von Nachbarn am Telefon beschimpft oder gleich die Polizei auf den Hals geschickt zu bekommen ist doppelt unangenehm.

Grüßen im Haus und auf der Straße

Jeglichen grüße zuerst – was verlierst du dadurch? *(Ovid)*

Früher galt es als eherne Regel, dass der Jüngere zuerst den Älteren zu grüßen hat, der Herr zuerst die Dame, die Einzelperson zuerst die Gruppe und so weiter. Heute fällt erstens niemandem ein Zacken aus der Krone, wenn er diese Regeln kreuz und quer durchbricht, zweitens kann Nichtbeachtung der Regel einem mild erzieherischen Zweck dienen. Der unsichere junge Mann wird von der älteren Dame zuerst gegrüßt, und das könnte ein Aha-Erlebnis für ihn sein. Von nun an grüßt er von sich aus, weil er vielleicht gemerkt hat: Sich gegenseitig grüßen schafft eine freundlichere Atmosphäre, als schweigend aneinander vorbeizustoffeln.

Umgekehrt hat man, egal, ob man selbst der Ältere oder der Jüngere, der Herr oder die Dame ist, das Recht, die Grüßerei einzustellen, wenn zu wiederholten Malen der eigene Gruß nicht erwidert wurde.

Manche Menschen haben ein sehr schlechtes Personengedächtnis. Sie erkennen beispielsweise den Nachbarn, dem sie im Hause oder in der Tiefgarage immer freundlich zunicken, in der fremden Umgebung eines weit entfernten Großmarkts einfach nicht. Wenn man selbst ihn aber erkennt, warum soll man nicht zuerst grüßen, auch wenn man der so genannte Ranghöhere ist? Sicher ist es Ihnen auch schon einmal passiert, dass Sie von einem wildfremden Menschen sehr höflich gegrüßt wurden. Das kann eben derjenige mit dem besagten schlechten Personengedächtnis gewesen sein, der Sie mit jemandem verwechselt hat. Grüßen Sie genauso freundlich zurück! Möglichst, ohne im Stillen »Spinner« zu denken.

Und ganz bestimmt kennen Sie auch diese Situation: Sie sehen jemanden, wissen auch, dass Sie denjenigen kennen, können sich aber im Moment einfach nicht erinnern, woher Ihnen dieser Herr oder diese Dame bekannt sind. Manchmal dämmert es einem später: Ach ja, das war ja die Apothekerin, die man sonst nur im weißen Kittel hinter der Offizin stehen sieht, der Malermeister, der letzten Sommer das Wohnzimmer frisch tapeziert hat.

Wenn man einer Person begegnet, die man vom Sehen kennt, grüßt man mit einem freundlichen Lächeln, einem Kopfnicken, einem »Guten Tag«, auch wenn man im Augenblick nicht weiß, woher man den Betreffenden kennt. Kommt es jedoch dazu, dass der andere stehen bleibt und sich unterhalten möchte, haben Sie verschiedene Möglichkeiten: Entweder Sie geben vor, es sehr eilig zu haben, und verdrücken sich schnell – eine nicht sehr elegante, aber häufig gewählte Lösung. Oder Sie verstecken Ihre Unwissenheit und tun so, als wüssten Sie natürlich ganz genau, mit wem Sie da gerade sprechen – auch keine sehr probate Lösung. Schließlich können Sie die Flucht nach vorn antreten und ehrlich sagen: »Bitte helfen Sie mir, ich weiß im Moment nicht, woher ich Sie kenne/kann mich im Augenblick nicht an Ihren Namen erinnern.« Die allerwenigsten Menschen sind von einem ehrlichen Bekenntnis dieser Art wirklich tief verletzt. Die meisten werden einem gern auf die Sprünge helfen.

Im Haus, auf der Straße, wo auch immer man einem Nachbarn oder einem Bekannten begegnet, grüßt man mit Namen, wenn man nahe aneinander vorbeigeht. Weder schreit man sich quer über die Straße hinweg einen Gruß zu, noch ist man zu einem Händeschütteln verpflichtet, wenn man nicht vorhat, stehen zu bleiben und miteinander zu plaudern. Und selbst dann muss man sich nicht die Hand geben.

Es ist erstaunlich, wie viele Menschen den Kopf nur zum Hutaufsetzen haben.
(Harold Pinter)

Früher hieß es in jedem Benimmbuch, der Herr habe zum Gruß grundsätzlich den Hut zu ziehen. Heute werden erstens weniger Hüte getragen – das kann sich freilich jederzeit wieder ändern – und zweitens nicht mehr so häufig die Hüte gelüpft. Einem Mann mit Hut auf dem Kopf, einem Kind an der einen und einer Einkaufstüte in der anderen Hand, wird jeder vernünftige Mensch nachsehen, wenn er den Hut nicht zieht.

Kappe oder Mütze behält der Herr ohnehin auf nicht nur, wenn er Gerd Dudenhöffer – alias Heinz Becker – heißt. Und auch die Dame zieht den Hut niemals, selbst wenn es ein Herrenhut sein sollte. Hat der Herr die Hände in den Manteltaschen vergraben, so soll er sie herausnehmen, wenn er grüßt. Um den Hut zu ziehen, wird ihm nichts anderes übrigbleiben. Wenn aber ohnehin ein Händeschütteln nicht vorgesehen ist, wird heutzutage kaum jemand ernsthaft verübeln, wenn der Herr an einem kalten Wintertag die Hände in den Taschen lässt. Begrüßt man sich auf der Straße mit Handschlag, so ist es üblich, dass der Herr den Handschuh auszieht. Die Dame darf dagegen den Handschuh anlassen – zumal, wenn es sich um einen engen Leder- oder Stoffhandschuh handelt, der nur mühsam Finger um Finger gelockert und dann endlich abgezogen werden kann. Auf die Prozedur des Vorstellens und weitere Besonderheiten des Grüßens kommen wir an anderer Stelle noch zu sprechen.

Haustiere

Ob man Haustiere halten darf, ist in Mietshäusern durch den Mietvertrag geregelt. Besitzer von Eigentumswohnungen sind da schon geringeren Einschränkungen unterworfen. Hausbesitzern steht diesbezüglich die Wahl völlig frei, solange sie keinen Alligator oder eine Giftschlange zum Hausgenossen wählen, was unter Umständen den Gesetzeshüter auf den Plan rufen kann. Ein allzu bellfreudiger Hund hat freilich schon oft zu Scherereien bis hin zu Treffen vor dem Kadi geführt. Die durch einen notorischen Kläffer belästigte Nachbarschaft kann erwirken, dass ein solcher Hund abgegeben werden muss, auch wenn er in einem Einfamilienhaus gehalten wird. Artgerecht gehaltene Hunde neigen jedoch gemeinhin nicht zu übermäßigem Bellen.

Der eigene Hund macht keinen Lärm – er bellt nur.
(Kurt Tucholsky)

Ehe man sich ein Haustier zulegt, sollte man gründlich überlegen, ob man all den Bedürfnissen des Tieres auch wirklich gerecht werden kann. Einen großen Hund in einer kleinen Wohnung ohne Garten zu halten ist schlicht Tierquälerei. Hier wäre zu überlegen, ob man sich nicht lieber für einen Kanarienvogel oder einen Goldhamster entscheidet.

Selbstverständlich hat man als Tier- und zumal als Hundebesitzer auch darauf zu achten, dass der kleine Liebling sein Geschäft nicht in Nachbars Garten und nicht mitten auf dem Gehsteig verrichtet und auch sonst in der Umgebung keinen Unsinn anstellt.

Es gibt Menschen, die, aus welchem Grund auch immer, keine Hunde oder keine anderen Tiere in ihrer Wohnung oder ihrem Haus haben wollen. Es ist kurzsichtig, ja sogar ungerecht, diesen Menschen unbesehen Tierfeindlichkeit zu unterstellen. Vielleicht leiden sie an einer Allergie oder an einer Tierphobie, einer krankhaften Angst, weil sie als Kind einmal von einem Hund angefallen oder gar gebissen worden sind.

Als Gast ist man gehalten, sich rechtzeitig zu erkundigen, ob man seinen Hund mitbringen darf. Wird man aus gutem Grund gebeten, das Tier nicht mitzubringen, hält man sich daran. Vor allem sollten Sie nicht hoch und heilig versichern, Ihr Hund sei lammfromm, wenn er dazu neigt, in Gesellschaft nervös zu werden, zu knurren, zu bellen oder gar zu schnappen.

Ich verabscheue Leute, die Hunde halten. Es sind Feiglinge, die nicht genug Schneid haben, selbst zu beißen. *(August Strindberg)*

Auch als haustierbesitzender Gastgeber hat man ein paar Kleinigkeiten zu beachten. Dieselben Menschen, die es nicht gern sähen, dass Sie Ihren Hund (Ihre Katze oder sonst ein Tier) mit zu ihnen brächten, werden vor diesen Tieren auch in Ihrem Hause Angst haben oder ihrer Allergien wegen gefährdet sein. Meist denken Tierbesitzer nicht daran, auf den Umstand, dass sie ein Haustier haben, bei einer Einladung hinzuweisen. Jedenfalls sollten Sie das Tier bei der Begrüßung der Gäste zurückhalten und es auch während des ganzen Besuchs in einem anderen Raum unterbringen, wenn Ihr Gast Sie darum bittet. Auch wenn es Ihnen als Tierliebhaber möglicherweise schwer fällt, das einzusehen, nehmen Sie Rücksicht auf Ihre Gäste und Ihre Gastgeber!

Für etwaige Schäden, die das Haustier anrichtet, hat der Besitzer selbstverständlich aufzukommen. Egal, wann, wo und wie der Schaden angerichtet wird. Wenn also Ihr Hund, der eben noch im Garten nach seinem verbuddelten Knochen gegraben hat, dem gerade eingetroffenen Gast freudig schwanzwedelnd die Pfoten auf die hellen Hosen legt und darauf wunderschöne Abdrücke hinterlässt, so müssen Sie mindestens anbieten, die Kosten für die Reinigung des Beinkleides zu tragen.

Höflicher Umgang mit Bekannten

So manche Reise wird wohl mit der Absicht unternommen, neue Menschen kennen zu lernen, neue Bekanntschaften zu schließen. Aus einer zufälligen Urlaubsbekanntschaft kann natürlich eine freundschaftliche Beziehung, gar eine Freundschaft werden. Doch darum soll es in diesem Kapitel nicht gehen. Hier wird vielmehr zunächst die Frage behandelt, wie man sich als Reisender den Mitreisenden und anderen Urlaubsgästen gegenüber verhält. Sodann geht es darum, wie man allgemein mit Bekannten umgeht.

Urlaubsbekanntschaften und Reisegesellschaften

Urlauber im Hotel, die individuell angereist sind und auch entsprechend wieder abreisen werden, haben meist wenig miteinander zu tun. Sie treffen sich unter Umständen bei den Mahlzeiten im Hotel, am Strand, an der Skipiste, beim Stadtbummel. Es besteht keine Veranlassung, sich namentlich miteinander bekannt zu machen, doch spricht nichts dagegen, es zu tun, wenn man sich sympathisch findet und beide Seiten kontaktfreudig sind.
Wer im Frühstückszimmer, im Foyer des Hotels oder sonst wo im Vorbeigehen am Urlaubsort immer wieder demselben Gast begegnet, wird sicherlich grüßen und gegen einen Gruß des anderen nichts einzuwenden haben. Ist man als alleinreisender Gast mit Vollpension an einen

Urlaub ist der Versuch, dem Nachbarn zu entgehen, obwohl man ziemlich sicher sein kann, dass man ihn am Strandkorb nebenan trifft.
(Jacques Tati)

Tisch verwiesen, an dem man immer wieder mit demselben Gast zusammentrifft, wird man sich höflicherweise auch mit Namen vorstellen und ein wenig Konversation miteinander treiben.

Allein sein müssen ist das Schwerste, allein sein können das Schönste. *(Hans Krailsheimer)*

Schwierig kann es werden, wenn man als eher einzelgängerischer Typ an einen anhänglichen Miturlauber gerät, der sich bereitwillig erbietet, einen zu jeder Zeit und überallhin zu begleiten. Man muss dann unter Umständen höflich oder auch nachdrücklich ablehnen.

Gehört man selbst zur eher anhänglichen Sorte, sollte man trotzdem versuchen, eine gewisse Feinfühligkeit zu entwickeln. Hat man seine Begleitdienste bereits zweimal erfolglos angeboten, dann sind sie offensichtlich nicht erwünscht. Man muss also nach einem anderen Gast Ausschau halten, dem man sich anschließen kann, oder eben allein auf Sightseeing-Tour gehen.

Übrigens wird heute dem unverheirateten Paar zwar selten ein Doppelzimmer verweigert, aber grundsätzlich hat der Wirt das Hausrecht und darf bestimmen, was in seinem Hause geschieht. Er kann dementsprechend die Vergabe eines Doppelzimmers an unverheiratete oder gleichgeschlechtliche Paare ablehnen.

Die Hotelbar ist selbstverständlich für alle Hotelgäste da, auch für die allein reisende Dame. Sie darf dort ihren Drink nehmen, sie darf selbstredend den Drink, den der Barkeeper als Geschenk des Hauses anbietet, annehmen. Lediglich gegen männliche Gäste, die ein paar Dinge noch nicht so recht verinnerlicht haben, wird sie sich möglicherweise zur Wehr setzen müssen, beispielsweise gegen ein allzu aufdringliches Angebot, ihr ein Getränk zu bestellen und ihr Gesellschaft zu leisten. Aber eine Frau, die selbstbewusst genug ist, allein in die Hotelbar zu gehen, wird auch wissen, wie sie sich unerwünschter Gesellschaft gegenüber verhält.

Bei der Abreise aus dem Hotel ist es heute nicht mehr üblich, dem gut bezahlten, hochrangigen Personal, das seinen normalen Dienst versehen hat, ein Trinkgeld zu geben. So bekommt weder der Empfangschef einen Schein zugesteckt noch der Portier. Etwas anderes sind besondere Dienstleistungen, die über den Rahmen des Üblichen hinausgehen. Dafür darf man sich auch mit einem Trinkgeld erkenntlich zeigen. Ebenfalls bei denjenigen Mitgliedern des Personals, die unauffällig ihren Dienst tun und meist schlecht bezahlt sind, wie Zimmermädchen und Putzfrauen. Ihnen kann man an gut sichtbarer Stelle im Zimmer ein Trinkgeld hinterlegen. Besser drückt man es ihnen persönlich in die Hand, so kann man sicher gehen, dass es nicht an der falschen Adresse landet.

Die Kreuzfahrtgesellschaft

Als Gast an Bord eines Luxusliners oder als Mitreisender in einer Reisegruppe, ist man für eine gewisse Zeit mit Menschen zusammen, die man vorher nicht kannte und hinterher mit großer Wahrscheinlichkeit ebenfalls nie wieder sehen wird. Dennoch besteht für wenige Tage oder auch für einige Wochen eine recht enge Gemeinschaft. Und das heißt, es sind mal wieder Regeln zu beachten.

Aber was kommt schon dabei heraus, wenn sie alle in fremde Länder zu reisen anfangen! Nichts; sie tragen ja doch wie die Zinnsoldaten ihr bisschen Standort mit sich herum.

(Erhart Kästner)

Ein Kreuzfahrtschiff ist sozusagen ein schwimmendes Luxushotel mit eingebautem Badestrand. Während man sich tagsüber an Bord und natürlich auch bei den Landaufenthalten recht leger verhalten und kleiden kann, herrscht zu den Mahlzeiten, zumal am Abend, doch eine recht strenge Etikette. Man kleidet sich um, ehe man den Speisesaal betritt. Der Herr trägt mindestens einen dunklen Anzug, wenn nicht sogar Dinnerjacket oder Smoking und auch die Dame ist festlich gekleidet. Bei besonderen Anlässen, etwa dem Captain's Dinner, ist sogar große Abendgarderobe gang und gäbe.

Ansonsten gelten die allgemeinen Höflichkeitsregeln für Hotelurlauber. Man grüßt sich, man macht sich aber nur mit denjenigen Mitreisenden namentlich bekannt, mit denen man die Kabine oder den Tisch im Speisesaal teilt, mit denen man häufiger am Pool zusammenkommt oder die man bei anderen sportlichen oder sonstigen gesellschaftlichen Aktivitäten immer wieder trifft.

Es gibt zwei Arten von Vergnügungsreisenden: Die einen erleben die Reise, die anderen wollen auf der Reise was erleben.
(Karl Peltzer)

Reisegruppen

Etwas umfangreicher sind die Regeln für die Mitglieder einer Reisegruppe. Meist sind es 15 bis 30 Leute, die zusammen mit einem Busfahrer oder einer -fahrerin sowie einem Reiseleiter oder einer -leiterin, für zwei, drei vielleicht sogar vier Wochen unterwegs sind und nach besten Möglichkeiten gut miteinander auskommen sollten.

Für die Mitglieder einer Extremtour durch die Sahara oder einer Wandergruppe, die Island durchstreift, gelten grundsätzlich dieselben Regeln wie für die Busreisenden, die die Schlösser der Loire besichtigen wollen. Unter den Reisenden, die wegen der Art ihrer Reise sehr eng miteinander umgehen müssen, wird sich rasch ein eher kumpelhafter Umgang miteinander entwickeln.

Ganz Ähnliches gilt auch für Klubferien, die besonders gern von jungen und junggebliebenen Leuten gebucht werden, und zwar meistens mit dem ausdrücklichen Wunsch »etwas zu erleben«. In den entsprechenden Hotelanlagen ist es üblich, dass sich die Urlauber duzen, da wird es als selbstverständlich angesehen, dass er sie »anmacht« (und/oder umgekehrt), aber auch dass man über jeden Scherz des Animateurs – und sei er noch so dümmlich-derb – herzlich lacht, kurz, dass man jeden Ringelpiez mitmacht. Wer solchen lockeren Umgangsformen nichts abgewinnen kann, der sollte vorsichtig sein, ehe er solche Reisen bucht. Erkundigen Sie sich rechtzeitig beim

Reisebüro, wie sich die Gruppen üblicherweise zusammensetzen, was für ein »Publikum« Sie erwarten dürfen. Buchen Sie nicht, wenn Ihnen die Sache anrüchig scheint. Das ist allemal besser, als drei lange Wochen in der falschen Gruppe zu leiden oder gar den Urlaub vorzeitig abbrechen zu müssen. Denn eins ist klar: Der oder die Einzelne hat kein Recht, vom ganzen Rest der Gruppe ein anderes Verhalten zu verlangen.

Oberstes Gebot für alle, die an einer (Bus)-Gruppenreise teilnehmen, ist Pünktlichkeit, und zwar vom Moment der Abfahrt an bis zum Schluss der Reise. Nichts ist für die Mitreisenden und den Reiseleiter so nervenaufreibend wie notorische Bummelanten.

Er kam prinzipiell zu spät, da sein Grundsatz lautete, Pünktlichkeit stehle einem die Zeit. *(Oscar Wilde)*

Eng verwandt mit der Pünktlichkeit ist die Ordentlichkeit. Selbstverständlich darf man einmal mit verwuschelter Frisur oder leicht verkrumpelter Bluse herumlaufen. Es darf einem auch mal das Hemd aus der Hose rutschen oder der Hut schief auf dem Kopf sitzen. Aber seine Papiere, seine Tickets, seinen Pass, seine Hotelschlüssel und Ähnliches muss man gut verwahrt und bei Bedarf griffbereit haben. Man achtet darauf, dass man seine wertvolle Kamera nicht irgendwo liegen lässt und auch sonst möglichst keine Wertgegenstände verliert.

Wenn man bestohlen wird, ist das eine andere Sache. Doch auch da sieht man zu, dass man mögliche Diebe nicht durch eigene Unachtsamkeit provoziert. Besonders den Herren sei gesagt: Man trägt ein prallvolles Portemonnaie nicht in der Gesäßtasche! Besonders den Damen sei gesagt: Man lässt die Handtasche nicht locker am langen Riemen lässig von der Schulter baumeln und man legt nicht seinen wertvollsten Schmuck an, wenn man durch die Straßen einer Stadt, gar durch deren Armenviertel, bummelt! Vor allem bewahrt man Geld und Papiere immer getrennt auf!

Auch glücklich landende Reisegesellschaften kann man Flugkatastrophen nennen. *(Werner Schneyder)*

Da eine Busreisegruppe meist nicht mehr als 35 Mitglieder umfasst, könnten sich theoretisch alle miteinander bekannt machen und mit Namen ansprechen. Bei Studienreisen wird den Mitreisenden oft eine Liste mit den Namen aller Reiseteilnehmer ausgehändigt, anhand derer man sich langsam alle Namen aneignen kann. Meist bilden sich aber bereits nach kurzer Zeit Untergrüppchen heraus. Diejenigen, die im Bus in unmittelbarer Nähe zusammensitzen oder im Speisesaal einen Tisch miteinander teilen, werden sich bald namentlich kennen. Grundsätzlich jedoch genügt es, dass man alle Mitglieder vom Sehen her kennt – also auch bemerken kann, wenn jemand fehlt. Insgesamt geht man möglichst nett und zuvorkommend miteinander um, auch und gerade, wenn schwierige Mitreisende zur Gruppe gehören.

Fensterplätze – zumal der Platz schräg hinter dem Fahrer – sind natürlich sehr begehrt. Manche Reiseleiter schlagen das Rotationsprinzip vor: Bei jeder Etappe werden die Plätze gewechselt, sodass jeder mal nach vorn auf die »besseren Plätze« kommt. Andere überlassen es den Mitgliedern der Gruppe, sich über die Platzverteilung während der Reise zu einigen.

Beim Ein- und Aussteigen ist man sich gegenseitig behilflich. Vor allem ältere Reisende haben bei den oft hohen Stufen am Bus leicht Schwierigkeiten. Wünschenswert wäre es auch, wenn große Reisende darauf achten würden, dass es kleinere Mitreisende gibt, die auch mal was sehen wollen.

Während die Reiseleiterin oder der Reiseleiter, ganz selbstverständlich als gleichwertiger Mitmensch angesehen wird, ist das beim Fahrer oder bei der Fahrerin leider häufig nicht der Fall. Oft wird er/sie deutlich als »Dienstbote« behandelt, kaum gegrüßt, schon gar nicht zu den Mahlzeiten an einen der Tische gebeten. Nun ist es durchaus möglich, dass sich ein Fahrer gern von sich aus absondert, vielleicht das Zusammensein mit einer Gruppe vornehmlich »intellektueller« (Bildungs-)Reisender geradezu scheut. Dass er oder sie diese Absonderung von sich aus wünscht, sollte man aber nicht von vornherein und ungefragt annehmen. Ich selbst habe schon Fahrer erlebt, die sich mit der Kunsthistorie mancher Sehenswürdigkeiten besser auskannten als der Reiseleiter und die vor allem auch ein paar Geheimtipps kannten, die sie aber nicht jeder Gruppe preisgaben.

Besonders bei Städtereisen, zu denen die Anreise per Flugzeug oder Bahn erfolgte, kommt es vor, dass Tagesbusse mit Fahrer gemietet werden. Da schadet es ebenfalls nicht, wenn man den Fahrer beziehungsweise die Fahrerin beim Einsteigen grüßt, so man sie beherrscht, am besten in der Landessprache (aber einen Gruß kann man eigentlich in jeder Sprache schnell lernen).

Die beste Bildung findet ein gescheiter Mensch auf Reisen.
(Johann Wolfgang Goethe)

Oft ist es auch üblich, dem Fahrer am Ende der Tour ein Trinkgeld zu geben. Ist man sich diesbezüglich unsicher, fragt man am besten den Reiseleiter.

Hat man Grund, sich über Fahrer, Hotelpersonal oder Reiseleitung zu beklagen, so tut man das diskret und leise zunächst beim Betroffenen selbst. Kann man sich mit dem Fahrer, der Fahrerin, dem Personal des Hotels wegen mangelnder Sprachkenntnisse nicht persönlich verständigen, schaltet man den Reiseleiter ein. Bleibt Ihre berechtigte Klage unbeachtet, wird Ihnen nichts anderes übrig bleiben, als nach Ende der Reise Beschwerde beim Veranstalter zu führen. Oft bekommt man ja ohnehin Fragebogen ausgehändigt, in die man sein Lob und seinen Tadel eintragen kann. Während der Reise ein großes Tamtam zu veranstalten lohnt den Aufwand im Allgemeinen nicht. In den meisten Fällen sind es ja eher Kleinigkeiten, über die man sich ärgert.

Schlimmer noch als ein vielleicht grantiger Reiseleiter – den man schon mal beiseite nehmen und mit Hinweis auf die Beurteilung im Fragebogen zur Räson bringen kann – sind unleidliche Mitreisende, denen immer irgendwas nicht passt oder die als die Neunmalklugen auftreten und prinzipiell immer alles besser wissen. Dem ist man ziemlich hilflos ausgesetzt. Meist ist es am besten, ihnen möglichst aus dem Weg zu gehen. Fühlt sich die ganze Gruppe durch einen notorischen Quengler und Quertreiber belästigt und behindert, hat der Reiseleiter das Recht, diesen Gast abzumahnen und im schlimmsten Fall sogar nach Hause zu schicken.

Wenn man durchaus unzufrieden sein will, dann sei man es mit sich selbst. *(Yüeh-potschüan)*

Erstaunlicherweise ist es besonders die Küche, an der Reisende am meisten zu mäkeln haben. Da Busrundreisen im Allgemeinen mit Halb- oder Vollpension verbunden sind, das heißt, man bekommt am jeweiligen Etappenziel mittags und/oder abends im Hotel ein gemeinsames Essen serviert, hat man keine oder wenig eigene Wahl. Wer in Mittelmeerländer reist, sollte wissen, dass er dort mehr und öfter als bei uns Fisch und Meerestiere vorgesetzt bekommt. Umso überraschender ist es, dass Reisende immer wieder ein ziemlich lautes Gezeter anfangen, wenn Fisch serviert wird. Dabei gäbe es zwei einfache Möglichkeiten. Entweder man bittet den Kellner um eine Extraportion von den Beilagen und begnügt sich damit oder man fragt, mit oder ohne Einschaltung der Reiseleitung, ob man etwas anderes, vielleicht ein Rührei haben kann. Im Notfall muss man sich auf eigene Kosten ein Essen nach der Karte bestellen. Am Tisch den Suppenkasper zu spielen ist in jedem Fall die schlechteste Lösung. Hat sich der Kellner besondere Mühe gemacht, ist nicht nur ein Dank, sondern auch ein anerkennendes Trinkgeld angemessen.

Als Tourist im Ausland

Auch wenn wir zahlen, sind wir im Ausland erstens Gäste und zweitens Botschafter unseres eigenen Landes. Dementsprechend sollten wir uns benehmen, denn man kann es den Einheimischen nicht verdenken, wenn sie uns Deutsche danach beurteilen, wie wir uns in ihrem Land aufführen. Vor jeder Auslandsreise sollte man sich über Land und Leute informieren. Man sollte wenigstens in groben Umrissen etwas über die Geschichte und Kultur, die Sprache, das politische System, die Sitten, Gebräuche und religiösen Vorschriften des Landes wissen. Je mehr das Urlaubsland der so genannten Dritten Welt zuzuordnen ist, desto respektloser wird häufig das Auftreten der Touristen und desto geringer ist ihr Wissen über die jeweiligen Länder und ihre Bewohner. Doch auch, wer nur einen Badeurlaub machen oder auf Safari gehen will, kommt zwangsläufig mit den Einheimischen in Kontakt und sollte sich entsprechend betragen.

Als deutscher Tourist im Ausland steht man vor der Frage, ob man sich anständig benehmen muss oder ob schon deutsche Touristen dagewesen sind. *(Kurt Tucholsky)*

Das heißt nicht totale Unterwerfung unter die Sitten des jeweiligen Landes. In weiten Teilen Indiens und Afrikas isst man beispielsweise mit den Fingern, in Asien mit Stäbchen. Diese Menschen beherrschen die Technik, sauber und ästhetisch mit der Hand oder eben mit Stäbchen zu essen; wir beherrschen sie (meist) nicht, weshalb man nichts dagegen hat, dass wir unsere eigenen Tischsitten beibehalten und mit Messer und Gabel essen. Man erwartet aber von uns, dass wir das andere nicht als primitiv und minderwertig abtun. Kernpunkt ist der Respekt vor den gesellschaftlichen Normen und den kulturellen Eigenheiten der anderen.

Zu den größten Sünden der Touristen gehört die Schamlosigkeit, mit der sie Menschen anderer Länder ungefragt fotografieren und filmen. Leider leistet die tägliche Fernsehberichterstattung diesem Verhalten Vorschub. Als fil-

Manche Leute gehen nur auf Reisen, um ihre Vorurteile bestätigt zu bekommen.
(Josef Pieper)

mender und fotografierender Tourist sollte man sich auf Landschaften, Kunstwerke, Baudenkmäler, Pflanzen und Tiere beschränken und Menschen, die man gezielt aufs Bild bannen möchte, zunächst um ihre Zustimmung bitten. Ihre Ablehnung muss man unbedingt respektieren. Eng verknüpft mit der Meinung, alles fotografieren zu können, ist die Einstellung, auch alles anfassen und betatschen zu dürfen, inklusive die Menschen. Um zu begreifen, was Touristen hier gelegentlich anstellen, muss man sich die Situation einmal ins Umgekehrte verdreht vorstellen. Man denke sich ein kleines verträumtes deutsches Dörfchen, an einem Sonntag vormittag. Gerade sind die Einwohner dabei, in ihren alten Trachten zur Kirche zu gehen, da kommt ein Bus voller dunkelhäutiger Menschen. Sie steigen aus und umringen die Kirchgänger, streichen ihnen über die blonden Haare, zeigen mit den Fingern, fotografieren und filmen. Einer nimmt einer jungen Frau die Trachtenhaube vom Kopf, um sie sich selbst aufzustülpen, was unbändiges Gelächter der Mitreisenden auslöst, die gleich alles mit der Videokamera aufnehmen. Dann gehen einige der fremden Besucher uneingeladen einfach in die Häuser, schauen in alle Zimmer, gucken in die Töpfe und bekunden unverhohlen ihren Ekel über das Essen, das darin schmort. Schließlich stürmen sie das kleine Kirchlein des Ortes, latschen während des Gottesdienstes durch das Allerheiligste, singen, grölen und pfeifen, machen sich darüber lustig, dass der Priester »Frauenkleider« trägt, und können nicht begreifen, warum sie das Kruzifix, für das sie doch gutes Geld zahlen wollen, nicht als Souvenir mitnehmen können … Das sieht drastisch überzeichnet aus, doch wer einmal erlebt hat, wie sich beispielsweise Keniatouristen in einer Massaisiedlung aufführen, wird das gar nicht mehr so sonderlich übertrieben finden.

Auch was die angemessene Kleidung anbelangt, herrschen sehr große Missverständnisse. Dass manche Völker in den Äquatorialzonen der Erde relativ unbekleidet herumlaufen, heißt beileibe nicht, dass sie kein oder weniger Schamgefühl hätten als wir, dass sie – wie vor allem bestimmte Männer gern unterstellen – »unverklemmter« seien und man deshalb gleich ungeniert zur Sache kommen, sprich, fragen könne, was »es« bei ihr denn koste. Doch auch die weiblichen Touristen begehen hier oft große Fehler. Vor allen Dingen in Ländern mit überwiegend islamischer Bevölkerung sollten weibliche Touristen auf allzu freizügige Kleidung unbedingt verzichten. Sie verletzen nicht nur die Gefühle der Einheimischen, wenn sie mit Miniröckchen, kurzen Shorts und tief ausgeschnittenen T-Shirts durch die Straßen gehen, vielmehr setzen sie sich auch persönlichen Gefahren aus. Zumindest sollte keine leicht geschürzte Touristin sich wundern, wenn sie für eine Prostituierte gehalten wird.

Jede Nation ist im Ausland hauptsächlich durch ihre Untugenden bekannt.
(Joseph Conrad)

Deutsch ist zwar keine Weltsprache, doch überall auf der Welt gibt es Menschen, die sie mehr oder weniger gut beherrschen. Vorsicht also, ehe Sie im fremden Land mal so richtig vom Leder ziehen und lautstark alles schlecht machen, was Ihnen nicht gefällt; es könnte sein, dass jemand Sie versteht, der Sie gar nicht verstehen sollte!

Umgekehrt sollten Sie als Tourist nicht erwarten, dass jeder Kellner, jedes Zimmermädchen und jeder Händler im Basar perfekt Deutsch spricht. Es wäre im Gegenteil sehr schön, wenn Sie selbst wenigstens ein paar Redewendungen – und seien es nur die Wörter für »vielen Dank« und »bitte« – in der Landessprache beherrschten. An dieser Stelle sei allerdings eine kleine Warnung vor den üblichen Sprachführern erlaubt, die man Touristen im Reisebüro in die Hand drückt oder die man sich auch selbst in einer Buchhandlung besorgen kann. Diese so ge-

Wer eine Fremdsprache lernt, zieht den Hut vor einer anderen Nation.
(Thornton Wilder)

nannten Sprachführer enthalten fertige Beispielsätze, die aber der realen Situation oft in keiner Art und Weise gerecht werden.
Erstens einmal sind sie im Allgemeinen in der korrekten Orthographie der jeweiligen Sprache geschrieben, und die unterscheidet sich oft erheblich von der Aussprache. Manchmal sind die Beispielsätze deshalb (zusätzlich) in einer Art Lautschrift geschrieben. Dann kann man sie zwar in einigermaßen richtiger Aussprache ablesen, das ändert aber nichts daran, dass die Konversation einseitig bleibt. Der Tourist kann lediglich die Frage aus seinem Sprachführer ablesen. Die Antworten, die er bekommt, wird er aber nicht verstehen. Was nützt es jedoch, wenn man fragen kann, was das Souvenir kostet, um wieviel Uhr die Fähre ablegt oder wo das Museum ist, wenn man die Antwort nicht versteht?
Da es schwierig ist, sich lange Sätze in einer völlig fremden Sprache zu merken, versuchen die Sprachführer so knapp wie möglich zu sein, wodurch leicht ein barscher Befehlston entsteht. Die höfliche Floskel ist nun mal in allen Sprachen länger und umständlicher. »Bringen Sie mir ...!« klingt aber ganz anders als: »Würden Sie mir bitte ... bringen?« »Wo ist ...?« klingt deutlich unhöflicher als: »Entschuldigen Sie, können Sie mir wohl sagen, wo ... ist?«
Außerdem gehen fast alle Sprachführer von einem einzelnen männlichen Sprecher aus, die Beispiele stehen also in der maskulinen Ichform. In vielen Sprachen macht es aber einen Unterschied, ob der Sprecher männlich oder weiblich ist, die grammatikalischen Formen ändern sich entsprechend. Darüber hinaus möchte man gelegentlich auch einmal etwas in der Wirform sagen, die man in den Sprachführern aber meist auch nicht findet. Und man muss auch bedenken, dass nicht nur im Deutschen zwi-

schen »Du« und »Sie« unterschieden wird. Eine Redewendung, die man irgendwo aufgeschnappt hat, kann eine Floskel sein, die nur zwischen Duzfreunden üblich ist. Natürlich ist es immer noch besser, zu versuchen anhand eines Sprachführers wenigstens ein wenig in der Landessprache zu radebrechen, als von vornherein vorauszusetzen, dass alle Deutsch sprechen. Man sollte sich nur der Mängel und Schwächen dieses Hilfsmittels bewusst sein und vielleicht etwas mehr tun, als nur einen solchen Führer bei sich zu haben. Ein Sprachkurs an der Volkshochschule ist besonders empfehlenswert, damit man wenigstens einen groben Überblick über den Aufbau und die Eigenheiten einer fremden Sprache bekommt und ein paar Grundkenntnisse erwirbt.

Sportsfreunde und Kursteilnehmer

Hier soll nicht die Rede von Vereinskameraden sein, die sich ohnehin schon lange und gut kennen und ihren eigenen kumpelhaften Umgang miteinander pflegen. Auch nicht in einem Verein oder Klub organisierte Menschen werden durch Sport und andere Aktivitäten zusammengeführt, etwa in einem Gymnastik- oder Töpferkurs in der Volkshochschule. Wo sich über einen gewissen Zeitraum hin immer dieselben Leute am selben Ort treffen, wird man sich miteinander bekannt machen und freundlich miteinander umgehen.

Egal, ob es ein Judokurs ist oder ein Fremdsprachenseminar, es geht um Leistung – und das beinhaltet auch Rivalität und Ehrgeiz. Nicht alle Menschen können ertragen, wenn sie nicht immer und überall die Ersten sind. Andere sind nicht nur bereit, Hilfe und Unterstützung zu akzeptieren, sie erwarten sie geradezu.

Man sollte Ehrgeiz besitzen, ohne von ihm besessen zu sein.
(John Huston)

Ist ein notorischer Ehrgeizling Teilnehmer des Kurses, so lässt man ihm oder ihr großzügig den Spaß, es sei denn, er oder sie wird in seinem/ihrem Verhalten unfair. Wer andere mit den Ellenbogen beiseite schubst – und sei es nur im übertragenen Sinne –, muss damit rechnen, von anderen zurechtgewiesen zu werden.

Einen Kursteilnehmer, der einen um Hilfe bittet, wird man im Rahmen eines Kurses nicht abweisen. Doch wird man weder mit eigener Vorbildung noch mit besserer Kondition protzen. Die Bitte, auch außerhalb des Kurses »Nachhilfe« zu geben, darf man allerdings abschlagen.

Vielfach werden Kurse aller Art nicht nur der körperlichen Ertüchtigung oder des Bildungseifers wegen belegt, sondern auch weil man mit anderen Menschen Kontakt bekommen möchte. Dabei ist es heutzutage nicht unüblich und auch in keiner Weise ein Verstoß gegen den so genannten guten Ton, wenn eine Frau einem Mann vorschlägt, nach dem Unterricht oder den Kursstunden noch einen Kaffee oder ein Bierchen miteinander zu trinken. Ein solches Verhalten wird heute niemand mehr für ungehörig halten. Allerdings muss eine Frau damit rechnen, von einem Mann, dem sie diesen Vorschlag macht, missverstanden zu werden. Es kann passieren, dass er meint, sie habe es auf ihn abgesehen, »wolle was von ihm«, wie man leger sagt. Sollte sie nur ein unverbindliches, freundliches Gespräch gesucht haben, kann es peinlich werden, wenn der Mann unangenehm nahe rückt. Einer Frau ist deshalb zu raten: Beobachten Sie den Auserwählten erst ein wenig; ein Kurs dauert ja meist länger. Machen Sie sich erst ein möglichst genaues Bild von ihm.

Ich kann in zwölf Sprachen »Nein« sagen – das ist unerlässlich für eine Frau, die weit herumkommt.
(Sophia Loren)

Unkomplizierter ist es für zwei Frauen oder für zwei Männer, aber auch für ein größeres gemischtes Grüppchen, sich nach einem gemeinsam absolvierten Sportkurs oder Sprachunterricht zu verabreden.

Rücksicht und Fairness spielen aber nicht nur dort eine Rolle, wo eine Gruppe immer wieder zusammenkommt, sondern auch da, wo Menschen auf engem Raum zusammenkommen, ohne sich als Gruppe zu kennen – im Schwimmbad etwa oder auf der Skipiste. In jedem Fall hat man sich so zu verhalten, dass man andere nicht gefährdet oder auch nur belästigt. Gerade im Sport, wo es immer mal wieder zu Unfällen kommen kann, ist jeder als Hilfeleistender gefordert; mehr noch aber hat jeder darauf zu achten, dass es erst gar nicht zu Unfällen kommt.

Fairplay bedeutet, das Foul so versteckt zu machen, dass der Schiedsrichter es nicht sieht.
(Dieter Hildebrandt)

Neue Bekannte

Abgesehen von der Kontaktanzeige in der Zeitung oder der Kontaktaufnahme durch einschlägige Institute sind die genannten Aktivitäten, Reisen und Teilnahme an Kursen aller Art, wohl die am häufigsten gewählten Möglichkeiten, neue Bekanntschaften zu schließen. Kaum aber hat man neue Leute kennen gelernt, ist man mit dem Problem konfrontiert: Wie geht man miteinander um, wie lädt man sich ein, wie verhält man sich, wenn man eingeladen wird?

Der Mensch lebt meistens allein und sollte deshalb Wert auf gute Gesellschaft legen.
(Roberto Rossellini)

Sehr junge Leute sehen und handhaben das meist recht locker. Sie duzen sich gleich von Anfang an und machen auch sonst kein großes Buhei. Man fragt: »Wo wohnst du?« und dann schaut man mal vorbei, ruft an oder faxt, sieht sich, trifft sich in einem Fast-Food-Lokal oder in einer Eisdiele, geht in die Disko – und irgendwann vielleicht auch wieder seiner eigenen Wege, wenn man feststellt, dass man sich nichts mehr zu sagen hat.
Doch nicht für alle Menschen gestaltet sich der Umgang mit neuen Bekannten so unkompliziert. Da hat man auf der Reise oder im Kurs ein nettes Ehepaar, eine freundli-

Je mehr Bekannte man hat, desto weniger kennt man die Leute. *(Chinesisches Sprichwort)*

che ältere Dame kennen gelernt und möchte den Kontakt gern aufrechterhalten. Wer darf oder muss den ersten Schritt tun, wer darf nun wen einladen, wer muss wem zuerst schreiben?

Voraussetzung dafür, dass man in Kontakt bleiben kann, ist der Austausch der Adressen. Zwei Möglichkeiten bieten sich an: Man gibt dem Gegenüber die eigene Adresse – am besten auf einer gut leserlichen, gedruckten Visitenkarte. Damit überlässt man dem anderen die Wahl, ob er oder sie das Angebot, in Kontakt zu bleiben, annehmen möchte. Oder man tauscht die Adressen tatsächlich aus. Hat nur der eine die Adresse des anderen, so liegt auch die weitere Initiative allein in dessen Händen. Angenommen, Sie haben bei einer Busreise durch die Toskana das reizende Ehepaar Meier kennen gelernt und ihm auch Ihre Visitenkarte gegeben. Die Meiers ihrerseits waren sehr nett und zuvorkommend, haben aber ihre genaue Adresse nicht angegeben. Sie wissen nur, dass sie in Hinterhausen wohnen.

Der Urlaub ist vorbei. Sie würden sehr gern von den Meiers hören, aber sie schreiben Ihnen nicht und sie rufen auch nicht an. Damit müsste die Angelegenheit eigentlich – auch wenn Sie das sehr bedauern – erledigt sein. Warum? Nun, es scheint, Meiers hatten guten Grund, mit ihrer eigenen Adresse und Telefonnummer hinterm Berg zu halten. Sie waren vielleicht nur zu höflich, die ihnen gegebene Visitenkarte zurückzuweisen. Da die Meiers im Besitz Ihrer Adresse sind, hätten sie ja Gelegenheit, den Kontakt zu halten, wenn sie das wünschten.

Höflichkeit ist der dritte Arm, der uns erlaubt, Zudringliche auf Distanz zu halten. *(Walther Kiaulehn)*

Das Äußerste, was die Höflichkeit noch zulässt, wäre der Versuch, die genaue Adresse des Ehepaares Meier herauszufinden und ihm zu schreiben. Die Telefonnummer zu erfragen und einfach anzurufen wäre, so meine ich, unhöflich, denn der unvermittelt Angerufene ist überrum-

pelt und muss sich in gewisser Weise unter Druck gesetzt fühlen. Bekommen Sie auf ihre Zeilen keine Antwort, muss die Angelegenheit für Sie endgültig erledigt sein.
Ganz anders läge der Fall, hätten Sie wirklich Ihre Adressen ausgetauscht, und man wäre so verblieben, dass man voneinander hört, ohne nun festgelegt zu haben, wer wen zuerst anruft wer wem zuerst schreibt. Da ist man in der Tat freier in der Handhabung – zumindest heute. Da muss der Rangniedere nicht warten, ob der Ranghöhere das Angebot der Korrespondenz denn nun wirklich ernst gemeint hat. Nur eines gilt: Wenn Sie zuerst anrufen, dann zu einer Tageszeit, die dafür angebracht und geeignet ist. Also nicht am Sonntagmorgen um 8 Uhr und nicht kurz vor Mitternacht.

Mit Bekannten unterwegs

Auf der Straße
Selbstverständlich gibt es Regeln, wie wir uns zu verhalten haben, wenn wir mit Bekannten, Freunden, Verwandten auf der Straße unterwegs sind. Und es gibt die praktische Vernunft, die einige der alten Regeln heute sinnvollerweise außer Kraft setzt.
»Auf der Straße geht der Herr stets links von der Dame«, war eine Vorschrift, die so lange Sinn machte, wie der Herr an seiner linken Seite ein Schwert, respektive einen Degen trug, der für die neben ihm gehende Dame eine Belästigung, wenn nicht gar eine Gefahr bedeutet hätte. Heute droht die Gefahr von allen Seiten. Im Straßenverkehr mal von rechts und mal von links, je nachdem, wo die Autos fahren. Also wird der Kavalier entsprechend die Seite wechseln, ohne deshalb dauernd hin und her zu springen wie ein junger Hund. Er geht nämlich nur dann

Im Verkehr kann man täglich ein Leben retten, nämlich sein eigenes. *(Siegfried Sommer)* auf der Gefahrenseite, wenn wirklich Gefahr droht. Zum Beispiel, wenn die beiden an einer sehr verkehrsreichen Straße auf schmalem Bürgersteig gehen, oder wenn sich bei Regenwetter neben der Bordsteinkante riesige Pfützen gebildet haben und zu erwarten ist, dass man von den vorbeifahrenden Autos nass gespritzt wird.

Was hier über Dame und Herr gesagt wurde, gilt umsomehr für Erwachsene, die mit Kindern unterwegs sind. Ein Kind sollte grundsätzlich immer an der straßenfernen Seite gehen. Und ein Erwachsener mit Kinderwagen, der eine Straße überquert, sollte den Wagen nie vor sich her schieben, sondern immer hinter sich her ziehen. Das gilt vor allem für stark befahrene Straßen, an denen Autos parken. Man sollte niemals den Kinderwagen zwischen den parkenden Autos hervor auf diese Straße schieben, sondern immer selbst vorgehen, um genau sehen zu können, ob die Straße zum Überqueren frei ist. Leider wird das sehr selten beachtet.

Ansonsten geht der Herr da, wo es am praktischsten ist. Hört er auf dem rechten Ohr nicht gut, ist es nicht praktisch, wenn er links von der Dame geht. Hat er ein schweres Gepäckstück zu tragen, wird er ab und zu die Traghand wechseln wollen. In dem Fall wäre es ein Gebot der Höflichkeit, wenn die nicht mit Gepäck belastete Dame den Seitenwechsel vornimmt – und zwar hinter dem Mann, nicht, indem sie ihn im Laufen behindert und knapp vor ihm die Seite wechselt.

Ein Gentelman ist ein Mann, der seiner Frau die Hoteltür öffnet, damit sie das Gepäck in die Halle tragen kann.
(Peter Ustinov)

Apropos Gepäck: Selbstredend hilft man sich gegenseitig, wenn schwere Einkaufstüten oder Ähnliches zu tragen sind. Der Kräftigere trägt das schwerere Paket. Dass der Mann der Frau grundsätzlich alles abzunehmen habe, ist übertrieben. Und ein Mann, der der Frau das Handtäschchen trägt, ist heutzutage ebenso lächerlich wie die Frau, die das zulässt.

Auch die Frage, wer bei Regen den aufgespannten Schirm trägt, sollte nicht nach Etikette entschieden werden, sondern danach, was praktisch und vernünftig ist. Am allerpraktischsten ist es, wenn jeder einen eigenen Schirm hat. Gehen zwei unter einem Schirm, sollte derjenige, der größer ist, den Schirm tragen. Je höher man den Schirm halten muss, desto anstrengender ist es nämlich und desto geringer ist auch der Schutz für beide. Gießt es nicht gerade in Strömen, dann kann der Herr der Dame den Schirm allein überlassen und heroisch die wenigen Tropfen ungeschützt ertragen. Und allemal erlaubt ist es, sich rasch mit zwei Worten darüber zu verständigen, wie man die Situation handhaben möchte.
Zwei Herren werden eine Dame in die Mitte nehmen, sofern der Bürgersteig dafür breit genug ist und andere Fußgänger durch die relativ breite Phalanx nicht belästigt werden. Warum sollten zwei Damen nicht umgekehrt einen Herrn in die Mitte nehmen? Herrscht großes Gedränge auf den Straßen, muss man hintereinander gehen. Der Herr wird dann vorgehen, damit die Dame sozusagen in seinem Kielwasser leichter vorankommt.

Treppauf – Treppab

Es wäre verwunderlich, wenn es nicht auch zum korrekten Benutzen einer Treppe Benimmvorschriften gäbe – und einen Wandel derselben. Zu Zeiten, als es bereits der Gipfel der Frivolität war, wenn der Herr auch nur den Knöchel der Dame erspähen konnte, war er zur Wahrung des Anstands gehalten, vor der Dame die Treppe hinaufzugehen. Sie erklomm die Stiege dann mit leicht gerafften Röcken zwei Stufen hinter ihm. Sollte sie stolpern oder rutschen, was bei der alten Schuhmode, den langen Röcken und den oft schmalen, ausgetretenen Stufen nur zu leicht geschah, denn sie hatte ja nicht einmal die

Moral ist jenes Maß von Anständigkeit, das gerdae modern ist.
(Federico Fellini)

In England versteht man unter einem Gentleman einen Mann, der einer Frau beim Fallen so behilflich ist, dass er sich selbst nicht wehtut.
(Pierre Daninos)

Hände frei, um sich am Geländer halten zu können, dann konnte das übel für sie ausgehen. Der vorausgehende Herr jedenfalls konnte sie nicht auffangen, denn egal, ob man zunächst nach vorn auf die Knie stürzt, oder gleich nach hinten überkippt, wer beim Aufwärtsgehen stolpert, fällt letztlich abwärts.

Da die Dame heute nicht nur Knöchel, sondern Oberschenkel bis zum Po zeigen darf, die Fallgesetze aber dieselben sind wie eh und je, ist es besser, der Herr geht ein bis zwei Stufen hinter ihr die Treppe hinauf – ohne ihr dabei die Hand hier oder da oder dorthin zu legen!

Abwärts geht es umgekehrt: Er geht voraus, damit sich die Dame im Notfall auf ihn stützen kann.

Das sind die Regeln für den Normalfall. Auf breiten Treppen ohne Gegenverkehr kann man ruhig nebeneinander gehen und, sollte die Dame besser zu Fuß sein, dann reicht sie dem Herrn den Arm oder bietet ihm die Schulter, damit er sich stützen kann.

Eine wunderschöne Möglichkeit, für Karambolagen zu sorgen, bieten Fahrstühle. Da die Dame den Vortritt hat, geht sie hinein. Drei oder vier Herren folgen, die Dame steht hinten im Aufzug. Der Lift fährt aufwärts oder abwärts, die Türen gehen auf, die Herren ziehen die Bäuche ein, drücken sich an die Wände. Doch noch ehe die Dame sich zwischen ihnen hindurchquetschen konnte, sind die Türen schon wieder zu. Wenn ich mit mehreren Herren zusammen in einem Aufzug bin, sage ich schon, ehe die Türen ganz auf sind, laut und deutlich: »Bitte, meine Herren, nach Ihnen«, oder etwas Ähnliches, um die eben beschriebene Situation zu vermeiden. Lediglich, wenn es sich um einen sehr geräumigen Aufzug mit breiter Tür handelt, sollte die Dame das Vorrecht des Vortritts nutzen – es aber nicht erzwingen, wenn sie sieht, dass ein oder mehrere Herren schon zum Sturm auf die Tür ansetzen.

Im Auto und Taxi

Was für normale Türen gilt, das gilt grundsätzlich auch für die Autotür. Der Herr hält der Dame den Schlag auf, während sie einsteigt, und er schließt die Tür, wenn sie im Wagen sitzt. Nach Beendigung der Fahrt steigt er aus, geht um den Wagen herum und öffnet die Tür auf der Seite der Dame von außen. Er lehnt sich nicht im Inneren des Wagens quer über die Dame, um die Tür von innen zu öffnen. Allerdings ist es heute allgemein Usus, dass sich die Dame die Tür selbst öffnet und ohne Handreichung aussteigt.

Wenn ein Mann einer Frau höflich die Wagentür aufreißt, dann ist entweder der Wagen neu oder die Frau.
(Uschi Glas)

Freilich gilt und geht das nur, wenn der Herr auch der Fahrer ist und folglich über die Wagenschlüssel verfügt, was heute keineswegs selbstverständlich ist.

Fährt die Frau, wäre es einigermaßen lächerlich, sie würde ihm zunächst die Schlüssel in die Hand drücken, damit er ihr auf der Fahrerseite öffnet. Vielmehr wird sie, sofern auf der Beifahrseite ein Schloss ist, diese Tür aufschließen und den Herrn einsteigen lassen. Einem deutlich älteren Herrn und einer älteren Dame wird sie sogar den Schlag öffnen und sie wird, wenn nötig, älteren Herrschaften beim Einsteigen behilflich sein.

Angenommen es sind vier Leute unterwegs. Ist der Fahrer, der ja Gastgeberfunktion hat, dann verpflichtet, jedem Einzelnen die Tür zu öffnen? Jein. Zwei Dinge sind zu bedenken: Alter und Rang der Mitfahrer und die Verkehrssicherheit. Von älteren Herrschaften wird man nicht verlangen, dass sie von einer Seite aus hintereinander in den Fond einsteigen; würde es doch bedeuten, dass derjenige, der zuerst einsteigt, auf der hinteren Sitzbank rüberrutschen muss. Jungen, beweglichen Leuten darf man eine solche Rutschpartie dagegen durchaus zumuten.

Es kann aber sein, dass die Verkehrssituation das Rüberrutschen auf dem Sitz erforderlich macht, dann nämlich, wenn der Wagen an einer stark befahrenen, engen Straße geparkt ist und die weit geöffnete Tür eine Verkehrsbehinderung, wenn nicht gar eine Gefahr für die anderen Autofahrer und die Einsteigenden bedeutet. Dann steigt der Beweglichere, egal ob Dame oder Herr, zuerst ein und rutscht rüber.

Genau daran ist auch zu denken, wenn man im Taxi fährt. Muss der Taxifahrer an einer stark befahrenen Straße halten, sollten alle Fahrgäste aus Sicherheitsgründen zum Gehweg hin aussteigen. Verläuft neben dem Bürgersteig noch ein Radfahrweg, muss man sich unbedingt vergewissern, dass kein Radler kommt, ehe man die Tür aufmacht. Ein umsichtiger Taxifahrer schaut in den Rückspiegel und macht einen auf eine solche Eventualität aufmerksam.

Die schwächste Stelle am Auto ist oft der Fahrer.
(Werner Mitsch)

Früher hieß die Regel: Der Platz neben dem Fahrer gebührt allemal der Ehefrau. Da heute längst nicht mehr so selbstverständlich der Mann der Fahrer ist, haben sich auch hier die Regeln sehr gelockert. Statt stur nach der alten Etikette zu handeln, sollte man seine Bei- und Mitfahrer fragen, wie sie gern sitzen möchten. Manchen Menschen bekommt es nicht gut, wenn sie hinten in einem Auto sitzen, andere wiederum, die selber fahren können, wird es mulmig, wenn sie neben einem (schlechten) Fahrer sitzen müssen. Sie sind ständig versucht, auf die Bremse zu treten, die sie als Beifahrer gar nicht haben. Aus eben diesen Gründen darf man sich auch als Taxigast setzen, wohin man will. Man darf als Dame neben dem Fahrer Platz nehmen oder sich in den Fond setzen.

Wenn die Fahrgäste Gepäck bei sich haben, überlässt man es dem Fahrer, ob er es in den Kofferraum geben will. Bei Koffern und sperrigen Taschen wird er das tun. Eine mittlere Reisetasche wird man neben sich auf den Sitz stellen.

Selbst wenn es sich um eine vollklimatisierte Luxuslimousine handelt, ist das Innere eines Autos ein sehr enger Raum. Es ist aus diesem Grund ganz besonders wichtig, eventuelle Mitfahrer zu fragen, ob es sie stört, wenn im Auto geraucht wird. Auch wenn Sie selbst der Besitzer und Fahrer des Wagens sind, haben Sie nicht das Recht uneingeschränkt zu tun, was Ihnen gefällt. Genausowenig dürfen Sie als mitfahrender Gast im Auto erwarten, dass man Ihren Wunsch in jedem Fall akzeptiert.

Vom Rauch anderer krank werden oder vom Zug der Klimaanlage – das sind Alternativen der Hochzivilisation. *(Oliver Hassencamp)*

Wenn in der engen Kabine eines Autos geraucht wird, geht manchen Leuten die Luft aus oder es wird ihnen sogar übel. Sind Sie selbst starker Raucher und brauchen Sie das Nikotin, dann vereinbaren Sie vor einer längeren Fahrt, dass unterwegs ab und zu eine Zigarettenpause eingelegt wird.

Sich während einer längeren Fahrt gelegentlich an frischer Luft die Füße zu vertreten tut auch den Nichtrauchern gut. Eine solche Absprache ist allemal besser, als innerlich grollend zuzustimmen, dass im Auto geraucht werden darf.

Im Zuge der immer weiter um sich greifenden Einschränkungen für Raucher gibt es längst auch Nichtrauchertaxis. Der Fahrer eines solchen Wagens hat innerhalb seines Fahrzeugs das Hausrecht und darf von seinem Kunden verlangen, dass er seine Zigarette ausmacht, respektive dass der Kunde sich in seinem Wagen gar nicht erst eine Zigarette anzünden darf.

Darf umgekehrt aber auch der Fahrgast vom Fahrer verlangen, dass dieser nicht raucht, selbst wenn es sich um ein Rauchertaxi handelt? Ich denke, er sollte es nicht gebieterisch verlangen, er sollte, wenn er den Qualm denn gar nicht vertragen kann, höflich darum bitten. Aber zusätzlich die Situation im Auge behalten. Angenommen, der Fahrer steht neben seinem Wagen am Taxistand und

hat sich just in dem Augenblick, als Sie das Taxi erreichten, eine Zigarette angezündet. Der Fahrer, der gerade erst einen Zug getan hat, ist bereit, seine Pause abzubrechen und unverzüglich loszufahren. Dann sollten Sie nicht darauf bestehen, dass er die Zigarette sofort ausmacht. Immerhin hat der Fahrer für Sie seine Pause vorzeitig abgebrochen. Er hätte ja auch sagen können: »Moment, ich komme gleich.«
Greift der Fahrer jedoch erst während der Fahrt nach seinen Zigaretten, dann kann man ihn bitten, mit dem Rauchen zu warten, bis man am Ziel ist. Ihn sich erst die Zigarette anstecken zu lassen und dann zu verlangen, dass er sie wieder ausmacht, ist freilich ziemlich unhöflich, und man kann verstehen, wenn ein Taxifahrer darauf sauer reagiert.

Bekannte kommen zu Besuch

Die erste Voraussetzung, um ein Heiliger zu werden, ist, Besuche zu ertragen.
(Emile Cioran)

Wie man sich verhält, wenn man einladen möchte oder eingeladen wird, hängt zum einen davon ab, wie gut man sich bereits kennt, und zum anderen ist der Anlass der Einladung nicht ganz unwichtig.
Der allererste Besuch bei neu gewonnenen Bekannten ist etwas anderes, als ein gemütliches Abendessen bei so genannten alten Bekannten. Dennoch sollte auch ein erster Besuch bei neuen Bekannten keine steife, von alter Etikette diktierte Angelegenheit sein. Allerdings ist eine Einladung zum Nachmittagskaffee oder zum gemütlichen Diaabend nach der Urlaubsreise etwas anderes als eine Einladung zu einem festlichen Essen, für das der Gastgeber sorgfältige Vorbereitungen treffen musste.

Die schlichte Einladung

Als Erstes erhebt sich die Frage: Wie lädt man ein? Heutzutage ist die telefonisch oder persönlich ausgesprochene Einladung üblich und entspricht durchaus allen Anforderungen des guten Tons. Die schriftliche Einladung wirkt eher distanziert und einschüchternd. Sie empfielt sich, wenn man ein großes Fest feiert. Dennoch kann man natürlich zu jedem Anlass und Treffen schriftlich oder per Fax einladen.

Der Eingeladene hat in jedem Fall die Pflicht, rechtzeitig zu- oder abzusagen. Das kann wiederum schriftlich oder telefonisch geschehen. Eine Zusage ist verbindlich, sofern nicht sehr schwerwiegende Gründe eine kurzfristige Absage nötig machen. Erst zusagen und dann aus einer plötzlichen Laune heraus ein halbes Stündchen vorher absagen – ja, das kann man natürlich machen, wenn man sichergehen will, nie wieder eingeladen zu werden.

Der wirklich freie Mensch ist der, der eine Einladung zum Essen ausschlagen kann, ohne dafür einen Vorwand angeben zu müssen. *(Jules Renard)*

Man kann also bei den neuen Bekannten anrufen und seine Einladung aussprechen. Und auch eine auf der Straße, im Supermarkt oder sonstwo ausgesprochene verbindliche Einladung zu einem festen Termin hat Gültigkeit. Unangebracht ist lediglich eine Einladung über Dritte. Das heißt, man sagt nicht den Kindern der Meiers, sie mögen doch bitte den Eltern ausrichten, sie seien für dann und dann zu einem Glas Wein eingeladen. Man bittet nicht die Schulzes, den Meiers auszurichten, auch sie seien eingeladen. Sogar bei zwei Singles, von denen man weiß, dass sie eng miteinander liiert sind, aber nicht in einer Wohnung zusammenleben, sollte man jeden der beiden einzeln ansprechen und nicht erwarten, dass die Einladung entweder selbstverständlich für beide gilt oder der eine dem anderen schon Bescheid sagen wird. Es ist ja denkbar, dass einer von beiden zum vorgesehenen Termin verhindert ist, also eine neue Absprache nötig wäre.

Ungeladene Gäste sind nicht willkommener meist, als wenn sie gehn. *(William Shakespeare)*

Gilt einerseits die Regel, wer zugesagt hat, der muss auch hingehen, so gilt auch umgekehrt, nur wer eingeladen ist und zugesagt hat, geht hin. Als Gast kann man nicht einfach von sich aus noch ein oder zwei weitere Leute einladen und mitbringen. Schon gar nicht, wenn es sich um eine Einladung zum Essen handelt. Wird man allein eingeladen, möchte aber ungern allein gehen, dann kann man ja fragen, ob man jemanden mitbringen darf. Auf keinen Fall sollte man den Gastgeber mit einem zusätzlichen, unangemeldeten Gast überraschen.

Bei der Formulierung der Einladung muss eindeutig klar sein, um was es sich handelt: Ist es eine Einladung zum Nachmittagskaffee, die sich nicht zwangsläufig noch bis zum Abendessen hinstreckt? Ist es ein Treffen, um die am Urlaubsort gedrehten Filme oder die Dias anzuschauen und gibt es ein paar Häppchen dazu? Handelt es sich um eine Einladung zum Abendessen, gar vielleicht um eine große Einladung zu einem runden Geburtstag oder zur Feier einer Beförderung?

Sich hier eindeutig auszudrücken ist für beide Seiten von Vorteil. Wer zu Kaffee und Kuchen einlädt, hat im Allgemeinen nicht noch ein fertig vorbereitetes Abendessen in der Küche stehen und darf folglich erwarten, dass der Gast spätestens so gegen 18 Uhr wieder geht. Umgekehrt weiß der zum Nachmittagskaffee oder Fünfuhrtee Eingeladene, dass er für sein Abendessen selber sorgen muss.

Noch wichtiger ist eine solche Klarstellung, wenn man zum Abend einlädt. Es sollte unmissverständlich klar sein, ob man zum oder nach dem Essen eingeladen ist. Höfliche Untertreibungen sind hier wenig angebracht. Laden Sie nicht ein mit den Worten: »Es gibt nur eine Kleinigkeit zum Wein«, wenn Sie vorhaben, ein Fünf-Gänge-Menü aufzufahren. Ihre Gäste könnten Sie beim Wort genommen und bereits zu Abend gegessen haben, wenn sie auf das avisierte Gläschen Wein kommen. Das wäre dann nicht nur peinlich für alle Beteiligten, es wäre auch schade. Die Verantwortung für eine klare Auskunft liegt eindeutig beim Gastgeber. Schließlich kann man als Eingeladener schlecht fragen: »Gibt's denn auch was zu essen, oder sollen wir schon gegessen haben, wenn wir kommen?« Eine derart unverblümte Frage kann man höchstens guten alten Freunden stellen.

Die offizielle Einladung

Zu einem großen feierlichen Essen, das intensiver Vorbereitung bedarf, aber auch zu einer großen (Steh-)Party mit Büfett lädt man schriftlich ein – eventuell sogar mit Rückantwortkarte. Das muss keineswegs bedeuten, dass die Formulierungen auf der Einladung steif und hölzern sind. Je nach Anlass kann man sogar sehr witzige Karten verschicken. Sinn und Zweck der schriftlichen Einladung ist ja vorrangig der, sicherzustellen, dass der Gast den Termin und den Ort der Zusammenkunft nicht vergisst und der Gastgeber Kontrolle über die zu erwartende Zahl der Gäste hat.

Die Cocktail-Party ist eine Strapaze, der man sich merkwürdigerweise hin und wieder sogar freiwillig unterzieht, so wie man hin und wieder freiwillig ein Karussell besteigt, obwohl man weiß, dass Übelkeit die unausbleibliche Folge ist.
(Heinrich Böll)

Wie bei der mündlichen Einladung muss auch aus der schriftlichen eindeutig zu entnehmen sein, um welche Art von Festlichkeit es sich handelt: Ist es beispielsweise eine Einladung zu einem gesetzten Essen, zu der absolute Pünktlichkeit erforderlich ist? Man kann das durch das Kürzel s. t. anzeigen, es steht für den lateinischen Ausdruck *sine tempore*, was »ohne Zeit(zugabe)« bedeutet. Oder handelt es sich um einen Sektempfang, der nach zwei Stunden beendet ist, oder um eine Stehparty mit offenem Ende? Außerdem kann man auf einer solchen Einladungskarte Hinweise auf die gewünschte Kleidung geben etwa, indem man »Straßenanzug« vorschlägt oder *cravate blanche* – was Frack mit weißer Fliege bedeutet.

Näheres zur Bedeutung der Geheimbotschaften auf Einladungskarten finden Sie auf Seite 110.

Die Sprache ist die Quelle aller Missverständnisse. *(Antoine de Saint-Exupéry)*

Auch das Datum der Veranstaltung muss der Einladung eindeutig zu entnehmen sein, das heißt, Datum und Wochentag müssen übereinstimmen. Wenn es heißt, man sei am Samstag, den 6. 5., eingeladen, der Samstag ist aber der 5. Mai, dann kann das einige Verwirrung auslösen. Ist der Monat falsch angegeben oder der Tag? Es empfiehlt sich also, den Monatsnamen auszuschreiben und nicht mit der Zahl abzukürzen. Wie leicht ist der 6. 5. mit dem 5. 6. verwechselt, selbst dann, wenn man den Monat mit lateinischen Ziffern abkürzt. Und auch die Ortsangabe muss korrekt und vollständig sein. Last but not least vergewissert man sich ganz genau, dass man den Namen des Eingeladenen sowohl auf der Einladung als auch auf der Adresse richtig geschrieben hat. Sie werden aus eigener Erfahrung wissen, dass es keine Freude macht, den eigenen Name aus Nachlässigkeit falsch geschrieben oder gar verhohnepipelt zu sehen.

Eine schriftliche Einladung muss auf jeden Fall beantwortet werden. Ob man das wiederum schriftlich tun muss oder auch mündlich erledigen kann, hängt davon ab, ob eine Antwortkarte beigefügt war. Eine solche Karte ausgefüllt zurückzuschicken – auch wenn man leider absagen muss – ist das Mindeste, was der höfliche Mensch tut.

Ist mit einem Kürzel – U.A.w.g. oder r.s.v.p. – oder in ausgeschriebener Form um Rückantwort gebeten, kann man telefonisch, persönlich oder schriftlich zu- oder absagen. Die beiden Kürzel stehen für die deutsche Bitte: »Um Antwort wird gebeten«, oder dasselbe auf französisch: »Répondez s'il vous plaît«. An die getroffene Entscheidung ist man dann gebunden. Nur höhere Gewalt darf dann noch als Entschuldigung dienen, wenn man der angenommenen Einladung nicht nachkommt.

Im eigenen Interesse schickt man die Einladungen rechtzeitig ab. Bei sehr großen Festen sind vier Wochen durchaus üblich, denn Sie müssen den Postweg hin und zurück rechnen, dazu ein paar Tage Bedenkzeit für die Eingeladenen. Und dann müssen Sie noch Zeit einkalkulieren für die Organisation des Festes, wenn die endgültige Zahl der Teilnehmer feststeht. Vier Wochen sind da meist sehr rasch verstrichen.

Kleidung

Wer zu einem ungezwungenen Treffen bei Bekannten eingeladen ist, wird sich sauber und ordentlich anziehen, ohne sich deshalb besonders in Schale zu schmeißen. Aus der Einladung weiß man ja, um was es geht. Zum gemütlichen Diaabend mit Bier und Schnittchen kann man in Jeans und Pullover aufkreuzen. Ist man zu einem »normalen« Abendessen eingeladen, muss man deswegen heutzutage auch nicht unbedingt im dunklen Anzug oder feinen Kleid erscheinen – aber man kann es tun.

Manchen Menschen ist es ein Greuel, sich fein herauszuputzen zu müssen, anderen ist es ein besonderes Vergnügen. Jeder nach seinem Geschmack. Nur, wie gesagt, sauber und einigermaßen ordentlich wäre schon wünschenswert, obwohl gerade hier die Männlichkeit gern ein wenig zu wünschen übrig lässt. Es ist erstaunlich, wie viele Männer quer durch alle Schichten und Altersgruppen sich mit ungepflegten Haaren und noch ungepflegteren Fingernägeln – ungleich lang, abgebrochen, schmutzig – im wahrsten Sinne des Wortes sauwohl fühlen.

Der Geschmack ist die Kunst, sich auf Kleinigkeiten zu verstehen.
(Jean Jacques Rousseau)

Man verwechsle das nicht mit dem noch immer nicht ganz aus der Mode gekommenen Dreitagebart, der durchaus gesellschaftsfähig ist und sich sogar mit einem Smoking verträgt, wenn der restliche Kerl picobello daherkommt.

Als Gastgeber sollte man versuchen, nicht zu sehr von den Gästen abzustechen. Auch wenn es sich um eine neue Bekanntschaft handelt, so hat man sich ja (meist) keine völlig Unbekannten, eingeladen. Die Dame legt also nach Möglichkeit nicht ihr wertvollstes Collier an, wenn sie weiß, dass ihre Gäste eher schlichte Kleidung bevorzugen. Und sie kommt andererseits nicht in Leggings und Schlabberpulli daher, wenn ihr bekannt ist, dass die zu erwartenden Gäste Wert auf Stil legen und wahrscheinlich in feiner Kleidung erscheinen werden.

Bei großen Einladungen ist es üblich, einen Vermerk zur Kleidung zu machen, wenn Besonderes gewünscht ist, wie etwa langes Abendkleid und festliche Herrengarderobe. Geringfügig unter der vorgegebenen Messlatte zu bleiben ist in Ordnung. Wer kein langes Abendkleid besitzt, darf auch im festlichen kurzen Kleid erscheinen. Unangebracht wäre es freilich, demonstrativ im Supermini und Doc Martens aufzukreuzen oder eine eher konservative Gesellschaft mit einem Fummel von Vivienne Westwood zu schocken. (Siehe auch das Kapitel »Mode und korrekte Kleidung«).

Ihr Kleid war der letzte Schrei. Danach hat keiner mehr etwas von ihr gehört.
(Nikolaus Cybinski)

Pünktlich oder c. t.?

Wie so oft, gilt auch bei dieser Frage das Berühmte: Es kommt ganz drauf an. Bei guten Freunden, die zu einem gemütlichen, ungezwungenen Beisammensein eingeladen haben, darf man ein wenig zu früh aufkreuzen und man darf mal zu spät kommen, ohne dass man deshalb gleich alle Hebel in Bewegung setzen muss, um Bescheid zu geben.

Ist man bei Bekannten eingeladen, so kommt man einigermaßen pünktlich, das heißt, wenige bis maximal 15 Minuten nach der angegebenen Zeit. Diese Viertelstunde wird auf Einladungen gern mit c. t. (für *cum tem-*

pore – mit Zeitzugabe) abgekürzt und das »akademische Viertel« genannt, weil Vorlesungen und Seminare an den Universitäten um jene 15 Minuten später beginnen als in den Vorlesungsverzeichnissen ausgedruckt. Man erscheint zur Einladung also weder vor der ausgemachten Zeit noch deutlich später.

Auch hier bestätigen Ausnahmen die Regel. Wer einen langen Anfahrtsweg hat und auf der Autobahn in einen Stau gerät, der kann nicht pünktlich sein und hat auch wenig Möglichkeit, von unterwegs Bescheid zu sagen. Vielleicht ist er Besitzer eines Handys und kann so von unterwegs aus dem eigenen Auto anrufen, wenn nicht sollte er eine Raststätte ansteuern, um zu telefonieren; mehr kann man nicht tun. Wer sich umgekehrt verkalkuliert hat und zu früh dran ist, kann entweder noch einen Spaziergang machen oder, falls es in Strömen gießt, ebenfalls versuchen anzurufen und fragen, ob er schon kommen darf. Bei Freunden wird man natürlich einfach klingeln, auch wenn man zu früh ist. Wer Gäste erwartet, die von weit her kommen, sollte von sich aus damit rechnen, dass sie sich eventuell verfrühen oder auch verspäten können.

Früher war man pünktlich. Heute kommen die Leute im Auto und meistens zu spät.
(Kurt Marti)

Eine Einladung zu einem warmen Essen ist im Allgemeinen so kalkuliert, dass zwischen Eintreffen der Gäste und Beginn der Mahlzeit 15 bis 20 Minuten bleiben, denn man bittet die Gäste nicht sofort, wenn sie den Mantel abgelegt haben, zu Tisch. Man nimmt erst einen kleinen Aperitif und plaudert ein wenig.

Wenn man also gegen 20 Uhr abends mit dem Essen anfangen will, lädt man die Gäste um 19.30 Uhr, in der Hoffnung, dass sie spätestens bis 19.45 Uhr eintrudeln. Mit anderen Worten, der ausdrücklich zum Essen eingeladene Gast sollte möglichst pünktlich sein.

Der Gast sollte bedenken, dass die Hausfrau, möglicherweise auch der Hausmann, die Zubereitung des Essens

nach etwa diesem Zeitplan gestaltet und sie oder ihn nicht durch Saumseligkeit in Verlegenheit bringen. Vor allem dann nicht, wenn bekannt ist, dass auch noch andere Gäste eingeladen sind, denn dann kann es wirklich eng und unangenehm werden. Das Soufflé ist fertig, alle Gäste sind versammelt, nur einer fehlt – was jetzt?
Ich bitte in einem solchen Fall zu Tisch. Der Nachzügler wird später so unauffällig wie möglich in die Runde integriert. Unter Umständen muss er sogar auf einen Gang des Menüs verzichten. Ich würde die anderen Gäste nicht warten lassen, schon gar nicht, wenn dadurch zusätzlich die Qualität des Essens in Mitleidenschaft gezogen würde. Wer mag schon gern ein zusammengefallenes oder ein verbranntes Soufflé essen?
Anders natürlich, wenn man ohnehin nur einen einzelnen Gast oder ein Ehepaar erwartet. Dann muss man sich als Gastgeber wohl oder übel in Geduld fassen. Man wird aber vielleicht ein Gericht wählen, das nicht auf den Punkt serviert werden muss.
Selbst wenn man nur zu einem Glas Wein eingeladen ist, zu einer Tasse Kaffee am Nachmittag oder zu einem kalten Imbiss, sollte man sich an die Regeln der Pünktlichkeit halten. Zwar ist eine Verspätung in diesen Fällen nicht gar so tragisch, vermeiden sollte man sie freilich dennoch. Wenn irgend möglich erscheint man nicht später als 20 Minuten nach der angegebenen Zeit.

Pünktlichkeit ist die Höflichkeit der Könige. *(Ludwig XVIII. von Frankreich)*

Was hier zur Pünktlichkeit gesagt wurde, gilt für Einladungen im kleinen bis kleinsten Kreis und für Einladungen zum so genannten gesetzten Essen. Die Regeln für eine Stehparty, einen großen Cocktailempfang oder Ähnliches sehen anders aus.
War der mündlichen oder schriftlichen Einladung zu entnehmen, dass es sich um eine zwanglose Party handelt, die um 19 Uhr beginnt und deren Ende offen ist, so ist

man als Gast sicherlich um 21 oder gar 22 Uhr noch willkommen. Und es wird auch kaum unangenehm auffallen, wenn Sie noch jemanden mitbringen. Sind Sie sich nicht ganz sicher, kommen Sie lieber pünktlich und allein.

Blumen oder andere Mitbringsel

In unseren Breiten ist es üblich, dem Gastgeber eine Kleinigkeit mitzubringen. Im Allgemeinen ist das eine kleine Aufmerksamkeit für die Dame des Hauses, die als gastgebende Hausfrau ja die meiste Arbeit zu erledigen hat. Aber auch der einladende Junggeselle hat durchaus ein Anrecht auf ein Mitbringsel.

Übliche Gastgeschenke sind Blumen, Konfekt, Wein oder andere Spirituosen. Kennt man den Geschmack des Gastgebers, der Gastgeberin, darf es auch ein Buch, eine CD, eine Schallplatte oder eine andere Aufmerksamkeit sein. Mit Blumen liegt man grundsätzlich immer richtig. Auch dem Herrn darf man heutzutage einen Strauß mitbringen, besser noch ein Gesteck, denn Jungesellenhaushalte sind meist nicht sehr üppig mit Vasen ausgestattet. Immer noch zu beachten ist allerdings, dass Blumen eine symbolische Sprache sprechen, wenn diese auch zunehmend in Vergessenheit gerät. Wer nicht missverstanden werden möchte, bringt dem allein stehenden Herren als Dame keine langstieligen roten Rosen mit. Umgekehrt gilt das Gleiche, sofern der Herr nicht ausdrücklich seine intime Zuneigung deutlich machen will.

Die Blume ist das Lächeln der Pflanze.
(Peter Hille)

Selbstverständlich darf man Blumen aus dem eigenen Garten mitbringen – und einem Hobbykoch auch durchaus einen Bund oder ein Töpfchen frisches Basilikum. Es müssen auch nicht unbedingt Schnittblumen sein. Weiß man, dass die Gastgeberin einen kleinen Sukkulentengarten hat, dann ist auch an einem hübschen blühenden Kaktus nichts auszusetzen. Ist man aber unsicher, so kauft man Blumen in einem Fachgeschäft und lässt sich dort beraten, indem man sagt, für welchen Zweck und für wen man die Blumen möchte. Nur im äußersten Notfall zieht man Blumen aus dem Automaten.

Ein Geschenk von zwei bis drei Blumen sagt mehr als ein ganzer Tragkorb. *(Robert Schumann)*

Wurden Blumen gestern noch mit Vorliebe in durchsichtige Folien gewickelt, kommt heute der Umwelt zuliebe das undurchsichtige Blumeneinwickelpapier wieder mehr und mehr in Mode. Ein Strauß, der durch die Folie hindurch sichtbar ist, wird nicht ausgepackt, ehe man ihn überreicht. Er wird freilich ohne die Klarsichtumhüllung in die Vase gestellt. Nur der Strauß, der so verpackt ist, dass man ihn nicht sehen kann, wird aus dem Papier genommen, das man der Hausfrau oder dem Hausherrn dann aber getrost zur Entsorgung in die Hand drücken darf – sofern keine Stecknadel drin ist! In dem Fall überreicht man die Blumen sehr vorsichtig und weist auf den Piekser hin.

Wer überreicht wem die Blumen? Sofern ein Paar zu Gast geladen ist, überreicht der Herr der Dame des Hauses die Blumen. So jedenfalls steht es in den Benimmbüchern geschrieben. Und wieder einmal handelt es sich um eine der berühmten Buchtheorien, die in der Praxis leicht zur Groteske werden können. Im Allgemeinen ist nämlich just jene Dame des Hauses heutzutage auch die Köchin und als solche gerade noch in der Küche beschäftigt, während der Herr des Hauses seiner Aufgabe als Empfangschef nachkommt und die Tür öffnet. Oder es sind schon andere Gäste da, um die die Dame des Hauses sich im Wohnzimmer kümmert, während der Hausherr zur Tür geht, um zu öffnen. Ganz abgesehen davon, dass moderne kleine Wohnungen oft nicht über den Platz im Flur verfügen, vier Personen – zwei Gäste, zwei Gastgeber – auf einmal aufzunehmen. Oft also ist von der Dame des Hauses zunächst weit und breit nichts zu sehen.

Natürlich kann der Gast die Blumen so lange in der Hand halten, bis auch die Dame des Hauses sich zeigt. Er muss aber möglicherweise auch seinen Mantel ablegen. Wohin dabei mit den Blumen? Nun, er könnte sie ja vielleicht zwischen die Zähne nehmen? Oder wären sie da nicht doch in der Hand des Hausherrn besser aufgehoben? Der hat freilich seinerseits die Verpflichtung, seinen Gästen, erst der Dame, dann dem Herrn, aus den Mänteln zu helfen und diese Kleidungsstücke ordentlich auf Bügeln an die Garderobe zu hängen. Erfahrungsgemäß braucht er dazu zwei Hände, der Strauß in einer Hand wäre da ziemlich hinderlich. Letztlich also werden die Blumen mehrmals von Hand zu Hand wandern. Oder sie werden kurzfristig auf einem Tischchen oder einer Konsole abgelegt oder der Hausherr wird sie rasch in die Küche bringen müssen und dann zurückeilen, um den Gästen aus den Mänteln zu helfen … Alles Mögliche wird vorkommen, doch selten wird es gelingen, der starren Benimmvorschrift zu genügen, denn das Problem zieht ja noch viel weitere Kreise. Man überreicht Blumen ja nicht wortlos oder hält sie dem Empfänger mit einem »Da!« am steif ausgestreckten Arm hin. Man sagt ein paar freundliche Worte dazu. Weil aber nicht jeder Mann über die entsprechende Eloquenz verfügt, darf auch die Dame, wenn sie denn wortgewandter ist, die Blumen überreichen. Und zwar durchaus dem Herrn des Hauses, dem sie sagen kann, dass sie als Dank und Anerkennung für die Hausfrau gedacht sind.

Konzessionen und Geschenke sind eine Speise, die den Appetit reizen. *(Otto von Bismarck)*

Wer Blumen bekommen hat, stellt sie rasch in eine Vase (es findet sich hoffentlich eine passende!) und bringt sie dann in das Zimmer, in dem sich die Gäste aufhalten. Es wäre unhöflich, den Strauß einfach in der Küche oder auf dem Flur liegen zu lassen. Auf den Esstisch allerdings sollte man die Vase nur dann stellen, wenn sich Gäste und

Gastgeber deswegen nicht durch die Blume unterhalten müssen. Nur ein sehr kleines Sträußchen oder Gebinde wird man auf den Ess- oder Kaffeetisch stellen können.
Für andere Mitbringsel als Blumen braucht man mehr Fingerspitzengefühl. Wer selbst nichts von Wein versteht, sollte einem Weinkenner entweder keinen Rebensaft mitbringen oder eine Flasche in einem Fachgeschäft besorgen, in dem er wirklich gut beraten wird. Das Gleiche gilt für andere Spirituosen. Ehe Sie einen Hirnreißer oder einen billigen Fusel mitbringen, weil eine gute Flasche Cognac die Möglichkeiten Ihres Geldbeutels sprengt, sollten Sie lieber völlig umdisponieren und auf Blumen zurückgreifen. Ohnehin sollte man keine zu aufwendigen Geschenke machen, das könnte den Gastgeber in Verlegenheit bringen.

Ein Geschenk ist genau soviel wert wie die Liebe, mit der es ausgesucht worden ist.
(Thyde Monnier)

Ganz besonders heikel sind selbst gemachte Mitbringsel. Während sie auf der einen Seite als ganz persönliche Gaben einen hohen Wert haben und viel Freude auslösen können, kann es andererseits aber auch passieren, dass man damit völlig schief liegt. Ein mit noch so viel Liebe selbst gehäkelter, verspielter Tischläufer passt nun einmal nicht zu einer supermodernen, kühlen Designereinrichtung. Wenn Sie enttäuschte Gesichter auf beiden Seiten vermeiden wollen, dann bringen Sie Selbstgemachtes – sei es getöpfert, gemalt, gestrickt, laubgesägt oder gekocht – nur Bekannten und Freunden mit, deren Geschmack Sie genau kennen.
Heutzutage ist es oft üblich, dass ein unverheiratetes Paar einlädt. Wer bekommt in diesem Fall das Mitbringsel? Grundsätzlich ist es natürlich für beide gedacht, wie man bei einem Ehepaar ja auch davon ausgeht, dass ein Mitbringsel für beide gedacht ist. Weiß man allerdings, dass die beiden nicht zusammenleben, die Frau aber den Löwenanteil an der Vorbereitung – und Nachsorge – der

Einladung hat, dann darf man durchaus ihr ganz gezielt das Geschenk in die Hand drücken und deutlich machen, dass es für sie gedacht ist, auch wenn das eigentliche Treffen in der Wohnung des Mannes stattfindet und er sozusagen als Gastgeber auftritt. Man kann und darf selbstverständlich auch beiden getrennt was mitbringen.

Weiß man, dass auch Kinder zum Haushalt gehören, so soll man auch ihnen eine Kleinigkeit mitbringen. Es müssen ja nicht unbedingt Süßigkeiten sein. Es gibt sehr lustige kleine und preiswerte Spielzeuge, die einen Mordsspaß machen können.

In jedem Fall gehört es sich, als Beschenkter das Mitbringsel auszupacken und sich zu bedanken, auch wenn man an der bloßen Form erkennen kann, dass es sich um eine Flasche Sekt oder eine Schachtel Konfekt handelt. Wer als Beschenkter die Aufmerksamkeit unausgepackt beiseite stellt, setzt sich unter Umständen dem Verdacht aus, sie bei nächster Gelegenheit selber weiterverschenken zu wollen.

Dankbarkeit ist eine gar wunderliche Pflanze; sobald man ihr Wachstum erzwingen will, verdörrt sie.
(Jeremias Gotthelf)

Man ist als Beschenkter allerdings nicht verpflichtet, die Schachtel Pralinen oder die Flasche Wein gleich zu öffnen und davon anzubieten. Ob man das tut oder nicht, hängt von den Gegebenheiten ab. Hat man zum Kaffee eingeladen und ein Fläschchen Likör mitgebracht bekommen, so kann man nach dem Kaffee davon anbieten. Ebenso könnte man mit feinem Kleingebäck oder mit Pralinen verfahren.

Hat man aber ein opulentes Abendessen aufgefahren, zu dem weder Likör noch Pralinen noch der mitgebrachte Wein passen, so macht es wenig Sinn und ist deshalb auch keineswegs unhöflich, nicht von dem Mitbringsel anzubieten.

All das gilt, es sei noch einmal betont, für den Besuch bei Bekannten. Dicke Freunde kann man auch einmal mit leeren Händen besuchen kommen. Oder man kann sehr individuell ausgesuchte Aufmerksamkeiten mitbringen – ein Eau de Toilette oder eine edle, teure Seife beispielsweise –, mit denen man bei anderen Menschen sicherlich, und bei den genannten Beispielen zu Recht, Anstoß erregen würde. Oder es kann auch vorher ausgemacht werden, dass die Freunde den Wein zum Essen mitbringen. Bei großen Festen, bei denen mehr als zehn Gäste zu erwarten sind, gelten andere Bedingungen und folglich andere Regeln. Die Gastgeber wären ziemlich überfordert, sollten sie zehn oder noch mehr Sträuße in Empfang nehmen müssen und sich jedesmal gebührend bedanken. Schließlich muss man ja damit rechnen, dass die Gäste in Grüppchen eintreffen, vom Blumenvasennotstand ganz zu schweigen.

Man kommt also besser mit leeren Händen, denn die Blumen hat man im voraus durch einen Blumenboten geschickt. Oder man schickt sie am folgenden Tag, beides ist korrekt. Ob dies vorher oder nachher geschieht, man fügt eine Karte bei, auf der ein eigener handgeschriebener Dank vermerkt ist.

Die Blumen schicken zu lassen ist umso angebrachter, wenn die Feier nicht im Hause der Gastgeber, sondern beispielsweise in einem Restaurant stattfindet. Dann hätten die Gastgeber nämlich entweder das Problem, die Blumenflut nach Hause transportieren zu müssen, oder sie müssten die Pracht dem Wirt des Lokals überlassen.

Große Geschenke sind wieder eine andere Sache. Sie werden vor allem bei Familienfesten überreicht, und auf diese Feste kommen wir erst später zu sprechen (siehe Seite 396).

Die Begrüßung

Während man selbst gute Bekannte und Freunde auf der Straße nicht mit Handschlag grüßt, nicht einmal unbedingt dann, wenn man stehen bleiben und ein wenig plaudern will (von der Begrüßung auf der Straße war ja schon die Rede, siehe Seite 29), so ist es doch in unseren Breiten allgemein üblich, dass Gäste und Gastgeber sich mit Handschlag begrüßen. Das kann mit einem Kopfnicken einhergehen, der Herr kann auch eine leichte Verbeugung vor der Dame und dem wesentlich älteren Herrn andeuten. Die Dame dagegen wird auch vor der wesentlich älteren Dame nicht knicksen.

Mit einer geballten Faust kann man keinen Händedruck wechseln. *(Indira Gandhi)*

Es gibt unterschiedliche Handschlagtypen. Die meisten Menschen reichen sich die Hand, die Hände liegen für einen kurzen Moment fest ineinander, dann löst man sie wieder. So sollte es sein. Manche lassen aber einfach nicht wieder los, sie schütteln und pumpen und reden dabei auf einen ein – nehmen wir es gelassen als ein Zeichen ihrer Zuneigung.

Unangenehmer sind zwei andere Typen. Ich möchte sie die Schlabberhändigen und die Handquetscher nennen. Die einen scheinen einem statt der Hand einen wattegefüllten Handschuh in einem nicht fixierten Kugelgelenk zu reichen. Bei den anderen hat man den Eindruck, die eigene Hand in einen Schraubstock gesteckt zu haben. Das erste ist unschön, das zweite wirklich unangenehm. Man sollte sich selbst einmal kritisch daraufhin überprüfen, ob man zur einen oder anderen Gruppe gehört und, wenn es so sein sollte, versuchen, das abzustellen. Sollte einen gar jemand darauf aufmerksam machen, dann sollte man es sich zu Herzen nehmen, auch wenn es einen im ersten Moment konsterniert. Je nachdem, wer der Mensch ist, der zur Kategorie der Schlabberhändigen oder der Handquetscher gehört, dürfen Sie ihn diskret darauf aufmerk-

Der herbste Tadel lässt sich ertragen, wenn man fühlt, dass derjenige, der tadelt, lieber loben würde. *(Marie von Ebner-Eschenbach)*

sam machen. Jemandem, der zur Familie gehört, wird man es unter vier Augen stecken, aber möglicherweise auch einem deutlich jüngeren Kollegen und gewiss einem Azubi, der viel mit Kunden zu tun hat und haben wird, die er mit Handschlag grüßt.

Eine besonders herzliche Form des Handschlags ist der beidhändige Gruß. Man reicht sich die Hände und der eine oder andere legt auch noch die linke dazu. Meist tut das nur einer von beiden, um besondere Freude, Dankbarkeit oder Verbundenheit auszudrücken. Es können aber auch alle vier Hände zusammenkommen.

Aus Frankreich, Italien und Spanien sind andere Grußformen zu uns gekommen, die besonders bei jüngeren Menschen sehr beliebt sind. Da ist die so genannte Akkolade – einst die feierliche Umarmung, mit der ein Neuling in den Ritterorden aufgenommen wurde. Sie gilt heute als eine Begrüßungsform, die nicht nur Freunden und Bekannten vorbehalten ist, auch Fremde grüßen sich in bestimmten Kreisen – man spricht da gern von der Schickeria – mit dieser Wange-an-Wange Form des Grußes, bei der aber dennoch ein gewisser Körperabstand gehalten wird, denn man umarmt sich bei der Akkolade nicht, man berührt sich lediglich gegenseitig an den Unter- oder Oberarmen.

Zwischen zwei Frauen oder zwischen Frau und Mann sieht man die Akkolade häufig. Zwischen zwei Männern ist sie bei uns eher selten zu beobachten. Üblicher zwischen Männern ist eine herzliche Form der Begrüßung, bei der die beiden sich die rechte Hand reichen und die linke dazu auf die Schulter des anderen legen, oder ihm leicht auf die Schulter schlagen. Geküsst wird unter Männern hierzulande im Allgemeinen überhaupt nicht, abgesehen von historischen Ausnahmen von der Regel wie beispielsweise die sozialistischen Bruderküsse, die in dieser postrevolutionären Zeit mangels sozialistischer Brüder freilich sehr selten geworden sind.

Tatsächlich auf die Wange geküsst wird auch nur selten – die Damen wissen warum: Sie sind meist geschminkt und wirklich kussechte Lippenstifte gibt es nicht. Da sie dem anderen natürlich kein ungewolltes Rouge aufdrücken wollen, halten sie wenige Millimeter Abstand. Statt mit den eigenen Lippen die fremde Wange zu berühren, haucht man vor allem in Süddeutschland: »Bussi, Bussi«. Da die Akkolade zwischen Unbekannten eine Sache der jeweiligen gesellschaftlichen Gruppe ist, sollte man bei neuen Bekannten vorsichtig sein. Spürt man Distanz, bekommt man aus weitem Abstand eine Hand gereicht, sollte man den anderen nicht in diese doch recht intime Form der Begrüßung hineinzwingen. Umgekehrt sollte man sich den Gepflogenheiten einer größeren Gruppe anpassen. Wenn man sieht, dass alle sich auf diese Art begrüßen, macht man mit, auch wenn es einem möglicherweise ein wenig gegen den Strich geht.

Wo zwei Menschen sich küssen, da schleichen die andern vorüber. Wo sie sich prügeln, da stehen alle als Chorus herum.
(Christian Friedrich Hebbel)

Zum guten Schluss noch ein Wort an die Herren. Viele vergraben gern die Hände in den Hosentaschen; es sei ihnen von Herzen gegönnt. Auch die Dame hätte manchmal gern eine Tasche am Kleid oder im Rock. Tatsächlich haben manche Damenkleidungsstücke heute Taschen, und folglich läuft auch so manche Frau mit der Hand in der Tasche herum. Während man einen anderen Menschen begrüßt, ihm die Hand reicht, ihm vorgestellt wird oder sich ihm selbst vorstellt, nimmt man auch die linke Hand aus der Tasche. Frauen sind hier nur sehr selten gedankenlos, Männer schon eher. Deshalb sollen Männer untereinander auch tun, was ihnen beliebt. Wenn sie beide bei der Begrüßung die Linke in der Tasche behalten wollen, bitte sehr. Begrüßt der Herr aber eine Dame, dann sollte er daran denken, dass die lässig in der Tasche gehaltene Hand als ein Ausdruck der Missachtung gilt. Im Laufe des Gesprächs dann eine Hand wieder in die Tasche zu stecken ist nur in feinster Gesellschaft ein Fauxpas. Beide Hände tief in die Taschen zu wühlen gilt allerdings in jeder Gesellschaft als wenig fein, zumal das ohne aufgeknöpftes Jackett kaum möglich ist. Wenn der Herr steht oder sich von einem Sitzplatz erhebt, ist er aber gehalten, sofort einen Knopf des Jacketts zu schließen.

Der Handkuss

Ich bin für die Beibehaltung des Handkusses. Irgendwo muss man ja schließlich anfangen.
(Sacha Guitry)

Angeblich soll er wieder groß in Mode sein. Von Tanzschulenleitern geführte Statistiken weisen aus, dass größtes Interesse besteht, die Technik des vollendeten Handkusses zu erlernen. Schon Winston Churchill aber sagte: »Traue nur solchen Statistiken, die du selbst gefälscht hast.« Bei genauerem Hinsehen nämlich zeigt sich, es herrscht Interesse bei den jungen Herren, Desinteresse dagegen bei den jungen Damen.

Viele Frauen finden es ausgesprochen affig, dass ein Mann die ihm gereichte Hand nicht fest ergreift, sondern nur sacht an den Fingern hält, sich dann zu ihr niederbeugt, um zwei Zentimeter darüber inne zu halten und einen Kuss in die Luft zu hauchen. Denn alles andere wäre grob ungalant. Weder reißt der gerade stehende Herr die Hand der Dame zu sich in Mundhöhe hoch, noch drückt er ihr wirklich die Lippen auf die Hand.

Ebenso ungalant ist es allerdings von der Dame, dem Herrn die Hand so zu reichen, dass sie den Handkuss geradezu erzwingt, also mit dem Handrücken nach oben, die Finger leicht nach unten abgewinkelt und eine Idee höher als in normaler Handschüttelhöhe. Das ist nur in einer Gesellschaft angebracht, in der, wie anno dunnemals, der Handkuss übliche Begrüßung ist.

Früher gebührte der Handkuss lediglich der verheirateten Frau sowie der älteren, um nicht zu sagen alten Dame. Er war nur in geschlossenen Räumen gestattet, wobei die überdachte Bahnhofshalle nicht als geschlossener Raum galt, der Garten, in dem das Gartenfest stattfand, aber sehr wohl.

Heute ist alles möglich: Die Dame muss nicht verheiratet sein, es kann auf dem Bahnhof oder am Strand handgeküsst werden, der Handkuss darf sogar ein von beiden Seiten nicht ganz ernst genommener Jux sein. Lediglich eins bleibt eherne Regel: Niemals berühren die Lippen die Hand oder den Handschuh, den die Dame eventuell trägt und den sie selbstverständlich nicht vorher ablegt.

Und noch eins: Nur der Herr küsst der Dame die Hand. Ist es umgekehrt, dann handelt es sich bei dem männlichen Wesen um den Papst oder einen anderen hohen Kirchenfürsten. Und denen küssen Männer wie Frauen, sofern sie gläubig sind, nicht die Hand, sondern den Bischofsring. Nichtgläubige sind von dieser Form der Ehrenbezeigung freigestellt.

Ich hatte schon immer den Verdacht, dass der Handkuss in einer Zeit des extremen Serviettenmangels erfunden wurde.
(Alexander Roda Roda)

Gäste einander vorstellen und miteinander bekannt machen

Zwischen Vorstellen und Bekanntmachen wurde früher sehr streng unterschieden: Vorgestellt wurden einander Personen ungleichen Ranges, miteinander bekannt machen konnte man nur Gleichrangige. Die Aufgabe, vorzustellen und bekannt zu machen oblag dem Hausherrn. Obgleich vieles heute bei weitem nicht mehr so eng gesehen wird, gibt es doch ein paar Dinge zu beachten.

Hat man zwei Ehepaare oder mehrere Singles zum Abendessen eingeladen, die einander noch nicht kennen, so ist man auch heute als Gastgeber – ob männlich oder weiblich – verpflichtet, sie einander vorzustellen, respektive sie miteinander bekannt zu machen. Bei so einem kleinen Kreis darf man nicht erwarten, dass die Gäste das untereinander selbst tun. Wenn sie es freilich schnell und unkompliziert selbst erledigen, ist es umso besser. Der Gastgeber wird sie nicht daran hindern. Als allein stehende Frau und Gastgeberin muss man sich auch nicht extra einen Mann einladen, der diese schwierige Aufgabe übernimmt, denn: Selbst ist die Frau!

Wer den höchsten Rang in einer Gruppe von Tieren oder Menschen hat, ist leicht zu erkennen. Es ist immer derjenige, der am meisten angeschaut wird. Davon kommt auch das Wort Ansehen. *(Irenäus Eibl-Eibesfeldt)*

Die Grundregel beim Vorstellen heißt: Der Rangniedere wird zuerst dem Ranghöheren vorgestellt, der Jüngere zuerst dem Älteren, der Herr zuerst der Dame: »Herr Professor Meier, darf ich Ihnen Herrn Müller vorstellen? Herr Müller – Herr Professor Meyer.« Die beiden Herren könnten gleichaltrig sein, doch da der eine als Professor einen akademischen Titel führt, gilt er als höherrangig.

Früher waren diese Regeln bis ins letzte Detail ausgefeilt und bereiteten so manchem Gastgeber schon Tage vor der Einladung Albträume. Besonders Damen pflegten die Unterscheidung zwischen älter und jünger sehr genau zu nehmen. Da konnte es, wenn man mangels genauerer Informationen nach Augenschein gehen musste, zu peinlichsten Fehlleistungen kommen. Außerdem galt früher unabhängig von der Altersfrage bei Damen: verheiratet geht vor ledig. Da musste dann das 40-jährige unverheiratete Fräulein Doktor zunächst der 25-jährigen Ehefrau vorgestellt werden. Da man heute die reine Tatsache der stattgehabten Eheschließung nicht mehr als besondere persönliche Leistung wertet, würde man die Vorstellung andersherum vornehmen, denn die erste Dame ist nicht nur älter, sie ist als Akademikerin auch höherrangig, insofern als sie sich durch eigene Arbeit und Leistung eine berufliche Qualifikation und Position geschaffen hat.

Im ungezwungenen Kreis mit netten Bekannten wird heute (hoffentlich) weniger auf diese letztlich ja recht zweifelhaften Rangunterschiede geachtet. Viel wichtiger ist es – meiner Meinung nach –, bei der Vorstellung erstens ein paar Worte zu sagen, die den Beteiligten den Einstieg in eine Unterhaltung erleichtern, und zweitens, die Namen deutlich und gut verständlich auszusprechen und dabei nicht zu nuscheln. Also etwa: »Frau Dr. Meyer, darf ich Ihnen das Ehepaar Müller vorstellen, das ich letztes Jahr bei unserer herrlichen Busreise durch die Toskana kennen lernte. Frau Dr. Meyer ist Kunsthistorikerin.« Hier hätte die Reihenfolge auch umgekehrt sein können, zum Ehepaar Müller gewandt hätte man auch sagen können: »Darf ich Ihnen Frau Dr. Erika Meyer vorstellen? Sie ist Kunsthistorikerin und arbeitet am hiesigen Museum für Kunstgeschichte. Liebe Erika, das ist das Ehepaar Müller, das ich bei meiner letzten Toskanareise kennen lernte und von dem ich dir erzählt habe ...«

Die Tatsache, dass den beiden eine noch so schmale Brücke gebaut ist, über die sie in ein Gespräch kommen können, ist deshalb wichtiger als die alte Etikette, weil erfahrungsgemäß Menschen, die sich noch nicht kennen, der Einstieg in ein Gespräch immer etwas schwer fällt. Die Gäste verbringen aber einen ganzen Abend miteinander, an dem sie sich unterhalten und wohl fühlen sollen. Was immer getan werden kann, um das zu gewährleisten, ist wichtiger als die reine Etikette, bei der es der Vorstellende ja oft bei der reinen Namensnennung belässt.

Nach manchem Gespräch mit einem Menschen hat man das Verlangen, einen Hund zu streicheln, einem Affen zuzunicken oder vor einem Elefanten den Hut zu ziehen.
(Maxim Gorki)

Gravierende Unterschiede nimmt man natürlich schon zur Kenntnis und beachtet sie. So wird man dem würdigen alten Herrn immer zuerst die sehr junge Dame oder den deutlich jüngeren Herrn vorstellen und auch gegenüber der alten Dame diese Höflichkeit nicht außer Acht lassen.

Sind aber schon fünf Leute versammelt, und kommt zuletzt noch ein einzelner Gast oder ein Ehepaar hinzu, dann kann man heute, ohne gleich einen Fauxpas zu begehen, rundum der Reihe nach vorstellen, und zwar zunächst den Einzelnen oder das Paar der Gruppe, dann die Mitglieder der Gruppe dem Einzelnen beziehungsweise dem Paar.

Die einander Vorgestellten können sich die Hand reichen, sie müssen es aber nicht. Sollte sich, um einen kurzen Schlenker zum Grüßen auf der Straße zu machen, diese Szene auf der Straße abspielen, wird man auf das Händereichen verzichten, man hat ja nicht vor, Stunden beisammenzubleiben. In Gesellschaft gäbe es bei der letztgenannten Situation – Einzelner oder Paar trifft auf Gruppe – leicht ein Durcheinander von ausgestreckten Händen. Für abergläubische Menschen ein Horror, bedeutet es doch Unglück, wenn Hände überkreuz gereicht werden! Ein freundliches Kopfnicken und/oder ein Lächeln genügt also. Wenn doch Hände gereicht werden, so hat das vom Ranghöheren auszugehen oder von demjenigen, dem der andere zuerst vorgestellt wurde.

Je weniger Aberglaube, desto weniger Fanatismus, und je weniger Fanatismus, desto weniger Unheil.
(Voltaire)

Findet die Vorstellung und Begrüßung zwischen bereits sitzenden und neu hinzugekommenen Gästen statt, so ist es auch heute noch üblich, dass Herren dazu grundsätzlich aufstehen, egal ob ein anderer Herr, eine Dame oder ein Paar hinzugekommen ist. Sitzen bleiben dürfen Damen, sehr alte Herren und Menschen, denen das Aufstehen aus gesundheitlichen Gründen schwer fällt.

Anfang des Jahres 1999 trafen in einer deutschen Fernsehshow Jehudi Menuhin, einige andere Gäste und Johannes Heesters zusammen. Obwohl der große Geiger Menuhin zu dieser Zeit, wenige Monate vor seinem Tod, wahrhaftig selbst kein junger Mann mehr war und, nach seinem Weltrenommee zu urteilen, durchaus auch der Ranghöhere, erhob er sich sofort, um den älteren Heesters zu begrüßen. Erst nach ihm, und wohl zunächst durch

sein Beispiel darauf gebracht, standen auch die anderen anwesenden Gäste auf!
Es wird ausgesprochen selten geschehen, dass ein Herr sitzen bleibt, wenn eine Dame dazukommt, denn kein Herr möchte ein sehr alter Herr sein. Dagegen geschieht es durchaus nicht selten, dass ein sehr junger Schnösel sitzen bleibt, wenn neue Gäste in den Raum kommen. Hat sich der junge Mann außerdem noch gar zu sehr in den Sessel geflegelt, darf ihm die Dame zum Gruß durchaus mit ironischem Unterton anbieten: »Ach bitte, bleiben Sie doch liegen!«
Während, wie gesagt, die Dame sitzen bleiben darf, wird eine sehr junge Frau aufstehen, wenn eine deutlich ältere Dame oder ein älterer Herr hinzukommt. Nun ist der 50- oder 60-jährige Mann gegenüber der 25-jährigen Frau zwar deutlich älter, dennoch wird die junge Frau sitzenbleiben, denn der Herr möchte sicher nicht als alt eingeschätzt werden. Die 50-jährige Dame wird dagegen nichts einzuwenden haben, wenn das »junge Ding« aufsteht, um sie zu begrüßen.

Am Anfang war das Wort – am Ende die Phrase.
(Stanislaw Jerzy Lec)

Was erwidert man, wenn man jemandem vorgestellt wird? »Angenehm!«, sagte man früher oder »Habe die Ehre«. Es wird, nicht zu Unrecht, darüber gelächelt. Und doch wird kaum einer von sich behaupten können, nicht selbst in dieser Situation schon eine der Floskeln gebraucht zu haben, wobei das auch sehr häufig benutzte »Sehr erfreut« noch am sinnvollsten scheint.
Aus zwei Gründen ist eine normale Grußformel (»Guten Tag, guten Abend«) mit angefügtem Namen eine gute und richtige Lösung. Erstens klingt es persönlicher, zum zweiten, und das ist der eigentlich wichtige Punkt, prägt man sich einen Namen, den man selbst schon einmal laut ausgesprochen hat, besser ein. Und darum geht es ja beim Vorstellen. Jeder soll wissen, wie der andere heißt.

Deshalb ist es auch so wichtig, dass der Gastgeber, wenn er seine Gäste miteinander bekannt macht, die Namen deutlich ausspricht.

Wenn man erst einmal einen Namen hat, ist es ganz egal, wie man heißt.
(Werner Mitsch)

Sich selbst vorstellen

Kommt man als Single oder als Paar in eine große Gesellschaft und ist von den Gastgebern weit und breit nichts zu sehen, kann sich die Notwendigkeit ergeben, dass man sich selbst vorstellen muss. Nach alter Etikette durften jedoch nur Herren sich selbst vorstellen, und zwar ohne Nennung des akademischen Grades, des Adelstitels oder der Stellung, was dann je nach Gelegenheit die Vorstellung ihrer Gattin miteinbezog. Heute gibt es so viele bewusst allein stehende Frauen, dass diese Regel nicht nur unsinnig, sondern geradezu unhaltbar geworden ist. Sollen etwa zwei Frauen auf einer Party dastehen und angestrengt aneinander vorbeischauen, statt sich miteinander bekannt zu machen und dann ein interessantes Gespräch miteinander zu führen? Beibehalten könnte man freilich jenen Teil der alten Etiketteregel, der besagt, man verzichtet darauf, seine Titel zu nennen, wenn man sich selbst vorstellt. Doch auch hier bin ich für eine flexible Handhabung. Es gibt Situationen, in denen es nicht unangebracht ist, sich mit seinem akademischen Titel vorzustellen oder zumindest den gesellschaftlichen Status anzudeuten. Man kann es ja leicht kaschieren, etwa indem man hinzusetzt, welcher beruflichen Tätigkeit man nachgeht.

Gehen wir zunächst von der unkompliziertesten Situation aus. Sich selbst einem anderen vorstellen bedeutet: Der Herr nennt seinen Namen, entweder nur den Nachnamen oder Vor- und Zunamen. Er kann das mit einer Formel verbinden: »Erlauben Sie, dass ich mich vorstelle?«, »Darf ich mich bekannt machen?«, »Gestatten«. Er kann es aber auch in der ganz knappen Form tun und nur seinen Namen nennen. Die Dame hat etwas mehr Auswahl in dieser Situation. Sie kann sich, ob mit oder ohne Formel, als »Meier« vorstellen, als »Anna Meier«, sie kann zu beiden Versionen »Frau« hinzusetzen und sie kann, falls sie auf diese Anrede Wert legt, sich auch als »Fräulein Meier« vorstellen.

Bei einem Ehepaar wird einer der beiden das Vorstellen übernehmen und dann hinzufügen: »Und das ist mein Mann ... das ist meine Frau.« Sofern sich die Namen der beiden voneinander unterscheiden, was ja nach heutigem Recht vorkommen kann, so wird natürlich auch der andere oder zusätzliche Name genannt. Die Bezeichnung »meine Gattin/mein Gatte« klingt leicht angestaubt, ist aber in so genannten besseren Kreisen durchaus noch üblich, »mein Gemahl/meine Gemahlin« ist antiquiert.

Den idealen Gatten gibt es nicht. Der ideale Gatte bleibt ledig. *(Oscar Wilde)*

Je nach der Gesellschaft, in der man sich bewegt – beispielsweise unter vertrauten Arbeitskollegen –, kann man die Dinge ins Scherzhafte wenden und »meine holde Gemahlin«, »mein Göttergatte« sagen.

Anders, wenn das Gegenüber sich nach der Ehefrau oder dem Ehemann erkundigt. »Wie geht es Ihrer Gattin?«, »Wie geht es dem Herrn Gemahl?« sind korrekte Formulierungen, die zwar ein wenig altertümelnd klingen, aber noch immer häufig benutzt werden. Ebenso hört man die Frage nach einem schon betagten Elternteil mit einer höflichen Anrede verbunden: »Wie geht es Ihrer Frau Mutter/Ihrem Herrn Vater?«

In der Schweiz und im angelsächsischen Raum war es lange üblich, die Frage nach dem Befinden des Ehepartners oder die Bitte um Weitergabe eines Grußes, mit dem Namen zu verknüpfen: »Und grüßen Sie Frau Nüssli von mir.« – »And how is Mrs. Dalloway?« Auch heute hört man diese Formulierung noch gelegentlich.

Ist das Paar unverheiratet, bleibt es den beiden überlassen, ob sie sich als so genannte Lebensgefährten zu erkennen geben wollen, etwa, in dem der Mann »meine Freundin (meine Partnerin/meine Lebensgefährtin), Frau Erika Meier« und dann sich selbst mit eigenem Namen vorstellt, oder ob sie das nicht unbedingt kundtun wollen. Dann wird jeder von beiden sich selbst ohne erläuternden Zusatz vorstellen.

Anrede und Titel

Der erwachsene Mann hat ohne Rücksicht auf seinen Familienstand ein Anrecht auf die Anrede »Herr Soundso«. Das gilt sinngemäß auch für die Frau, die korrekt »Frau Soundso« angesprochen wird ohne Rücksicht auf ihren Familienstand und ohne die heute zum Glück selten gewordene Frage: »Oder müsste ich Fräulein sagen?«

Einen Namen hat man, wenn man keinen Wert mehr auf Titel legt. *(Sigmund Graff)*

Die Zeiten haben sich geändert. Die Frau ist, was sie ist, aufgrund eigener Entscheidung und Leistung nicht aufgrund einer Eheschließung. Ob eine Frau ledig, verheiratet, geschieden, verwitwet, mit einem Mann oder einer anderen Frau liiert ist, geht zunächst grundsätzlich niemanden etwas an. Sie allein hat zu entscheiden, ob sie darüber in Gesellschaft Auskunft geben will. Möchte sie beispielsweise mit »Fräulein« angesprochen werden, so hat sie von sich aus darum zu bitten, und dieser Bitte ist in jedem Fall ohne Diskussion nachzukommen.

Nach ihrem Familienstand zu fragen, und sei es unter dem Deckmäntelchen, doch nur korrekt oder höflich sein zu wollen, ist heutzutage unangebracht. Die Frage nach dem Familienstand steht nur einer Behörde oder ähnlichen Institutionen zu. Vor 25 Jahren sah das noch anders aus. Und so manche verärgerte unverheiratete Frau konterte dann schon mal mit einem spitzen: »Was soll die Frage? Ich frage Sie ja auch nicht, ob Sie Herr oder Herrlein sind.« Dabei hätten diese aufgebrachten Frauen den Mann korrekterweise fragen müssen, ob er Herr oder Junker sei, denn das war einst die Bezeichnung für den jungen, unverheirateten Edelmann und das Pendant zum *vrouwelin*, der jungen Frau vornehmen Standes. Deshalb sagt ja auch Gretchen zum Faust: »Bin weder Fräulein, weder schön ...« Womit sie ausdrücken wollte, dass sie nicht zum Adel gehört, nicht aber, dass sie »Frau Grete« sei. Doch das nur nebenbei.

Wie aber ist es mit Titeln? Hat Herr Dr. Meier ein Anrecht darauf, mit seinem Doktortitel angesprochen zu werden, und wie steht es mit seiner Ehefrau?

Manche Titel werden ersessen, manche erstanden. *(H. Osmin)*

Zunächst ein paar allgemeine Worte zu den Titeln. Der normale Durschnittsbürger wird selten Staatsoberhäupter, Monarchen, Mitglieder des Diplomatischen Korps, höchste kirchliche Würdenträger et cetera bei sich zu Gast haben oder selbst bei ihnen zu Gast sein. Am ehesten kommen wir alle noch mit Trägern akademischer Titel in Berührung.

Heute wird um die Anrede längst nicht mehr so viel Gedöns gemacht wie früher. Auch Seine Eminenz der Herr Kardinal und seine Exzellenz der Herr Erzbischof haben einen bürgerlichen Namen und mit dem kann und darf man ihn ansprechen. Und das gilt auch für den Herrn Bundeskanzler, den Herrn Bürgermeister, die Frau Obergerichtsrat und so weiter. All dies sind Berufs- oder Amtsbezeichnungen, die zwar deutlich machen, wie weit es der betreffende Mensch auf der Karriereleiter gebracht hat, sie sind aber auch sehr unpersönlich. Viele Menschen in hohen Positionen ziehen es heute sogar vor, mit ihrem Namen statt mit einem anonymen Titel angesprochen zu werden.

Akademische Titel sind Grade (Diplom, Magister, Doktor), die man an einer Universität oder Hochschule erworben hat oder die einem ehrenhalber verliehen worden sind. Professor dagegen ist kein akademischer Grad, sondern eine Berufsbezeichnung. Ein Hochschullehrer, der sich habilitiert, also eine Arbeit geschrieben hat, die ihn berechtigt, eine Professorenstelle einzunehmen, der eine solche Stelle aber nicht innehat, ist Privatdozent, aber im eigentlichen Sinne kein »Professor«. Die korrekte Briefanschrift müsste in diesem Fall übrigens »Herrn Dr. habil.« lauten. Da aber bei uns niemand Professor sein kann (es sei denn ehrenhalber), ohne vorher den Doktorgrad erworben zu haben, darf man einen Professor auch mit »Herr Dr. Soundso« und eine Professorin mit »Frau Dr. Soundso« ansprechen.

Der Adel ist ein Verdienst für solche, die sonst keins haben.
(Chinesisches Sprichwort)

Ein wenig anders ist es mit ererbten Adelsprädikaten, die fester Bestandteil des Namens sind. Während man auf Anreden wie »Hoheit« oder »Durchlaucht« verzichten darf, ist es richtig, ein Mitglied eines Adelshauses »Fürstin Taxis« (ohne Frau), »Prinz Albert« (ohne Herr) »Gräfin Hohenlohe« (ohne Frau) anzusprechen.

»Herr Graf« ist richtig, wenn der angesprochene Mann der Vater von Steffi ist, also in der Tat mit Nachnamen Graf heißt. Ebenso ist »Herr Herzog« der nicht dem Adel angehörende ehemalige Bundespräsident. Handelt es sich bei dem Angesprochenen hingegen um Herrn Lambsdorff, ist die Anrede »Herr Graf« streng genommen verkehrt, richtig wäre: »Graf Lambsdorff« und bei vollem Namen »Otto Graf Lambsdorff«.

Aber wir sagten ja, so streng wollen wir es nicht nehmen. In einer demokratischen Gesellschaft wie der unseren darf man jeden Menschen ohne seine erworbenen Titel, also nur mit seinem Namen, anreden. Kein Mensch ist verpflichtet, einen General der Bundeswehr »Herr General« anzusprechen, es sei denn – darauf kommen wir gleich noch ausführlicher –, er wurde uns als »General Soundso« vorgestellt, und wir haben seinen Namen wieder vergessen. Inhaber gleichen Titels tun das gemeinhin sowieso nicht. Kein Doktor redet den anderen mit »Herr/ Frau Dr. Soundso« an, es sei denn, es handelt sich um zwei frischgebackene Doktores, die das zum Scherz tun. Nun gibt es freilich Menschen, die auf ihre Titel unendlich stolz sind. Man kann sich dann stur stellen, man kann ihnen aber auch den Gefallen tun, wenn es ihnen denn gar so sehr schmeichelt. Allerdings setzt man in der mündlichen Anrede immer nur einen Titel vor den Namen. »Frau Bundestagspräsidentin Professor Doktor Süßmuth« wäre im Gespräch nicht nur ein furchtbarer Bandwurm, eine solche Titelreihung könnte auch missverstanden werden. Der oder die so Angesprochene könnte meinen, man wolle sich über seine oder ihre Titel mokieren. Lediglich im Schriftverkehr führt man eine solche Reihung bei der Adresse auf, jedoch auch nicht bei der schriftlichen Anrede.

Titel sind tiefe Gräben um die Festung Mensch.
(Hans Arndt)

Und noch eines ist heute ganz und gar unangebracht: nämlich den erworbenen Titel des Mannes auf die Ehefrau zu übertragen. Die Ehefrau eines Professors ist nur dann »Frau Professor Soundso«, wenn sie selbst an der Hochschule eine Professur innehat oder hatte, sonst nicht. Umgekehrt – auch das kommt ja heute vor – gilt genau dasselbe. Auch der Herr Professor Soundso muss selbst Inhaber eines Lehrstuhls sein, nicht der Ehemann einer Professorin.

Nun gibt es freilich einen triftigen Grund, warum viele Menschen zum Titel als Anrede Zuflucht nehmen. Da wurden einem zehn Leute vorgestellt, zwei Namen hat man mit Mühe und Not behalten und zum Glück noch hier ein »Herr Direktor«, dort eine »Frau Staatsanwältin«. Es ist ein Notnagel, an dem man sich festhalten kann. Man sollte aber erstens wissen, dass die Anrede »Frau/

Herr Doktor« ohne Zusatz des Namens eigentlich nur für eine Ärztin oder einen Arzt im Dienst gebräuchlich ist. Einen Doktorgrad kann man ja in allen Fakultäten erwerben. Zum zweiten aber hat kaum jemand etwas dagegen, wenn man noch einmal nach seinem Namen fragt. Im Gegenteil Sie werden sich wundern, wie viele Menschen dankbar die Gelegenheit ergreifen, auch Sie noch einmal nach Ihrem Namen fragen zu können! Wenn Sie jetzt mit dem oder der Betreffenden ein Gespräch führen, in dessen Verlauf Sie den anderen mehrmals mit Namen ansprechen, dann haben Sie ihn wahrscheinlich intus und werden ihn nicht gleich wieder vergessen. Vor allem brauchen Sie als Mann nicht auf das antiquierte »Gnädige Frau« zurückzugreifen.

Die »Gnä' Frau«, die »Dame« mag einem Kellner im Restaurant, einem Verkäufer oder einer Verkäuferin vorbehalten bleiben, die nach einer höflichen Anrede suchen, wenn sie den Namen der Frau nicht kennen, und es ungewöhnlich und unangebracht wäre, dass sie sich vorstellt. Unbedingt vermeiden sollte der Herr Anreden wie »Madame«, »Madam« oder »Lady« oder ähnliche Floskeln. Es sei denn, der Herr ist Ausländer und der deutschen Sprache nicht mächtig oder er legt Wert auf eine kalte Dusche.

Das korrekte Allgemeinverhalten

Der Körper ist der Übersetzer der Seele ins Sichtbare.
(Christian Morgenstern)

Neben den bisher erwähnten Regeln des guten Betragens spielt auch die Art und Weise, wie man in einer Gesellschaft steht, sitzt und geht, eine bedeutende Rolle. Die Haltung des Körpers spricht also ihre eigene Sprache, eben die Körpersprache. Sie ist zwar bis zu einem gewissen Grad unbewusst, doch ist sie deshalb keineswegs unserer Kontrolle entzogen.

Auch im Bereich der Körperhaltung wird uns vieles durch die Erziehung in der Kindheit vermittelt. Nicht zuletzt hier macht sich die freiere Erziehung der letzten drei Jahrzehnte bemerkbar. So einiges, was vor Jahrzehnten ungebührlich, taktlos, unerhört gewesen wäre, wird heute von vielen jungen Leuten als völlig normales und korrektes Verhalten eingestuft. Lediglich die Vertreter der älteren Generation nehmen noch Anstoß. Mitglieder der mittleren Generation neigen dazu, die legerere Verhaltensweise der jüngeren zu übernehmen, denn sie ist in vielerlei Hinsicht bequemer. Ob sich allzuviel Laschheit letztendlich durchsetzen wird, wird sich zeigen. Noch gelten einige Regeln, und Verstöße gegen sie werden von einer Mehrheit als unangenehm empfunden.

Takt besteht darin, dass man weiß, wieweit man zu weit gehen darf.
(Jean Cocteau)

Man kann und soll also darauf achten, wie man sich bewegt, denn die Art und Weise der äußeren Körperhaltung lässt gewisse Rückschlüsse auf die innere Haltung zu. Wer beispielsweise seinem Gegenüber mit übereinander geschlagenen Beinen und mit verschränkten Armen zuhört (eine beliebte Pose unseres Altbundeskanzlers Helmut Schmidt), erweckt leicht den Eindruck, er halte auf größte Distanz und sei am Gesprächspartner und dem, was er zu sagen hat, eigentlich nicht sonderlich interessiert. Faktisch kann das falsch sein, doch der Eindruck spielt eben eine wichtige Rolle.

Was ihre Körperhaltung betrifft sind Damen traditionsgemäß größeren Restriktionen unterworfen als Herren. Sie scheinen sich diesen Beschränkungen allerdings auch leichter anpassen zu können. Hier wirkt sich wohl jahrhunderte-, um nicht zu sagen jahrtausendelange Übung aus. Verstöße wurden bei Frauen immer sehr viel strenger geahndet als bei Männern.

Zunächst gilt heute für beide Geschlechter, dass man sich einigermaßen gerade hält. Weder bei Herren noch bei Damen sieht eine allzu schlaffe Körperhaltung ansprechend aus. Wer mit hängenden Schultern und krummem

Rücken steht, streckt automatisch auch den Bauch raus. Allerdings steht oder sitzt man auch nicht kerzengerade, als hätte man ein Stahlkorsett an.

Besonders wenn man längere Zeit steht und dabei weder ein Glas noch sonst etwas in der Hand hat, weiß man oft nicht, wohin mit den Händen. Damen haben meist ihre Handtäschchen, an dem sie sich unter Umständen »festhalten« können. Heute ist es auch erlaubt, eine Hand leicht in die Rock-, Kleid- oder Hosentasche zu stecken. Allerdings muss noch ein wenig von der Hand zu sehen sein, sie darf nicht bis über den Knöchel in der Tasche verschwinden. Auch der Herr darf eine Hand locker in die Hosentasche stecken. In die Taschen des Jacketts dagegen gehören seine Hände eigentlich nur für den kurzen Augenblick, in dem er etwas herausholen will, doch auch hier ist man heute freizügiger. Der Herr sollte außerdem die Hände nicht ständig auf dem Rücken halten und sie möglichst auch nicht gekreuzt schützend vor seine edelsten Teile legen.

Der Körper ist ein notwendiges Vehikel, weil er die Kleider trägt und mit den Kleidern die Taschen.
(Alfred Jarry)

Während der Herr zwar lässiger, sprich etwas breitbeiniger, stehen darf als die Dame, sollte er doch nicht ausgesprochen breitbeinig stehen. Schon gar nicht mit in die Hüften gestemmten Armen. Die Dame ist noch mehr gehalten, darauf zu achten, dass sie die Beine nicht spreizt. Welche Position sie auch einnimmt, ihre Knie sollten immer geschlossen sein egal, ob sie die Beine gerade vor sich stellt, leicht schräg abwinkelt oder übereinander schlägt. Das gilt umso mehr, wenn sie einen kurzen, gar sehr kurzen Rock trägt. Hat sie dagegen Hosen an, darf sie heute die Beine auch etwas lockerer übereinander schlagen. Die für Frauen als »korrekt« angesehene Sitzweise, gerade, mit parallel gestellten, leicht schräg abgewinkelten Beinen – man denke an Erika Berger auf ihrer Couch – ist alles andere als bequem, auch wenn es natürlich so aussehen soll, als wäre sie das. Es ist deshalb erlaubt, innerhalb eines gewissen Rahmens die Sitzhaltung ab und zu ein wenig zu verändern, die Beine mal zur anderen Seite hin abzuwinkeln oder einmal eng übereinander zu schlagen.

Zur Zeit der extremen Miniröcke war es schon so, dass die Frauen sich nicht mehr hinsetzen und die Männer nicht mehr aufstehen konnten.
(Danny Kaye)

Der Herr darf mit übereinander geschlagenen Beinen etwas lockerer sitzen, doch einen Knöchel oder gar den Fuß auf das andere Knie legen ist ebenso unschön und unangebracht wie voll ausgestreckte, nur an den Füßen gekreuzte Beine, denn bei dieser Haltung rutscht man leicht von der sitzenden in eine eher liegende Position.

Die Gäste der unzähligen Talkshows im Fernsehen (und es seien hier lediglich die seriöseren Gesprächsrunden des Abendprogramms angesprochen) geben ein wunderbares Studienmaterial ab. Hier kann man sehr gut sehen, wie die Prominenz – und was sich dafür hält – zu sitzen, respektive gelegentlich zu lümmeln, pflegt, wie das aussieht und welchen Eindruck das macht. Es wird auffallen, dass nur sehr wenige Frauen ausgesprochen provokativ oder aufreizend dasitzen. Die streitbare Alice Schwarzer hat in einer solchen Runde einmal anschaulich demonstriert, warum das so ist, indem sie die Sitzweise eines ebenfalls anwesenden Schauspielers nachahmte, sich genauso hinflözte wie er und dazu erklärte, wir Frauen würden auch liebend gern so bräsig und raumgreifend sitzen, doch würde es uns die Gesamtgesellschaft nicht gestatten. (Der Schauspieler verließ die Runde daraufhin übrigens tief beleidigt.)

Im Gähnen tut sich der Mensch selber als Abgrund auf; er macht sich der langen Weile ähnlich, die ihn umgibt.
(Walter Benjamin)

Mit Sitzen und Stehen allein ist es noch nicht getan. Noch ein paar andere Dinge hat man in Gesellschaft strikt unter Kontrolle zu halten. So gähnt man beispielsweise nicht ungeniert, gar noch mit Ton wie der Löwe von Metro-Goldwyn-Mayer. Kann man ein Gähnen nicht unterdrücken, hält man sich die Hand vor den Mund. Der gute Rat, mit geschlossenem Mund quasi durch die Nase zu gähnen ist nicht viel wert. Ehe man sich versieht, will der Mund doch weiter aufgehen, als er soll, und dann ergeben sich unwillkürlich schmatzende Lippengeräusche. Abgesehen davon, dass man auch beim Gähnen durch die Nase in charakteristischer Weise das Gesicht verzieht.

Warum geht man, wenn man erkältet ist, lieber ins Konzert oder Theater statt zum Arzt?
(Hermann Prey)

Auch Husten, Niesen und sich die Nase putzen soll man so geräuschlos und unauffällig, wie es nur eben geht. Nun ist leises Husten so gut wie gar nicht möglich – das wäre ein bloßes Räuspern. Aber es ist möglich, sich ein Taschentuch vor den Mund zu halten, was freilich voraussetzt, dass man immer ein sauberes Taschentuch bei sich hat!

Bekommt man einen richtigen Hustenanfall, entfernt man sich von der Gesellschaft. Reizhustenanfälle kommen selten aus heiterem Himmel, meist sind sie Folgeerscheinungen einer Erkältung oder einer Stimmüberlastung. Man kann vorbeugend Medikamente dagegen einnehmen. Jeder Apotheker wird Sie gerne beraten. Etwas anderes ist der Husten, der folgt, wenn man sich beim Essen verschluckt hat (siehe Seite 211).

Ein Niesen kann man manchmal mit einem kleinen Trick unterdrücken: Spürt man das Kribbeln in der Nase und legt sich sofort mit ein wenig Druck einen Finger mitten auf das Philtrum, die Oberlippenrinne, dann vergeht der Niesreiz meistens. Er kann aber wiederkommen. Gelegentlich wird in Benimmbüchern der Tipp gegeben, sich im Notfall die Nase zuzuhalten. Mediziner raten strikt davon ab: Da der Innendruck ja irgendwohin muss, kann es beim Nasezuhalten zu Schädigungen des Trommelfells kommen.

Muss man niesen, hält man sich mindestens die Hand vor Mund und Nase, besser natürlich das Taschentuch. Der herzhafte, freie, laute Nieser gehört in die eigenen vier Wände, sofern man dort allein ist. Niest jemand anders, übergeht man das in der besseren Gesellschaft schweigend, man sagt weder: »Wohl bekomm's« noch »Gesundheit« oder Ähnliches. Und selbst sagt man auch nicht »Pardon« oder »'tschuldjung«, wenn man niesen oder aufstoßen musste.

Das Naseputzen ist ebenfalls eine Sache, die meist mit Geräusch verbunden ist zumal, wenn man an einer Erkältung leidet. Wer erkältet ist, sollte mit Rücksicht auf andere Menschen, die sich anstecken könnten, gar nicht erst in Gesellschaft erscheinen. Ist man gezwungen, die Nase gründlich zu putzen, weil man einfach keine Luft mehr durch die Nase bekommt, so entfernt man sich von der Gesellschaft. Keinesfalls trompetet man bei Tisch in sein Taschentuch und noch weniger unterzieht man das Ergebnis seiner Anstrengung einer gründlichen Betrachtung. Auch Nasenspray oder -tropfen appliziert man niemals bei Tisch. Bei einer Stehparty sucht man sich mindestens ein ruhiges Eckchen und dreht der Gesellschaft kurz den Rücken zu.

Auch andere Körpergeräusche hat man zu kontrollieren, im Notfall muss man sich kurz von der Gesellschaft absetzen. Zu den Körpergeräuschen gehören auch willkürlich produzierte wie allzu lautes, schrilles Lachen, dümmliches Kichern, lautes Reden oder mit den Fingergelenken knacken.

Selbstverständlich darf man lachen, auch herzlich und mit einer gewissen Lautstärke, wenn es was zu lachen gibt. Und man soll auch nicht so leise sprechen, dass die anderen regelrecht die Ohren spitzen müssen, um überhaupt etwas zu verstehen. Je nach Gegebenheit muss man versuchen, das rechte Maß zu finden.

Zum Lachen braucht es immer ein wenig Geist; das Tier lacht nicht.
(Gottfried Keller)

Mit all dem noch nicht genug, muss man auch noch darauf achten, dass man sich in Gesellschaft nicht auffällig kratzt, sich nicht im Gesicht rumfummelt, sich nicht dauernd durch die Haare fährt, nicht an den Fingernägeln kaut, sich nicht ständig auf die Lippen beißt und was der unbewussten Reflexe und der dummen Angewohnheiten mehr sind, die man sich oft in früher Jugend angeeignet hat. Man kann sich selbst sehr genau beobachten und Untugenden, die man sich angewöhnt hat, auch wieder abgewöhnen. Im schlimmsten Fall muss man die Hilfe eines Therapeuten in Anspruch nehmen.

In die Kategorie der gewohnheitsmäßigen Unarten gehört auch eine Angewohnheit, die – naturgemäß – ausschließlich Männer haben: die kurze (und nur vermeintlich diskrete!) prüfende Handbewegung, ob auch der Hosenlatz ordentlich verschlossen ist. Manche Herren scheinen darüber hinaus von einer besonderen Kastrationsangst gepeinigt zu sein, denn ihr Griff dient weniger der Überprüfung des akkuraten Verschlusses, als vielmehr der Selbstvergewisserung, keiner Teile verlustig gegangen zu sein. Die Ängste mögen von den Schauermärchen herrühren, die Jakob Sprenger 1487 in seinem »Hexenhammer« verbreitete. Welchen Ursprungs die Geste auch sein mag, wenn Sie es von sich wissen, oder man Ihnen diskret gesteckt hat, dass Sie dazu neigen, gewöhnen Sie es sich schnellstens ab!

Den Abstand wahren ist das Geheimnis der Kultur.
(George Bernard Shaw)

Noch einen weiteren körpersprachlichen Aspekt gilt es in Gesellschaft zu beachten: den Abstand, den Menschen im Gespräch üblicherweise voneinander halten. Solange wir es mit Menschen unseres eigenen Kulturkreises zu tun haben, wird uns dabei wenig auffallen. Wir pflegen im Durchschnitt etwa einen Meter Abstand vom fremden Gesprächspartner zu halten. Wenn wir in überfüllten Verkehrsmitteln, in Aufzügen und Ähnlichem diesen Abstand verringern müssen, empfinden wir das meist als unangenehm. Engländer und Skandinavier halten gern einen noch größeren Abstand. Südländer gehen dagegen gern näher aufeinander zu und haben auch nichts gegen kurzen, direkten Körperkontakt. Ein Engländer, dem ein Fremder beim Gespräch die Hand an den Arm legt, ist wahrscheinlich konsterniert und wird automatisch zurückweichen. Ein Italiener wird dagegen das Gefühl haben, mit einem guten Freund zu sprechen.

Wer keinen Zaun um seinen inneren Garten hat, bei dem trampeln alle herein.
(Emil Oesch)

Neben der Körpersprache ist natürlich das echte Gespräch von ganz entscheidender Bedeutung. Es kommt ihm eine so wichtige Funktion zu, dass ihm in diesem Buch ein eigenes Kapitel gewidmet wird (siehe Seite 158).

Raucher in Gesellschaft

In jüngster Zeit scheint sich auf dem Sektor der menschlichen Gesundheit mehr und mehr eine Vorstellung Bahn zu brechen, die der Weltsicht primitiver Kulturen fast zum Verwechseln ähnlich wird. Es gibt nämlich so genannte Naturvölker, denen die Vorstellung von einem natürlichen Tod unbekannt ist. Tod ist prinzipiell eine Folge von Hexerei. Stirbt ein Mensch, so wird per Orakel der Schuldige gesucht und selbstverständlich immer gefunden. Er oder sie wird dann bestraft, und die Welt ist wieder im Lot.

In unserer Gesellschaft heißen diese Hexen Herzinfarkt, Krebs, Aids und so weiter. In allen Medien wimmelt es von aufklärenden Informationen, die darüber Auskunft geben, wie man sich vor allen tödlichen Krankheiten (einschließlich normaler Alterung) schützen kann und soll. Dadurch wird der Tod letztlich zu etwas Selbstverschuldetem, dem man hätte entgehen können, hätte man nur den Rat befolgt und sich vor der Krankheit (oder dem Alter) geschützt.

Folgerichtig hat sich auch das Verhalten gegenüber den Rauchern in den letzten Jahren drastisch verändert. Seit man weiß, dass und in welchem Maße Rauchen die Gesundheit gefährdet, herrscht eine ausgesprochene Feindseligkeit den Liebhabern des blauen Dunstes gegenüber geradeso, als wären nur sie allein für alle Umweltschäden und alle Krebsleiden dieser Erde ganz persönlich durch ihre schlechte Angewohnheit verantwortlich.

Ein leidenschaftlicher Raucher, der immer wieder von den Gefahren des Rauchens für seine Gesundheit liest, hört in den meisten Fällen auf – zu lesen. *(Winston Churchill)*

Nach dem Motto: »Auf einen groben Klotz gehört ein grober Keil« reagieren viele Raucher auf die oft unglaublich drastische Ablehnung, die sie bei manchen Nichtrauchern erfahren, mit ebensolcher Hartnäckigkeit und rauchen geradezu zum Trotz. Im Grunde hat eigentlich kein Mensch das Recht, sich in die Lebensführung eines anderen einzumischen, und sei sie noch so selbstmörderisch. Wenn es um unser bis dato noch liebstes Kind – das Auto – geht, tun wir das ja auch nicht, obwohl erheblich mehr Menschen ohne eigenes Verschulden durch Verkehrsunfälle geschädigt werden oder gar ums Leben kommen als durch die Folgen eines blauen Rauchs, den sie nicht selbst erzeugt haben. Dennoch haben es die Raucher, die erheblich weniger unschuldige Mitmenschen auf dem Gewissen haben als die Autofahrer, in der heutigen Gesellschaft nicht leicht.

Die Räume, in denen sie ihrer Sucht beziehungsweise ihrem Vergnügen nachkommen dürfen, werden immer stärker eingeschränkt. Selbst Hotelzimmer, in denen der einzelne Gast mutterseelen allein ist, können Nichtraucherzimmer sein, in denen streng genommen nicht geraucht werden darf, weil sich der nachfolgende Gast von dem in Vorhängen und Polstern hängenden Qualmgeruch gestört fühlen könnte. Häufig wird bereits bei der Vorbestellung eines Hotelzimmers nach Rauchern und Nichtrauchern unterschieden. Das Gleiche gilt bekanntlich für Fluggäste und Bahnfahrer.

Stand früher in den Benimmbüchern zu lesen, man habe als aufmerksamer Gastgeber für seine Gäste Zigarren und

Zigaretten parat zu halten, so wagt heute ein dem Glimmstengel verfallener Mensch manchmal kaum noch die schüchterne Bitte, ob er vielleicht auf dem Balkon rasch ein Zigarettchen rauchen dürfe, aus lauter Angst, dass sich die Gesundheitsapostel auf ihn stürzen und ihn in drastischen Worten darüber belehren könnten, dass er dabei ist, sich selbst umzubringen und seine Mitmenschen auszurotten. Könnten sich die Nichtraucher entschließen, auf ihre Predigten zu verzichten, wären die Raucher wahrscheinlich eher geneigt, mehr Rücksicht auf sie zu nehmen. Mir jedenfalls ist kein Raucher bekannt, der nicht bereit wäre, einsichtig und rücksichtsvoll zu reagieren, wenn er freundlich und begründet um Unterlassung gebeten wird. Just an dieser Freundlichkeit jedoch mangelt es den Nichtrauchern immer öfter, auch wenn man ihren Unmut durchaus verstehen kann.

Was Raucher Nichtrauchern antun, heißt bei Nichtschwimmern: ersäufen. *(Werner Schneyder)*

Kein Raucher wird sich weigern, absoluten Verbotsschildern Folge zu leisten. Und zwar nicht nur, weil bei Zuwiderhandlung Strafe droht, sondern weil seine Einsicht weit genug reicht, zu wissen, dass an Orten, an denen Explosionsgefahr besteht – also an Tankstellen, in bestimmten Bereichen von chemischen Betrieben und Fabriken und so weiter –, das Rauchen eine unmittelbare tödliche Gefahr darstellt. Auch dass in Krankenhäusern und den Wartezimmern der Arztpraxen, in Kaufhäusern, Straßen- und U-Bahnen, in Parkhäusern, Kirchen und Museen nicht geraucht werden darf, nehmen eigentlich alle Raucher verständnisvoll zur Kenntnis. Sie halten sich auch in Theatern, Kinos und bei anderen Veranstaltungen für die Dauer der Vorstellung zurück. Meist gibt es in Theatern und Kinos im Foyer eine Raucherzone, in der man in der Pause rasch seinem Laster frönen kann.

Leider hapert es mit der Einsicht gelegentlich, wenn sich Raucher im Freien befinden und sich dort unbeobachtet glauben. Das kann mitunter verheerende Folgen haben, etwa, wenn jemand im Hochsommer in einer Zeit großer Dürre im Wald raucht und die Zigarette nicht hundertprozentig ausdrückt oder ein noch brennendes Streichholz wegwirft. Andererseits gehen nicht alle Waldbrände auf das Konto uneinsichtiger und unbedachter Raucher!

Toleranz kann man von Rauchern lernen: Noch nie hat sich ein Raucher über einen Nichtraucher beschwert. *(Alessandro Pertini)*

Möchte man in Anwesenheit anderer rauchen, ist in erster Linie auf Kinder Rücksicht zu nehmen. Solange sie noch klein sind, kennen sie weder die Gefahr, noch können sie sich verbal dagegen zur Wehr setzen. Für den Raucher bedeutet das: In Gegenwart kleiner Kinder darf überhaupt nicht geraucht werden. Größere Kinder und Jugendliche haben wie Erwachsene das Recht, darum zu bitten, dass in ihrer Gegenwart nicht geraucht wird, das heißt, die Kinder sind ebenso wie Erwachsene um Erlaubnis zu fragen.

Auch in seinen eigenen vier Wänden fragt ein höflicher Mensch seinen Gast, ob er rauchen darf. Allerdings ist man als Besucher gehalten, weitestgehende Großzügigkeit zu üben. Es strapaziert die Geduld eines Rauchers nämlich schon einigermaßen, wenn seine Gäste ihm diktieren, wie er sich bei sich zu Hause zu verhalten hat, und dieselben Leute ihm, wenn er bei ihnen zu Gast ist, wiederum vorschreiben, was er tun darf und was nicht.

Die hier beschriebene Situation bezieht sich auf eine kleine Gesellschaft von etwa zwei bis sechs Leuten. Etwas anderes ist die große Gesellschaft. Da wird man sich als Raucher daran orientieren, ob Aschenbecher aufgestellt sind. Wo Aschenbecher stehen, darf grundsätzlich geraucht werden. Sind weit und breit keine Aschenbecher zu sehen, kann man davon ausgehen, dass es sich um eine Nichtraucherversammlung handelt. Im Zweifel fragt man den Gastgeber, und zwar, bevor man sich die Zigarette angezündet hat.

Steht man im Rahmen einer großen Gesellschaft mit einem einzelnen Gesprächspartner zusammen, so wird man sich keine Zigarette anzünden, wenn der andere gerade seine vom Büfett geholten Häppchen verspeist, und man wird, auch wenn der andere nichts isst, als höflicher Mensch zunächst fragen, ob man rauchen darf. Man könnte freilich auch andersherum argumentieren: Wenn allgemeine Raucherlaubnis besteht, dann muss eben der, der sich dadurch belästigt fühlt, das Feld räumen. Dass ein Nichtraucher, der zu einer Gruppe von mehr als drei Rauchern stößt, ihnen das im gegebenen Rahmen grundsätzlich erlaubte Vergnügen untersagt, wäre reichlich undemokratisch. Andererseits ist der einzelne Raucher, der sich in einer Gruppe befindet oder sich einer solchen zugesellt, die mehrheitlich aus Nichtrauchern besteht, gehalten, sich deren Bitte zu unterwerfen und nicht zu rauchen. Kurz, auch in großer Gesellschaft gibt es individuelle Unterschiede, die zu beachten sind.

Alle schlechten Angewohnheiten entwickeln sich in der Familie. Das fängt mit Mord an und geht über Betrug und Trunksucht bis zum Rauchen.
(Alfred Hitchcock)

Auch wenn Sie begeisterter Bogart-Fan sind, sollten Sie die Nachahmung Ihres Idols doch nicht soweit treiben, mit der Zigarette im Mundwinkel herumzulaufen oder gar zu sprechen. Nun gibt es Situationen, in denen man geneigt ist, die Zigarette für den Moment zwischen die Lippen zu klemmen, etwa, wenn man an der Bar für sich und andere Getränke holt und mit zwei, drei Gläsern beide Hände voll hat. Streng genommen hätte man, ehe man die Gläser entgegennimmt, die Zigarette auszumachen. Man kann es aber auch je nach der Gesellschaft, in der man sich befindet, etwas lockerer sehen.

Dass man niemandem den Qualm direkt ins Gesicht bläst, versteht sich von selbst. Und genauso klar sollte für Raucher wie für Nichtraucher sein, dass Aschenbecher nur für die Asche und die Kippen von Zigaretten, Zigarillos und Zigarren gedacht sind. Benutzte Tempotaschentücher, Zahnstocher, Obstkerne, Plastikspießchen von kleinen Häppchen oder, was sonst qualmen und stinken könnte, haben in einem Aschenbecher nichts zu suchen. Umgekehrt gehören Asche und Kippen nicht in die Toilette. Das ist mehr als eine Unhöflichkeit, das ist eine Umweltsünde! Sie gehören auch nicht auf Untertassen oder auf andere Teller, nicht in halbleere Kaffeetassen, Blumentöpfe oder, was dem Qualmer sonst noch so alles einfallen mag. Auch Zigaretten in geschlossenen Räumen auf dem Fußboden auszutreten ist eine grobe Ungehörigkeit. Auf dem Bahnsteig oder in der Bahnhofshalle mag das noch hingehen, obwohl auch hier eigentlich keine Abfälle auf den Boden geworfen werden sollten. Und eine Kippe ist nun einmal Abfall. Wo jedoch außerdem ein Fußboden in Mitleidenschaft gezogen würde, geht der Spaß wirklich zu weit.

Eine Zigarette ist wie ein rascher Flirt, eine Zigarre wie eine anspruchsvolle Geliebte, die Pfeife aber wie eine Ehefrau.
(Michael Ende)

Große, mit Sand gefüllte Schalen sind übrigens sehr gute Aschenbecher. Sie ersticken die Glut zuverlässig und sie verhindern, dass sich der unangenehme Geruch von abgestandenen Zigaretten entwickelt.

Einst gab es hinsichtlich des Feuergebens keine Probleme. Im so genannten Tabakskolleg saßen nur Herren, und die entzündeten ihre Zigarren und Pfeifen selbst, oder es waren Lakeien zu ihren Diensten. Dann durften auch die Frauen rauchen, und der korrekte Kavalier, sogar wenn er selbst Nichtraucher war, trug immer ein Feuerzeug oder eine Schachtel Streichhölzer bei sich für den Fall, dass eine Dame zu rauchen wünschte. Geschah das am Tisch, so stand der Herr auf, wenn er der Dame Feuer gab. Niemals hätte eine Dame im Beisein eines Herren nach dem eigenen Feuerzeug gelangt. Auch das schliff sich im Laufe der Zeit ab. Wer rauchte, egal ob Dame oder Herr, durfte sich die Rauchware selbst entzünden und tat oder vielmehr tut dies mit völliger Selbstverständlichkeit.

Darüber hinaus kann heute jeder jedem Feuer geben: der Herr der Dame, die Dame dem Herrn, der Jüngere dem Älteren und umgekehrt. Einige Beschränkungen für das Feuergeben sind allerdings durch die Art der Rauchware bedingt. Seit der Fidibus nicht mehr in Mode ist, kann ein Fremder einem Pfeifenraucher nur schwerlich Feuer geben. Wer Pfeife raucht, muss sich selbst helfen. Doch ebenso wie der Zigarrenraucher, der das genüssliche sowie lange Entzünden der Zigarre als Teil des Gesamtgenusses wertet, ist auch der Pfeifenraucher darüber nicht traurig. Wer einem anderen Feuer reicht, muss auf ein paar Dinge achten. Benutzt er ein Feuerzeug, so sollte er wissen, wie die Flamme eingestellt ist. Niemand freut sich, wenn ihm gleich die Wimpern und Augenbrauen abgesengt werden, und kein Raucher hat gern eine in Sekundenschnelle bis zur Mitte angebrannte Zigarette. Wer schon so höflich ist, Feuer zu geben, sollte noch einen Schritt weiter gehen und die Hand mit der Feuerquelle so nahe bringen, dass der Raucher sich ihr nur noch leicht entgegenzuneigen braucht. Man sollte nicht erwarten, dass der Raucher sich zum Feuer strecken muss.

Kaugummikauer

In dem Maße, in dem Raucher in gesellschaftlichen Misskredit geraten, scheinen die Gummikauer im Vormarsch zu sein. Beherrschte früher die Zigarettenreklame das Bild, so ist es heute die Reklame für das kaubare Kautschukprodukt, das, ach, so schrecklich gesund und auch für Gebissträger geeignet sein soll.

Nun mag in der Tat Kaugummi für die Zähne und das Zahnfleisch gut sein und den Atem frisch halten. Beides ist ja wahrhaftig kein Schaden, dennoch ist die Gummikauerei vom Benimmstandpunkt aus gesehen nicht ganz unproblematisch.

Oft brüllen wir, man habe uns unsere Rechte genommen, dabei hat man uns nur von unseren üblen Gewohnheiten befreit.
(Aleksander Swietochowski)

Fragt man Kinder und Jugendliche, die heutzutage die leidenschaftlichsten Kauer sind, ob sie der Anblick eines dauerkauenden Freundes oder einer Freundin stört, so verneinen sie das im Allgemeinen. Selbst wenn der Kumpel mit offenem Mund kaut und dabei auch noch hörbar knatscht, wird das von sehr jungen Leuten nicht als störend empfunden.

Die Macht, unter der sich Menschen am wohlsten fühlen, ist die Macht der Gewohnheit.
(Robert Lembke)

In Kulturen, in denen traditionsgemäß statt Kaugummi Betel- und Kolanüsse sowie andere Stimulanzien oder wie in Russland Sonnenblumenkerne gekaut werden, ist man an den damit verbundenen Anblick ebenfalls gewöhnt. Niemand nimmt daran Anstoß, nicht einmal an der ständigen Spuckerei, die mit den genannten Kaugewohnheiten verknüpft ist.

Möglicherweise ist uns der Anblick stumpfsinnig mahlender Kiefer einfach noch nicht vertraut genug. Vielleicht sollte im Fernsehen von Ansagern und Moderatorinnen mehr gekaut werden? Noch jedenfalls empfindet das Gros der Erwachsenen in unserem Lande den Anblick von Gummi kauenden Mitmenschen, egal welchen Alters, wenig erbaulich. Und darauf sollte Rücksicht genommen werden. Wer kauen möchte, sollte das wenigstens mit geschlossenem Mund tun.

Ganz sicherlich eine Frage der Höflichkeit und des guten Umgangs miteinander ist die Entsorgung des ausgekauten und geschmacklos gewordenen Knatschgummis. Er gehört in jedem Fall in einen Abfalleimer oder in eine Mülltonne, und zwar möglichst mit einem Papier umhüllt! Er gehört – selbst wenn er eingewickelt ist – nicht in den Aschenbecher oder auf den Unterteller. Schon gar nicht wird er einfach auf die Straße gespuckt, unter irgendwelche Sitze geklebt, in öffentliche oder in private Briefkästen gesteckt. Auch Autoschlösser sind keineswegs originelle Ablageplätze für weich geknatschte Kaugummis,

auch wenn es Jugendliche gibt, die sowas irre witzig, echt geil oder cool finden.
Eigentlich sollte es kein Problem darstellen, sich des Kaugummis in der geforderten Weise zu entledigen. Die meisten Streifen sind einzeln in ein extra Papier verpackt, das man in der Tasche so lange aufhebt, bis man den Kaugummi wieder loswerden möchte. Genau in das Papier, dem man den Kaustreifen entnommen hat, verpackt man ihn wieder und wirft ihn dann in den nächsten Mülleimer. Und hat man seine Kaupastillen einer Druckfolienkarte entnommen, so umhüllt man das ausgekaute Produkt mit einem Papiertaschentuch, einer Ecke Zeitungspapier oder ähnlichem. Sinn dieser vorherigen Umhüllung ist schlicht der, dass ein Kaugummi nun mal eine gewisse Haftkraft hat, auch am Boden oder der Seitenwand eines Müll- oder Abfalleimers. Will man sicher sein, dass er aus dem Behälter, in den man ihn warf, auch wieder rauskommt, dann muss man ihn seiner Klebkraft berauben.

Das Gästebuch

Es ist der Albtraum vieler Gäste und der Stolz der meisten Gastgeber vor allem, wenn sich bereits die eine oder andere berühmte Persönlichkeit mit einem zündenden Vers oder einer witzigen Zeichnung darin verewigt hat. Der Gastgeber erwartet eine geistsprühende, brillante Formulierung, der Gast, der vielleicht schon aufbruchsbereit in Hut und Mantel das Buch hingestreckt bekommt, hat dagegen eher einen Black-out als einen Geistesblitz. Entsprechend groß die Zahl der Geschichten, die rund ums Gästebuch kolportiert werden. Mit einem »Nach langem Nachdenken – Werner Bergengruen« soll sich der Schriftsteller einmal eingetragen haben. Und Heinrich Heine widmete der Pein, sich in ein Gäste- oder Stammbuch eintragen zu müssen, ein ganzes Gedicht:

Man hatte den Eindruck, dass er seine Gäste nur des Gästebuchs wegen einlud.
(Wolfgang Eschker)

Hier, auf gewalkten Lumpen, soll ich
mit einer Spule von der Gans
hinkritzeln ernsthaft halb, halb drollig,
versifizierten Firlefanz –

O Modewut! Ist man ein Dichter,
quält uns die eigne Frau zuletzt,
bis man, wie andre Sangeslichter,
ihr einen Reim ins Album setzt.

Nicht nur Heine sah sich ungern gezwungen zu allem Überfluss von seiner eigenen Frau Mathilde, sich ins Stamm- oder Gästebuch eintragen zu müssen. Auch heute packt viele Gäste das kalte Grausen, wenn sie den Gastgeber mit dem Buch kommen sehen. Deshalb für beide Seiten ein paar Tipps.

Es ist nicht verkehrt, wenn auch für den Gastgeber vielleicht ein wenig enttäuschend, sich lediglich mit einem: »Herzlichen Dank für den wunderschönen Abend« einzutragen. Besser als ein nicht gelungener Knittelvers nach dem Motto, reim dich oder ich fress dich, ist das allemal. Datum und Unterschrift gehören natürlich dazu.

Vorsichtige und einfühlsame Gastgeber nennen selbst am Kopf der Seite den Anlass des Festes und das Datum, an dem es stattfand: »Zur Houseworming-Party am (Datum) waren bei uns zu Gast: …« Nun brauchen die Gäste theoretisch nur noch handschriftlich ihren Namen einzutragen. Wem trotzdem ein Verslein oder ein paar hübsche Zeilen einfallen, kann sie ja dazuschreiben.

Zwei Dinge sind für beide Seiten hilfreich: Der Gastgeber sollte das Gästebuch so hinlegen, dass die Gäste schon beim Eintreten sehen, was auf sie zukommen wird. Dann kann man schon ein wenig nachdenken und wird nicht völlig davon überrumpelt, sich in ein Gästebuch eintragen zu müssen. Oder er nimmt sich denjenigen Gast, von dem er weiß, dass er ein besonders guter Formulierer ist, schon am Anfang beiseite und bittet ihn, sich einen Eintrag zu überlegen, den alle anderen Anwesenden dann nur mit unterschreiben müssen.

Andersherum sollte man als Gast immer damit rechnen, zum guten Schluss ein Gästebuch unter die Nase gehalten zu bekommen. Wenn man dann doch verschont bleibt – umso besser.

Wer ein Gästebuch führt, sollte dafür sorgen, dass die Gäste, die sich eintragen sollen, dafür etwas Zeit und Ruhe haben und allein für sich an einem Tisch schreiben können. Niemand hat es gern, wenn ihm andere beim Schreiben auf die Finger schauen. In dieser Situation schon ganz und gar nicht.

Ist das kleine Œuvre fertig, darf – ja sollte – der Gastgeber gleich einen Blick darauf werfen und sich auch sofort für die gelungene Eintragung bedanken. Ein ganz klein bisschen eitel sind wir ja alle, und jeder hört gern ein Lob.

Verabschiedung der Gäste

Nicht nur beim Empfang, auch bei der Verabschiedung der Gäste macht es einen Unterschied, ob man eine große Gesellschaft zu Besuch hatte oder nur zwei bis acht Personen. Gehen wir zuerst von der kleinen Runde aus.

Aus der Art der Einladung war schon ersichtlich, was der Gastgeber erwartet: Wer ausdrücklich zum Kaffee oder Tee eingeladen war, bleibt als Gast nicht kleben, bis der Gastgeber entweder verschämt darauf hinweisen muss, dass er für ein Abendessen nicht vorgesorgt hat oder murrend in der Küche verschwindet, um aus den Vorräten in der Tiefkühltruhe und im Dosenschrank irgendetwas zu kreieren. Wird man nicht ausdrücklich, ehrlich und überzeugend gebeten, länger zu bleiben, dann verabschiedet

Manche Menschen können in einer Stunde länger dableiben als andere in einer Woche.
(William Dean Howells)

man sich von einer Nachmittagseinladung um 18 Uhr, spätestens jedoch um 18 Uhr 30.
War man zum Abendessen eingeladen, springt man nicht gleich nach dem Essen auf und verabschiedet sich. Aber länger als bis etwa 23 Uhr bleibt man auch nicht, schon gar nicht ungebeten. Diese Angaben beziehen sich auf Besuche bei Bekannten. Mit langjährigen, guten Freunden wird man selbstverständlich auch bis weit über Mitternacht zusammensitzen, wenn die Gelegenheit es erlaubt.

Ein Abschied schmerzt immer, auch wenn man sich schon lange darauf freut. *(Arthur Schnitzler)*

Selbstverständlich verabschiedet man sich vom Gastgeber und bedankt sich dabei für die Einladung. Ob man sich auch von den anderen Gästen verabschiedet, hängt von der Situation ab. Muss man aus irgendeinem Grund sehr früh gehen, tut man es, ohne großes Aufsehen zu machen, denn oft hat es ja für die anderen Gäste eine Art Signalwirkung, wenn einer der Gäste geht. Es springen dann mehrere auf, weil sie meinen, sie müssten oder sollten sich jetzt auch verabschieden. Ist es aber ohnehin eigentlich Aufbruchszeit, wird man sich auch von den anderen Gästen verabschieden, je nach Größe des Kreises per Handschlag oder auch nur allgemein mit einem Lächeln und einer Verbeugung in die Runde.
Der Gastgeber begleitet die Gäste zur Garderobe, hilft ihnen in die Mäntel und bringt sie zur Tür, im eigenen Haus auch bis zum Gartentor. Wohnt man in einem Mehrfamilienhaus, dessen Haustür abends von einem Hausmeister oder anderen Hausbewohnern abgeschlossen wird, geht man selbstverständlich mit an die Haustür, um aufzuschließen. Nur sehr guten Freunden drückt man den Zweitschlüssel in die Hand mit der Bitte, ihn nach Gebrauch in den (richtigen!) Briefkasten zu werfen. Wohnt man in einem oberen Stockwerk in einem Haus mit Aufzug, und ist die Haustür niemals abgeschlossen, verabschiedet man die Gäste vor dem Lift.

Vor allem, wenn man allein stehende Gastgeberin oder als Herr alleiniger Gastgeber ist und noch Gäste in der Wohnung sind, werden diejenigen, die schon gehen, Verständnis dafür haben, dass man die anderen nicht zu lange warten lassen möchte. Sind die Gastgeber zu zweit, oder sind die aufbrechenden die einzigen Gäste, kann man sie natürlich auch bis zur Straße, bis zum Auto oder bis zur Bushaltestelle begleiten.

Im Allgemeinen freut man sich ja, wenn es den Gästen gut gefällt. Gelegentlich kommt es jedoch vor, dass es einem Gast besser gefällt, als dem Gastgeber lieb ist. Was tut der höfliche Gastgeber mit Gästen, die nicht wissen, wann Schluss ist?

Wer kommt, wird nach seinem Gesicht beurteilt. Wer geht, nach seinem Kopf. *(Heinrich Wiesner)*

Man darf höflich darauf hinweisen, dass der Abend sehr schön gewesen sei, man aber am nächsten Tag eine sehr wichtige Besprechung habe, sehr früh raus müsse, weil dies, das oder jenes zu erledigen sei. Der sensible Gast wird den Wink verstehen und aufbrechen. Es gibt aber hartgesottene Naturen, die den Wink zwar durchaus verstehen, aber dennoch ungeniert sagen: „Na, aber die letzte Pulle machen wir doch erst noch leer«, oder die gar fragen: »Aber einen kleinen Cognac haben Sie doch noch für mich?«

Wenn es sich bei diesem Gast nicht ausgerechnet um Ihren Chef oder eine andere, für Sie persönlich sehr wichtige Person handelt, werden Sie wahrscheinlich kein gesteigertes Interesse haben, diesen Menschen wieder bei sich zu Gast zu haben. Sie dürfen also im Notfall auch deutlicher werden. Zwischen einem zarten Hinweis und einem eindeutigen Rausschmiss gibt es ja noch eine ganze Reihe von Nuancen.

Die Verabschiedung der Gäste bei großen Gesellschaften sieht anders aus. Man verabschiedet sich je nach Art der Einladung höchstens vom Gastgeber und von dem einen oder anderen Gast, den man persönlich gut kennt oder mit dem man sich bis eben sehr nett unterhalten hat. Ist der Gastgeber gerade verhindert, kann man auch ohne Abschiedsgruß gehen, man bedankt sich ohnehin am nächsten Tag noch einmal mündlich oder schriftlich.

Dank für die Einladung und Gegeneinladung

Ob man zum Kaffee, zum Fünfuhrtee, zu einem Glas Wein oder zu einem großen Abendessen eingeladen war, macht einen gewissen Unterschied, wenn es um die Frage geht, ob man am nächsten Tag mit einem freundlichen Schreiben oder mit einem Anruf nochmals seinen Dank ausdrückt.

Man stattet Dank eigentlich deshalb ab, um die Dankbarkeit loszuwerden. *(Eduard von Hartmann)*

Nach einem Plauderstündchen zum Tee, zu dem vielleicht nur ein paar Kekse oder ein fertig gekaufter Sandkuchen gereicht wurde, sieht der schriftliche Dank reichlich übertrieben aus. Ist man aber mit einem großartigen, mehrgängigen Menü verwöhnt worden, dann darf man seine Anerkennung auch am folgenden Tag noch einmal zum Ausdruck bringen. Sowohl die schriftliche als auch die telefonische Danksagung gilt heute als korrekt. Wer freilich das Essen grauenhaft, die Unterhaltung schleppend bis tödlich langweilig fand und überhaupt kein Interesse hat, dort noch einmal Gast zu sein, der wird sich direkt nach dem Besuch bedanken, aber danach nichts mehr von sich hören lassen.
Grundsätzlich ist jeder, der privat in kleiner Runde eingeladen wurde, zu einer Gegeneinladung verpflichtet, sofern er dieser Verpflichtung nachkommen kann. Nicht immer ist das möglich. Angenommen, jemand ist von weit her zu einem Kongress angereist. Dort trifft er zufällig einen alten Schulfreund, der am Tagungsort lebt und ihn privat zu sich einlädt. Eine solche Einladung kann so ohne Weiteres nicht erwidert werden. Eine Gegeneinla-

dung ins Restaurant wäre denkbar, ist aber vielleicht aus Zeitmangel nicht möglich. Handelte es sich um einen offiziellen Empfang beim Bürgermeister, so hatte der Bürgermeister zwar die Funktion des Gastgebers, aber zur Gegeneinladung ist man ebensowenig verpflichtet wie zur Gegeneinladung des Hochzeitspaares, das einen zu seiner Vermählungsfeier einlud.

Logiergäste

Übernachtungen im Hotel sind teuer und nicht immer ist ein Zimmer zu kriegen. Hat man im eigenen Hause oder in der Wohnung entsprechenden Raum und Möglichkeiten zur Verfügung, wird man Bekannten oder Freunden, die von weit her zu Besuch kommen, anbieten, über Nacht zu bleiben.

Gute Freunde, die man lange kennt, sind im Allgemeinen unproblematische Übernachtungsgäste. Man kann ihnen das im Kinder- oder Arbeitszimmer aufgestellte Notbett oder die Couch anbieten. Ohne sich lange zieren zu müssen, kann man alle nötigen Absprachen mit ihnen treffen. Man wird es nicht als unangenehm empfinden, sich im Nachtgewand oder im Morgenmantel zu begegnen. Man wird sich problemlos einigen können, wer wann aufsteht, wer wann das Bad benutzt und so weiter.

All das wird etwas schwieriger, wenn man verhältnismäßig fremde Menschen als Übernachtungsgäste bei sich hat. Ganz sicherlich kein Zeichen von gutem Benehmen ist es, als selbstverständlich vorauszusetzen, dass man bei anderen Leuten übernachten kann und mit den Worten: »Ich mache Ihnen keine Umstände, mir genügt der Fußboden«, einfach seinen Schlafsack auszurollen. Wer bei anderen übernachten möchte, muss sich unbedingt vorher erkundigen, ob das geht und ob es dem Gastgeber Recht ist. Schließlich machen Übernachtungsgäste Arbeit,

Der Gastfreund soll sich wie zu Hause fühlen, aber sich nicht wie zu Hause betragen.
(Karl Peltzer)

auch – und vor allem gerade – solche, die sich selbst für völlig unproblematisch halten.

Weiß man, dass Gäste kommen und über Nacht bleiben werden, kann man das Bett für sie schon zurecht machen, denn dass man ihnen frische Bettwäsche zur Verfügung stellt, sollte klar sein. Ist man selbst ein sehr beschäftigter Mensch, wird es der Gast wohl nicht zu übel nehmen, wenn er zwar alles in seinem Zimmer vorfindet, Kopfkissen und Bettdecke aber selbst beziehen muss.

Es gehört nicht viel dazu, private Geheimnisse zu erfahren und sie preiszugeben.
(Heinrich Böle)

Ob der Gast das Bett vor seiner Abreise abzieht, sollte durch eine kurze Rückfrage geklärt werden. Grundsätzlich wäre es ein Entgegenkommen gegenüber dem Gastgeber, denn abgezogen werden muss das Bett ja allemal. Nun sind aber nicht alle freundlichen Gastgeber mit hundertprozentig einwandfreiem Bettzeug gesegnet. Das Kopfkissen ist ohne Bezug vielleicht nicht mehr so ansehnlich, und im Bettbezug steckt ein alte Wolldecke. Die Preisgabe dieser hübsch verborgenen Tatsachen könnte dem Gastgeber oder der Gastgeberin peinlich sein.

Ob man als Gast seine eigenen Handtücher, Waschlappen und so weiter mitbringt, kann meist vorher geklärt werden. Dass grundsätzlich alles einschließlich neuer Zahnbürste zur Verfügung gestellt wird, darf man in einem Luxushotel erwarten, nicht jedoch bei privaten Gastgebern. Auch benutzt man als Gast nicht einfach ungefragt den Fön. Man wühlt weder im Badezimmerschrank herum, noch bedient man sich an der Hautcreme oder der Rasierseife der Gastgeber. Hat man seine eigenen Sachen vergessen oder, weil die Übernachtung nicht vorgeplant war, nicht dabei, fragt man, was man benutzen darf. Der umsichtige Gastgeber wird sicherlich weiterhelfen.

Dass man das Bad und die Toilette benutzen darf, ist klar. Dass man als Gast beides mindestens so sauber hinterlässt, wie man es vorgefunden hat, sollte auch selbstverständlich sein. Es ist aber gut, Absprachen zu treffen, wann das Badezimmer benutzt werden darf, besonders, wenn am Morgen mehrere Leute durchs Bad müssen. Ist der Gastgeber berufstätig und muss das Haus früh verlassen, wird der Gast, der über Zeit verfügt, nicht zuerst ins Bad gehen und die Örtlichkeit blockieren. In jedem Fall sollte man als Gast fragen, ob man baden darf, wenn man ein Wannenbad nehmen möchte. Abends könnte es wegen der Lärmbelästigung unangebracht sein, morgens könnte es zu Zeitproblemen führen.

Als Raucher erkundigt man sich, ob es erlaubt ist, im Gästezimmer zu rauchen. Sehr starke Raucher sollten diese Frage sogar schon klären, bevor sie die Einladung annehmen, denn an diesem Punkt kann die Situation heikel werden.

Die Raucher vernebeln nicht nur die Luft, sondern meist auch ihren Geist, und so kann man dann leichter mit ihnen fertig werden.
(Konrad Adenauer)

Starke Raucher leiden an einer Sucht, da hilft keine Beschönigung. Von ihnen zu verlangen, während der ganzen Dauer eines Gastaufenthalts nicht zu rauchen, kommt für sie einem Martyrium gleich. Die ganze Gastfreundschaft ist ihnen verleidet, wenn sie dafür ein solches Opfer bringen müssen.

Umgekehrt kann man verstehen, dass überzeugte Nichtraucher keinen Qualmgeruch in ihrer Wohnung oder in ihrem Haus haben wollen. Hier hilft allein die rechtzeitige klare Absprache. Gastgeber, die nichts gegen rauchende Gäste einzuwenden haben, können zum Zeichen ihres stillschweigenden Einverständnisses einen Aschenbecher ins Gästezimmer stellen.

Möchte der Gast ein Mineralwasser mit in sein Zimmer nehmen oder vor dem Zubettgehen noch einen kleinen Schlaftrunk, dann bittet er den Gastgeber darum. Er geht nicht einfach an den Kühlschrank und holt sich, was er braucht, schon gar nicht leert er, ohne zu fragen, die Flasche mit dem teuren Cognac. Solche Freiheiten darf sich

allerhöchstens ein alter Freund des Hauses leisten, der zu solcher Art Selbstbedienung die Generalerlaubnis hat.
Ist man als Übernachtungsgast eingeladen, darf das Mitbringsel für die Gastgeber etwas großzügiger ausfallen, als das Mitbringsel zu einer normalen Abendeinladung. Vollkommen daneben ist es allerdings, einen Schein auf dem Nachttisch liegen zu lassen, sozusagen als Trinkgeld für den Gastgeber. Doch findet sich in einem erst 1997 erschienenen Benimmratgeber der Hinweis: »Bei Privateinladungen sollte man/frau nicht vergessen, für das Bedienungspersonal ein angemessenes Trinkgeld hinzulegen. Das Gleiche gilt bei Privatübernachtungen: Der ‚Logierbesuch' hinterlegt ein Trinkgeld für die Haushaltshilfe.«
Die Zahl der Menschen, die in ihrem Privathaushalt Personal beschäftigen, dürfte heute recht gering sein, zumindest nicht so groß, dass man den gegebenen Rat als allgemeingültig hinstellen könnte. Wir sind hier vom normalen Durchschnittsfall ausgegangen, von freundlichen Menschen, die einen Gast zur Übernachtung bei sich hatten, ohne deshalb gleich über eine Villa mit Gästesuite und Dienstboten zu verfügen. Da die Gastgeber ihr eigenes Personal sind, hinterlegt man ihnen kein Trinkgeld. Etwas anderes ist es, wenn man als Gast teure Telefongespräche hat führen müssen. Dafür bietet man selbstverständlich eine Kostenerstattung an.

Die gelungene Konversation

Die meisten Benimmbücher widmen allen möglichen Fragen des Anstands seitenlange Kapitel, nur die Konversation, das Gespräch, die Unterhaltung ist ein Stiefkind dieser Bücher. Oft finden sich nur zum Stichwort »Tischgespräch« ein paar mehr oder weniger nichtssagende Zeilen. Dabei ist die mündliche Kommunikation das A und O aller menschlichen Interaktion, unterscheidet doch nicht zuletzt die Sprache den Menschen vom Tier.

Und wenn man Leute fragt, ob ihnen ein Fest gefallen hat, dann werden sie selten die vielleicht ungenügenden Tischmanieren eines anderen Gastes bemängeln, wenn sie sich gut unterhalten haben. Dagegen werden sie das Fest als nicht gelungen bezeichnen und auch kleine Patzer übel vermerken, wenn sie zwar bestens abgefüttert wurden, jedoch in puncto Unterhaltung enttäuscht waren – entweder weil insgesamt kein rechtes Gespräch aufkam oder weil sie selbst nicht zu Wort gekommen sind.

Das Menschlichste, was wir haben, ist doch die Sprache, und wir haben sie, um zu sprechen. *(Theodor Fontane)*

Auch Sprechen und miteinander Reden will gelernt sein; auch das richtige Sprechen und Reden ist ein Teil der guten Umgangsform.

Vom richtigen Sprechen

Jeder Mensch, der nicht stumm geboren ist, wird bereits als Kleinkind sprechen lernen, sofern er sprechende Vorbilder hat. Die Anlage zur Erlernung der Sprache ist uns also angeboren, die Sprache selbst jedoch nicht. Kaspar Hauser, jenes berühmte Findelkind, das völlig isoliert aufgewachsen war und als 16-jähriger in Nürnberg auftauchte, konnte zunächst nur ganz wenige Laute unartikuliert hervorstoßen. Er lernte jedoch in erstaunlich kurzer Zeit sehr gut sprechen, ja, er eignete sich vor seinem frühen, gewaltsamen Tod sogar Fremdsprachenkenntnisse an.

Zwei Jahre braucht der Mensch, um das Sprechen, ein Leben lang, um das Schweigen zu lernen. *(Ernest Hemingway)*

Bis zu welcher Perfektion der Mensch die eigene Sprache letztlich beherrscht, hängt weitgehend von den Vorbildern und Bildungsmöglichkeiten ab, die ihm zur Verfügung stehen. Der gesunde Mensch bleibt ein Leben lang lernfähig. So, wie man andere Dinge, nicht nur die des guten Tons, auch als Erwachsener noch lernen kann, so

Verständliche Sprache bei einem Politiker zeugt von gutem Gewissen.
(André Malraux)

kann man auch seine Sprache ständig weiterentwickeln. Eine Möglichkeit, von der leider viel zu wenig Menschen Gebrauch machen.

Die erste und wichtigste Regel heißt: Sprich deutlich!

Um zu veranschaulichen, was unter deutlichem Sprechen zu verstehen ist, sei eine kleine Anekdote erzählt. Der österreichische Opernsänger und Schauspieler Leo Slezak gab auch Schauspiel- und Sprachunterricht. Eines Tages ermahnte er einen Schüler: »Sie sollen sagen: ‚Es ist der Mai erschienen' und nicht: ‚Es isst der Meier Schienen'«. Oder man stelle sich folgenden Dialog vor:

»Wo sind Sie beschäftigt?«

»'scharbeide beiden Siemenswergen.«

»Waaas? Bei den Sieben Zwergen?«

»Nein, bei den Siemens-Werken.«

Deutlich sprechen heißt: genau und richtig artikulieren, also die Pausen zwischen den einzelnen Wörtern richtig einhalten, die Endungen der Wörter aussprechen, die Wörter selbst nicht zu hastig hervorsprudeln, keine Mittelsilben verschlucken, harte und weiche Konsonanten deutlich voneinander unterscheiden. Es gab einen deutschen Journalisten, der regelmäßig vom »Ausmister Genscher« sprach. Nicht, weil er einen Witz machen wollte, sondern weil er zu hastig sprach, vielleicht auch, weil er glaubte, für die artikulierte Form »Außenminister« keine Zeit zu haben. Und der Ex-Außenminister selbst? Nun, der sprach bekanntlich sein Lieblingswort »Politik« fast immer so aus, dass es wie »Boldik« klang.

Zur leicht vom sächsischen Dialekt gefärbten Aussprache gesellte sich eine Nachlässigkeit, die die eigentliche Schwäche erst ausmachte. Es ist ein offenes Geheimnis, dass Sprecher dieser Art, die es natürlich in jeder Sprache gibt, der Albtraum aller Simultanübersetzer sind. Aber auch fast jeder andere Zuhörer ist überfordert, wenn er es mit einem notorischen Nuschler zu tun bekommt. Von der unfreiwilligen Komik ganz zu schweigen. Wer kann schon ernst bleiben, wenn jemand ein »ich heiße« so verschlurt ausspricht, dass es wie die derbe Bezeichnung für das Verdauungsendprodukt klingt, oder ein Nachrichtensprecher die Fernsehzuschauer mit »nahmd fette Zuschauer«, der andere mit »guten Abend verirrte Zuschauer« begrüßt. Wieder ein anderer lässt die Zuschauer wissen: »De Nackten ließ sich nichts entnehmen«, dabei meinte er natürlich, dass sich »den Akten« nichts entnehmen ließ.

Die Fähigkeit, sich klar auszudrücken, ist die Voraussetzung dafür, andere zu beeinflussen. *(Dale Carnegie)*

Eltern, die feststellen, dass außer ihnen selbst so gut wie niemand ihr Kind verstehen kann, sollten in Erwägung ziehen, dass das möglicherweise an der Aussprache des Kindes liegt, nicht am schlechten Gehör der restlichen Menschheit. Sie sollten folglich mit ihrem Kind die gute Aussprache üben beziehungsweise das Kind mit anderen üben lassen, die über eine einwandfreie Aussprache verfügen. Auch wenn gelegentliche Wortneuschöpfungen der Kinder sehr lustig und oft sehr intelligent sind, sollte man sie nicht kommentarlos ins eigene Vokabular aufnehmen. Man muss sie nicht gänzlich aus dem Sprachschatz des Kindes verbannen, aber man muss ihm erklären, dass es das Wort eigentlich nicht gibt. So muss sich das Kind das lange falsch benutzte Wort später nicht mühsam wieder abgewöhnen. Man muss auch nicht unbedingt Babysprache mit Kindern sprechen. Es fördert die Sprachbildung der Kinder nämlich nicht sonderlich, wenn sie mit ungenügender Artikulation und Babyvokabular aus dem Erwachsenenmund konfrontiert werden, obwohl ihre geistigen und körperlichen Fähigkeiten längst für mehr ausreichen würden. Ein Kind, das bereits »Hund« sagen könnte, muss man nicht künstlich auf der Stufe von »Wauwau« halten.

Das sicherste Zeichen dafür, dass mit einem Volksgebrauch etwas nicht in Ordnung ist, sind Lehrer- und Pfarrervereinigungen zu seiner Konservierung.
(Kurt Tucholsky)

Nun gibt es unbestritten Künstler des unvollendeten Wortes und Satzes. Man denke an den Kabarettisten Dieter Hildebrandt. Doch täusche man sich nicht. Was bei ihm so klingt, als wäre es unvollendet, ist fast immer mit Bedacht in dieser Form belassen – und nur selten bleibt das Publikum im Unklaren über das, was gesagt werden sollte. Falls doch, dann nicht, weil die Aussprache zu undeutlich war, sondern weil sich das Publikum nicht auf der Höhe der aktuellen politischen Entwicklung befand. Darum aber geht es in der normalen Konversation: Der Zuhörer darf nicht im Unklaren bleiben. Er soll nicht rätseln müssen, er soll verstehen, und zwar sowohl akustisch als auch inhaltlich. Aus diesem Grund ist auch ein voll ausgeprägter Dialekt ein schlechtes Kommunikationsmittel zwischen Menschen, die verschiedene Dialekte sprechen. Ich erinnere mich an einen Anglistikstudenten aus dem Fränkischen mit derart stark dialektal gefärbter und zusätzlich nachlässiger Aussprache, dass ich ihn beinah besser verstand, wenn er englisch sprach; sein Deutsch jedenfalls verstand ich kaum.

Nun besteht die Besonderheit einer Mundart aber nicht nur in der Aussprache, sondern auch in zahlreichen eigenen Dialektausdrücken, die demjenigen, der den Dialekt nicht beherrscht, so ungeläufig sind wie Wörter einer Fremdsprache. Während nichts dagegen einzuwenden ist, dass Mundarten gepflegt und erhalten werden, muss man andererseits sehen, dass es Umfelder gibt, in denen man sie nicht verwenden kann, wenn man verstanden werden möchte. Da wir in einer Demokratie leben, muss die Minderheit sich nach der Mehrheit richten. Wer als deutscher Tourist in ein rätoromanisches Bergdorf reist, darf genausowenig erwarten, dort in gepflegtem Hochdeutsch begrüßt zu werden, wie der Rätoromane erwarten darf, dass man ihn in Hannover verstehen wird.

Eine leichte Dialektfärbung in der Aussprache ist nicht tragisch, im Gegenteil, sie kann sehr charmant klingen. Ein voll ausgeprägter Dialekt und nur in diesem gebräuchliche Ausdrücke hingegen, die keinen Eingang in die allgemeine Umgangssprache gefunden haben, sollten, wenn irgend möglich, vermieden werden, sonst kann es zu Missverständnissen kommen.

Je mehr man in der Öffentlichkeit steht und je häufiger man in der Öffentlichkeit vor großem und größtem Publikum zu sprechen hat, desto wichtiger wird eine einwandfreie Aussprache. Gerade Politiker zeigen uns andererseits, dass man es auch mit dürftigen Fähigkeiten auf sprachlicher Ebene sehr weit bringen kann. Unabdingbar ist dann freilich ein gehöriges Maß an Selbstbewusstsein, um alle Parodisten unbeschadet und locker ertragen zu können.

Stimmbildung und Gestik

Es ist ein weit verbreiteter Irrtum zu glauben, der Mensch könne nichts für seine Stimme. Sänger und Schauspieler sind der beste Beweis dafür, dass Stimmbildung möglich ist. Besonders Menschen, die häufig vor großem Publikum Reden halten oder frei sprechen müssen oder auch nur bei kleineren Veranstaltungen laut zu sprechen haben, sollten sich einmal anhand eines Tonbandes überprüfen. Man hört die eigene Stimme nämlich selbst völlig anders, als Fremde sie wahrnehmen.

Von allen Frauen, deren Charme ich erlegen bin, habe ich hauptsächlich Augen und Stimme in Erinnerung. *(Marcel Proust)*

Ein Mensch kann persönlich noch so freundlich, lieb und nett sein, wenn er eine quäkende, hohe, schrill klingende Stimme hat, hört man ihm nicht gern zu. Es ist eine weitgehend unbewusste Reaktion des Zuhörers, sich von einem solchen Sprecher abzuwenden. Fatalerweise ist die hohe, dazu meist noch etwas zittrige Stimme häufiger ein Problem der Frauen. Sie klingen, besonders wenn sie laut sprechen, so, als wollten sie gleich in Tränen ausbrechen.

Frauentränen sind nun einmal der Horror eines jeden Mannes. Wenn Sie als Frau das Gefühl haben, dass Ihnen in Gesellschaft vor allem Männer nicht zuhören, dann lauschen Sie selbst einmal sehr kritisch auf Ihre Stimme, wenn möglich, mit Hilfe eines Tonbandes.
Anhand von speziellen Büchern über Sprechtechnik und Rhetorik kann man sich informieren und selbst schulen. Natürlich kann man in dieser Angelegenheit auch entsprechenden Unterricht nehmen.

Italienisch ist eine Gebärdensprache, deren Verständnis durch Worte erschwert wird.
(Anthony Quinn)

Fast so wichtig wie der Klang der Stimme sind die Gesten und das Mienenspiel, die unsere Sprache begleiten. Die große Publizistin Salcia Landmann widmet in ihrer sehr geistreich kommentierten Sammlung jüdischer Witze ein kleines Kapitel »Womit redet er?« jenen Witzen, die sich mit der typisch jüdischen Art zu sprechen befassen. Ein Beispiel:
»Schmuel kommt in die Kreisstadt und sieht zum erstenmal ein Telefon. Das Postfräulein erklärt ihm, wie man es benützt:
‚Mit der linken Hand heben Sie das Hörrohr ab und mit der rechten drehen Sie die Kurbel.'
Schmuel: ‚Sehr schön – und womit rede ich dann?'«
Während die Gestik also sehr deutlich kulturell geprägt ist, Südländer beispielsweise haben eine sehr viel lebhaftere und ausgeprägtere Gestik als Nordeuropäer, unterliegt das Mienenspiel bis zu einem gewissen Grad dem Unterbewusstsein.
Dennoch hat man natürlich über beides Gewalt und sollte sie auch ausüben. Wer beim Sprechen so gut wie keine Miene verzieht, wirkt auf den Zuhörer sehr irritierend. Wer dagegen regelrechte Grimassen schneidet, kann leicht lächerlich wirken. Ähnlich ist es mit den Gesten. Man sollte nicht stocksteif dasitzen oder stehen, die Hände an der Hosennaht. Man sollte aber auch nicht so

herumfuchteln, dass andere immerzu versucht sind, Gegenstände vor einem in Sicherheit zu bringen, weil die Gefahr besteht, dass man sie mit seinen ausfahrenden Bewegungen umkegeln wird.

Reden, wie einem der Schnabel gewachsen ist?

Es ist kein Geheimnis, dass die Menschen je nach Bildungsgrad über einen unterschiedlich großen Wortschatz und dementsprechend unterschiedliche Möglichkeiten des Ausdrucks verfügen. Darüber hinaus verwenden fast alle Menschen auch einen so genannten gruppenspezifischen Wortschatz, der durch den Beruf, die Altersgruppe und andere Umstände und Gegebenheiten geprägt ist.
Zwei deutsche Jugendliche in der Disko reden anders miteinander als zwei deutsche Rentner auf der Parkbank. Dennoch können sich natürlich alle vier miteinander verständigen, denn sie verfügen über einen sehr großen sich überschneidenden Sprachsektor. Lediglich an den Rändern dieser sich überschneidenden Wortkreise benutzen sie ein Vokabular, das der jeweils anderen Gruppe möglicherweise nicht oder kaum verständlich ist. Alle vier würden wahrscheinlich, wenn sie beispielsweise als Zeuge vor Gericht erscheinen müssten, etwas anders sprechen, als wenn sie sich mit ihren jeweiligen Altersgenossen unterhalten. Und der Richter wird mit den Zeugen anders sprechen als im vertrauten Gespräch mit seiner Frau und mit ihr wiederum anders als mit seinem dreijährigen Kind – zumindest wollen wir das hoffen.

Am unverständlichsten reden die Leute daher, denen die Sprache zu nichts anderem dient, als sich verständlich zu machen.
(Karl Kraus)

Im Großen und Ganzen beherrscht jeder von uns verschiedene Formen der Redeweise, des Diskurses, wie die Sprachwissenschaftler sagen. Manche Menschen verfügen allerdings über eine geringere Bandbreite an sprachlichen Äußerungsmöglichkeiten. Sie sprechen, egal in welchem Umfeld sie sich befinden, egal mit wem sie sich unterhalten, fast immer gleich. Umgangssprachlich sagt man, sie reden, wie ihnen der Schnabel gewachsen ist.

Das Gespräch mit diesen Menschen ist aus verschiedenen Gründen nicht ganz einfach. Sie artikulieren häufig undeutlich, sie benutzen Wörter – vor allem Fremdwörter – sowie stehende Redewendungen falsch, sodass sich Missverständnisse ergeben, oder sie machen grammatikalische Fehler, die ebenfalls Missverständnisse nach sich ziehen können.

Jeder kennt den berühmten Witz von dem Berliner, der neben einem Hamburger auf der Parkbank sitzt. Als eine junge Frau vorbeikommt, sagt der Berliner stolz:

»Die hat mir anjekiekt.«

»Mich«, korrigiert der Hamburger.

»Wat, Ihnen?«

»Nein, Sie.«

»Na also, saje ick doch, mir hat se anjekiekt!«

In einem kleinen Vorrat an Geheimplätzen, die wir in der Jugend erlernten, besitzen wir alles Nötige, um, ohne die ermüdende Notwenigkeit, denken zu müssen, durchs Leben zu gehen.
(Gustave Le Bou)

Solche Sprecher bilden aber auch unvollständige Sätze, drücken sich sehr vereinfacht aus und neigen gleichzeitig zu Wiederholungen, was daher kommt, dass sie die Erfahrung machen, oft nicht verstanden zu werden. Sie legen diese Beobachtung jedoch falsch aus. Da sie glauben, rein akustisch nicht verstanden worden zu sein, wiederholen sie automatisch, sobald das Gegenüber nur die Stirn runzelt, genau den schon gesagten Satz, nur ein bisschen lauter. Dass es sich aber bei ihrer Aussage um ein inhaltliches Nichtverstehen handeln könnte, kommt ihnen nicht in den Sinn.

Die Sätze solcher Sprecher sind kurz und wenig ausgeschmückt, also farblos. Oft ist der Bezug unklar, sodass man gar nicht weiß, von wem oder von was gerade die Rede ist. Außerdem ist ihre Sprache häufig mit feststehenden Floskeln durchsetzt, die ihnen selbst schon längst nicht mehr auffallen, die die Geduld des Zuhörers aber sehr strapazieren können. Als ich noch Kind war und wir in einem Dorf im Oberhessischen lebten, hatten wir einen Nachbarn, der bei seinen Bekannten den Spitznamen »der Sarich« – der »Sage-ich« – hatte, weil er etwa so sprach: »Na, sarich zu mein Fraa, sarich, Lisbeth, sarich, no guck doch emol, sarich ...«

Der gebildetere und gewandtere Sprecher hat keinen Grund, sich über den weniger gebildeten zu erheben. Es ist grob taktlos, einen solchen Sprecher in herabsetzender Absicht nachzuäffen oder beim dritten »Verstehn Se?« einzuhaken und zu sagen: »Ja natürlich verstehe ich, ich bin ja nicht blöd.«

Zuhören ist eine leise, aber elementare Äußerung guten Benehmens.
(Thaddäus Troll)

Man muss lernen, solchen Sprechern mit Nachsicht zu begegnen und ihnen geduldig zuzuhören. Allerdings, und das ist ganz wichtig, man darf, ja man muss, sie mit knappen, gezielten Zwischenfragen immer dann unterbrechen, wenn der rote Faden verloren zu gehen droht. Da von solchen Sprechern oft wenig spezifiziert wird, da sie statt einer genauen Bezeichnung von Personen oder Sachen oft ein verallgemeinerndes »der« oder »die« oder »Dings« benutzen, kann leicht ein verwirrendes Knäuel entstehen. Schließlich kann man der ganzen Geschichte nicht mehr folgen und schaltet gedanklich ab. Durch kurze, gezielte Zwischenfragen, die vom Sprecher meist gar nicht als Unterbrechungen empfunden werden, sondern eher als Bestätigungen, kann man das weitgehend verhindern. Letzlich hilft es beiden Seiten.

Jeder Mensch kann seine eigene Sprachkompetenz, was Aussprache, Wortschatz, Grammatik und so weiter betrifft, verbessern. Man kann Kurse besuchen, Bücher und Zeitungen lesen, gute Radio- und Fernsehsendungen mit Aufmerksamkeit verfolgen, Reden und Predigten anhören und so fort. Jeder kann also für sich und seine Sprache etwas tun. Sprachwissenschaftler haben allerdings festgestellt, dass Frauen aller Schichten, besonders aber Frauen der so genannten Mittelschicht, sehr viel mehr darum bemüht sind, ihre sprachlichen Fähigkeiten zu verbessern als Männer. Selbst Männer der gebildeten Schicht zeigen hier oft wenig Anstrengung.

Zwei schwierige Gesprächspartner

Aus dem bisher Gesagten darf man nicht schließen, der gebildete Mensch sei zwangsläufig auch der bessere Sprecher. Es gibt Menschen, die Inhaber höchster akademischer Grade sind und ein derart (pseudo)gelehrtes Kauderwelsch reden, dass man ihnen nicht folgen kann. Das war letztlich eines der größten Probleme der so genannten »68er«. Viele der Studenten, die damals mit ihren revolutionären Ideen an die Öffentlichkeit getreten sind, redeten über die Köpfe derer hinweg, die sie eigentlich am dringendsten ansprechen wollten, weil sie unfähig waren, sich klar und verständlich auszudrücken.

Manche Menschen benutzen ihre Intelligenz zum Vereinfachen, manche zum Komplizieren.
(Erich Kästner)

Ich erinnere mich an eine Episode, die sich zur Zeit, als die revolutionären Wellen besonders hoch schlugen, im Frankfurter Frobenius-Institut ereignete. Der Anthropologe E. E. Evans-Pritchard, der wegen seiner Haltung gegenüber dem Kolonialismus nicht unumstrittene große alte Mann der britischen Völkerkunde, war zu einer Veranstaltungsreihe in die Mainmetropole gekommen. Die Studenten bestanden natürlich auf eine Diskussion. Ein Mitglied einer extra aus Heidelberg angereisten Gruppe von Soziologen meldete sich zu Wort und begann seine Frage mit: »Firstly ... (erstens)«, verfranste sich dann in einer Endlosschleife, kam endlich zum Schluss seiner mit soziologischen Fachwörtern gespickten Ausführung und schaute den englischen Gelehrten triumphierend und herausfordernd zugleich an. Und Evans-Pritchard, der durchaus aufmerksam gelauscht hatte, sagte nur: »Yes.

Well, and secondly? – (Ja. Und zweitens?)« Sogar ein paar der anwesenden Studenten mussten lachen.

Der Umgang mit diesen »intellektuellen« Sprechern ist fast noch schwieriger als der mit den vorgenannten, denn mit kurzen, rückversichernden Zwischenfragen ist es nicht getan, wenn sich jemand in einem Labyrinth von komplizierten Satzstrukturen verfängt, in dem es obendrein von Fremdwörtern nur so wimmelt. Ganz abgesehen davon, dass sie kaum eine Pause machen, die einem erlauben würde, mit einer Zwischenfrage einzuhaken. Wer als durchschnittlich gebildeter Mensch den Ausführungen eines anderen nicht folgen kann, sollte deshalb keine Minderwertigkeitskomplexe bekommen. Oft verbirgt sich hinter hochkompliziert klingenden Satzgebilden nichts als eine bloße Binsenweisheit.

Selbstverständlich darf man den Sprecher nach der Bedeutung eines Fremdwortes fragen, das er benutzt hat. Man entlarvt sich damit keineswegs als ungebildet, sondern – im Gegenteil – als lernbegierig. So mancher Sprecher, der mit Fremdwörtern um sich wirft, kommt ganz hübsch ins Schleudern, wenn er seine Begriffe erläutern soll, und benutzt plötzlich sehr viel weniger Fremdwörter.

Ein anderer schwieriger Gesprächspartner ist der Oberlehrertyp, der Mensch, der andere ständig schulmeistert, der wie ein wandelndes Lexikon daherkommt und andere mit Vorliebe durch Redewendungen wie: »Es ist ja Allgemeingut«, »Wie Sie ja sicher wissen«, in Verlegenheit bringt oder als ungebildete Dummköpfe erscheinen lässt. Auch hier kann man nur raten, sich nicht ins Bockshorn jagen zu lassen. Schulmeisternde Zeitgenossen sind oft im Grunde verunsicherte Menschen, die sich durch die Schaustellung ihres Wissens eine Art zweites Rückgrat schaffen. Wenn man mit Fragen, die ehrliches Interesse zeigen, auf sie eingeht, wenn man ihnen Gelegenheit

Es gibt Besserwisser, die niemals begreifen, dass man Recht haben und doch ein Idiot sein kann.
(Martin Kessel)

gibt, ihr ja oft wirklich breit gefächertes und unterhaltsames Wissen auszubreiten, lässt der Wunsch, von oben herab zu belehren, meist nach, und es entspinnt sich stattdessen eine interessante Unterhaltung.

Ins Gespräch kommen, im Gespräch bleiben

Die gute Unterhaltung besteht nicht darin, dass man selbst etwas Gescheites sagt, sondern dass man etwas Dummes anhören kann.
(Wilhelm Busch)

Es gibt eine klassische Albtraumsituation: Man kommt als einziger Fremder in eine Gesellschaft, deren Mitglieder sich untereinander bereits alle kennen. Eine Situation, die von Frauen meist noch bedrückender empfunden wird als von den Männern, weil Frauen traditionsgemäß nicht dazu erzogen werden, das Wort zu ergreifen. Auch spukt bewusst oder unbewusst noch in vielen Köpfen die Idee, eine Frau dürfe sich nicht selbst vorstellen.

Weiter oben wurde bereits erwähnt, dass der Gastgeber die Pflicht hat, seine Gäste miteinander bekannt zu machen, und dass es wichtiger ist, den Gästen einen Einstieg in ein Gespräch zu schaffen, als die korrekte Reihenfolge der Vorstellung einzuhalten. Es wurde aber auch gesagt, dass man sich heute – auch als Frau – selbst vorstellen darf. Doch was kann man tun, wenn der Gastgeber keine Überleitung zu einem Gespräch geschaffen hat, oder das Gespräch, nachdem man sich selbst vorgestellt hat, gleich wieder ins Stocken gerät?

Die beste Frage nützt nichts, wenn sie so lange dauert, dass keine Zeit zum Antworten bleibt.
(Peter Ustinov)

Man muss bei sich selbst anfangen. Wer im Gespräch bleiben will, muss etwas sagen. Wer auf den anderen wartet, kann mitunter lange warten. Vor allem kann und darf die Dame nicht erwarten, dass der Herr in jedem Fall das Gespräch eröffnet oder aufrechterhält.

Wie bringt und hält man das Gespräch aber überhaupt in Gang? Zunächst muss man mit dem Vorurteil aufräumen, man dürfe einem Fremden keine Fragen stellen. Natürlich ist ein Gespräch schnell erschöpft, wenn man glaubt, nur Aussagen allgemeiner Natur machen zu dürfen. Nein, man darf fragen; freilich, ohne dabei gleich indiskret zu werden. Je nach Gegebenheit und Situation ist die Frage zulässig, woher und/oder seit wann der Gesprächspartner den Gastgeber kennt. Nicht zulässig ist die Frage, ob zwischen beiden ein intimes Verhältnis besteht. Ebenso ist die Frage nach dem Beruf des Gesprächspartners erlaubt, nach Einkommen oder Gehalt zu fragen ist bei uns hingegen strikt verboten. In den USA sieht man das sehr viel lockerer, da wird durchaus auch über Geld und Verdienst gesprochen. Man darf nach äußeren Lebensumständen fragen, etwa, ob jemand auf dem Land oder in der Stadt wohnt, man darf sich nach Reisen und Hobbys des anderen erkundigen. Meist entspinnt sich dann eine Unterhaltung über das eine oder andere Thema. Es geht ja nicht darum, tiefschürfende Diskussionen zu führen, sondern um das, was die Engländer *small talk* nennen, das »kleine Gespräch«, die unverbindliche, freundliche Plauderei.

Fragen ist nie indiskret. Antworten bisweilen.
(Oscar Wilde)

Nun gibt es gelegentlich Männer, die sich noch immer sehr schwer tun, wenn sie mit einer intelligenten Frau ein Gespräch führen sollen. Sie antworten einsilbig und wenden sich gleich wieder ab. Wir wollen hier nicht die psychologischen Hintergründe dieses Verhaltens durchleuchten. Wenn Sie als Frau an ein solches Exemplar geraten, dann können Sie nur eins machen: links liegen lassen und sich, wenn möglich, einem anderen Gesprächspartner zuwenden. Ist ein solcher Mann bei einem gesetzten Essen ausgerechnet Ihr Tischherr, dann nehmen Sie es mit Humor. Mehr als drei Anläufe, ihn ins Gespräch zu ziehen, sollten Sie nicht machen. Keinesfalls sollten Sie dieser Erfahrung wegen Zweifel an Ihrem Selbstwertgefühl aufkommen lassen. Der Mann meidet das Gespräch mit Ihnen nämlich nicht, weil er Sie für zu dumm hält. Im Gegenteil, er fürchtet, nicht genügend bewundert zu werden.

Das Gespräch in der Gruppe

Gesellschaftliche Konversation ist die Kunst, an Wichtiges zu denken, während man Unwichtiges sagt.
(Laurence Olivier)

Wenn auf einer Party zwanzig oder noch mehr Leute zusammenkommen, dann bilden sich zwangsläufig Gesprächsgruppen. Meist beginnt die Gruppenbildung bereits, wenn sechs bis acht Menschen zusammenkommen. Vor allem bei einem gesetzten Essen ist es kaum möglich, dass sich mehr als fünf Leute an einem Gespräch beteiligen. Die Abstände werden sonst zu groß, man muss zu laut sprechen.

Sitzt man selbst am Rande einer Konversationsgruppe und kann dem Gespräch rein von der Akustik her kaum folgen, darf man zur anderen Seite hin eine neue Gruppe aufmachen. Es kann natürlich passieren, dass sich auf beiden Seiten bereits Gruppen gebildet haben und dass man selbst weder hier noch da einsteigen kann – eine klassische Situation für Humoristen wie Loriot, der ja genau diese Konstellation für einen seiner köstlichen Sketche gewählt hat.

Innerhalb der Gruppen sollte jeder Teilnehmer die Möglichkeit haben, zu Wort zu kommen. Worauf dabei im Einzelnen zu achten ist, wird im Abschnitt über das Tischgespräch eingehend behandelt (siehe Seite 158).

Bei der Stehparty sind die Gruppen flexibler, man kann sich selbst freier bewegen und sich mal der einen, mal der anderen Schar anschließen. Früher beobachtete man fast regelmäßig ein Phänomen, dem man auch heute gelegentlich noch begegnet: die Aufspaltung in Frauen- und Männergruppen. Oft ergibt sich das quasi automatisch, ohne dass eine bewusste Absicht dahinterstünde.

Einer der Gründe dafür ist wohl darin zu suchen, dass Männer zu ein paar Untugenden neigen. Sie sprechen länger und lauter als Frauen; sie fallen ihnen viel öfter ins Wort als umgekehrt – und Frauen lassen sich das viel öfter gefallen! –, sie gehen auf das, was Frauen sagen, viel weniger ein und sie hören viel weniger zu, wenn Frauen sprechen. Kurz, sie schaffen, weitgehend unbewusst, eine Gesprächsatmosphäre, in der Frauen sich nicht wohl fühlen. Hinzu kommt, dass manche Männer glauben, typische Männergespräche anfangen zu müssen. Das können blöde, sexistische Witze sein oder Gespräche über Autos und andere klassische Männerthemen.

Männer reden immer über das Gleiche: über ihren Beruf und über Frauen. *(Thomas Bernhard)*

Ehe Frauen vergeblich darum kämpfen, sich in einer solchen Gruppe Gehör zu verschaffen, finden sie sich in der eigenen Gruppe zusammen, in der übrigens keineswegs bloß typische Frauenthemen wie Mode, Küche, Kinder abgehandelt werden. Im Grunde ist gegen diese Aufspaltung nichts einzuwenden. Wenn sich die Gäste in den jeweiligen Grüppchen wohl fühlen und amüsieren ist das Ziel der Party ja erreicht. Allemal ist es besser, alle unterhalten sich gut, als gemischte Gruppen zu erzwingen, in denen sich die Gäste langweilen oder ärgern.

Dennoch können und dürfen Frauen daran arbeiten, die Situation für sich zu verbessern, auch im Bereich der Gesprächsführung. Und das heißt, sie müssen lernen, Männern öfter Paroli zu bieten – höflich aber bestimmt. Also nicht gleich zu schweigen, wenn ein Mann ihnen ins Wort fällt, sondern – genau wie er – einfach weiter zu sprechen oder ihm in die Parade zu fahren, etwa mit den Worten: »Entschuldigen Sie bitte, ich war mit meinem Satz noch nicht zu Ende.« Während es nämlich in einer Gruppe kaum zur Kenntnis genommen wird, wenn jemand einer Sprecherin das Wort abschneidet, macht eine milde Rüge aus Frauenmund alle erstaunlich aufmerksam.

Gesprächskiller

Manche Gastgeber machen einen großen Fehler: Weil sie fürchten, dass kein Gespräch aufkommen, dass das große Schweigen herrschen wird, schalten sie Musik ein oder sie

Das Fernsehen unterhält die Leute, indem es verhindert, dass sie sich miteinander unterhalten.
(Sigmund Graff)

lassen – eine heute häufig zu beobachtende Unsitte – den Fernseher laufen, während sie Gäste empfangen.
Ist man nicht ausdrücklich zusammengekommen, um gemeinsam ein Tennismatch, ein Fußballspiel, eine Talkshow oder was auch immer im Fernsehen zu sehen, so hat der Kasten ausgeschaltet zu bleiben, wenn Gäste da sind!
Gegen reine Instrumentalmusik in gedämpfter Lautstärke, die nicht mehr ist als reine Hintergrunduntermalung, ist weniger einzuwenden, obwohl auch sie von überaus sensiblen oder gereizten Gästen als störend empfunden werden kann. Anders natürlich, wenn man ausdrücklich zur Tanzparty eingeladen hat.
Auch Zimmerdekorationen und alle möglichen Gags oder so genannte Stimmungsmacher sollten bei einer normalen Einladung entweder gar nicht oder nur äußerst sparsam eingesetzt werden. Sie haben ihren Sinn und Zweck bei Faschingsgesellschaften, bei Kindergeburtstagen und ähnlichen Ereignissen.
Eine umstrittene Funktion unter den Stimmungsmachern hat der Witz. Meist liest man in Benimmbüchern, in »feiner Gesellschaft« sollten prinzipiell keine Witze erzählt werden. Ich halte das für eine zu strenge Regel. Erstens kommt es auf den Witz an und zweitens darauf, ob er Bestandteil einer Konversation ist oder ob das Witzeerzählen die Konversation ersetzt. Ein einzelner, zündender, guter Witz kann durchaus ein Bannbrecher sein und eine Konversation überhaupt erst in Gang bringen. Allzu abgestandene Kalauer oder gar Zoten sollten allerdings tatsächlich auf der Liste der Tabus stehen.

Der Mensch schweinigelt kaum allein. Die Zote lebt von ihrem Publikum.
(Sigmund Graff)

Komplimente

Sie sind ein heikles Thema, denn Komplimente machen ist nicht einfach, und ein misslungenes Kompliment ist erheblich schlechter als gar keins.

Grundsätzlich darf heutzutage jeder jedem Komplimente machen, auch ein Mann einem anderen Mann, auch eine Frau einem Mann, auch der so genannte Rangniedere dem Ranghöheren. Auf das Wie kommt es an.

Einigermaßen überholt sind Komplimente, die man auch als Wiener Schmäh bezeichnet. Heute schmilzt keine Frau mehr dahin, wenn sie einen Mann sagen hört: »Gnädige Frau tanzen wie eine Feder!« oder »Gnä' Frau sehen heute wieder hinreißend aus!«. Abgegriffene Komplimente sind nicht nur einfallslos, sie haben sogar etwas Beleidigendes. Wer ein solches Kompliment bekommt, könnte bei sich denken: Offensichtlich bin ich es nicht wert, dass man sich für mich etwas Eigenes, Neues, Individuelles einfallen lässt.

Frauen werden nie durch Komplimente entwaffnet. Männer immer. *(Oscar Wilde)*

Von bekannten, viel benutzten und entsprechend abgegriffenen Komplimenten ist also allen dringend abzuraten. Ebenso ist Vorsicht geboten bei verallgemeinernden und stark übertreibenden Komplimenten. »Sie sind die perfekteste Gastgeberin, die man sich vorstellen kann« ist ein allzu dick aufgetragenes Lob. Es klingt nach Anbiederei und wirkt entsprechend unglaubwürdig. Noch schlimmer wird es, wenn ein derart aufgeblasenes Lob mit der Unfähigkeit zu sachlicher Beurteilung verknüpft ist. Etwa wenn jemand, der fachlich von Musik rein gar nichts versteht, einem allgemein anerkannten, recht guten, aber keineswegs genialen Musiker sagt: »Sie sind der absolut größte Violinvirtuose dieses Jahrhunderts.« Das klingt in den Ohren des Gelobten, der sich selbst auf Grund seiner Kenntnisse ja einzuordnen weiß, nach unangenehmer Schmeichelei. Je nach Situation könnte es aber auch eine ungeheuerliche Herablassung darstellen. Da ist es besser – und obendrein ein größeres Kompliment – wenn man zugibt: »Ich verstehe nichts von Musik, aber Ihrem Spiel möchte ich stundenlang zuhören.«

Ein hübsches Kompliment ist eine glaubwürdige Übertreibung. *(Peter Alexander)*

Von einem guten Kompliment kann ich zwei Monate leben.
(Mark Twain)

Je selbstverständlicher und ungezwungener, je spontaner ein Kompliment aus einem Menschen heraussprudelt, desto mehr Freude wird es auslösen. Alles, was einstudiert klingt, was nach Pflichterfüllung schmeckt, nach dem Motto, der gut erzogene Mensch macht Komplimente, weil sich das so gehört, verliert zwangsläufig an Kraft. Wenn es nichts gibt, das man spontan loben könnte oder möchte, ist es besser, man schweigt.

Und noch eine besondere Warnung sei an dieser Stelle angebracht. Es hat sich inzwischen bei den Herren herumgesprochen, dass es Frauen gibt, die Komplimente, die sich allein auf ihr Äußeres beziehen, nicht sonderlich schätzen. Es ist ein verbreiteter Irrtum dieser Männer anzunehmen, solche Frauen wünschten folglich andere Komplimente, vorrangig solche, die sich auf ihre intellektuellen Fähigkeiten beziehen. Dem ist nicht so. Wirklich intelligente Frauen sind nicht darauf angewiesen, für ihre Intelligenz, ihr Wissen, ihre Bildung, ihr Können besonders gelobt zu werden, zumal der Effekt leicht derselbe sein kann, wie im oben genannten Beispiel mit dem Violinvirtuosen. Besonders, wenn es mit den intellektuellen Fähigkeiten des Lobenden nicht weit her ist, klingt ein Kompliment aus solchem Munde für die Dame herablassend. Es könnte sein, dass ein solcher Mann die Worte Herbert Wehners zur Antort bekommt: »Ihr Lob trifft mich in keiner Weise.«

»Wie bitte?«

Es gibt zwei Gründe, warum wir den Gesprächspartner nicht verstanden haben: Entweder, wir konnten ihm inhaltlich nicht folgen oder wir haben ihn akustisch nicht verstanden.

Warum es sein kann, dass man inhaltlich nicht folgen konnte, wurde bereits ausführlich besprochen; entweder wir verstehen den Sprecher nicht, weil wir sein Bezugssystem nicht durchschauen, oder wir verstehen ihn nicht, weil er über unseren Kopf hinweg doziert. Und dann gibt es natürlich das Missverständnis, das entsteht, weil ein doppeldeutiger Begriff benutzt wurde:

Da kommt nach den Ferien eine junge Frau in den Volkshochschulkurs zurück und meldet sich bei der Kursleiterin: »Ich wollte nur sagen, dass ich in den Ferien geheiratet habe. Ich heiße jetzt Anders.«

Darauf die Kursleiterin: »Oh, meinen herzlichen Glückwunsch! Und wie heißen Sie jetzt?«

»Anders.«

»Jaja, das habe ich verstanden. Aber wie lautet denn nun Ihr neuer Name?«

Darauf wieder die junge Frau, jetzt sehr laut und deutlich: »An-ders.«

Es gibt keine größere Illusion als die Meinung, Sprache sei ein Mittel der Kommunikation zwischen Menschen.
(Elias Canetti)

Entweder die Kursleiterin begreift endlich, oder das Spiel geht noch stundenlang so weiter. Es gehört nämlich zu den Sprachgewohnheiten einfacher Sprecher, im Falle eines Missverständnisses davon auszugehen, dass es sich ausschließlich um eine Frage der Phonstärke habe handeln können. Sie wiederholen folglich genau den schon benutzten Wortlaut, lediglich eine Nuance lauter. Je wortgewandter der Sprecher, desto selbstverständlicher wird er nach einer anderen Ausdrucksmöglichkeit suchen und damit zugleich auch die Möglichkeit abdecken, dass es sich um ein inhaltliches Missverständnis handelte. Was auch immer der Grund ist, warum man nicht verstanden hat, man muss nachfragen.

»Hä?« ist eine gebräuchliche, aber denkbar unhöfliche Formel. »Was?«, »Wie?« oder »Hm?« ist nicht viel besser und »Wie meinen?« hat einen deutlichen Anflug von Herablassung. »Wie bitte?« ist die kürzeste der höflichen Floskeln, doch ist es im Sinne der reibungslosen Verstän-

Lautsprecher verstärken die Stimme, aber nicht die Argumente.
(Hans Kasper)

Wenn die Menschen nur über das sprächen, was sie begreifen, dann würde es sehr still auf der Welt sein.
(Albert Einstein)

digung gut, wenn man präzisieren kann: »Entschuldigung, das letzte Wort habe ich nicht verstanden.« Oder man wiederholt den Satz so, dass lediglich der nicht verstandene Teil übrigbleibt. »Ich kann meinen – (unverständliches Genuschel) – nicht finden«, sagt jemand, und man fragt zurück: »Sie können Ihren was nicht finden?« Dann braucht der Sprecher nicht den ganzen Satz zu wiederholen, sondern nur das eine, zuvor undeutlich oder zu leise ausgesprochene Wort. Oder man macht gleich deutlich, dass man akustisch folgen konnte, aber über den Inhalt im Unklaren ist, was den Sprecher hoffentlich dazu anregt, eine neue Formulierung zu wählen.
Mit Schwerhörigen muss man übrigens nicht unbedingt extrem laut sprechen, eine deutliche Aussprache hilft meist sehr viel besser, auch wenn es sich nur um das Nachlassen der Hörkraft im Alter handelt. Von Geburt Schwerhörige lesen ohnehin von den Lippen und der Mimik ab, was erst recht eine sehr deutliche Aussprache erfordert, aber keine Lautstärke. Wichtig ist freilich, dass man dem Schwerhörigen das Gesicht zuwendet.
Und noch eine andere Behinderung sei hier erwähnt, das Stottern. Es ist ein weitverbreiteter Irrtum zu glauben, Stotterer seien geistig minderbemittelt. Sie sind so intelligent und so dumm wie alle anderen Durchschnittsmenschen auch. Allerdings macht die Eigenart ihrer Behinderung gerade die Stotterer oftmals geistig besonders rege, denn häufig müssen sie, wenn ein bestimmtes Wort ihnen einfach nicht über die Lippen will, rasch ein anderes suchen. Sie verfügen also gar nicht so selten über einen sehr viel größeren Wortschatz und eine ausgefeiltere Ausdrucksweise als der nicht stotternde Mitmensch. Zugegeben, einem Menschen, der schwer stottert, zuzuhören ist mühsam. Die Stotterer selbst sind die Letzten, die das bestreiten. Man ist als Zuhörer leicht geneigt, ihm

ins Wort zu fallen, oder das bestimmte Wort, mit dem er sich abmüht, und das man schon erkannt hat, quasi für ihn auszusprechen – den Stotterer also zu drängen. Das verschlimmert die Situation. Je ruhiger man dem Stotterer zuhört, je normaler und selbstverständlicher man mit ihm spricht, desto flüssiger wird sein Sprechen oft. Es kommt vor, dass Menschen, die zunächst sehr heftig stottern in einer entspannten Atmosphäre fast normal sprechen, weil sie sich wohl fühlen.

Deutsch ist schon deshalb eine gute Sprache, weil in ihr Mensch und Mann nicht das Gleiche sind. Man versuche, diesen Satz zu übersetzen. *(Wolfgang Hildesheimer)*

Das Gespräch mit dem Fremdsprachigen

Viele Ausländer haben sich der nicht geringen Mühe unterzogen Deutsch zu lernen, eine Sprache, die nicht nur ihrer komplizierten Grammatik wegen im Ruf steht, schwierig zu sein. Wir sollten diese Anstrengung nicht dadurch abwerten, dass wir einem Ausländer, der vielleicht Fehler macht, gleich anbieten, die Konversation doch in der Weltsprache Englisch weiterzuführen. Nur dann, wenn Sie merken, dass der Fremde sich wirklich schwer tut, dass sein Kenntnisstand für eine Unterhaltung wirklich nicht ausreicht, sollten Sie höflich anbieten – sofern Sie selbst über Fremdsprachenkenntnisse verfügen –, das Gespräch in der Muttersprache des anderen oder einer dritten Sprache fortzusetzen. Wie gesagt, es reicht dies anzubieten, aber nicht gleich zu Englisch oder einer anderen Sprache übergehen.

Alles, was über die Unterhaltung bisher gesagt wurde, gilt natürlich umso mehr für das Gespräch mit dem Ausländer. Man muss deutlich sprechen, freilich, ohne dabei so übertrieben zu artikulieren, dass es schon einer Karikatur gleich kommt. Man drückt sich einfach aus, nicht in komplizierten Schachtelsätzen. Keinesfalls jedoch spricht man grammatikalisch vereinfachtes, falsches »Dummdeutsch« (siehe auch Seite 64).

In der Sprache, die man am schlechtesten spricht, kann man am wenigsten lügen.
(Christian Friedrich Hebbel)

Eine fremde Sprache kann man in sechs Wochen erlernen, für die eigene reicht das Leben nicht.
(Peter Tille)

Außerdem gilt es, noch ein paar andere Dinge zu beachten. Jede Sprache, auch das Deutsche, hat idiomatische, bildhafte und umgangssprachliche Ausdrücke, die nicht unbedingt in den Lehrbüchern stehen, schon gar nicht in den Lektionen für Anfänger. Im Gespräch mit dem Fremdsprachigen wird man versuchen, solche Ausdrücke nicht zu verwenden oder sie sofort zu erklären. Man wird also nicht sagen: »Na, da haben Sie aber Schwein gehabt«, sondern: »Da hatten Sie aber Glück.« Und ebenso wird man komplizierte Satzbauten, seltene Wörter und geschraubte Wendungen vermeiden, wenn es auch schlichter geht, was eigentlich immer der Fall ist. Man braucht nicht zu sagen: »Gestern führten meine unvorsichtigen Schritte mich zur Rennbahn, wo selbst ich all meines Geldes verlustig ging.« Doch Vorsicht: »Gestern habe ich beim Rennen Geld verloren«, kann auch missverstanden werden. Der andere könnte fragen: »Wieso sind Sie nicht langsam gegangen?«

Kurz, man nimmt auf den Wissenstand und die Sprachkompetenz des anderen Rücksicht. Oft sind Menschen, die Fremdsprachen lernen, gerade an den idiomatischen Ausdrücken und den Formulierungen der Umgangssprache interessiert, dann wird man sie ihnen natürlich nicht vorenthalten. Es kann dabei geschehen, dass ein Ausländer sich an das Bild erinnert, aber die Worte nicht mehr zusammenbekommt. Dadurch entstehen so hübsche Wendungen wie: »Da warf ich das Gewehr ins Getreide ...«. »Es hat in Flüssen geregnet ...« Neulich fragte mich ein Engländer, der wusste, dass ich an einer Buchübersetzung arbeite: »Hast du das Buch schon übergesetzt?«

Wenn so etwas geschieht, muss man nicht todernst bleiben und so tun, als wäre nichts gewesen. Erstens darf man lachen, denn zwischen einem freundlichen Lachen über eine unfreiwillige Pointe und einem schadenfreudigen, hämischen Auslachen ist ja ein großer Unterschied! Und zweitens darf, ja sollte, man dem Sprecher erklären, wo der Fehler liegt und warum der Ausdruck witzig ist. Man sieht vor allem am letzten Beispiel wie verflixt kompliziert das Deutsche sein kann, denn vom Schriftbild her sind »übersetzen« (über den Fluss) und »übersetzen« (von einer Sprache in die andere) ja nicht zu unterscheiden. Hätte das Buch über den Fluss gemusst, hätte der Engländer sich völlig korrekt ausgedrückt. Umso mehr Achtung gebührt denjenigen, die sich der Mühe unterziehen, diese Sprache trotz ihrer vielen grammatikalischen und idiomatischen Fußangeln zu lernen.

Jugendsprache – ein Problem?

Zum Schluss sei noch kurz auf die so genannte Jugendsprache eingegangen. Momentan ist bei den Kids eine Art zu sprechen angesagt, die nicht nur Ausdrücke wie »geil« und »cool« umfasst, sondern fast wie eine Geheimsprache anmutet, die Nichteingeweihte kaum noch »raffen« oder »checken«. Genau das aber ist der Sinn der Sache. Die Jugendlichen bilden gegenüber den etablierten Erwachsenen eine Gruppe. Durch ihre Kleidung, ihr Benehmen und auch durch ihre Sprache schaffen sie sich einen festen Rahmen, innerhalb dessen sie sich untereinander Sicherheit geben.

Junge Damen erkennt man heute daran, dass sie Wörter gebrauchen, die man früher in ihrer Gesellschaft vermieden hätte.
(Johannes Heesters)

Das Problem mit den Jugendlichen, die sich anders benehmen und anders sprechen, als die Erwachsenen sich das wünschen, ist so alt wie die Menschheit. Jeder, der heute erwachsen ist, muss ehrlicherweise zugeben, dass er in seiner frühen Jugend auch Ausdrücke benutzte, die bei den Erwachsenen Missfallen erregten. Was heute »cool« oder »geil« ist, war um 1910 »knorke«. Da es auch damals schon Sprachpuristen gab, die solche Neubildungen nicht zulassen wollten, hörte man auf die entrüstete Frage, was

Die Jugend will, dass man ihr befiehlt, damit sie die Möglichkeit hat, nicht zu gehorchen.
(Jean-Paul Sartre)

»knorke« denn sein solle, die treffende Antwort: »Knorke ist doppelt so schnafte wie dufte.«

Alle drei hier verwendeten Ausdrücke sind heute so gut wie unbekannt, zumindest werden sie nicht mehr verwendet. Jugendsprache überlebt sich also, und zwar ganz von selbst, man braucht gar nicht dagegen zu wettern.

Was nun das ganz speziell Anstoß erregende »geil« anbelangt, so kann man hier einen zweiten typischen Aspekt aller lebenden Sprachen beobachten. Wörter kommen nicht nur auf und verschwinden wieder, sie ändern im Laufe der Zeit auch ihre Bedeutung. Wenn Faust, hingerissen von Gretchens Anblick, Mephistopheles befiehlt: »Hör, du musst mir die Dirne schaffen!«, dann will er weder unterstellen, Margarete sei eine Prostituierte, noch will er, dass Mephisto sie fertig macht. Einst war es durchaus nicht ehrenrührig, jemanden einen »niederträchtigen Menschen« zu nennen. Ein niederträchtiger war schlicht ein kleiner, etwas kurzbeinig geratener Mensch, und im übertragenen Sinne konnte er ein Mensch niederen Standes sein. Beides schloss in keiner Weise aus, dass er eine grundehrliche Haut war, der jeglicher Hang zur Hinterhältigkeit fern lag.

Eine 12-Jährige, die bekennt: »Michael Jackson finde ich turbogeil«, hat gewiss keinen Dunst von der ursprünglichen Bedeutung des Wortes »geil«. Und Sie, die Sie sich vielleicht über die schamlose Jugend aufregen, wissen Sie, dass die Jugendlichen (ohne es auch nur zu ahnen!) näher an der Urbedeutung des Wortes sind als Sie selbst, wenn Sie den Begriff einem rein sexuellen Kontext zuordnen? Das gotische »gails«, das althochdeutsche »keil«, das mittelhochdeutsche »geil« bedeuteten nämlich fröhlich, lustig, ausgelassen. Erst im 20. Jahrhundert wurde die Bedeutung des Wortes auf den heute üblichen Sinngehalt eingeschränkt, der sich nun erneut verändert.

Lassen wir den Kids, die zu Urgroßmutters Zeiten Backfische, in den 60er Jahren Teenager und in den 80er Jahren Teenies waren, ihren Spaß. So manches, was aus der Szene kommt, ist doch wirklich echt cool und zum Ablachen. Auch was die vielen Amerikanismen und Anglizismen anlangt, also Wörter, die aus dem Amerikanischen oder Englischen entlehnt sind, sollten wir uns keine zu großen Sorgen machen. Es ist noch gar nicht so lange her, da war die deutsche Sprache mit sehr vielen französischen Wörtern durchsetzt. Einige haben sich gehalten und die Sprache letztlich bereichert, andere sind in Vergessenheit geraten. Oder sitzen Sie noch im Fauteuil, wenn Sie fernsehen; stehen Sie noch auf dem Perron, wenn Sie auf den Zug warten?

Solange eine Sprache gesprochen wird, ist sie wie ein lebender Organismus – sie nimmt auf und sie gibt ab, sie verändert sich, manchmal nicht unbedingt zu ihrem Vorteil. Doch erst, wenn sie tot ist wie das Altgriechische, wie das Lateinische, hört sie auf, sich zu verändern.

Alle lebendigen Sprachen sind ständiger Veränderung unterworfen, den Prozess aufhalten zu wollen ist sinnlos. Man mag die Veränderungen als Verfall bedauern, doch sollte man andererseits auch das Wachstum sehen. Viele Begriffe, die uns »urdeutsch« scheinen, kommen von weit her, und wir wären ärmer ohne sie. Da ist die Schokolade, die wir aus dem Aztekischen haben (*chocolatl*), Joppe und Jacke sind aus dem Arabischen entlehnt (*dschubba*), das Schachspiel haben wir aus dem Persischen (*sah*) und der Rest kommt aus dem Italienischen (*resto*).

Wer die Sprache reinigt, ohne sie zu bereichern, der schwächt sie.
(Friedrich Georg Jünger)

Briefe schreiben und adressieren

Niemand ist einsamer als ein Mensch, der niemals einen Brief bekommen hat.
(Elias Canetti)

In unserer telefonier-, fax- und e-mailwütigen Zeit sind Privatbriefe ziemlich selten geworden. Schon Mitte des letzten Jahrhunderts merkte der Historiker Heinrich von Treitschke kritisch an: »Man kann die allgemeine geistige Verflachung so recht bemerken an unserem Briefwechsel. Ob eine Zeit wirklich kultiviert gewesen ist, erkennt man doch nicht daran, wie schnell man sich etwas mitteilen konnte, sondern ob das, was man sich mitteilte, etwas Gescheites war. Unsere Briefe aber sind infolge der Schnelligkeit des Verkehrs und des billigen Portos so furchtbar inhaltslos geworden, dass man geistreiche Briefe wie in früheren Kulturperioden gar nicht mehr findet.«

Nun, was das billige Porto anlangt, sind wir ja im Rückschritt begriffen – dennoch kommen die relativ hohen Portokosten der Briefkultur in keiner Weise zugute. Es scheinen noch andere Kriterien hineinzuwirken, nicht zuletzt ein gewisser Bildungsrückgang, oder doch zumindest eine Verlagerung. In einer Zeit und einer Welt in der sogar Universitätsstudenten quasi Analphabeten sein können (die Analphabetenquote unter amerikanischen Collegestudenten soll bei etwa vier Prozent liegen), kommt eben den visuellen Medien – vom Fernsehen bis zum Comic-Strip – und den mündlichen Kommunikationsmitteln eine größere Bedeutung zu.

Es gibt jede Menge Ratgeberbücher, die Musterbriefe für fast jede nur denkbare geschäftliche und private Gelegenheit enthalten. Nun ist es sicherlich sinnvoll, sich für ein Schreiben an eine Behörde oder eine Firma an einen vorgedruckten Leitfaden zu halten, wenn einem das eigene Formulieren Schwierigkeiten macht. Bei einem Privatbrief sollte man allerdings versuchen, sich so weit wie möglich

von solchen Vorlagen zu entfernen und spontan selbst zu formulieren. Nur Sie selbst können ja wissen, was Sie einem anderen Menschen mitteilen wollen.
Es ist ein noch immer weit verbreiteter Irrtum zu meinen, man müsse sich in einem Brief besonders geschraubt ausdrücken. Man kann sich schriftlich genauso ausdrücken wie mündlich – vorausgesetzt, man drückt sich mündlich einigermaßen korrekt aus. Die zweite Hürde bildet die Rechtschreibung. Viele Menschen scheuen sich, Briefe zu schreiben, da sie mit der Rechtschreibung ein wenig auf Kriegsfuß stehen. Nun, auch dem kann man abhelfen. Alles was man zunächst braucht, ist ein preislich erschwinglicher Rechtschreib-Duden, den man in allen Fällen zu Rate zieht, in denen man sich nicht hundertprozentig sicher ist. Man schaut also lieber zweimal zu viel als einmal zu wenig hinein. Allerdings hat der alte Witz eine gewisse Berechtigung: »Entweder ich weiß, wie man ein Wort schreibt, dann brauch ich nicht nachzuschauen, oder ich weiß es nicht, dann finde ich es auch nicht im Duden.«

In einigen Jahren wird die Orthographie der Menschen so verschieden sein wie ihre Handschrift.
(Phil Webster)

Wie eine richtige Geschäftskorrespondenz zu führen ist lernt man in den Handelsschulen, oder man kann sich anhand einschlägiger Lektüre kundig machen. Auch hierbei spielt zwar der gute Ton eine Rolle, aber es geht doch mehr um geschäftliche Konventionen, und die sind nicht unser Thema.
Uns geht es um die Korrespondenz, die der Privatmensch gelegentlich mit Ämtern, Behörden, Firmen, Geschäften sowie mit anderen Privatmenschen zu führen hat. Hierfür gibt es, wie gesagt Ratgeberbücher, die nützliche Dienste leisten. Man kann ihnen entnehmen, wie man den Unbekannten Mitmenschen in einer Behörde oder Firma heutzutage anspricht, wie man sein Anliegen formuliert, welche Grußformeln für den Schluss angebracht sind und

was sonst bei solchen Briefen zu bedenken und zu beachten ist. Auch hier hat es in den letzten Jahrzehnten gewaltige Veränderungen gegeben. So verabschiedet man sich beispielsweise auch in einem Schreiben an Behörden heute »Mit freundlichem Gruß« und nicht mehr mit einem devoten »Hochachtungsvoll«.

Schreibe, wie du redest, so schreibst du schön. *(Gotthold Ephraim Lessing)*

Selbstverständlich kann jede geschäftliche Korrespondenz mit der Maschine geschrieben werden. Heute ist es häufiger auch ein Computerausdruck. Auch zur Rechtschreibung bieten viele Computer heutzutage ja Hilfestellung durch entsprechende Programme. Gerade für die Korrespondenz mit Behörden und Firmen ist die maschinengeschriebene Version sogar geeigneter, denn es gibt keine Zweifelsfälle durch Unleserlichkeit der Handschrift. Von Briefen an Behörden, Ämter, Geschäfte und Firmen macht man sich eine Kopie oder einen Durchschlag, den man sorgfältig aufbewahrt, für den Fall, dass es Rückfragen gibt.

Grundsätzlich kann man heute auch Privatbriefe mit der Maschine beziehungsweise mit dem Computer schreiben. Lediglich die Unterschrift setzt man immer mit der Hand darunter. Doch gibt es Ausnahmen. Einen kurzen Gruß zum Geburtstag, einen Glückwunsch zu irgendeinem freudigen Ereignis sollte man mit der Hand schreiben, es sei denn, diese Grüße und Wünsche sind die Anfangsfloskel eines nachfolgenden langen Briefes. Ein Beileidsschreiben sollte auf jeden Fall handgeschrieben sein. Lediglich wenn der Schreiber durch eine momentane (gebrochener Arm) oder permanente Behinderung nicht in der Lage ist, mit der Hand zu schreiben, darf er sich maschineller Hilfe bedienen.

Welche Art von Briefpapier man wählt, hängt von der Gelegenheit ab. Einen Brief ans Finanzamt wird man nicht auf rosafarbenem, duftgetränktem Papier oder auf handgeschöpftem Bütten schreiben. Umgekehrt wird man für einen privaten Geburtstagsgruß, auch wenn er an einen Geschäftspartner gerichtet ist, nicht unbedingt einen Geschäftsbogen wählen. Im Zuge des wachsenden Umweltbewusstseins darf es aber heute durchaus ein vielleicht mit einem Motiv bedruckter Bogen aus Recyclingpapier sein. Aus dem gleichen Grund müssen die Umschläge der Privatkorrespondenz auch längst nicht mehr gefüttert sein. Auch hier ist umweltschonendes Papier in jeder Art und Ausführung erlaubt.

Privatbriefe an Duzfreunde unterliegen keinerlei Regeln, man schreibt, wie und was man will. Wie aber schreibt man an einen ferneren Bekannten, mit dem man sich siezt? »Mein lieber Mayer«, könnte ein Herr einem gleichrangigen Herrn schreiben, wahrscheinlich aber würde er heute die Anrede »Lieber Herr Mayer« vorziehen, eine Anrede, die auch eine Dame ungeniert verwenden kann, die an Herrn Mayer schreibt.

Formen wie »Hochzuverehrender ...« sind überholt. »Sehr geehrter Herr Mayer« wird allerdings auch in der privaten Korrespondenz durchaus noch vorkommen, »Sehr geehrte Frau Mayer« ebenfalls. Früher hieß es dagegen, der Herr sei »geehrt«, die Dame »verehrt«. Beide konnten und können zusätzlich »lieb« sein. Nun kann ein Herr einen anderen durchaus auch verehren und ihm das auch schriftlich geben, die Dame freilich sollte, auch wenn sie den Herrn noch so glühend verehrt, ihn nicht mit »Sehr verehrter Herr Mayer« anschreiben.

Das Orchester versetzt die Damen in Trance, aber schreiben tun's dann dem Tenor.
(Arthur Schnitzler)

In jüngster Zeit hat sich für die private Korrespondenz noch eine weitere Anschreibform durchgesetzt, die Anrede mit Vor- und Zunamen ohne Herr oder Frau, also: »Lieber Klaus Meier«, »Liebe Karin Müller«. Sie darf von Frauen wie Männern für jeweils beide als Anrede verwendet werden.

Briefe sind Stimmungskinder. *(Christian Morgenstern)*

Freunde und Freundinnen kann man brieflich zum Abschied küssen und umarmen, lieb, herzlichst und sonstwie grüßen. Ob man den eigenen Namen mit einem »Dein/Deine« ziert, ist der Situation und dem individuellen Gefühl überlassen. Siezbekanntschaften wird man in schriftlicher Form weniger körperlich verabschieden. Man wird es bei freundlichen, lieben, eventuell sehr herzlichen Grüßen bewenden lassen. Auch hier steht es Ihnen frei, ob Sie sich nur mit Vor- und Nachnamen verabschieden wollen, oder ein »Ihr/Ihre« hinzusetzen. Schroff und unhöflich wirkt es allerdings, nur mit dem Nachnamen zu unterzeichnen. Man setzt mindestens den mit Initial abgekürzten Vornamen dazu. Man nennt sich selbst auch nicht »Herr« oder »Frau«, und »sehr ergeben« ist man heute auch nicht mehr.

Mehr Schwierigkeiten als die Anrede bereitet oft die korrekte Anschrift auf dem Kuvert. Während man in der mündlichen Anrede auf Titel verzichten kann, gebietet die Höflichkeit, akademische und andere Titel in der Anschrift beizubehalten. Diese könnte, um ein extremes Beispiel zu wählen, »Seiner Magnifizenz, dem Rektor der Soundso-Universität, Herrn Prof. Dr. Vorname Zuname« lauten, sofern man diesem Herrn in seiner Eigenschaft als Hochschulrektor schreibt. Schreibt man ihm an seine Privatadresse nach Hause, heißt es nur noch: »Herrn Prof. Dr. Vorname Name«.

Die größten Schwierigkeiten bereitet die korrekte Adressierung von Briefen an Ehepaare oder zwei zusammen lebende Menschen. Nennt man nur den einen, könnte sich der nichtgenannte Partner ausgeschlossen und übergangen fühlen. Streng genommen dürfte er oder sie einen Brief, der allein an den Partner adressiert ist, nicht einmal öffnen. Nun gibt es Briefe, die wirklich nur für den einen oder anderen gedacht sind. Die werden dann auch entsprechend adressiert. Vielleicht möchten Sie aber beide ansprechen? Komischerweise gilt für Ehepaare noch immer die Regel: Bei der Adresse wird der Mann zuerst genannt, bei der Anrede im Brief hingegen die Frau. Die Adressierung müsste also lauten: »Herrn Karl Mayer und Frau Karin Mayer» (plus eventueller Titel, Doppelnamen et cetera, die ihm oder ihr zukommen). Als diskriminierend abgelehnt werden heute sowohl »Herrn und Frau Karl Mayer« und »Herrn Karl Mayer und Frau«. Sinngemäß adressiert man an zwei Frauen oder Männer, seien sie ein Paar, zwei Schwestern (Brüder) oder Mutter und Tochter (Vater und Sohn): „Frau Vorname Zuname und Frau Vorname Zuname«.

Unter Diskretion verstehen Frauen die Kunst, ein Geheimnis so auszuplaudern, dass das Siegel der Verschwiegenheit nicht verletzt wird.
(Curt Goetz)

Sollten beide Angeschriebenen über einen akademischen Titel verfügen, dann erwähnt man ihn auch bei beiden. Allerdings darf man bei guten Freunden, denen die Titelei nicht sonderlich wichtig ist, die Titel auch weglassen. Bleibt zum Schluss noch zu ergänzen, dass die Unterscheidung Frau – Fräulein (Frl.) heute nur noch da gemacht wird, wo die betroffene Frau ausgesprochenen Wert darauf legt. »Frl. Karin Mayer« schreibt man also nur, wenn die unverheiratete Karin Mayer dies ausdrücklich wünscht. Sonst heißt es, egal, ob es sich um eine ledige, verheiratete oder geschiedene Frau handelt: »Frau Soundso«. Ist Karin Mayer erst zwölf Jahre alt, lässt man jeglichen Zusatz vor dem Namen weg.

Lediglich Briefe an Firmen, Ämter, Institutionen und so weiter werden mit einem vorangestellten »An das/die/den« adressiert, bei Privatanschriften hingegen hat ein vorangestelltes »An« nichts zu suchen.

Krankheit und Trauerfall

Vom Leiden einmal abgesehen, sind Krankheiten als Wegweiser durchaus gesund. *(Oliver Hassencamp)*

Krankheit und Krankheit ist nicht dasselbe. Es gibt harmlose kleine Krankheiten wie zum Beispiel eine Erkältung, einen Schnupfen oder eine andere Infektion, die schnell überwunden und dann vergessen sind. Wer wegen einer Erkältung nicht zur Arbeit gehen kann, dem werden die Kollegen nicht gleich einen Besuch abstatten, denn erstens ist die Erkältung ansteckend und zweitens wird es dem Kranken kurzfristig so mies gehen, dass er es vorzieht, allein zu sein. Dennoch kann es für einen allein stehenden Menschen ganz hilfreich sein, wenn es einen guten Bekannten, einen lieben Nachbarn oder Freund gibt, der ihm etwas aus dem Supermarkt besorgt oder für ihn zur Apotheke springt.

Auch der Kollege, der sich den Arm oder das Bein gebrochen hat, kann nicht zur Arbeit kommen, obwohl er sich körperlich wohl fühlt. Er wird sich über den Besuch von Freunden und Arbeitskollegen aber sicher freuen. Allerdings sollte man vorher fragen und seinen Besuch ankündigen vor allem, wenn der Kranke zu Hause liegt. Besuche im Krankenhaus sind etwas anderes. Wir kommen auf beide gleich ausführlicher zu sprechen.

Die Palette der Krankheiten ist mit den bisher erwähnten noch lange nicht abgedeckt. Es gibt chronische Krankheiten, mit denen man heute sehr lange leben und auch ein verhältnismäßig normales Leben führen kann, beispielsweise die Zuckerkrankheit. Kollegen, Freunde und Bekannte, die davon wissen, nehmen auf die Betroffenen Rücksicht, ohne ihnen ständig das Gefühl zu vermitteln, eine Ausnahme zu sein. Je selbstverständlicher der taktvolle Umgang, desto angenehmer ist es für alle Beteiligten. Man vermeidet unnötige, von bloßer Neugier diktierte Fragereien. Andererseits sollte man informiert sein, was zu tun ist, wenn der Kranke vielleicht plötzlich einen Anfall bekommt.

Leidet jemand an einer schweren Krankheit mit längerer Genesungszeit, wird man sicherlich seinen Besuch anbieten, sich aber in allem nach den Bedürfnissen des Kranken richten. Keinesfalls wird man beleidigt reagieren, wenn der Kranke darum bittet, nicht besucht zu werden. Unter Umständen zieht er oder sie es vor, nur angerufen zu werden. Schließlich muss man bedenken, dass Kranke meist nicht nur krank sind, sondern auch so aussehen. Nicht jeder möchte sich jedem in seiner Unschönheit und Schwäche präsentieren. Es wird aber kaum jemand etwas gegen einen freundlichen, aufmunternden Brief einzuwenden haben, vorausgesetzt der Schreiber ist sich darüber im Klaren, dass der Kranke nicht unverzüglich antworten wird.

Wenn ich versuche, gesund zu leben, werde ich sofort krank.
(Hanns Dieter Hüsch)

Krankenbesuche zu Hause

Wer einen Kranken zu Hause besuchen möchte, sollte sich vorher telefonisch anmelden, sofern dazu eine Möglichkeit besteht. Schon den Gesunden überfällt man ja nicht einfach unangemeldet. Erfährt man, dass Besuche (noch) nicht erwünscht sind, dann nimmt man das, ohne beleidigt zu sein, zur Kenntnis und richtet sich danach. Wer einen Kranken besucht, bringt meist eine Kleinigkeit mit. Doch gilt hier mehr denn je: Erst denken, dann schenken. Blumen, das klassische Mitbringsel, sind gut und schön, aber: einen Schwerkranken können duftende Blumen ziemlich belästigen. Für einen allein stehenden Menschen mit gebrochenem Arm oder Bein kann die spätere Versorgung von üppigen Schnittblumensträußen recht problematisch werden und so weiter. Ein kleines Gesteck, vielleicht auch ein hübscher Bund Trockenblumen sind da vielleicht besser geeignet.

Gesundheit ist die Summe aller Krankheiten, die man nicht hat.
(Gerhard Uhlenbruck)

Gleich hinter den Blumen rangieren Obstkörbe. Wenn der Kranke Früchte essen darf, gut. Erkundigen Sie sich vorher. Das Gleiche gilt für Süßigkeiten oder andere Leckereien und auch für Getränke. Möglicherweise ist dem Kranken oder der Kranken ausgerechnet das, was er besonders gern mag, im Augenblick strikt verboten. Das wohl gemeinte Mitbringsel hätte dann seinen Zweck gründlichst verfehlt.

Ebenfalls recht beliebt als Mitbringsel sind Bücher. Auch da sollte man an den Zustand des Kranken, noch mehr aber an seinen Geschmack denken. Wer als Gesunder kein Freund von Science-Fiction, Krimis oder Esoterik ist, wird es auch als Kranker nicht sein. Extrem dicke Schwarten sind auch nicht in jedem Fall geeignete Krankenlektüre, und ganz sicherlich ungeeignet sind chirurgische Handbücher.

Krankenbesuche sollten kurz sein, es sei denn, man wird ausdrücklich gebeten länger zu bleiben. Selbstverständlich raucht man in einem Krankenzimmer nicht. Man fragt nicht einmal, ob man rauchen darf, man lässt es einfach bleiben. Denn obwohl dem Kranken der Qualm wahrscheinlich unangenehm wäre, meint er vielleicht, dem Rauchwunsch des Besuchers aus Höflichkeit stattgeben zu müssen. Etwas anderes ist es natürlich, wenn der »Kranke« einen Beinbruch auskuriert und selber raucht.

Wenn die Ärzte eine Krankheit nicht heilen können, geben sie ihr wenigstens einen schönen Namen. *(Voltaire)*

Wie man mit dem Kranken spricht und worüber man sich unterhält, hängt ganz von der Art der Erkrankung und vom Zustand des Patienten ab. Über Krankheit, sei es die des Patienten selbst, sei es die eines anderen, spricht man nur, wenn der Kranke von sich aus das Gespräch darauf bringt und offensichtlich darüber sprechen möchte. Als Besucher drängt man dem Kranken kein Gespräch über dieses Thema auf. Vielmehr wird man versuchen, den Kranken so gut wie möglich aufzuheitern und durch neutrale Themen abzulenken, ohne ihn mit endlosen, tödlich langweiligen Geschichten anzuöden. Unter Umständen wird man gar nicht viel reden, sondern eine Partie Schach oder Halma spielen.

Egal, ob man den Kranken bei sich zu Hause oder im Krankenhaus besucht, man sollte sich für diesen Besuch nicht besonders auffällig zurecht machen. Das gilt ganz besonders für Frauen, die einen Krankenbesuch bei einer anderen Frau machen. Die krank im Bett liegende Bekannte oder Freundin sieht wahrscheinlich nicht gerade wie das sprichwörtliche blühende Leben aus. Das wird ihr umso schmerzlicher bewusst werden, je mehr die Besucherin sich herausgeputzt hat. Übrigens wird genauso wie Blumenduft auch ein stark riechendes Parfüm von Kranken oft als sehr unangenehm empfunden!

Nicht nur der Geruchssinn kranker Menschen ist häufig überempfindlich, auch andere Sinnesreize werden unter Umständen heftiger empfunden. Man spricht deshalb leise, ohne gleich zu flüstern. Man zündet keine Lampe an und reißt keine Vorhänge auf, ohne vorher gefragt zu haben. Kurz und gut: Wenn man sich schon einem Gesunden gegenüber höflich und rücksichtsvoll verhält, so tut man es bei einem Kranken in ganz besonderem Maße.

Besuch im Krankenhaus

Grundsätzlich gibt es hier wenig Zusätzliches zu beachten. Im eigenen Interesse erkundigt man sich vor dem Besuch nach den allgemeinen Besuchszeiten im Krankenhaus und danach, ob man als Bekannter den Kranken überhaupt besuchen darf, denn unter Umständen ist lediglich den engsten Angehörigen ein kurzer Besuch gestattet. Man klopft an, ehe man das Krankenzimmer betritt. Man überfordert den Kranken nicht mit langen Besuchen, man kommt lieber öfter.

Da der Patient meist liegt, kann er nicht im Mittelpunkt stehen.
(Gerhard Uhlenbruck)

Die meisten Missverständnisse rühren davon her, dass die Menschen sich nicht aussprechen.
(Alfred Hoster)

Bringt man Blumen mit, achtet man erstens darauf, dass sie nicht zu stark duften, und man bedenkt, dass es die Schwestern sind, die sich um die Blütenpracht kümmern müssen. Ein kleines Gesteck beziehungsweise ein Strohblumensträußchen sind sicherlich geeigneter als ein Arm voll frischer Frühlingsblumen.

Liegt der Kranke nicht allein im Zimmer, grüßt man den oder die Bettnachbarn. Man spricht leise, damit man die anderen Kranken nicht stört. Kann und darf der Kranke aufstehen, geht man vielleicht besser mit ihm auf den Flur hinaus oder setzt sich ins Besucherzimmer. Möglicherweise gibt es sogar einen Garten oder Park, in den man hinausgehen kann.

Sind noch andere Besucher da, so verabschiedet man sich möglichst bald wieder. Die Kräfte des Kranken sollen ja geschont, nicht durch die Besucher strapaziert werden.

Und noch einen ganz wichtigen Punkt gilt es bei allen Krankenbesuchen zu beachten: Kranke, zumal wenn sie ernsthaft und schwer krank sind, quälen sich oft mit Fragen über ihren Zustand, oder sie sind unangemessen euphorisch. Ob so oder anders, wer einen Kranken besucht, sollte nicht in Hör- oder Sichtweite des Patienten dessen Zustand mit Angehörigen oder anderen Besuchern diskutieren. Selbst der Anschein eines solchen Gesprächs ist zu vermeiden. Anders gesagt, man unterhält sich nicht im Nebenzimmer mit den Angehörigen, wenn der Kranke auch nur vermuten könnte, man spräche über ihn.

Im Krankenhaus braucht man gar nicht erst zu versuchen, bei Schwestern oder Ärzten etwas über den Zustand des Kranken zu erfahren. Das Personal steht unter Schweigepflicht und darf nur den nächsten Angehörigen Auskunft erteilen.

Beileidsbezeugungen

Sein Beileid zum Tod eines Menschen sollte man den betroffenen engsten Angehörigen entweder persönlich oder handschriftlich ausdrücken. Kondolenzanrufe sind aus gutem Grund sehr umstritten. Den Trauernden steht möglicherweise überhaupt nicht der Sinn nach Gesprächen. Sie haben ohnehin genügend lästige Gespräche mit dem Bestattungsunternehmer, mit den Ämtern und den Behörden zu führen.

Das Beileid ist die Operette unter den Leidensfomen. *(Nikolaus Cybinsky)*

Etwas anderes sind die Anrufe sehr enger Freunde oder naher Verwandter, die wirklich tröstlich sein können, sowie die Anrufe, die der oder die Betroffenen von sich aus tätigen (müssen), etwa, um von dem Todesfall Mitteilung zu machen oder um sich Trost zu holen. Wer einen Trauernden anruft und schroff abgefertigt wird, sollte dafür Verständnis aufbringen. Völlig unangemessen wäre es, einem trauernden Menschen mangelnde Höflichkeit zu unterstellen, wenn er in seinem Schmerz für sich bleiben und nicht angesprochen werden möchte.

Hat man eine Todesanzeige geschickt bekommen und heißt es darin ausdrücklich, dass »von Kondolenzbesuchen abzusehen« sei, so hat man das unbedingt zu respektieren. Selbst wo dieser Vermerk nicht steht, sollte man sich zweimal überlegen, ob ein Besuch in dieser Situation angebracht ist.

Meint man, einen Kondolenzbesuch machen zu müssen, so geht man gedeckt gekleidet, aber nicht in Tiefschwarz. Lediglich die betroffenen Angehörigen sind entweder in Trauerkleidung oder sie tragen einen Trauerflor am Arm oder am Jackettkragen. Man kann einen kleinen Strauß Blumen mitbringen, doch wählt man weder einen bunten Sommerstrauß noch einen »Totenstrauß« aus weißen Lilien. Wie der Krankenbesuch ist auch der Kondolenzbesuch kurz zu halten. Man spricht den Betroffenen sein

Beileid aus, ob man darüber hinaus von dem Verstorbenen spricht, hängt von der Situation ab.

Die schriftliche Beileidsbezeigung ist in jedem Fall korrekt und meist auch die beste. Man schreibt auf neutralem weißem, eventuell auch cremefarbenem Briefpapier. Das schwarzgerandete Briefpapier ist nicht für Kondolenzbriefe gedacht, sondern für die Todesmitteilung. Man kann auch auf eine Briefkarte (doch keinesfalls auf eine Postkarte!) ein paar persönliche, schlichte Worte schreiben, und zwar erstens gleich, nicht erst Wochen, nachdem man die Nachricht bekommen hat, zweitens per Hand, nicht mit der Schreibmaschine oder, was ja wohl der neuesten Entwicklung entspricht, per Computerausdruck, und drittens mit dunkler (blauer oder schwarzer) Tinte oder entsprechendem Filzstift nicht mit poppigem Neonstift, mit Gold- oder Silbermine.

Je ferner man selbst den Hinterbliebenen steht, desto schlichter drückt man sich aus. Auf jeden Fall hütet man sich vor Schwulst und falschem Pathos. Wer gar nicht zu formulieren versteht und auch keine Hilfestellung von einem wortgewandteren Mitmenschen bekommen kann, greift auf eine vorgedruckte Karte zurück, wobei größtmögliche Sorgfalt auf die Auswahl zu legen ist.

Das Leben vergisst manchen, der Tod keinen. *(Danilo Kis)*

Weiß man lediglich auf Grund einer Todesanzeige in der Zeitung vom Ableben eines Menschen, so verbietet es sich umso mehr, bei den Angehörigen anzurufen, um zu kondolieren. Auch in diesem Fall kondoliert man schriftlich, wenn man den Verstorbenen (gut) gekannt hat oder die Hinterbliebenen kennt. Den Angehörigen eines Künstlers oder einer Künstlerin, von dessen/deren Tod man durch die Medien erfährt, braucht man als Verehrer oder Verehrerin nicht zu kondolieren. Schon gar nicht muss man hoffen, auf ein solches Kondolenzschreiben eine Antwort zu bekommen.

Beerdigung, Trauerfeier, Einladung der Trauergäste

Zwar kommt es noch relativ selten vor, dass Menschen in ihrem Testament verfügen, nach ihrem Tode solle keinerlei Trauerfeier stattfinden, doch immerhin knapp die Hälfte aller Beerdigungen und Trauerfeiern werden heute weltlich gestaltet, finden also ohne Geistlichen statt. Die Trauerrede hält in diesen Fällen entweder ein Freund oder ein Verwandter des Verstorbenen oder auch ein weltlicher Trauerredner, der durch das Beerdigungsinstitut vermittelt werden kann. Doch weder zu einer religiösen noch zu einer weltlichen Feier besteht irgendeine Verpflichtung.

Wer als nicht unmittelbar betroffener Angehöriger zu einer Trauerfeier oder einer Beerdigung geht, muss nicht in Tiefschwarz erscheinen. Gedeckte Kleidung in Dunkelblau, Anthrazit oder Dunkelgrau ist durchaus angemessen. Leider nimmt der Tod auf Wetter und Jahreszeiten keine Rücksicht, auch in der brütendsten Hochsommerhitze finden Beerdigungen statt. Nehmen Sie dennoch Rücksicht auf die Gefühle der Leidtragenden; auch wenn es außergewöhnlich heiß sein sollte, erscheint man nicht im ärmellosen Top oder mit nackten Beinen bei einer Trauerfeier oder Beerdigung.

Wenn ein Politiker stirbt, kommen viele nur deshalb zur Beerdigung, weil sie sicher sein wollen, dass man ihn wirklich begräbt.
(Georges Clémenceau)

Andererseits gibt es Menschen, denen das Trauerschwarz zu trist ist, die deshalb in der Todesanzeige bereits darum bitten, keine Trauerkleidung zu tragen. Hier ist also normale, wenn auch vielleicht nicht gerade farbenstrotzende Kleidung nicht nur erlaubt, sondern erwünscht. Ganz gleich, ob so oder anders, man richtet sich nach den Leidtragenden nicht nach den eigenen Vorstellungen.

Heute gibt es bei uns auch keine bindenden Vorschriften mehr darüber, ob und wie lange etwa eine Witwe oder ein Witwer Trauerkleidung zu tragen hat. Schließlich drückt sich die Schwere des Verlustes ja nicht in einer solchen

Wie kann man einen Menschen beklagen, der gestorben ist? – Diejenigen sind zu beklagen, die ihn geliebt und verloren haben.
(Helmuth Graf von Moltke)

Äußerlichkeit aus, und manch einer, der schon nach zwei Tagen wieder normale Kleidung anlegt, trauert vielleicht tiefer als andere, die ein halbes oder ein ganzes Jahr in Sack und Asche gehen. Ebensowenig muss eine Witwe bei der Beerdigung oder bei der Trauerfeier einen Schleier und/oder einen Hut tragen.

Immer häufiger wird gleich in der Todesanzeige darum gebeten, statt Geld für einen Kranz oder ein Gebinde auszugeben, lieber für einen bestimmten, meist eindeutig benannten karitativen Zweck zu spenden. Auch diesem Wunsch, der entweder der des Verstorbenen selbst, oder auch der der Hinterbliebenen ist, entspricht man natürlich. Wer einen Kranz oder ein Gebinde schicken möchte, muss zunächst einen Floristen beauftragen. Von ihm wird der Kranz direkt zum Friedhof zur entsprechenden Trauerfeier oder Beerdigung transportiert. Fehlen einem die hierzu nötigen Angaben, kann man sich auf dem Friedhofsamt erkundigen. Ziemlich abwegig wäre es, einen Kranz in das Trauerhaus schicken zu lassen, denn die Betroffenen hätten dann zusätzlich das lästige Transportproblem. Allerdings darf man den Kranz oder das Gebinde selbst zum Grab bringen.

Bedenken Sie aber, dass bei einer Feuerbestattung zunächst nur eine Trauerfeier stattfindet. Der Sarg wird danach im Allgemeinen langsam in eine Versenkung hinuntergelassen und damit ist die Feier beendet. Erst Tage, in Großstädten durchaus auch Wochen später findet dann meist in sehr kleinem Kreis die Urnenbeisetzung statt. Kränze, die zu einer solchen Trauerfeier geschickt wurden, werden mit Zustimmung der Angehörigen auf andere frische Gräber verteilt, oder sie wandern direkt nach der Feier auf den Komposthaufen, denn im Krematorium kann man mit diesen Kränzen und Gebinden nichts anfangen.

Allen Kränzen, Gebinden und Sträußen sollte eine Karte mit dem Namen des Spenders beigefügt sein, es sei denn, man möchte seine Gabe anonym beisteuern. Der Friedhofsangestellte, eventuell auch ein Mitarbeiter des Bestattungsinstituts, sammelt diese Karten ein und überreicht sie nach der Trauerfeier den Angehörigen, die sich dann später bei den Spendern entsprechend bedanken können. Außerdem liegt am Eingang der Kapelle, in der die Trauerfeier stattfindet, meist ein Kondolenzbuch aus, in das sich die Trauergäste eintragen können. So wissen die Hinterbliebenen, bei wem sie sich später für die Anteilnahme bedanken müssen.

Taschentuch: Ein bei Begräbnissen besonders nützlicher Gegenstand, um den Mangel an Tränen zu verbergen.
(Ambrose Bierce)

Hieß es in der Todesanzeige: »Von Beileidsbezeigungen am Grab bitten wir Abstand zu nehmen«, so ist das Defilee der Trauergäste, die nach der Beerdigung mit einem stillen Händedruck oder wenigen Beleidsworten an den engsten Angehörigen vorbeigehen, nicht erwünscht. Und niemand hat das Recht, sich selbstherrlich über diesen ausdrücklichen Wunsch hinwegzusetzen und sich den Trauernden aufzudrängen.

Erhält man eine Anzeige, in der es heißt, die Beisetzung oder die Trauerfeier habe bereits in aller Stille stattgefunden, dann kann man den Hinterbliebenen zusätzlich zum Kondolenzbrief Blumen schicken. Man sollte sich aber sehr genau überlegen, ob man das tut. Es ist heute eigentlich eher unüblich.

Ob die Hinterbliebenen nach der Trauerfeier oder nach der Beerdigung mit den Trauergästen oder zumindest mit einigen von ihnen noch zusammenbleiben wollen, obliegt allein der Entscheidung der engsten Betroffenen. Eine Verpflichtung dazu besteht in keinem Fall, oft aber wird sie von den Hinterbliebenen, die nicht gleich nach der Beerdigung allein sein wollen, selbst gewünscht. Findet sich ein guter Freund, der die Organisation übernimmt, also in einem Lokal entsprechende Vorbestellungen macht oder auch bei einem Serviceunternehmen alles Nötige bestellt, ist das für die Trauernden meist eine unschätzbare Hilfe, wie denn überhaupt jede Unterstützung erwünscht ist, die die Trauernden entlastet.

Bei Tisch in kleiner Runde

Sie möchten neu gewonnene Bekannte, etwa das nette Ehepaar, das Sie im letzten Urlaub kennen lernten, zum Abendessen einladen? Gar kein Problem. Sie haben die Adressen und Telefonnummern ausgetauscht. Schreiben Sie oder rufen Sie an und machen Sie einen Termin aus. Steht der Termin fest, gilt es freilich; ein paar gezielte Überlegungen anzustellen.

Was darf man dem Gast auftischen?

Hatten Sie während des Urlaubs Gelegenheit, den Geschmack Ihrer Gäste kennen zu lernen? Nun, dann werden Sie selbstverständlich darauf Rücksicht nehmen. Haben Sie beispielsweise während des Urlaubs festgestellt, dass beide – oder auch nur einer von beiden – strikt vegetarisch lebt, dann werden Sie nicht ausgerechnet einen großen Braten servieren. Sie werden sich vielmehr dem Geschmack der Gäste anpassen und ein vegetarisches Menü zusammenstellen, das unter Umständen für denjenigen, der es mag, mit einem Stück Fleisch ergänzt werden kann.

Auch die besessensten Vegetarier beißen nicht gern ins Gras.
(Joachim Ringelnatz)

Haben Sie in einem neuen Kochbuch ein tolles Gericht entdeckt, das Ihnen zusagt, das Sie aber nie zuvor zubereitet haben, das Zutaten enthält, die Ihnen völlig fremd sind, oder das in der Herstellung gewisse Ansprüche stellt – vielleicht ein Soufflé oder eine Pastete –, dann feiern Sie mit diesem Gericht nicht ausgerechnet dann Ihre Premiere, wenn Sie Gäste erwarten. Es sei denn, Ihre Gäste sind gute, alte Freunde, die es mit Humor nehmen, wenn irgendwas schief gegangen ist. Für alle anderen Gäste bereiten Sie nur solche Gerichte zu, die Sie vorher ausprobiert haben, deren Zutaten Sie kennen und bei denen wahrhaftig nichts daneben gehen kann.

Lieber ein stadtbekannter Säufer als ein anonymer Alkoholiker. *(Anonymes Graffito)*

Selbst wenn zu dem von Ihnen zubereiteten Gericht ein Bier oder ein Wein am besten passt, sollten Sie unbedingt auch Mineralwasser und eine oder zwei Sorten Fruchtsaft bereithalten. Wenn der Gast alkoholische Getränke ablehnt, fragen Sie weder, warum, noch drängen Sie ihn, doch ein kleines Schlückchen zu nehmen, das schade doch nichts. Für Menschen, die einmal unter Alkoholsucht gelitten haben, diese Sucht aber überwinden konnten, bedeutet schon der winzigste Schluck eine Katastrophe. Außerdem gibt es Menschen, die aus religiösen oder anderen Gründen jeden Alkohol ablehnen. Wenn der Gast das Bedürfnis hat, diese Gründe darzulegen, dann wird er es tun. Als Gastgeber jedoch hat man nicht das Recht, neugierig nachzufragen. Man respektiert die Ablehnung ohne Kommentar.

Man reiche das Wenige, das man der Gastfreundschaft opfern kann, in gehörigem Maße, mit guter Art, mit treuem Herzen und mit freundlichem Gesichte dar. *(Adolph Freiherr von Knigge)*

Angenommen, Sie haben gar keine Ahnung, in welche Richtung der Geschmack Ihrer Gäste geht, dürfen Sie dann schon bei der Einladung vorfühlen, was Ihre Gäste mögen und was sie ablehnen? Warum nicht? Sie laden telefonisch oder persönlich ein und lassen einfließen, dass Sie gedenken, Hammelfleisch mit Bohnen auf den Tisch zu bringen. Entweder Sie sehen am Gesicht oder hören am Seufzer des Eingeladenen, dass ihm schon beim Gedanken an Hammelfleisch ganz übel wird. Dann überlegen Sie sich schleunigst was anderes. Sind Sie sich nicht sicher, dann vergewissern Sie sich, ob Sie Ihrem Gast mit Ihrem Menü wirklich eine Freude bereiten, indem Sie ihn geradeheraus fragen.

Wer offen gefragt wird, sollte ebenso ungeniert antworten. Wem Hammelfleisch, saure Nieren, Fisch oder was auch immer ein Greuel ist, sollte nicht aus falscher Höflichkeit dem Gastgeber mit bescheidener Zurückhaltung versichern, er esse grundsätzlich alles, das habe er zu Hause so gelernt. Schließlich möchte der Gastgeber dem Gast und auch sich selbst eine Freude machen. Die ist aber von vornherein gründlich getrübt, wenn der eine sich die größte Mühe macht, etwas ganz Tolles auf den Tisch zu zaubern, was der andere dann, sichtlich lustlos, hinunterwürgt.

Lungenhaché ... das sieht aus wie: »Haben Sie das gegessen, oder werden Sie das essen?«
(Kurt Tucholsky)

Wer eingeladen wird, sollte unbedingt und ohne falsche Scham von vornherein darauf hinweisen, wenn er eine besondere Diät halten muss. Im Zweifelsfalle muss er eine Einladung zum Essen höflich und mit der entsprechenden Erklärung ablehnen. Sehr unfreundlich wäre es, eine Einladung anzunehmen und dann erst bei Tisch zu verkünden, dass man dies und das und jenes aus gesundheitlichen Gründen nicht essen dürfe.

Vielleicht hat sich keine Gelegenheit ergeben, nach dem Geschmack der Gäste zu fragen. Dann ist es gut, möglichst unausgefallene Gerichte zu Tisch zu bringen und Speisen, die zu der etwas heikleren Art gehören – wie beispielsweise Innereien oder sehr exotisch gewürzte Gerichte – zu meiden.

Ebenso unhöflich wäre es, den Gast mit ungewöhnlichen Esstechniken zu konfrontieren, etwa indem man eine chinesische Reistafel serviert und wie selbstverständlich erwartet, dass der Gast mit Stäbchen essen kann. Was immer den Gast in Verlegenheit bringen könnte, versucht man zu vermeiden.

Während des Essens wird sich die Gelegenheit ergeben, über das Essen zu sprechen. So lässt sich herausfinden, was man den Gästen beim nächsten Mal vorsetzen darf oder was man den Gastgebern bei der Gegeneinladung servieren könnte.

Und weil der Mensch ein Mensch ist, drum will er was zu essen, bitte sehr!
(Berthold Brecht)

Der ausländische Gast

Aus falsch verstandenem Entgegenkommen und Wohlwollen heraus wird gerade bei der Bewirtung ausländischer Gäste häufig ein peinlicher Fehler begangen. Damit sich der fremdländische Gast gleich ganz wie zu Hause fühlt, möchte ihm die Hausfrau eine besondere Freude machen und serviert ein für die Heimat des Gastes typisches Gericht. Da wird dann gar noch extra ein Kochbuch mit Gerichten aus der türkischen, italienischen, griechischen, indonesischen, indischen oder japanischen Küche angeschafft – und dann geht meist so ziemlich alles daneben.

Man muss sich nur einmal vor Augen führen, wie »typisch« etwa ein Eisbein mit Sauerkraut und Erbsenbrei von einer tunesischen Hausfrau zubereitet werden könnte, um sich klarzumachen, wie leicht das umgekehrte Unterfangen, beispielsweise einen stilechten Couscous zuzubereiten, kläglich scheitern kann.

Sollen wir uns also lieber ein Beispiel an unserem Ex-Bundeskanzler Helmut Kohl nehmen, der bisher noch jedem ausländischen Gast Pfälzer Saumagen auftischen ließ? Ich habe auch da meine Bedenken. So wenig es angebracht ist, dem indischen Gast ein »echt indisches Curry« vorzusetzen, so wenig sollte man ihn mit einheimischen »Spezialitäten« konfrontieren. Schon so manchem Einheimischen ist bei Labskaus oder sauren Kutteln nicht wohl, da sollten wir dem Fremden so etwas erst recht nicht ungefragt zumuten.

Darf man ein Gericht ablehnen?

Was aber, wenn man selbst als Gast mit Speisen konfrontiert wird, die man absolut nicht mag? Muss man tatsächlich essen, was auf den Tisch kommt? Nein, in unseren Breiten muss man das nicht.

Es gibt Länder, in denen die Zurückweisung von angebotener Nahrung eine grobe Unhöflichkeit und eine schwere Beleidigung darstellt. Das sollte man unbedingt bedenken, wenn man im Ausland zu Gast oder in Deutschland von einem ausländischen Gastgeber eingeladen ist. Hier allerdings gelten unsere Sitten und bei uns darf man ablehnen. Man tut es freilich mit dem größtmöglichen Takt, sehr höflich und sehr vorsichtig, und man bittet um Nachsicht und Entschuldigung. Keinesfalls vermittelt man dem Gastgeber das Gefühl, es sei seine Schuld, weil er sich erdreistet hat, etwas auf den Tisch zu stellen, was dem Gast nicht behagt.

Der Gourmet muss in jeder Suppe ein Haar finden, um seine Klasse zu beweisen. *(Oliver Hassencamp)*

Bei einer unbekannten Speise bittet man beispielsweise um eine kleine Portion, die man auch bei großer Abneigung bewältigen kann und sagt dazu, dass man bitte nur probieren möchte, aber man schreit nicht: »Igitt, was soll denn das sein?« Weiß man, dass man auch den kleinsten Happen nicht runterbringen wird, hält man sich an die Beilagen oder man bittet die Hausfrau um ein Butterbrot. Je nach Situation wird man vielleicht auch eine Notlüge gebrauchen und sagen, man müsse eine strikte Diät halten. Aber diese Ausrede – wir sprachen weiter oben bereits davon – ist keine Patentlösung, denn wer in der Tat eine strenge Diät einhalten muss, informiert den Gastgeber rechtzeitig darüber.

Das Erste, was man bei einer Abmagerungskur verliert, ist die gute Laune. *(Gert Fröbe)*

Im eigenen Interesse ist es natürlich wenig sinnvoll, ein Essen, das man nur unter Aufbietung aller Willenskraft verspeisen kann, in den höchsten Tönen zu loben. Schlimmstenfalls bekommt man das Gericht wieder vorgesetzt, wenn man das nächste Mal zu Gast ist.

Werden Sie mit einem Essen konfrontiert, das eine bestimmte Esstechnik verlangt, die Sie nicht beherrschen, so dürfen Sie die Gastgeber ungeniert um Belehrung bitten. Zum Beispiel, wie man die Stäbchen hält oder wie man einem Hummer zu Leibe rückt. Will Ihnen der Umgang mit den Stäbchen aber gar nicht gelingen, dürfen Sie um ein Besteck bitten, sofern die Gastgeberin nicht von sich aus die Aufmerksamkeit hatte, Ihnen eins zu reichen.

Der Aperitif

Egal, ob man nur ein, zwei oder mehr als sechs Leute zum Essen eingeladen hat, in keinem Fall wird man die Gäste sofort, kaum dass sie aus dem Mantel geschlüpft sind, zu Tisch bitten. Das kann nur einem Gast passieren, der sich deutlich verspätet hat. Man nimmt erst einmal im Wohnzimmer Platz. Wenn es sehr viele Gäste sind, bleibt man auch stehen. Man plaudert ein wenig und der Gastgeber bietet einen Aperitif an.

Hierfür eignen sich Kräuterweine, Sherry oder Portwein, Campari, Wermut, ein leichter, trockener Weißwein oder mit Tonic oder Ginger-Ale zum Long drink verlängerte Alkoholika. Selbstverständlich müssen Sie nicht alles zur Auswahl bereit haben. Es genügt völlig, wenn Sie zwei alkoholische Varianten anbieten können. Unbedingt jedoch muss mindestens ein nicht alkoholisches Getränk zur Verfügung stehen, ein Orangensaft beispielsweise. Viele Menschen nehmen auch gern einen Tomaten- oder Gemüsesaft vor dem Essen.

Fernsehen ist ebensowenig schädlich, wie Wein schädlich ist, krankhaft ist lediglich die Unfähigkeit, mit dem lustversprechenden Angebot umgehen zu können. *(Alexander Mitscherlich)*

Während der Aperitif gereicht wird, darf im Hintergrund eine leise, angenehme Musik spielen. Das muss nicht unbedingt Klassik sein, aber die neueste Schnulze ist auch nicht gerade angebracht. Den Fernseher sollte man nicht laufen lassen, es sei denn, es gibt eine hochbrisante Tagesnachricht, über die alle Anwesenden informiert sein möchten.

Bedenken Sie als Gastgeber auch, dass die Gäste vielleicht vor dem Essen rasch noch die Hände waschen möchten. Kalkulieren Sie das ein, wenn Sie zu Tisch bitten. Das

heißt, Sie rufen zu Tisch, wenn noch ein paar Minuten Luft sind, nicht, wenn schon irgendein Gericht dampfend auf dem Tisch steht.
Umgekehrt sollte ein Gast, der ein bestimmtes Bedürfnis hat oder sich noch rasch die Hände waschen möchte, nicht warten, bis zu Tisch gebeten wird, und dann erst nach der Toilette fragen. Er oder sie tut das rechtzeitig, bevor man anfängt zu essen. Nicht zuletzt, um den Gästen diese Möglichkeit zu geben, wird ja der Aperitif gereicht.

Darf man in der Küche zu Tisch bitten?

Nicht in jeder Wohnung ist heute ein Esszimmer vorgesehen. Ja sogar das Wohnzimmer bietet häufig keinen Raum für die Essecke. Oft verfügt nur die Küche über einen Essplatz. Darf man Gäste in die Küche an den Esstisch bitten, oder muss, wer eben keinen anderen Essplatz hat, darauf verzichten, Gäste einzuladen?
Ich finde, man darf Gäste in seine Küche laden, wenn dort der Esstisch steht. Man wird allerdings darauf achten, dass sich weder in der Spüle der ganze Abwasch von der letzten Woche stapelt noch dass es von der aktuellen Kocherei zu wüst aussieht. Dass eine Küche, in der im Augenblick ein feines Menü bereitet wird, nicht sauber wie geleckt aussehen kann, ist klar. Doch ehe man auf den Spaß eines schönen Essens mit Bekannten verzichtet, darf es ruhig ein wenig rustikal zugehen.

Die kleine Küche macht das Haus groß. *(Toskanisches Sprichwort)*

Auch für ein einfaches Essen mit Bekannten im kleinen Kreis deckt man den Tisch hübsch und sorgfältig und achtet darauf, dass alles da ist, was gebraucht wird.
Ist der Tisch sehr klein und wird es eventuell zu eng, darf man Gedeckteile, die noch nicht gebraucht werden, auf einem Beistelltisch bereithaben. Man muss weder das große Gedeck auflegen noch auf einen Gang verzichten,

nur weil man das Menübesteck und die Gläsergalerie nicht auf dem Tisch unterbringen kann. Genauso wird man unter Umständen Schüsseln und Platten nicht auf den Tisch stellen können. Man reicht sie dann dem Gast, bittet ihn, sich zu bedienen, und stellt sie auf einem Extratisch ab, möglichst auf einer Warmhalteplatte.

Wer sitzt wo?

Ein lästiger und ungezogener Tischgenosse zerstört alle Lust. *(Plutarch)*

Die Sitzordnung bei einem großen Festmenü folgt ihren eigenen Regeln (siehe Seite 300 und 393), denen man sich freilich auch nicht sklavisch unterwerfen muss. Bei einem kleinen Essen mit zwei bis vier Bekannten ist die Sitzordnung völlig frei. Handelt es sich um ein Grüppchen von etwa sechs Personen, wird man sich ungezwungen so setzen, dass derjenige, der zwischendurch aufstehen muss, dies tun kann, ohne die anderen zu belästigen.

An einem runden Tisch ist es einfach und sinnvoll, bunte Reihe zu machen, also immer abwechselnd eine Dame und einen Herrn zu platzieren. Dem könnte freilich die Zusammensetzung der Gäste widersprechen – Herren oder Damen könnten in der Überzahl sein. Früher hätte man aus diesem Grund die ganze Einladung platzen lassen müssen. Heute kann man das glücklicherweise sehr viel lockerer handhaben.

Die offizielle Sitzordnung verlangt, dass der wichtigste männliche Gast links von der Hausfrau, der wichtigste weibliche Gast rechts vom Hausherrn sitzt. Die Frage ist allerdings, wer ist der wichtigste Gast? Nehmen wir beispielsweise an, das Ehepaar Meier, beide berufstätig, hätte seine beiden Chefs mit Ehefrauen zum Essen eingeladen. Wessen Chef ist dann wichtiger, seiner oder ihrer? Das Getue um Rang und Positionen erscheint mir reichlich überholt, zumal bei Treffen im privaten Kreis. Warum soll man die Gäste nicht zu Tisch bitten und sie auffordern, sich zu setzen, wie sie möchten? Oft genügt es, wenn man einem der Gäste einen Platz vorschlägt: »Frau Dr. Kunze, wenn Sie vielleicht hier Platz nehmen möchten?«. Die übrigen gruppieren sich dann schon aus eigener Initiative um den Tisch.

»Langen Sie nur kräftig zu!«

Hier geht es um die noch immer umstrittene Frage: Muss der Gastgeber den Gast wiederholt auffordern, ja geradezu nötigen, doch nur recht kräftig zuzulangen? Und muss sich der Gast andererseits zunächst höflich zieren, oder darf er gleich sagen: »Das schmeckt köstlich, ja, ich nehme gern noch einmal nach.« Und was, wenn es dem Gast nicht ausgezeichnet schmeckt und er gar nicht gern noch einmal nachnehmen möchte?

Gerade weil es bei diesem Spielchen so viele Missverständnisse geben kann, bin ich gegen die falschen Höflichkeitsfloskeln. Ich halte auch nichts davon, dass der Gast vom Gastgeber bedient wird. Es sei denn, der Gast bittet ausdrücklich darum, man möge ihm auftun, weil er vielleicht fürchtet, zu kleckern, oder weil er mit einem Gerät – Spaghettizange oder was auch immer – nicht recht umzugehen weiß.

So eigensinnig widersprechend ist der Mensch: Zu seinem Vorteil will er keine Nötigung, zu seinem Schaden leidet er jeden Zwang.
(Johann Wolfgang Goethe)

Man reicht dem Gast die Schüsseln oder Platten an und bittet ihn, sich selbst zu bedienen. Zumindest von den Beilagen sollte er sich nach eigenem Appetit und Geschmack selbst nehmen dürfen, wobei er sich weder ein lächerlich winziges Spatzenportiönchen nimmt, noch sich auf den Teller schaufelt, als drohe morgen eine große Hungersnot.

Die Vorspeise und das Dessert werden eventuell bereits portioniert gereicht. Der Braten wird vielleicht vom Hausherrn tranchiert und von ihm auf die ihm angereichten Teller verteilt. Er nimmt dabei Rücksicht auf den Gast, der ein kleines Stück verlangt, aber, sofern die Vorräte es zulassen, auch auf den, der freimütig bekennt, er habe Appetit mitgebracht und könne ein gehöriges Stück vertragen.

Verputzt ein Gast die Vorspeise nicht bis auf den letzten Rest, löffelt er das Dessert nicht aus, fragt man ihn nicht lange, ob es ihm etwa nicht geschmeckt habe. Schon gar nicht fordert man ihn auf, doch bitte aufzuessen.

Von Gerichten, die zum Selbstbedienen auf dem Tisch stehen, bietet man einmal an. Lehnt der Gast ab, geht man davon aus, dass er nichts mehr möchte. Gehört er zu den Menschen der alten Schule, die zweimal genötigt werden möchten, dann hat er Pech gehabt. Ich persönlich, und ich glaube, ich stehe damit nicht allein, empfinde eine drängende Gastgeberin, einen nötigenden Gastgeber als unangenehm. Wenn ich ablehne, möchte ich wirklich nichts mehr, aus welchem Grund auch immer. Dreimal ablehnen zu müssen, macht wirklich keinen Spaß. Dagegen freue ich mich über den Gast, der ungeniert von sich aus fragt, ob er noch ein wenig von dem oder jenem nehmen dürfe.

Grundsätzliches Einverständnis ist die höflichste Form der Ablehnung.
(Hans Jaray)

Vorsicht ist hier lediglich bei Gerichten geboten, die portioniert auf den Tisch kamen und von denen kein Nachschub zu sehen ist. Da könnte man mit der Frage nach mehr den Gastgeber in Verlegenheit bringen. Ist noch ein Vorrat da, wird der Koch oder die Köchin es sicherlich nicht verheimlichen, wenn er oder sie erfreut sieht, wie begeistert der Gast ist.

Was zu den Speisen gesagt wurde, gilt sinngemäß auch für die Getränke. Man bietet an, aber man nötigt nichts auf. Gläser füllt man erst nach, wenn sie leer sind. Auf jeden Fall fragt man, ob der Gast nachgeschenkt haben möchte. Und als Gast darf man fragen, ob man bitte etwas anderes als das angebotene Getränk haben darf –

etwa ein Mineralwasser. Kein alkoholfreies Getränk vorrätig zu haben, wäre mehr als eine Gedankenlosigkeit. Viele unserer Gäste kommen mit dem eigenen Wagen und möchten damit auch wieder wegfahren, und viele nehmen zum Glück und im eigenen Interesse die Promillegrenze ernst.

Geben wir zu, wir sind auf jede Überraschung vorbereitet, nur die alltäglichen Dinge brechen über uns herein wie Katastrophen.
(Stanislaw Jerzy Lec)

Selbstverständlich darf man ein wirklich gelungenes Essen, das einem auch in der Tat sehr gut schmeckt, gebührend loben. Man darf sogar nach der Zubereitung und nach Gewürzen fragen. Zu heuchlerischen Lobeshymnen auf einen zweifelhaften Gaumengenuss ist man nicht verpflichtet. Man schweigt und spricht über anderes. Geradezu peinlich wäre es, würde ein Gast angesichts eines zähen Bratens, verkochter Gemüse oder einer versalzenen Sauce tönen: »Ich habe schon oft bei Bocuse gespeist, aber ihr vorzügliches Essen stellt alles in den Schatten.«

Ebenso darf man nach dem Wein fragen oder einen Blick auf das Etikett werfen. Es sei denn, man ist selbst ausgesprochener Kenner und bekomt einen völlig unpassenden Tropfen kredenzt. Dann würde man den Gastgeber mit der Frage nach dem Wein unnötig bloßstellen.

Leider kommt es vor, dass Menschen durchaus mit Appetit zulangen, zugleich jedoch von sich und ihrem Redetalent so begeistert sind, dass sie für die Mühen der Hausfrau oder des Hausmanns kein Wort übrig haben. Ein feines Essen ist ein Geschenk, und für Geschenke bedankt man sich! Spätestens also, wenn der Gast geht, wäre ein Dank angebracht.

Das Malheur bei Tisch

Jeder Gast und jeder Gastgeber fürchtet sich davor, und jedem ist es schon einmal passiert: Da wird ein volles Glas umgestoßen, da kullern die Erbsen von der Gabel übers Tischtuch, da hat man sich verschluckt und muss husten

Es gibt den Maler, der aus der Sonne einen gelben Fleck macht. Aber es gibt auch den, der mit Überlegung und Geschick aus einem gelben Fleck eine Sonne macht.
(Pablo Picasso)

und was der peinlichen kleinen Missgeschicke bei Tisch mehr sein können.

Wie verhält man sich in solchen Augenblicken? In seiner Novelle »Eine blassblaue Frauenschrift« führt uns Franz Werfel eine solche Situation vor Augen: Der Hauslehrer Leonidas stößt aus Unsicherheit und Ungeschicklichkeit sein Rotweinglas um. Vera, die Tochter des Gastgebers, greift sofort zur Karaffe mit Weißwein, gießt reichlich davon über den verschütteten Rotspon, weil Weißwein, wie sie sagt, am besten gegen Rotweinflecken helfe.

Nun stimmt zwar, was Vera behauptet, doch hier geht es nicht um Fleckenkunde, auch nicht um die Ideen Sigmund Freuds, der in seiner »Psychopathologie des Alltagslebens« die These aufstellt, Ungeschicklichkeiten dieser Art seien »Fehlleistungen«, also unbewusste, gegen den Gastgeber gerichtete kleine Racheakte. Hier geht es allein um die praktische Seite.

Jedes Malheur bei Tisch ist für alle Anwesenden peinlich. Jeder, der eine solche Situation erlebt hat – und wer hätte das nicht? –, war einem Gastgeber mit Humor dankbar, der den Schaden behob, ohne viele Worte zu machen, oder so weit wie möglich überging. Veras Reaktion ist nicht sonderlich humorvoll, sie ist für den jungen Hauslehrer Leonidas eher beschämend. Und gerade das ist es, was wir als Gastgeber vermeiden sollten. Wir sollten den ungeschickten Gast nicht noch zusätzlich bloßstellen.

Deshalb also so wenig Aufhebens wie möglich machen. Eine ausgegossene Flüssigkeit wird rasch aufgetupft, dann deckt man den Schaden mit einer Serviette ab, fertig. Kullert ein weggesprungener Knödel gar über den Fußboden, nimmt man ihn mit einer Papierserviette auf und schafft ihn beiseite. Man räumt nicht den ganzen Tisch ab, um ein frisches Tischtuch auflegen zu können; man kommt nicht mit dem Putzeimer gerannt. Und man muss auch

nicht denken, dass der Gast es einem abnimmt, wenn man demonstriert, was man doch selbst für ein ungeschickter Tolpatsch ist, indem man ebenfalls etwas umkegelt.
Ein zerbrochenes Glas wird durch ein anderes ersetzt. Ging einer der langstieligen Rotweinkelche zu Bruch, von denen man nicht unbegrenzte Mengen besitzt, dann muss der Unglücksrabe eben mit irgendeinem anderen Glas vorlieb nehmen, daraus kann man schließlich auch trinken.
Der Gast freilich sollte nicht meinen, dass die Sache damit erledigt ist. Bei Tisch sollte er zwar nicht anbieten, für den Schaden aufzukommen, schon gar nicht locker die Börse oder das Scheckbuch zücken. Aber hinterher sollte er sich wenigstens erkundigen, in welcher Weise und Form er Wiedergutmachung leisten kann. Und wenn ihm gesagt wird, um was für ein Glas es sich handelte, wo und wie er Ersatz beschaffen kann, dann sollte er das auch wirklich tun! Erst große Töne spucken von wegen »Ach Gott, ist mir das peinlich, die schöne Vase werde ich Ihnen selbstverständlich ersetzen« und dann nie wieder was von sich hören lassen, ist absolut keine feine Art.
Ist wirklich großer Schaden entstanden, wird man unter Umständen seine Versicherung bemühen. Als Gastgeber darf man das getrost annehmen. Und war es nur ein mittlerer Schaden, den der Gastgeber allein tragen kann und den er auch, wie er glaubhaft versichert, allein tragen möchte, darf man sich am nächsten Tag trotzdem mit einem kleinen Blumenstrauß entschuldigen. Einfach einen Gegenstand kaufen, der dem zerbrochenen irgendwie ähnlich sieht, ist meist keine gute Lösung, vor allem dann nicht, wenn es sich wie bei dem erwähnten Glas um etwas handelt, das zu einer Serie gehört.
Auch vor einem anderen gefürchteten Malheur bei Tisch ist niemand gefeit: Jeder kann sich mal Verschlucken. Es

Im Grunde ist jedes Unglück so schwer, wie man es nimmt.
(Marie von Ebner-Eschenbach)

Stolpern ist eine Ungeschicklichkeit, für die man nicht die Beine, sondern die Türschwelle verantwortlich macht.
(Norman Mailer)

hat überhaupt keinen Sinn zu versuchen, den unausweichlichen Husten, der darauf folgt, zu unterdrücken. Machen Sie nicht den Fehler, es zu versuchen! Die Sache wird dadurch nur schlimmer, denn was einem in die Luft- statt in die Speiseröhre geraten ist, muss und will raus, im Zweifel mit Gewalt. Und das kann bedeuten: durch die Nase.

Wer sich verschluckt hat, nimmt rasch die Serviette oder das Taschentuch vor den Mund und hustet. Ist es gar zu schlimm und sitzt man nicht zu allem Unglück auch noch ungünstig eingeklemmt an einer langen Tafel in großer Gesellschaft, steht man auf, verlässt den Raum und hustet sich draußen aus.

Nun ist bekannt, dass ein leichter Schlag auf den Rücken hilfreich ist, wenn sich jemand verschluckt hat. Ob man aber einem Mitmenschen auf diese Art zu Hilfe kommt, ist von der Gesellschaft abhängig, in der man sich gerade befindet. In so genannter feiner Gesellschaft ist es nicht erlaubt. Doch ehe jemand einen Erstickungsanfall bekommt, weil der Auslöser beispielsweise eine verschluckte Gräte war, sollte man sich lieber über die Regeln des guten Tons hinwegsetzen. Wilhelm Busch hat uns in seiner Bildergeschichte »Die fromme Helene« drastisch ausgemalt, wie das sonst enden kann.

Grundsätzlich sei jedem empfohlen, langsam und bedächtig zu essen und zu trinken und vor allem darauf zu achten, dass man gerade beim Trinken nicht gleichzeitig Luft holt. So lässt sich am ehesten verhindern, dass man sich verschluckt.

Allgemeine Tischsitten

Ob im kleinen Kreis bei Freunden gespeist wird, oder ob man beim großen Galafest tafelt, ob zu Hause oder im Restaurant, ein paar Dinge haben bei Tisch nach wie vor generelle Gültigkeit, andere sollen in diesem Kapitel kritisch hinterfragt werden.

Das große Stühlerücken

Nehmen wir an, das Essen ist fertig, man schreitet zu Tisch. Früher war es üblich, dass auch im kleinsten Kreise und im Restaurant der Herr der Dame den Stuhl zurechtrückte. Dazu stellte er sich mit entsprechendem Abstand hinter den Stuhl, griff die Rückenlehne mit beiden Händen und zog oder hob ihn zunächst so weit zurück, dass die Dame bequem vor den Stuhl treten und sich setzen konnte. Dabei war es dann Aufgabe des Herrn, ihr den Stuhl so unterzuschieben, dass ihr der Stuhl nicht gegen die Kniekehlen stieß. Am einfachsten ist es, diese Form der Hilfestellung zu leisten, wenn man den Stuhl hinten ein wenig anhebt, sodass die Sitzfläche eine leichte Schräge bildet.

Zwischen den Stühlen sitzt man unbequem, aber luftig.
(Alfred Polgar)

Ein schönes altes Zeremoniell. Macht man das heute auch noch? Nun, ich denke man kann es, aber man muss es nicht, schon gar nicht im kleinen privaten Kreis. Eine selbstbewusste Frau, die körperlich in der Lage ist, ihren Stuhl selbst zurechtzurücken, wird sich vom Herrn nicht missachtet fühlen, wenn er ihr diesen Dienst nicht erweist. Einem Herrn alter Schule sollte sie andererseits das Vergnügen, ihr den Stuhl zurechtzurücken, nicht mit einer schnippischen Bemerkung verwehren.

Letztlich ist hier eine Etikettevorschrift aus Zeiten übrig geblieben, in denen gewisse Dinge einfach nicht vorkamen. Beispielsweise ein Abendessen, zu dem eine allein stehende Gastgeberin bittet und zu dem sie ihre ebenfalls allein stehende Freundin sowie ein Ehepaar eingeladen hat. Früher schlicht undenkbar, ist diese Konstellation heute völlig normal. Nun haben wir aber drei Damen und einen Herrn am Tisch. Welcher der Damen soll der Herr bei Tisch nun zuerst den Stuhl zurechtrücken? Und die anderen beiden? Sollen sie so lange stehen bleiben und warten?

Es steckt ja, wenn man all solche freundlichen Hilfeleistungen etwas genauer unter die Lupe nimmt, ein wenig mehr dahinter als bloße Höflichkeit. Auch das Zurechtrücken des Stuhls war (und ist) ein subtiler Hinweis auf die angebliche Schwäche, die Hilfsbedürftigkeit, ja letztlich die Abhängigkeit der Frau.

In manchen Restaurants erübrigt sich die Frage heute ohnehin, weil es keine Stühle mehr gibt, sondern nur noch fest installierte Bänke.

Kurz, wer als junger Herr der jungen Dame den Stuhl zurechtrücken möchte, der soll sie fragen, ob ihr das angenehm ist. Und wenn sie höflich ablehnt, sollte er das akzeptieren. Der älteren Dame, die diese Form der Höflichkeitsbezeugung vielleicht erwartet, hilft man – übrigens auch als junge Frau! – ungefragt. Und man hilft als Dame oder als Herr auch dem älteren Herrn, sofern dieser Hilfe braucht.

Sitzen Sie bequem

Zwischen sämtlichen Stühlen auf hohem Ross – das nenne ich Charakter.
(Hanns-Herman Kersten)

Es ist gar nicht unwichtig, wie man sitzt und welche Haltung man bei Tisch einnimmt. Je bequemer man sitzt, desto ungezwungener kann man sich verhalten. Aber es gilt umgekehrt auch, man sitzt umso bequemer, je ungezwungener man sich fühlt. Das Sitzen ist also beinahe ebenso sehr eine Frage der Psychologie wie des guten Benehmens.

Wer, wie es die Sitte einst vorschrieb, am Tisch sitzt, als hätte er einen Ladestock verschluckt – wobei die so genannte höhere Tochter auch noch die Augen züchtig niedergeschlagen zu halten hatte –, der ist gezwungenermaßen so verkrampft, dass Missgeschicke regelrecht vorprogrammiert sind.

Am bequemsten sitzt man, wenn man die Sitzfläche voll ausnutzt. Das kann bei entsprechenden Körpermaßen bedeuten, dass man die ganze Stuhlfläche beansprucht. Wer dagegen ängstlich vorn auf der Stuhlkante sitzt, hat keinen Halt und wird sich leicht verkrampfen.

Obwohl es am bequemsten ist, die Beine parallel angewinkelt zu halten und die Füße gerade vor sich zu stellen, haben doch viele Menschen die Angewohnheit, die Füße nach hinten unter die Sitzfläche zu ziehen oder die Beine um die Stuhlbeine zu schlingen. Und nicht nur Damen neigen dazu, unter dem Tisch aus den Schuhen zu schlupfen.

Wer keine üblen Gewohnheiten hat, hat wahrscheinlich auch keine Persönlichkeit. *(William Faulkner)*

Schlechte Gewohnheiten wird man nur schwer wieder los. Es ist deshalb recht müßig zu sagen, man solle »anständig« sitzen. Vernünftiger ist es, den Gründen nachzuspüren, warum man verkrampft und ängstlich auf der Stuhlkante sitzt, und diese Ursachen zu beheben.

Wie so oft gibt es freilich auch hier den umgekehrten Fall – den Menschen nämlich, der sich so selbstsicher fühlt, dass er sich mehr hinlümmelt als setzt. Die eine Hand in der Hosentasche, den anderen Arm auf den Tisch gestützt unterhält er mit mächtigem Organ die ganze Tischrunde. Das gehört sich nicht, doch ist es müßig, es an dieser Stelle zu erwähnen – wer so bei Tisch sitzt, liest keine Benimmbücher.

Während man noch auf das Essen wartet, darf man die Hände bis zu den Gelenken, ja bis zur Hälfte der Unterarme, neben dem schon aufgebauten Gedeck auf den Tisch legen. Nach den Regeln des guten Tons gilt es als grob unhöflich, zurückgelehnt und mit verschränkten Armen oder auch mit senkrecht gehaltenem Besteck der Dinge zu harren, die da kommen sollen. Andererseits soll man die Hände auch nicht unter dem Tisch verschämt im Schoß halten. Ebenso wenig gehört es sich, einen oder beide Ellenbogen auf den Tisch zu stützen oder mit den Händen zu fuchteln.

Langweiler – einer der redet, wenn er dir zuhören sollte. *(Ambrose Bierce)*

Nun, man kann darauf achten, dass einem all das nicht passiert. Doch wenn ich einen interessanten Gesprächspartner habe, der mir eine ungeheuer wichtige oder spannende Geschichte erzählen kann, die er mit Gesten untermauert, oder der sich dabei mal kurz mit dem Ellenbogen auf den Tisch stützt – wohlgemerkt, noch ist das Essen nicht serviert! –, der ist mir persönlich erheblich angenehmer als ein gesten- und gesprächsloser, aber wohlerzogener Langweiler.

Ist das Essen serviert, zeigt sich der Vorteil einer bequemen Sitzhaltung noch deutlicher, denn man ist ja gehalten, das Essen zum Mund zu führen, nicht umgekehrt. Und das geht erheblich besser, wenn man gelöst sitzt, als wenn man ängstlich auf der Stuhlkante balanciert. Auch während des Essens stützt man die Ellenbogen nicht auf den Tisch. Man hält die Arme möglichst nahe am Körper und bewegt sie nicht hin und her, als wollte man zum Flug abheben.

Das Gedeck

Das kleine Gedeck für ein Essen mit Hauptgang und Nachspeise sieht im Allgemeinen so aus: In der Mitte steht der Teller. Die Gabel liegt links, das Messer rechts, der Dessertlöffel oben über dem Teller, sein Griff zeigt nach rechts. Auch das Glas, ob Saft-, Wein- oder Wasserglas, steht rechts oben.

Gedeck für ein
Früstück mit Ei

Gedeck für
ein Pastaessen

Gedeck für ein kleines Menü mit Suppe, Hauptgericht und Dessert

Gedeck für ein Viergängemenü Suppe, Fischgang, Fleischgang und Dessert

Wird eine Suppe gereicht, steht der Suppenteller, respektive die Suppentasse samt zugehörigem Unterteller auf dem Teller für den Hauptgang, der Suppenlöffel liegt rechts neben dem Messer.

Früher war es üblich, den Suppenlöffel zusammen mit dem Dessertlöffel oben quer aufzulegen und das Besteck zusammen rechts oder auch links neben dem Teller zu platzieren. Das ist nicht falsch, es ist nur nicht mehr gebräuchlich.

Ich lebe von guter Suppe und nicht von schöner Rede. *(Molière)*

Kommt ein weiteres Getränk hinzu, wird die Folge der Gläser oben rechts so angeordnet, dass man sie von außen nach innen eins nach dem anderen benutzt. Es hat sich heute eingebürgert, ganz rechts außen immer ein Wasserglas bereitzustellen. Ebenso verfährt man mit den Bestecken, wenn sich die Menüfolge um weitere Gänge verlängert. Was am weitesten außen liegt, wird zuerst benutzt.

Ein Gedeck für Vorspeise, Suppe, Fischgang, Fleischgang und Dessert sieht also so aus: Rechts liegen von außen nach innen Vorspeisenmesser, Löffel, Fischmesser, Menümesser; links liegen, von außen nach innen Vorspeisengabel, Fischgabel, Menügabel. Oben liegen der Dessertlöffel, Griff nach rechts, und darunter die Dessergabel mit dem Griff nach links. Sind frische Früchte zum Dessert vorgesehen, liegt anstelle des Dessertlöffels ein Obstmesser.

Rechts oberhalb der Bestecke stehen die Gläser, von außen nach innen das Wasserglas, dann ein Südweinglas – vielleicht gibt es zur Vorspeise einen trockenen Madeira. Zur Suppe wird kein Getränk gereicht, also gibt es auch kein Glas. Zum Fisch gibt es einen Weißwein, zum Hauptgang, vielleicht Wild, einen Rotwein, zum Dessert ein Glas Champagner. Es stünde also eine Reihe von insgesamt fünf Gläsern da.

Die härteste Butter trifft immer auf das pappigste Brötchen.
(Manfred Krug)

Links neben oder etwas versetzt oberhalb der Gabeln könnte ein kleiner Brotteller stehen, auf dessen Rand ein Dessertmesser platziert ist. Man benutzt es, um das gebrochene Brot mit einem Butterreiterchen zu versehen. Selbstverständlich können an einer kleinen Tafel die jeweils benötigten Bestecke und Teller mit dem Gang serviert werden, denn ein volles Gedeck der beschriebenen Art nimmt gut und gerne 60 bis 70 Zentimeter ein. Lediglich das Besteck für den Hauptgang ist dann schon aufgedeckt. Auch die Gläser können mit dem jeweils neuen Getränk gereicht werden. In der Mitte steht dann ein Platzteller, ein lediglich dekorativer etwas größerer Teller mit meist unifarbenem oder buntem Rand, eventuell auch ein goldfarbener oder silberner Teller, auf dem alle nachfolgenden Speisenteller abgestellt werden. Man kann freilich auch allein die dekorativ gefaltete Serviette in die Mitte legen. Die Serviette kann aber auch auf dem Platzteller, links neben dem Gedeck auf dem Tisch oder auf dem Brotteller liegen.

Bleibt noch die Frage, ob Gabeln und Löffel mit der Wölbung nach oben oder nach unten aufgelegt werden und wo die Schneide des Messers hinzeigt. Bei uns ist es üblich, die Wölbungen nach unten zu decken, so wie man das Besteck auch benutzt. In England deckt man häufig mit der Wölbung nach oben. Eine Ausnahme bilden alte Silberbestecke mit Monogramm auf der Unterseite. Da man die Monogramme ja sehen soll, werden die Bestecke entsprechend aufgelegt. Die Schneide der Messer zeigt immer zum Teller.

Hat man unter seinen Gästen einen oder mehrere Linkshänder, von denen man weiß, dass sie auch linkshändig essen, so wäre es ein besonderes Entgegenkommen, ihnen das Gedeck spiegelverkehrt aufzulegen. Jeder Linkshänder wird aber Verständnis dafür haben, dass das Bild einer

Besteckspräche: Das Essen ist noch nicht beendet

Wer das Besteck parallel auf die rechte Tellerseite legt, signalisiert damit, dass er das Essen beendet hat eingedeckten Tafel gestört ist, wenn ein »linkes« Gedeck dazwischen steht. Mit dem gleichen Verständnis, mit dem der Linkshänder das hinnimmt, nehmen wir hin, dass sie oder er im Laufe des Essens das Gedeck selbst umarrangiert.

Wir morden nicht mehr, wir lassen den anderen ins offene Messer laufen.
(Gerhard Uhlenbruck)

Messerbänkchen – die mehr und mehr wieder in Mode kommen – stehen rechts vom Teller oberhalb der Messer. Sie wurden zuerst in England eingeführt, wo man von alters her die Sitte hat, alles, was auf dem Teller ist, in mundgerechte Stücke zu schneiden, dann das Messer abzulegen (mit der Klinge auf dem Bänkchen) und nur mit der Gabel zu essen. Dabei gehört die nicht benutzte Hand unter den Tisch – ein Verhalten, das bei uns als »unmögliche« Tischsitte gilt.

Da wir anders verfahren, brauchten wir die Messerbänkchen eigentlich nicht, denn man legt das Messer während des Essens normalerweise nicht ab. Möchte man von einem Gericht nachgereicht bekommen oder will man zwischendurch einen Schluck trinken, legt man das Besteck gekreuzt auf den Teller. Ist man fertig, legt man es parallel. Und doch machen Messerbänkchen Sinn. Ein Satz Messerbänkchen aus Edelstahl oder Porzellan ist nämlich erheblich billiger als ein zusätzliches Besteck für sechs oder noch mehr Personen. Wer ein großes Essen geben möchte, aber nicht genügend Bestecke hat, der darf die Gäste bitten, das Besteck von der Vorspeise auf das Messerbänkchen zu deponieren und beim Hauptgang wieder zu benutzen. Vorausgesetzt, es handelt sich nicht um ein Fischgericht.

Genau diesem Zweck, die Bestecke von Gang zu Gang sicher abzulegen, dienten die Messerbänkchen bei uns in früheren Zeiten, als ein Menü mit acht bis zehn Gängen nicht unüblich war. Lediglich die Teller müssen in der Tat von Gang zu Gang gewechselt werden.

Die Serviette

Egal, ob Frühstück, Mittag- oder Abendessen, warmes oder kaltes Gericht – zu einem vollständigen Gedeck gehört eine Serviette. Deren Sinn und Zweck besteht darin, während des Essens die Kleidung zu schützen und zwischendurch oder am Schluss den Mund damit abzutupfen. Regional begrenzte Bezeichnungen wie das schweizerische »Essmantel« oder das norddeutsche »Kleckerbuschen« oder auch alte deutsche Ausdrücke wie »Träufeltuch«, »Brustlatzen« und »Schläppchen« machen das deutlich.

Wenn man nach einem Festessen die Gastgeberin auf beide Wangen küsst, erspart man die Serviette. *(Alexander Roda Roda)*

Die Serviette ist grundsätzlich nicht dafür gedacht, erst einmal das Besteck, den Teller oder die Gläser damit abzuwischen.

Hat man im Restaurant ein nicht hundertprozentig sauberes Besteck oder Geschirr erwischt, darf man selbstverständlich reklamieren, aber tunlichst unauffällig und ohne gleich nach dem Geschäftsführer zu rufen. Ein wenig anders sieht das in Selbstbedienungsrestaurants oder in Kantinen aus, wo man sich die Bestecke oft aus großen offenen Behältern selbst herausfischt. Man kann davon ausgehen, dass schon einige Hände die Bestecke abgefingert haben, mit denen man nun essen soll. Da habe ich persönlich jedes Verständnis für einen Menschen, der sein Besteck gern erst noch einmal mit der Serviette nachwischt.

Die Serviette kann aus Stoff oder Papier sein. Eine Serviette passend zum Kaffeegeschirr ist oft ein beinahe nur noch symbolischer Hauch aus Japanpapier. Sie kann aus dem gleichen Stoff gemacht sein wie die Tischdecke, sie kann aber auch farblich darauf abgestimmt sein. Weder für das Format noch für die Art der Faltung gibt es eine Regel. Auch ihr Platz liegt nicht fest, wie weiter oben schon erwähnt.

Manchmal sind die Servietten so gefaltet, dass sie wie kleine Türmchen auf den Tellern stehen und den Gast – so hübsch sie aussehen mögen – doch sichtlich behindern. Dann darf man sie, sobald man am Tisch sitzt, auffalten und auf den Schoß legen. Ansonsten wartet man damit, bis die Speisen gereicht werden.

Die halb oder ganz aufgefaltete Serviette gehöre grundsätzlich immer auf den Schoß, heißt es in allen einschlägigen Benimmbüchern. Wenn man sie dort mit einem Zipfel leicht – aber unauffällig – feststecken kann, etwa im Rock- oder Hosenbund oder im Gürtel, dann sollte man das tun. Servietten haben nämlich leider die unangenehme Angewohnheit, leicht zu Boden zu gleiten, vor allem, wenn man ein Kleid aus glattem Stoff trägt. Meist merkt man erst dann, wenn man sie dringend braucht, dass sie längst schon auf dem Boden gelandet ist.

Ich trage meistens Krawatten mit komplizierten indischen Dessins. Das hat den Vorteil, dass keiner merkt, wenn ich mich bekleckere.
(Peter Ustinov)

Für mich besteht zwischen den derzeit herrschenden Regeln des guten Tons und dem Zweck der Serviette eine Diskrepanz. Die Kleidung solle sie schützen, heißt es. Erfahrungsgemäß kleckern sich Männer viel öfter auf den Schlips als auf die Hose, und auch bei der Dame ist der Bereich des Oberkörpers diesbezüglich viel gefährdeter. Was immer der gute Ton heute vorschreibt – ich habe nichts gegen einen Herrn, der vernünftig genug ist, sich einen Zipfel der Serviette in den Kragen oder den Westenausschnitt zu stecken. Ich habe nichts gegen die Dame, die ein Kettchen mit zwei Klemmverschlüssen bei sich führt, an dem sie die Serviette in Brusthöhe anknipsen kann. Auch gibt es für Damen und Herren Klipse, die wie Büroklammern aussehen, mit denen man die Serviette an geeigneter Stelle an der Kleidung befestigen kann.

Denn guter Ton hin oder her, auch das Praktische muss zu seinem Recht kommen. Es gibt nun einmal Menschen, die notorische Kleckerer sind. Nicht, weil sie keine Tischmanieren hätten, sondern weil sie einfach ein bisschen ungeschickter sind als andere. Möglicherweise haben sie auch mit einer kleinen, äußerlich kaum sichtbaren Behinderung zu kämpfen. Und Parkinsonkranke leiden an einem unkontrollierbaren Zittern, sind aber – man sieht es beispielsweise an Papst Johannes Paul II. – durchaus in der Lage, zu reisen und unterwegs zu sein. So, nun will ein solcher Mensch zur Opernpremiere, möchte aber vorher im Restaurant noch rasch einen Happen essen. Oder eine Geschäftsfrau hat nach dem Mittagessen einen wichtigen Besprechungstermin. Was ist jetzt besser: den guten Ton beim Essen wahren und die Serviette auf den Schoß nehmen, aber einen unschönen Saucenfleck auf dem Hemd oder der Bluse zu riskieren? Oder doch lieber die Serviette im Hemdkragen oder am Kettchen befestigen und anschließend unbefleckt in die Oper oder in die Besprechung zu kommen?

Die Theorie träumt, die Praxis belehrt.
(Karl von Holtei)

In Italien und Frankreich ist man hier noch sehr viel praktischer. Gibt es dort typische Schlabbergerichte, dann bindet man sich die Serviette ohne Umstände mit einem Knoten um den Hals. Bei uns ist das allerhöchstens beim Krebsessen erlaubt, dann muss allerdings gleich die wie ein Kinderlätzchen aussehende spezielle Krebsserviette her.

Die Serviette dient auch dazu, dass man sich zwischen den Gängen und vor jedem Schluck, den man aus dem Glas nimmt, die Lippen abtupft. Das hat nicht nur den Sinn, wenig ästhetisch aussehende Fettspuren auf den Glasrändern zu vermeiden. Fett an den Lippen beeinträchtigt auch den Geschmack der Getränke. Außerdem führt es dazu, dass beispielsweise die Schaumkrone des Biers schneller zusammenfällt.

Nach dem Essen wird die Stoffserviette nicht akkurat in die alten Falten zurückgelegt, sondern locker zusammengenommen und links neben dem Gedeck abgelegt. Auch mit Papierservietten verfährt man so. Man knüllt sie nicht zu einem kleinen Bällchen, das man dann in der restlichen Salatsauce schwimmen lässt. Man legt sie auch nicht unzerknüllt auf dem Teller ab, schon gar nicht, wenn noch Fett und Sauce darin schwimmen oder noch Speisereste darauf liegen. Der Sinn liegt in der heute immer mehr praktizierten Mülltrennung. Papierservietten kommen, wenn sie wenig verschmutzt sind, in die Papiersammlung, Speisereste auf den Kompost. Das eine hat aus diesem Grund beim anderen nichts zu suchen.

Gäste, die sehr häufig zum Essen kommen oder Logiergäste in einem einfachen Hotel sind, bekommen einen Serviettenring oder eine Serviettentasche für ihre Stoffserviette. Papierservietten hingegen werden höchstens en famille mehrmals benutzt. Ring oder Tasche liegen links neben dem Gedeck, der Gast ist gehalten, das Mundtuch nach der Mahlzeit wieder so darin zu verstauen, wie er es vor der Mahlzeit vorgefunden hat.

Was tun, wenn die Serviette zu Boden geglitten ist? Im Restaurant wird man den Kellner bitten, eine neue zu bringen. Sofern die Serviette, die auf dem Boden liegt, für ihn ohne weiteres erreichbar ist, wird er sie von sich aus aufheben.

Bei einem Privatbesuch kommt es drauf an, wie die Gesamtatmosphäre ist. Geht es sehr steif zu, verhält man sich wie im Speiselokal: Man bittet um eine neue Serviette. Befindet man sich in einer auch nur halbwegs lockeren Runde, beugt man sich rasch hinunter – hoffentlich sitzt man nicht so unglücklich eingeklemmt, dass man andere belästigen oder regelrecht unter den Tisch kriechen muss –, hebt die Serviette auf und legt sie sich wieder auf den Schoß. Man darf davon ausgehen, dass der Boden nicht so schmutzig ist, dass man sich gleich eine schlimme Krankheit holt, wenn man das einmal zu

Boden geglittene Tuch dennoch benutzt, um sich die Lippen damit abzutupfen.
Bemerkt der Gastgeber, dass dem Gast die Serviette zu Boden gefallen ist, so reicht er ihm stillschweigend eine neue. Man macht ihn nicht aufmerksam mit den Worten: »Ihre Serviette ist zu Boden gefallen!« Gästen, mit denen man familiär umgehen kann, darf man auch die aufgehobene Serviette reichen. Vorausgesetzt, es hat niemand draufgetreten, und auch der Hund hat noch nicht dran herumgeschnüffelt.

Wünscht man »Guten Appetit«?

Viele halten den »bon appetit« für eine leere, überflüssige Floskel. Und richtig, nicht erst Loriot hat uns vorgeführt, wie lästig es sein kann, ständig von allen Seiten guten Appetit gewünscht zu bekommen, wenn man in Ruhe essen möchte. Wie lächerlich auch das allerorts übliche »Mahlzeit« als allgemeiner Mittagsgruß und Wunsch zum Essensbeginn sein kann, zeigten uns humorvoll Gerhard Polt und Gisela Schneeberger.
Bei einem Essen im kleinen privaten Kreis ist es üblich, dass die Hausfrau oder auch der Hausmann, sofern er Gastgeber und Koch ist, das Essen eröffnet. Alle Gäste warten, bis alle einen gefüllten Teller vor sich haben und schauen dann auf das Zeichen der Gastgeberin. Warum soll sie dieses Zeichen nicht mit einem: »Ich wünsche allen einen guten Appetit« oder ähnlichen Worten geben? Besser als: »Na, dann woll'n wir mal« ist es sicherlich schon.

Abgedroschene Phrasen lassen auf Stroh im Kopf schließen. *(Gerhard Uhlenbruck)*

Die Regel, dass die Gastgeberin oder der Gastgeber das Essen eröffnet, gilt bei jedem Gang. Erst, wenn alle von allen Speisen auf dem Teller haben und wenn alle einen gefüllten Teller vor sich stehen haben, wird gegessen. Weder ist der ganz schnelle Gast schon beim Dessert,

Wer nicht genießt, wird ungenießbar. *(Konstantin Wecker)*

während der Genussesser noch mit der Vorspeise beschäftigt ist, noch fängt man an zu essen, sobald man sich den Teller gefüllt hat.

Etwas anderes ist es beim großen Festessen mit vielen Gästen, die dazu vielleicht noch unterschiedliche Speisen nach eigener Wahl bekommen. Dabei wird zwar auch darauf geachtet, dass die einzelnen Gänge in sich geschlossene Einheiten bilden, doch man beginnt zu essen, sobald man bedient wurde. Wollte man auf alle warten, würde so manches Gericht kalt werden oder so manches Eis mit heißen Himbeeren zu einem hässlichen Einerlei zusammenschmelzen.

Das Tischgebet

In einer Zeit, in der nicht mehr davon ausgegangen werden kann, dass alle Menschen religiös sind, hat das Tischgebet an Bedeutung verloren. An einer weltlichen Tafel hat ein lautes Tischgebet nichts zu suchen.

Je weniger Worte, je besser Gebet. *(Martin Luther)*

Die aufmerksame Gastgeberin wird allerdings auf den religiösen Gast, der ein stilles, kurzes Dankgebet sprechen möchte, Rücksicht nehmen. Sie wird nicht gerade dann, wenn sie sieht, dass der Gast das Haupt neigt und die Hände zusammenlegt, zum Glas greifen und zum ersten Schluck auffordern, vielmehr wird sie vielleicht so tun, als fehle noch etwas, oder sie wird den Tisch überschauen, ob alles da ist.

Der Gast, der das Bedürfnis nach einem Dankgebet hat, betet stumm. Er murmelt sein Gebet nicht vor sich hin, schon gar nicht zwingt er die Tischrunde, an seiner Einstellung teilzunehmen, indem er laut betet.

Etwas Anderes ist das Essen zur Feier eines christlichen Festes, an dem möglicherweise sogar ein Geistlicher teilnimmt, der den Tischsegen spricht. Hier wird der nichtreligiöse Gast sich schweigend zurückhalten. Gehört es zum Gebet, dass alle Anwesenden rund um den Tisch sich an den Händen fassen, muss er mittun. Das Gebet laut mitzusprechen braucht er allerdings nicht.

»Zum Wohl!«

Ganz korrekt ist es, mit dem ersten Schluck zu warten, bis der Hausherr das Glas erhebt und mit einem »Zum Wohl« oder »Prosit« den Gästen zutrinkt, die selbstverständlich auch das Glas nehmen und mittrinken. Da es heute oft genug eine allein stehende Hausherrin gibt, die zu Tisch bittet, steht ihr natürlich auch diese Ehre zu. Im strengen Sinne nicht korrekt ist es, wenn jemand schon vor dem Gastgeber still zum Glas greift. Der sollte deshalb seinerseits die Gäste nicht zu lange auf dem Trocknen zappeln lassen, sondern möglichst bald sein Glas erheben. Kennt der Gastgeber offensichtlich seine Pflicht nicht, darf auch einer der Gäste seine Aufgabe übernehmen und zum allgemeinen ersten Schluck auffordern. Natürlich ohne durch eine dumme Bemerkung den Gastgeber oder die Gastgeberin bloßzustellen.

Ein bauchiges Glas mit einem schweren Rotwein, der ja niemals gekühlt gereicht wird, darf man zum Trinken so halten, dass der Kelch locker in der Hand ruht. Einen gekühlten Weißwein trinkt man aus dem Glas, das man am Stiel hält, die Handwärme würde den Wein sonst zu sehr aufheizen. Weinkenner halten bei Weinproben das Glas sogar am Fuß.

Wer den Wein einschenkt, der gießt sich selbst zunächst den Probierschluck ein. Freilich nur, wenn der Wein direkt aus der Flasche und nicht aus dem Dekanter oder einer Karaffe ausgeschenkt wird, denn es könnte sein, dass der Wein nach Korken schmeckt, und dann wird man ihn nicht trinken, zumindest den Gästen nicht anbieten. Dekantierter Wein ist probiert, und in ihm schwimmt

Die Deutschen lieben Rheinwein. Er wird in schlanke Flaschen gefüllt und für ein gutes Getränk gehalten. Vom Essig unterscheidet er sich durch das Etikett.
(Mark Twain)

Der Wein ist unter den Getränken das nützlichste, unter den Arzneien das schmackhafteste, und unter den Nahrungsmitteln das angenehmste.
(Plutarch)

auch kein Korken. Selbstverständlich darf die allein stehende Gastgeberin den Wein einschenken und den Probeschluck nehmen. Sie darf aber auch, da sie ja sicherlich auch andere Dinge zu erledigen hat, diese Aufgabe einem Herrn oder einer Dame aus dem Kreis der Gäste übertragen. Wer immer das ist, schenkt sich selbst aus einer frisch geöffneten Flasche den ersten Schluck und probiert ihn und gießt dann entweder der Einfachheit halber reihum ein oder, bei einer sehr konservativ eingestellten Gesellschaft, nach Rangordnung. In diesem Fall muss der Einschenkende dazu um den Tisch herumgehen, hinter den jeweiligen Gast treten und von rechts einschenken. Handelt es sich jedoch um eine Gesellschaft, bei der es lockerer zugeht, braucht der Einschenkende bloß aufzustehen, und zwar aus einem rein praktischen Grund: Das Einschenken ist dann einfacher. Wer einschenkt, darf das an einem nicht zu großen Tisch von seinem Platz aus über den Tisch hinweg tun. Anders als bei Kaffee- und Teetassen reicht man das Glas zum Ein- oder Nachschenken nicht an, man lässt es auf dem Tisch stehen.

Weißweingläser werden im Allgemeinen zu knapp zwei Dritteln gefüllt. Da aber Rotweingläser bauchiger sind und manchmal sogar die Form großer Kelche annehmen, füllt man sie nur zur Hälfte oder bleibt sogar noch unter dieser Marke. Zum Einschenken fasst man die Flasche nicht oben am Hals, sondern in Höhe des Etiketts und verdeckt dabei das Etikett nicht mit der Hand. Um ein Nachtropfen zu verhindern, dreht man die Flasche zum Schluss leicht nach links zum eigenen Körper hin.

Zu einem großen Menü werden im Allgemeinen auch verschiedene Weine gereicht. Die alte Regel heißt: Ist der neue Wein eingeschenkt, darf man vom Wein des vorhergehenden Ganges nicht mehr trinken. Viele haben deshalb rasch ein halbes Glas Wein in einem Zug geleert,

Gläsertypen:
1 Schnaps
2 Genever oder andere Weiße
3 Cognac
4 Likör
5 Cocktail
6 Südwein
7, 8 Weißwein
9, 10 Rotwein
11 Sektflöte
12 Sektkelch
13 Sektschale
14 Bierbecher
15 Biertulpe
16 Longdrink
17 Bowle
18 Grog
19 Whisky
20 Kullerpfirsich
21 Rheinwein
22 Frankenwein

wenn sie sahen, dass der nächste Wein eingeschenkt wurde. Der köstliche Tropfen wäre ja sonst verloren gewesen.

Man hat heute im Rahmen des guten Tons andere Möglichkeiten. Man kann sich von jedem Wein »Bitte nur einen Schluck« einschenken lassen, man darf einen Weingang übergehen und den Wein des einen Ganges auch zum nächst folgenden trinken, man darf den Wein überhaupt ablehnen und um ein Mineralwasser oder einen Saft bitten. Nur eines darf man wirklich nicht: Zwei verschiedene Weine – egal ob weiß oder rot – nacheinander in dasselbe Glas einschenken. Zu jedem Wein gehört ein eigenes Glas.

Es wird bei uns Deutschen mit wenig so viel Zeit totgeschlagen wie mit dem Biertrinken. *(Otto von Bismarck)*

Freilich wird nicht nur Wein, sondern zu einem deftigen Essen auch gern ein Bier, sei es ein Export, ein Pils oder ein Alkoholfreies, eingeschenkt. Während man ein kleines Helles aus einem kräftigen Humpen oder Seidel trinken kann, verlangt das Pils nach einem feineren Glas, beispielsweise einer Biertulpe, das Weißbier gar nach einem großen, sehr hohen Glas. Es gibt Biergläser, die so ziemlich die Mitte halten und aus denen man fast alle Sorten bis auf das stark schäumende Weizenbier trinken kann. Das Bier sollte frisch und gut gekühlt sein, damit es weder zu stark schäumt, noch flau ins Glas plätschert. Trotzdem muss man beim Einschenken immer darauf achten, dass der Schaum nicht überläuft. Man hält das Glas beim Einschenken am besten leicht schräg. Das heißt, man nimmt das Bierglas dazu in die Hand, im Gegensatz zum Weinglas, das auf dem Tisch stehenbleibt, während man vorsichtig einschenkt.

Der deutsche Biertrinker liebt eine kräftige Blume auf seinem Bier. Dem Engländer ist der Schaum eher Betrug; er schenkt so ein, dass sich wenig Schaum bildet. Englische Lagerbiere schäumen ohnehin nur schwach. Auch wenn

es Bier zum Essen gibt, wartet man, bis der Hausherr oder die allein einladende Dame das Glas zum ersten Schluck erhebt.
Zum Schluss noch ein Tipp für die Hausfrau/den Hausmann: Spülen Sie Gläser immer mit heißem, klarem Wasser nach! Die geringste Spur von Spülmittelresten am Glas lässt die Schaumkrone wie nichts zusammenfallen und beeinträchtigt den Geschmack aller Getränke.

Anstoßen und Zutrinken

Wer mit wem und wann in welcher Reihenfolge anstößt, dafür gibt es keine festen Regeln. Allerdings ist das Anstoßen eher ein familiärer Brauch und bei hochoffiziellen Anlässen ebenso unüblich wie beim Essen mit fernen Bekannten. Gerade aber weil es sich um einen sehr familiären Brauch handelt, ist es merkwürdig, dass einige Benimmbücher behaupten, man dürfe nur mit Wein- und Sektgläsern anstoßen.

Ein klingendes Glas, mit Wasser gefüllt, verstummt.
(Stefan Napierski)

Natürlich erzeugt es keinen sonderlichen Wohlklang, wenn Bierhumpen oder Bowlengläser aneinanderstoßen. Aber auch dicke Rhein- und Frankenweingläser mit ihrem markant grünen Fuß klingen nicht gerade erhebend. Auf den Klang allein kommt es ja auch nicht an. Wenn es zum Wohl des Geburtstagskindes oder eines Jubiläumpaares geschieht, dürfen meines Erachtens alle Trinkgefäße, auch völlig ungleichartige, aneinanderstoßen. Allerdings werden zarte Weingläser grundsätzlich am Stiel angefasst, wenn man anstoßen möchte, denn nur dann entwickeln die Gläser ihren vollen Klang.

Die besten Vergrößerungsgläser für die Freuden dieser Welt sind die, aus denen man trinkt.
(Joachim Ringelnatz)

Das Zutrinken ist eine so urdeutsche Sitte, dass manche Ausländer sich darüber geradezu kugeln vor Lachen. Andere wieder finden das kleine Zeremoniell so unwiderstehlich, dass sie ihr Glas gar nicht mehr stehen lassen können. Der Brauch hat sich aus den alten studentischen

Trinksitten entwickelt, die einem sehr strengen Zeremoniell unterworfen waren. Mit dem Wiederaufblühen der studentischen Verbindungen und der alten Burschenherrlichkeit erfahren nicht nur die zweifelhaften Vergnügungen auf dem Paukboden, wo schlagende Verbindungen ihre Mensuren ausgefochten haben, eine Renaissance. Es werden auch wieder »Salamander gerieben« (wobei das Glas dreimal auf dem Tisch gerieben, geleert nach kurzem Trommeln mit einem Schlag niedergesetzt wird) und Verstöße gegen das sture Ritual werden mit Trinkbefehlen wie »Rest weg!« oder »In-die-Kanne-schicken!« geahndet, zu denen wiederum ganz bestimmte Körpergesten gehören.

Essen ist ein Bedürfnis des Magens, Trinken ein Bedürfnis des Geistes.
(Claude Tillier)

Davon ist beim üblichen Zutrinken nur übrig geblieben, dass man das Glas hebt, wenn man mit demjenigen, dem man zutrinken möchte, Blickkontakt hat, dazu leicht mit dem Kopf nickt und freundlich lächelt. Der Herr mag das Kopfnicken zu einer leichten Verbeugung im Sitzen erweitern. Nicht mehr üblich ist, dass zwei Herren, die sich zutrinken, danach die Gläser leeren müssen. Und auch nicht mehr akzeptiert wird die alte Regel, dass nur Herren die Initiative ergreifen, sprich, nur Herren der Dame des Hauses, der Tischdame und der Dame zu ihrer Linken – aber keiner anderen am Tisch! – und sodann den rangniederen Herren zutrinken dürfen. Heute dürfen auch Damen einander zutrinken, und im familiären Kreis darf auch die Dame einem Herrn zutrinken, ohne sich dadurch zu kompromittieren.

Speisen servieren

Ob man die Speisen in Schüsseln und auf Platten serviert oder bereits portioniert auf Tellern aufträgt, ist weniger eine Frage des guten Tons als vielmehr eine Platzfrage einerseits und eine Frage der Ausstattung mit Geschirr und

Geräten andererseits. Ist der Tisch groß genug, dass alle Schüsseln auf ihm Platz finden oder besitzt man einen entsprechend großen Beistelltisch, so stellt man sie auf den Tisch oder reicht sie herum und jeder bedient sich selbst.

Kommt das Geschirr direkt aus dem Ofen, versteht es sich von selbst, dass Sie die Gäste darauf hinweisen. Es ist nun mal ein gesunder Reflex, dass man etwas, an dem man sich die Finger verbrennt, sofort loslässt. Der Gast, dem eine Schüssel oder die Platte zu heiß erscheint, darf seine Serviette wie einen Topflappen benutzen oder den Gastgeber bitten, ihm aufzutun.

Leute, die sich die Finger verbrennen, verstehen nichts vom Spiel mit dem Feuer.
(Oscar Wilde)

Hat man eine Anrichte, so kann man die Speisen dort auf Warmhalteplatten abstellen und die Gäste bitten, mit ihrem Teller zur Anrichte zu kommen und sich dort selbst zu bedienen. Sofern der Gast es ausdrücklich wünscht, serviert ihm der Gastgeber.

Ist man in seinem Haushalt nicht wie ein mittleres Restaurant ausgestattet, darf man in der Küche die Speisen direkt aus den Töpfen auf die möglichst vorgewärmten Teller geben, wobei man zusieht, dass alles hübsch verteilt ist und die Teller am Rand nicht bekleckert werden. Gute Freunde kann man mit ihrem Teller statt zur Anrichte in die Küche bitten, wo sie sich aus Töpfen und Pfannen selbst bedienen.

Da nicht alle eine Hotelfachschule absolviert haben, sollte weder von den Gästen noch vom Gastgeber erwartet werden, dass sie einhändig mit Vorlegebestecken hantieren können oder sonstige Kellnertricks beherrschen. Allerdings sollte vom Gastgeber darauf geachtet werden, dass bei jeder Schüssel und jeder Platte ein Aufgebelöffel, respektive -gabel liegt, und dass der Gast sich ausschließlich mit diesem Besteck und nicht mit seinem eigenen Essbesteck bedient.

Problematisch ist manchmal der Umgang mit Saucieren. Es gibt Saucieren mit Griff, Ausguss und fest verbundenem Unterteller. Aus diesen Konstruktionen eine Sauce auszugießen ohne zu kleckern ist praktisch unmöglich. Es empfiehlt sich deshalb, auch zu diesen Saucieren einen Saucenlöffel zu reichen. Aus kleinen Saucieren, die nicht mit dem Unterteller verbunden sind, kann man die Sauce wie aus einem Milchkännchen direkt ausgießen, dennoch sollte man auch sie auf einen Unterteller stellen, der als Tropfenfänger dient, und diesen Teller sollte man zusätzlich mit einem Papier auslegen, und zwar aus ganz praktischen Gründen: Es wird unvermeidlich etwas Sauce an der Tülle entlang zum Fuß des Gefäßes laufen. Sammelt sich diese auf dem ungeschützen Unterteller, tropft es, wenn man die Sauciere wieder aufnimmt. Dem Gast ist es peinlich, dem Gastgeber, der ein bekleckertes Tischtuch hat, ärgerlich.

Der richtige Umgang mit dem Besteck

Ein Idealist ist ein Mann, der aus der Tatsache, dass eine Rose besser riecht als der Kohl, darauf schließt, eine Suppe aus Rosen müsse auch bessser schmecken. *(Ernest Hemingway)*

Gibt es als Vorspeise eine Suppe, so kann sie im Teller oder in der Tasse gereicht werden. In jedem Fall beugt man sich nur leicht vor und führt den Löffel zum Mund. Man nähert nicht den Mund dem Teller und löffelt dann in der Schaufelradmethode. Auch nimmt man nicht so viel Suppe auf den Löffel, dass die Hälfte unterwegs wieder hinuntertropft.

Gerade klare Fleischbrühen können oft verflixt heiß sein. Darf man auf den Löffel blasen, um einem verbrannten Mund vorzubeugen? Wer dezent mit leicht gespitzten Lippen ein wenig bläst – nicht jedoch aus dicken Backen pustet! –, ohne dass Suppe vom Löffel spritzt, begeht meines Erachtens keine Todsünde. Korrekter ist es, nur sehr wenig auf den Löffel zu nehmen und ihn eine kurze Weile frei schwebend zu halten, in der Hoffnung, der Inhalt werde sich mundgerecht abkühlen. Man darf auch den Löffel mehrmals durch die Suppe oder Brühe ziehen, um so den gesamten Tellerinhalt ein wenig abzukühlen. Aber: Der Löffel darf dabei nicht hörbar über den Tellerboden schaben, und man darf kein Wellenbad aufrühren. Auch nicht comme il faut ist es, Suppe auf den Löffel zu nehmen und platschend aus dreißig Zentimeter Höhe in den Teller zurücklaufen zu lassen, was schon deshalb ein sinnvolles Verbot ist, weil die eigene Kleidung das Erste sein wird, was man dabei gründlich verspritzt.

Ungehöriger, als ein wenig zu blasen, ist es hierzulande, die Suppe geräuschvoll vom Löffel zu schlürfen. In manchen anderen Ländern, beispielsweise in Teilen Chinas, ist das Schlürfen nicht nur Sitte. Es ist geradezu unhöflich, es nicht zu tun.

Natürlich gibt es Vorschriften darüber, wie der Löffel zu halten und zum Mund zu führen ist. So packt man den Löffelstiel nicht wie ein Kleinkind mit der ganzen Hand, sondern man nimmt ihn so, dass der Stiel in der Beuge zwischen Zeigefinger und Daumen ruht. Den kleinen Finger spreizt man nicht geziert ab, auch nicht beim Rühren in der Kaffee- oder Mokkatasse.

Die Mordwerkzeuge, die mehr Tote fordern als alle Bomben und Autos zusammen, liegen täglich vor uns auf dem Tisch: Messer und Gabel.

(Manfred Köhnlechner)

Ob man den Löffel nun aber mit einem leichten Bogen von vorn, also mit seiner Spitze, zum Mund führt, oder ob man, wie es eher englischer Sitte entspricht, die Flüssigkeit von der Seite des Löffels aufnimmt, das sollte jedem selbst überlassen bleiben. Welche Methode man wählt, hängt nämlich auch von der Form des Löffels ab. Je größer der Löffel ist, und bei alten Silberbestecken gibt es gelegentlich regelrechte Suppenschaufeln, desto weniger wird man freilich versuchen, den ganzen Löffel in den Mund zu schieben.

Hat man sein Süppchen in einem tiefen Teller serviert bekommen, wird man, ohne den Teller leicht anzuheben, nicht alles auslöffeln können. Ganz korrekt wäre es, diesen Rest im Teller zu lassen. Es ist aber auch erlaubt, den Teller ein ganz klein wenig schräg zu halten, um so auch den letzten Rest Suppe aufnehmen zu können. In älteren und auch in manchen jüngeren Anstandsbüchern steht dazu geschrieben, man müsse den Teller dabei unbedingt von sich selbst weg, niemals zu sich hin kippen. Allerdings fand ich nirgendwo eine Erklärung für diese Vorschrift. Ich kann mir nur eine denken: Hebt man den Teller etwas zu schwungvoll an, dann schwappt der verbliebene Rest natürlich über. Und zwar, wenn man nach Vorschrift handelt, auf das Tischtuch des Gastgebers, nicht auf die eigene Kleidung. Kurz, die Vorschrift scheint mir einer sinnvollen Logik zu entbehren: Kippen Sie doch, wie Sie wollen!

Eine Suppenschale mit zwei Henkeln darf man, wenn man etwa die Hälfte oder zwei Drittel ausgelöffelt hat, zum Mund führen und den Inhalt austrinken. Der Löffel gehört währenddessen natürlich auf den Unterteller, man hält ihn weder mit dem Daumen in der Tasse noch legt man ihn neben dem Teller auf dem Tischtuch ab. Obwohl die Schale zwei Henkel hat, soll man sie doch nur an einem, nämlich an dem rechten, Henkel aufnehmen, wenn man die Suppe austrinkt. Dass sie dennoch auch einen linken Henkel hat, wird damit erklärt, dass man sie während des Löffelns an diesem Henkel hält, damit sie nicht auf dem Unterteller herumrutscht. Wiederum will mir der Zweck der Vorschrift nicht recht einleuchten. Ehe mir eine ausgefallen geformte, vielleicht ungewöhnlich schwere Suppentasse mit einem sehr engen Henkel, den ich schlecht greifen kann, aus der Hand gleitet oder seitlich wegkippt, nehme ich sie beherzt an beiden Henkeln, Benimmvorschrift hin oder her. Allerdings tue ich das nur bei Freunden und Bekannten. Befinde ich mich in einer

Vorschriften haben nur den Sinn, umgangen zu werden.
(Heinrich Böll)

Gesellschaft, in der es ganz etepetete zugeht, lasse ich den Rest in der Tasse und nehme sie überhaupt nicht auf.
Hat man seine Suppe ausgelöffelt, so legt man den Löffel – und zwar ohne ihn vorher gründlich von allen Seiten abgeleckt zu haben – auf dem Unterteller ab, nicht in der Suppentasse. Hat man einen Teller ohne Unterteller serviert bekommen, gehört der Löffel in den Teller, der Griff weist schräg nach rechts unten.
Bleibt noch kurz zum Kaffee- und Teelöffel anzumerken, dass sie gedacht sind, das jeweilige Getränk umzurühren, sofern es mit Zucker, Sahne, Kandis, Zitrone oder was auch immer gemischt wird. Man rührt so kurz wie möglich, ohne mit dem Löffel über den Tassenboden zu kratzen oder an der Tassenwand ein Glockenspiel zu veranstalten. Hat man umgerührt, hebt man den Löffel aus der Flüssigkeit und legt ihn auf der Untertasse ab. Man darf einmal ganz leicht damit schnicken, um den Tropfen, der immer am Löffel hängt, abzuschütteln. Unfein ist es dagegen, den Löffel abzulecken, ehe man ihn auf die Untertasse legt, oder ihn hörbar am Tassenrand abzuklopfen.

Es sagt mancher Kaffee, der sich mit Zichorie begnügen muss.
(Wilhelm Raabe)

Damit wäre die Löffelhürde genommen, es folgt der richtige Gebrauch von Messer und Gabel. Für das Messer gilt: Man greift es von oben und umfasst es mit Mittel-, Ring- und kleinem Finger so, dass der Messergriff locker in der Hand liegt. Der Zeigefinger ruht oben auf dem Griff und übt den zum Schneiden nötigen Druck aus, ohne dabei auf die Klinge vorzurutschen (!), während der Daumen für seitliche Stabilität sorgt.
Für die Gabel gelten verschiedene Handhabungen. Man hält und führt sie wie das Messer, wenn sie dessen Funktion hat, also zum Zerteilen und Zerkleinern weicher Speisen dient. Dabei achtet man darauf, dass der Zeigefinger nicht bis auf die Zinken hinabgleitet. Selbst auf der Wölbung über den Zinken hat er nichts verloren. Genau-

so hält man die Gabel, wenn man etwas festhält, wovon man mit dem Messer abschneidet, und wenn man etwas aufspießt, das man von der Gabel abessen möchte. Dient die Gabel dagegen als Schaufel, hält und führt man sie wie einen Löffel. Da die Gabel während des Essens beiden Funktionen dient, muss man lernen, sie geschickt hin und her zu drehen.

Nichts ist so schlecht und nichts so gut, dass man es nicht einen Engländer wird vollbringen sehen. Aber niemals wird man einem Engländer beweisen können, dass er im Unrecht sei, denn er tut alles aus Grundsätzen. *(George Bernhard Shaw)*

Während es bei uns üblich ist, von den Speisen jeweils mundgerechte Stücke abzuschneiden und sie dann zum Mund zu führen – Messer und Gabel also nur aus der Hand zu legen, um entweder einen Schluck zu trinken oder noch einmal nachzunehmen –, gelten in den angelsächsischen Ländern und in Amerika andere Sitten. Vor allem die Amerikaner schneiden häufig erst alles, was sich auf dem Teller befindet, in mundgerechte Stücke. Dann legen sie das Messer beiseite und essen nur mit der Gabel, wobei die freie Hand unter dem Tisch gehalten wird. Angelsächsische Sitte ist es dagegen, die Gabel stets mit der Wölbung nach oben zu halten, was das Essen nicht gerade erleichtert.

Gibt es bei uns ein Gericht, zu dem man nur die Gabel braucht, gilt es als ungehörig, die freie Hand in den Schoß zu legen. Sie gehört – etwa bis zur Höhe des Handgelenks – neben das Gedeck auf den Tisch. Weder legt man den ganzen Unterarm neben oder vor den Teller, noch stützt man den Ellenbogen des nicht benötigten Arms auf den Tisch.

Wie man sieht, sind Benimmregeln eine Art Raster, das ziemlich willkürlich ausgefüllt wird. Letztlich sollte es nur darum gehen, bei Tisch einen möglichst ästhetischen Anblick zu bieten: also nicht zu mantschen, nicht zu schmatzen und auch nicht zu rülpsen (in manchen Kulturen dagegen, zur Lutherzeit auch in unserer eigenen, ein absolutes Muss!), nicht zu spucken, nicht so mit dem

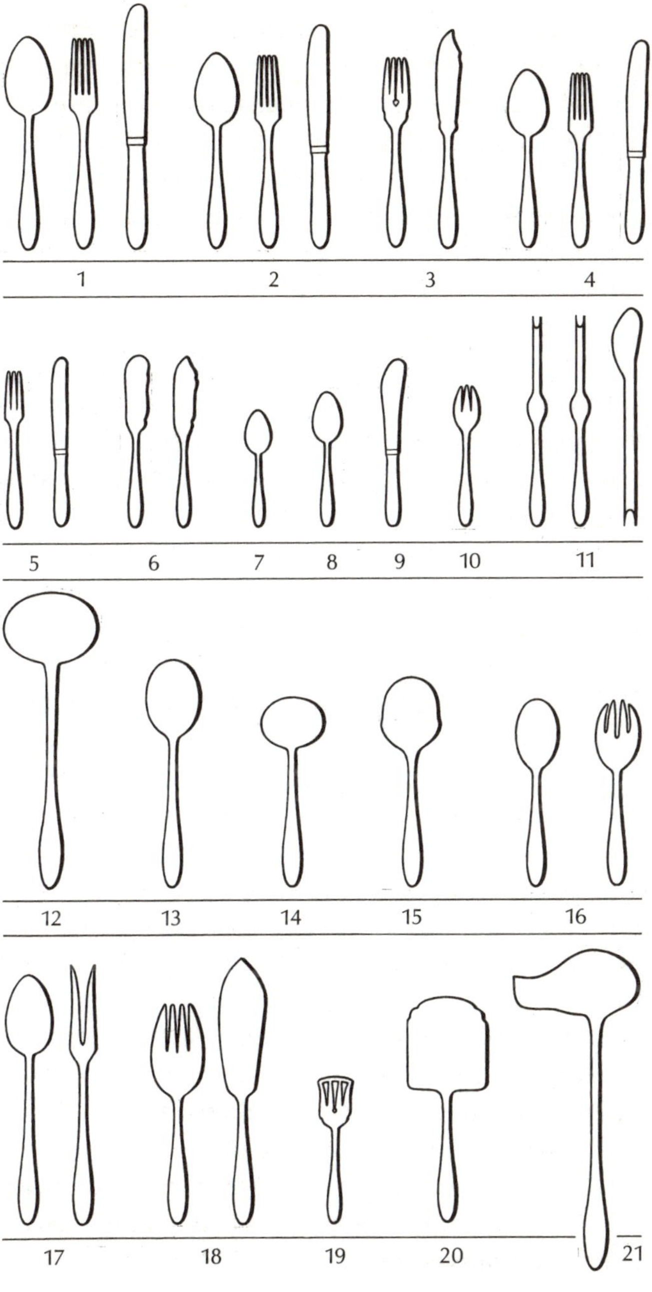

Bestecktypen:

1 Tafelbesteck
2 Vorspeisenbesteck
3 Fischbesteck
4 Dessertbesteck
5 Obstbesteck
6 Butter- und Käsebesteck
7 Mokkalöffel
8 Kaffeelöffel
9 Buttermesser
10 Austerngabel
11 Hummerbesteck
12 Suppenkelle
13 Gemüselöffel
14 Saucenlöffel
15 Kartoffellöffel
16 Salatbesteck
17 Bratenbesteck
18 Fischvorlegebesteck
19 Sardinenheber
20 Spargelheber
21 Bowlenlöffel

Viele Menschen sind zu gut erzogen, um mit vollem Mund zu sprechen, aber sie haben keine Bedenken, dies mit leerem Kopf zu tun.
(Orson Welles)

Besteck auf dem Teller herumzufuhrwerken, dass etwas über den Tellerrand auf das Tischtuch gleitet, nicht mit dem Besteck zu gestikulieren, nicht zu stopfen, nicht mit halbvollem Mund zu trinken, nicht mit vollem Mund zu reden und so weiter. Da es aber immer noch Kreise gibt, in denen man glaubt, die einzig unumstößlich richtigen Regeln zu kennen, fahren wir fort, diese Vorschriften aufzulisten.

Möchte man zwischendurch einen Schluck trinken oder sich den Mund abtupfen, muss man das Besteck aus der Hand legen – und zwar in feiner Gesellschaft immer beide Teile. Aber wohin? Bereits benutztes Besteck gehört nicht auf das Tischtuch. Eine sinnvolle Regel, denn es könnte leicht Flecken geben. Früher gab es speziell zu diesem Zweck Messerbänkchen (siehe auch Seite 224), die jetzt wieder in Mode kommen. Die Besteckteile so abzulegen, dass die Griffenden das Tischtuch, die vorderen Abschnitte den Tellerrand berühren, ist ebenfalls nicht dem guten Ton entsprechend. Man sieht es allerdings so häufig, dass es sich wahrscheinlich bald als erlaubt durchsetzen wird. Die momentan als wohlerzogen angesehene Manier sieht vor, das Besteck so abzulegen, wie man es tut, wenn man noch einmal nachnehmen möchte oder noch einmal von einem Gang bedient zu werden wünscht. Dazu nämlich legt man das Besteck so auf den Teller, dass das Messer schräg nach rechts, die Gabel schräg nach links zeigt, wobei die Zinken der Gabel nach oben weisen. An der Spitze kreuzen sich die Besteckteile leicht. Legt man Messer und Gabel dagegen parallel und leicht nach rechts von sich wegweisend auf den Teller, so heißt das, man wünscht nichts mehr.

Dass man selbstverständlich nur die Gabel, niemals das Messer zum Mund führt, bedarf eigentlich an dieser Stelle keiner Erwähnung mehr.

Wie man mit speziellen Essgeräten, etwa Stäbchen, umgeht, steht im Kapitel »Wie isst man was?«.

Gehören Salz- und Pfefferstreuer auf den Tisch?
Der Münchner Starkoch Eckhart Witzigmann soll einmal gesagt haben, bei ihm kämen kein Salz- und Pfefferstreuer auf den Tisch, denn »wer sich ein Bild von Picasso kauft, malt sich auch nicht selbst noch ein paar Blümchen drauf«. Nun, Witzigmann ist unbestritten ein Künstler seines Metiers, aber Geschmäcker sind nun mal verschieden. Der eine mag es gern sehr salzig, der andere nicht. Und manch einer muss auch aus gesundheitlichen Gründen vorsichtig mit Salz umgehen.

Ich stelle grundsätzlich Salz und Pfeffer, bei entsprechenden Gerichten auch andere Gewürze, auf den Tisch. Freilich sehe auch ich es nicht so sehr gern, wenn ein Gast, noch ehe er überhaupt einen einzigen Bissen probiert hat, schon zum Salz greift und kräftig nachstreut.

Alles, was uns an anderen missfällt, kann uns zu besserer Selbsterkenntnis führen.
(Carl Gustav Jung)

Allerdings habe ich mich neulich belehren lassen müssen, dass es sich auch hierbei weniger um ein Problem des guten Tons als vielmehr vorrangig um ein psychologisches Phänomen handelt. Den notorischen Nachsalzern gehe es gar nicht ums Salzen, sondern um ihre Autonomie. Ihr Verhalten sei Ausdruck ihrer inneren Einstellung, und die heißt: »Ich bestimme, was ich tue« – oder vielleicht auch: »Ich lasse mir doch von einem schlechten Koch nicht vorschreiben, ob ich ein versalzenes Essen nachsalze!« Nun, wie auch immer, ich stelle Gewürze auf den Tisch und ermuntere zu ihrem Gebrauch, da viele Menschen meinen, es sei unhöflich nachzuwürzen.

Bei Salaten wie zum Beispiel der Insalata Caprese (Tomaten, Mozzarella und frischer Basilikum) überlasse ich das Würzen, vor allem aber die Dosierung von Essig und Öl grundsätzlich dem Gast, verweigere mich aber natürlich auch nicht, wenn ich gebeten werde, dem Gast den Salat anzumachen.

Bin ich selbst zu Gast im Restaurant oder bei guten Freunden, dann frage ich unter Umständen nach Salz, Pfeffer oder anderen Gewürzen. Bin ich dagegen bei Bekannten und ich spüre, dass die Frage ungnädig aufgenommen werden könnte, dann verspeise ich mein Essen so, wie es mir vorgesetzt wurde.

Isst man den Teller leer?

Fast alle Menschen, die etwas taugen, haben einfache Manieren. *(Giacomo Leopardi)*

Früher galt es als wohlerzogen, prinzipiell einen Anstandshappen auf dem Teller liegen zu lassen. Alles andere zeugte von Gier und Maßlosigkeit. Das gilt heute nicht mehr. Man isst seinen Teller leer. Aber man isst ihn nicht auf, wie in einem der Benimmbücher gefordert wird, denn der Gast bekommt davon Bauchweh und für den Gastgeber wäre es ein teurer Spaß, müsste er sich nach jeder Einladung neues Geschirr kaufen. Man isst den Teller leer, wenn man sich selbst bedient hat. Und man darf etwas liegen lassen, wenn man eine Portion vorgesetzt bekommt, die man nicht bewältigen kann.

Oft sind die Speisen auf dem Teller garniert. Wer mag, darf auch die essbare Garnitur verzehren, obwohl sie eigentlich dafür nicht gedacht ist. Aber warum soll man einen Stängel Petersilie, ein Radieschen, eine Tomatenscheibe nicht essen, wenn einem der Geschmack zusagt? Freilich, von der Servierplatte wird man sich die Garnitur nicht herunterpicken, es sei denn, man ist bei Freunden oder sehr guten Bekannten zu Gast und hat ein ausgesprochenes Faible für das, was als Garnitur für die Speisen verwendet wurde.

Es gibt nichts Rührseligeres als einen Saucenkoch. *(Heinz Ehrhardt)*

Heikel wird es wiederum, wenn es um die Reste einer köstlichen Sauce geht. Früher musste man wehmütig zusehen, wie der Teller samt der darauf verbliebenen Köstlichkeit abgeräumt wurde, denn mit der Gabel konnte man die Sauce nicht aufnehmen, mit dem Messer durfte man es nicht – auch heute erlaubt es der gute Ton nicht, das Messer abzulecken, und sei es nur die Spitze. Nun gibt es zwar spezielle, recht flach gehaltene Saucenlöffel, auch Gourmetlöffel genannt, aber wer hat die schon in seinem privaten Besteckssortiment? Selbst in Restaurants findet man sie in Deutschland nur selten.

Die Sauce mit Brot aufzutupfen gilt in feinen Kreisen als »shocking«. Ich tue es trotzdem, wenn es die Sauce verdient. Und ich habe im Privatkreis noch keinen Koch, noch keine Köchin erlebt, der oder die sich deshalb erregt hätten. Denn, wer so göttliche Saucen zuzubereiten versteht, ist meist auch von offener Wesensart und lässt solche kleinen Verstöße durchgehen. Bin ich selbst Gastgeberin und werde von einem Gast, der den letzten Rest Sauce aufnehmen will, um einen Löffel oder um Brot gebeten, dann freue ich mich.

Man kann einen Menschen mit guten Saucen ebenso unter die Erde bringen wie mit Strychnin; es dauert nur etwas länger.
(Christiaan Barnard)

Und auch der Gast, der seinen Dessertteller gründlich mit dem Löffel ausschabt, verhält sich natürlich überhaupt nicht comme il faut. Ist es jedoch mein Gast, der das tut, schlägt mein Herz höher, denn mein Dessert scheint ihm zu munden.

Das Tischgespräch

Ob man im kleinen Kreis zu Tisch sitzt oder an einer großen Festtafel speist, es wird selten völlig schweigend gegessen. Zwar heißt es aus gutem Grund: »Mit vollem Munde spricht man nicht«, aber bei einem gemütlichen Essen, das sich über einen gewissen Zeitraum hinzieht, haben ja nicht alle ununterbrochen den Mund voll.

Geistvolle Leute sind fast ebenso eintönig in der Unterhaltung wie Dummköpfe.
(Benjamin Constant)

Ist die Runde überschaubar oder sogar klein, werden sich alle am Tisch Sitzenden mehr oder weniger am Gespräch beteiligen. Handelt es sich um eine große Gesellschaft an einer langen Tafel, beschränkt sich der Kreis derer, die sich unterhalten können, ohne schreien zu müssen, auf die jeweils nebeneinander und vielleicht auf die sich gegenüber sitzenden Gäste. Es werden also an einer langen Tafel mehrere Gespräche gleichzeitig geführt.

Es ist nichts dagegen einzuwenden, dass ein Tischgespräch anregend und interessant, heiter und locker ist. Es gibt keine Themen, die typischer- oder üblicherweise das Tischgespräch eröffnen sollten. Dagegen gibt es ein paar Themen, die sich zum Tischgespräch wenig eignen. Dazu gehören die eigenen Krankheiten, die kürzlich überstandene Operation oder auch das Essen selbst, wenn es beispielsweise in Schwärmerei für eine Küche ausartet, die von der gerade genossenen eklatant absticht. Sei es, dass man von hervorragenden Gaumengenüssen schwärmt, während das Essen auf dem Tisch eher unterer Durchschnitt ist, sei es, dass man von deftigen Käsespezialitäten spricht, während ein zartes Parfait den Abschluss des Diners bildet. Es gibt Menschen, denen allein schon beim Gedanken an einen Romadur dessen rustikales Aroma in die Nase steigt.

Ein Tischgespräch zu zweit ist das ergiebigste von allen. Das Fehlen von Zuhörern unterdrückt die Eitelkeit.
(André Maurois)

Grundsätzlich sollte ein Tischgespräch so angelegt sein, dass alle Anwesenden sich daran beteiligen können. Ist also eine Gruppe von Fachleuten zusammen, dann dürfen sie selbstverständlich nach herzenslust fachsimpeln, gehören »Fachfremde« zur Runde, wäre das nicht sehr höflich. Der Gastgeber oder einer der Gäste sollte dann versuchen, geschickt einzugreifen und die Runde auf ein allgemeineres Thema zu bringen.

Auch einen Gast, der allein das Gespräch an sich zieht und gar anfängt, der Tischrunde wie vom hohen Katheder herab eine Vorlesung zu halten, oder der mit seinen Erfolgen protzt, sollte man möglichst geschickt dazu bringen, das Thema zu wechseln und auch andere mal zu

Wort kommen zu lassen. Allerdings sollte man einen deutlich schüchternen, schweigenden Gast nicht mit einem »Na, nun sagen Sie doch auch mal was!« ins Gespräch zu ziehen versuchen. Merkt man, dass jemand schon zweimal angesetzt hat, aber von einem wortgewaltigeren übertönt wird, so eilt man diesem Gast diskret zu Hilfe. Sollten zwei oder drei der Gäste besonders eloquent sein, dürfen sie gern – sofern sie selbst darüber nicht verhungern und die anderen nicht langweilen – das Gespräch bestimmen.

Eine politische Debatte, gar ein heftiges Streitgespräch zwischen Vertretern verschiedener Geistesrichtungen, ist dagegen als Tischgespräch nicht geeignet. Der geschickte Hausherr, die gewandte Gastgeberin wird versuchen, es erst gar nicht so weit kommen zu lassen. Das heißt ja nicht, dass man sich am Allerweltsthema Wetter festbeißen muss.

Leider haben insbesondere Gastgeberinnen eine dumme Angewohnheit. Um das Gespräch in Gang zu bringen, entschuldigen sie sich für irgendetwas: für das nicht gelungene Essen (das natürlich hervorragend ist), für die nicht blütenreine Tischdecke (das winzige Fleckchen hätte niemand bemerkt, hätte sie nicht selbst darauf hingewiesen), das nicht zusammenpassende Besteck (niemandem wäre es aufgefallen). Diese eigene Herabsetzung führt meist zu Peinlichkeiten. Denn der höfliche Gast muss ja dementieren, auch und gerade, wenn das Essen vielleicht wirklich nicht besonders gelungen ist. Schließlich kann nur ein ganz dicker Freund sagen: »Och, mach dir nichts draus, ich kann auch nicht gut kochen.«

Unter einem Dementi versteht man in der Diplomatie die verneinende Bestätigung einer Nachricht, die bisher lediglich ein Gerücht gewesen ist.
(John B. Priestley)

Es gibt andere Möglichkeiten, ein Gespräch einzufädeln. Hat man Bekannte zu Gast, die man beim letzten Urlaub kennen gelernt hat, wird man wahrscheinlich zunächst Urlaubserinnerungen austauschen. Schwieriger ist das Tischgespräch mit Unbekannten, eine Situation, in die man eigentlich nur bei großen Festen gerät. (Siehe auch das Kapitel »Die gelungene Konversation«.)

Zahnstocherbenutzung und Make-up-Korrektur

Man kann auch Musik mit Lippenstift beschmieren und mit Puder ersticken.
(Igor Strawinsky)

Eine Fleisch- oder Gemüsefaser zwischen den Zähnen kann sehr lästig sein. Darf man, da doch in vielen Lokalen Zahnstocher auf dem Tisch stehen, diese ungeniert am Tisch benutzen? Oder darf man den kleinen Zahnstocher zücken, den man als leidgeprüfter Mensch immer in der Tasche mit sich führt? Wiederum ein Punkt, an dem die Meinungen der Benimmexperten auseinander gehen. Die einen halten es für ganz und gar ungehörig, rasch und diskret hinter vorgehaltener Hand einen Zahnstocher zu benutzen, die anderen sehen das längst nicht so eng und plädieren sogar für mehr Zahnstocher auf deutschen Tischen.
Die wirklich diskrete und schnelle Benutzung eines Zahnstochers sollte nicht verboten sein. Dass man dabei nicht hörbar die Luft durch die Zähne zieht und sich nicht ausführlich in allen Zähnen rumstochert, ist ja ohnehin klar. Stehen allerdings keine Zahnstocher auf dem Tisch und hat man keinen eigenen in der Tasche, fragt man weder laut und quer über den Tisch hinweg danach noch holt man eine Schachtel Streichhölzer aus der Tasche, um sich dann mit dem Daumennagel ein entsprechendes Gerät zurechtzuschnitzen.
Natürlich scheint es ein sinnvoller Rat, die Tafel kurz zu verlassen, wenn man sich eine störende Faser aus einem Zahnzwischenraum entfernen möchte. Doch hier, wie schon so oft, kann man nur sagen: Grau ist alle Theorie. Man sitzt zu Tisch, kann vielleicht, ohne mindestens zwei andere Gäste zu belästigen, nicht aufstehen. Das Essen ist noch nicht beendet, es wird noch ein süßes Dessert und

danach eventuell sogar noch Käse gereicht werden. Unter diesen Umständen wäre es nur im Notfall erlaubt, vom Tisch aufzustehen. Muss man deshalb still vor sich hin leiden? Das sollte jeder für sich selbst entscheiden dürfen. Wenn man es sich verkneifen kann, dann wird man bei Tisch auf den Gebrauch des Zahnstochers verzichten. Aber man sollte wissen, dass es speziell an deutschen Tischen so streng zugeht. Kein Franzose oder Italiener, kein Grieche oder Spanier fände etwas dabei, wenn jemand die Zahnstocher, die auf dem Tisch stehen, auch benutzt – und bei ihnen stehen sie fast immer auf dem Tisch. Der benutzte Zahnstocher gehört auf den Rand des eigenen Tellers, nicht in den Aschenbecher.

Ebenso wie an der Frage der Zahnstocherbenutzung scheiden sich die Expertenmeinungen am Problem der Make-up-Korrektur.

Make-up ist die Kunst, sich selbst zu plakatieren. *(Olga Tschechowa)*

Der Dame, die es versteht, sich rasch und ohne Aufsehen mit zwei schnellen Strichen die Lippen mit dem Stift nachzuziehen, sollte man das gestatten. Obwohl es zumutbar wäre, dass sie dafür den Toilettenraum aufsucht, zumal sie vielleicht beim kurzen Blick in den Spiegel entdeckt, das auch die Nase einen neuen Hauch Puder vertragen könnte, oder das Augenmake-up einer kleinen Nachbesserung bedarf. Und das sollte sie nun wirklich nicht am Tisch erledigen. Selbstverständlich dürfen weder die Dame noch der Herr schnell den Kamm zücken und sich bei Tisch durch die mehr oder weniger üppige Lockenpracht fahren.

Der Herr, der vor dem Essen demonstrativ Gürtel und Hosenbund lockert, muss schon bei sehr guten Freunden zu Gast sein, um damit nicht anzuecken. In manchen afrikanischen Ländern würde man diese Geste dagegen freudig begrüßen, besagt sie doch, dass dieser Mensch mit größtem Appetit zuzulangen gedenkt.

Die Tafel aufheben

So, wie es der Hausfrau obliegt, das Zeichen für den Beginn des Essens zu geben, ist sie es auch, die die Tafel aufhebt. Je nach der Runde, die zusammengekommen ist, geht es dabei leger oder auch etwas steifer zu.

Der Kaffee muss heiß wie die Hölle, schwarz wie der Teufel, rein wie ein Engel, süß wie die Liebe sein. *(Charles Maurice de Talleyrand)*

Früher war es üblich, nach dem Essen einen Mokka zu reichen, und zwar nicht am Esstisch, sondern in einem anderen Raum. Das Signal dafür gab die Hausfrau, die aufstand und nach nebenan bat. Zum Mokka durfte dann geraucht werden.

Heute ist der Mokka mit dem zugehörigen Brimborium ein wenig aus der Mode. Beliebter ist heute der Espresso, zu dem man am Esstisch sitzen bleibt. Mit guten Bekannten und Freunden verweilt man wohl ohnehin gern noch ein wenig am Tisch und plaudert weiter.

Nicht alle mögen einen Espresso. Manche trinken lieber noch einen Schluck Wein, andere wollen noch ein wenig vom Obst, wieder andere würden gern zum Espresso einen Cognac oder einen Grappa trinken.

Abneigung – das Gefühl, das man für einen Teller empfindet, nachdem man ihn geleert hat. *(Ambrose Bierce)*

Die abgegessenen Teller deckt man natürlich ab, aber warum sollen deshalb alle aufspringen und den Tisch fluchtartig verlassen? Letztlich ist die Frage, wo man den Kaffee, den Mokka oder den Espresso nimmt, auch von den Räumlichkeiten bestimmt, die man zur Verfügung hat. So, wie es erlaubt ist, in der Küche zu Tisch zu bitten, wenn man keine andere Möglichkeit hat, darf man auch in anderen Dingen den gegebenen Möglichkeiten entsprechend verfahren und im Zweifelsfall improvisieren.

Das kalte Büfett

Man unterscheidet zwischen dem kalten Büfett, an dem, wie Reinhard Mey uns vor Jahren belehrte, die heißen Schlachten geschlagen werden, dem warmen Büfett, an dem es gelegentlich nicht weniger heiß zugehen soll, und den gemischten Büfetts, auf denen man warme und kalte Speisen vorfindet.

Reden auf Vegetarier-Banketten sind erfreulich kurz, weil man Angst hat, dass sonst das Essen verwelkt.
(Mario Adorf)

Das Praktische an der Sache ist, man kann ganze Büfetts, einschließlich Geschirr, Besteck und Gläser bei einem Partyservice ordern und als Gastgeber die Hände (fast) in den Schoß legen. Das ist allerdings weder billig noch ohne Risiko. Besonders, wenn man ein Serviceunternehmen noch nicht aus eigener Erfahrung kennt, sollte man zunächst bei Freunden und Bekannten, bei Kollegen oder auch den örtlichen Verbraucherzentralen Erkundigungen einziehen.

Aufwendig, aber bei einer überschaubaren Zahl von Gästen lohnend, ist das selbst gemachte Büfett. Doch ob bestellt oder selbst gezaubert, ehe man sich Gedanken über die lukullischen Genüsse macht, die man auf seinem Büfett anbieten will, sollte man Klarheit darüber gewinnen, wie viele Gäste man erwartet und ob die Gäste einen festen Steh- oder Sitzplatz an einem Tisch einnehmen können oder im Stehen aus der Hand vom Teller essen müssen. Wer jede Menge Sitzgelegenheiten, jedoch keine Tische bieten kann, sodass die Gäste die Teller auf den eigenen Oberschenkeln abstellen müssen, der sollte möglichst nichts aufs Büfett bringen, das man mit Messer und Gabel essen muss. Das heißt nicht, dass man auf warme Speisen verzichten müsste. Alles, was sich problemlos mit einer Hand gabeln oder direkt aus der Hand essen lässt, ist erlaubt. Wenn der Gast hingegen gezwungen ist, den Teller auf den Knien zu balancieren, um mit Messer und

Gabel einem gegrillten Steak beikommen zu können, das Glas dabei neben sich auf dem Fußboden abgestellt, kommt leicht Unmut auf.

Genauso haarig kann es werden, wenn das Büfett ohne Besteck und gar noch ohne Teller auskommt, weil angeblich mundgerechte Häppchen gereicht werden. Ich frage mich manchmal, was andere Menschen für einen Mund haben. Meiner jedenfalls ist selten groß genug, die hübsch dekorierten, oft reichlich mit Remoulade oder Mayonnaise betupften »Häppchen« auf einen Sitz hineinzubugsieren. Und wenn es mir doch gelingt, dann stehe ich mit weit geblähten Backen da wie ein Ochsenfrosch beim Balzgesang. Kluge und einfühlsame Gastgeber servieren deshalb in der Tat mundgerechte Häppchen oder solche, von denen man abbeißen kann, ohne dass dabei gleich die Füllungen hervorquellen. Außerdem stellen sie wenigstens kleine (Papp-)Teller und jede Menge (Papier-) Servietten zur Verfügung.

Manche Menschen richten ihr Leben so ein, dass sie von Vorspeisen und Beilagen leben. Das Hauptgericht lernen sie nie kennen. *(José Ortega y Gasset)*

Gerade wenn man Gäste hat, über deren individuellen Geschmack man nicht gut Bescheid weiß, ist das Büfett ideal. Jeder Gast kann nach eigenem Gusto das auswählen, was ihm beliebt, ohne deshalb die Hausfrau zu beleidigen. Er kann um Fisch und Meerestiere einen Bogen machen, er kann sich an fleischlose Salate und Gemüse halten, er kann dreimal von der süßen Creme nehmen. Voraussetzung ist, dass man keine Miniportionen hinstellt, sondern alles so berechnet, dass für jeden Gast von allem mindestens eine gute Portion da ist.

Eine feste Regel, wie ein Büfett aufzubauen ist, gibt es nicht. Es gibt aber ein paar von der Logik diktierte Grundsätze. Das Büfett sollte gut zugänglich und übersichtlich aufgebaut sein. Außerdem müssen, eventuell auf einem Extratisch, genügend Teller, Bestecke und Servietten ausgelegt sein, und zwar an dem Ende, an dem man

sich dem Büfett zunächst nähert. Der besseren Übersichtlichkeit wegen empfiehlt es sich, ein besonders großes Büfett stufig aufzubauen oder so, dass man um den Büfetttisch herumgehen kann. Dabei sind die Gäste gehalten, die »Fahrtrichtung« zu beachten, denn ein Büfett ist ja quasi eine Einbahnstraße.
Bei jeder Platte und jeder Schüssel sollte Vorlegebesteck liegen. Man bedient sich tunlichst nicht mit seinem eigenen Besteck, und man achtet auch darauf, das Vorlegebesteck wieder auf die dazugehörige Platte zurückzulegen und nicht mitzunehmen.
Gläser und Getränke baut man, wenn der Platz dafür reicht, besser auf einem eigenen Tisch auf.

Der Gast am Büfett

Ich kann allem widerstehen – nur nicht der Versuchung. *(Oscar Wilde)*

So ganz unrecht hatte Reinhard Mey natürlich nicht. Es gibt sie, die Gäste, die sich auf das Büfett stürzen, als herrsche Hungersnot im Lande. Und es gibt solche, die schon verstohlen um die herrlichen Aufbauten herumstreichen, sich im Stillen vormerken, wovon sie sich nachher auf den Teller häufen werden, wobei sie der Versuchung nicht widerstehen können, hier und dort eine Verzierung wegzupicken. Nichts gegen den Gast, der erst einmal einen bewundernden Blick über ein appetitanregendes Büfett gleiten lässt, der sich Zeit nimmt, ein Lob auf die Verantwortliche(n) auszusprechen – doch sollte man das tun, wenn das Büfett eröffnet ist, nicht gleich beim Betreten des Raumes.
Kurz, es ist nicht der schlechteste Gast, der sich ein wenig Zeit lässt, ehe er zum Büfett eilt, und der auch dort mit Bedacht wählt. Es macht allemal einen besseren Eindruck, mehrmals zum Büfett zu gehen, als sich gleich beim ersten Gang den Teller vollzuhäufen, nach dem Motto: »Wer zuerst kommt, mahlt zuerst«. Natürlich kann es einem

Der Appetit kommt mit dem Essen, aber noch häufiger mit dem Fasten. *(Willy Millowitsch)*

passieren, dass die erlesensten Köstlichkeiten dann schon weg sind. Man wird es verwinden können. Bei einem warmen Büfett ist es ohnehin üblich, mehrmals zum Büfett zu gehen. Man nimmt nicht gleich auf drei verschiedenen Tellern von allen Gängen und balanciert seine Beute dann wie ein Oberkellner durch den Raum zu seinem Platz.

Ob man will oder nicht, muss man beim reinen Stehbüfett ohnehin einen Balanceakt absolvieren. Da hat man den Teller in der einen Hand, von dem man mit der Gabel oder mit den Fingern essen soll. Schon ein Glas ist da nicht mehr unterzubringen. Außerdem hatte die Dame früher noch das kleine Abendtäschen, das unter den Arm geklemmt getragen wurde. Wie gut, dass die Mode heute schicke kleine Umhängetäschchen für die Dame vorsieht. Kommt dann noch jemand, der einen begrüßen möchte, ist die kleine Katastrophe meist perfekt. Da gibt es nur eins: Ruhe bewahren und immer eins nach dem anderen erledigen. Man holt sich ein paar Häppchen und verspeist sie, erst dann holt man sich ein Getränk. Solange der Vorrat am Büfett reicht, kann man das abwechselnd praktizieren und dabei zwischendurch auch noch mit anderen Gästen ein angeregtes Gespräch führen.

Keinem Gast bricht ein Zacken aus der Krone, wenn er seinen Teller auf dem dafür vorgesehenen Tisch, eventuell auch auf einer dazu bestimmten, inzwischen freien Ecke des Büfetts abstellt. Im Zweifel kann er den Gastgeber fragen, wo er den leeren Teller abstellen kann. Nichts ist so ungemütlich und unappetitlich wie Teller mit Essensresten, die kreuz und quer herumstehen und auf denen gar noch Zigarettenstummel herumliegen. Gäste, die rauchen, sollten für Asche und Kippen die Aschenbecher benutzen. Wenn man keine Ascher sieht, fragt man den Gastgeber danach. Erfährt man als Gast

dabei, dass Rauchen hier nicht erwünscht ist, muss man sich daran halten, mag es auch einem schwer fallen.
Wenn einem Gast etwas vom Teller auf den Boden gefallen ist, sollte er sich selbst bücken und den Schaden – eventuell mit einer Papierserviette – zu beheben versuchen. Unter Umständen muss er die Hausfrau oder den Hausherrn von seinem Missgeschick informieren. Andere Gäste könnten nämlich auf einem nicht vom Boden entfernten Speiserest ausrutschen.

Wie isst man was? – Vom schwierigen Umgang mit Messer, Gabel & Co.

Wie in vielen anderen Bereichen ändern sich auch im Sektor Essmanieren die Vorschriften des guten Tons. Vieles, was früher »unmöglich« war, ist heute durchaus erlaubt, anderes ist weiterhin streng verpönt. Sehr viel öfter als vor wenigen Jahrzehnten noch darf man heute die Finger benutzen, und auch das Messer darf man ungenierter einsetzen. Da heute alle Messer verchromte Klingen haben, verlieren die Vorschriften, nach denen man bestimmte Speisen mit einem Messer nicht in Berührung bringen durfte, ihren Sinn, denn die Klinge kann nicht mehr anlaufen, und folglich kann auch der Geschmack der Speisen durch die Messerklinge nicht mehr beeinträchtig werden.
Nach wie vor strikte Gültigkeit hat die Regel, dass man nichts vom Messer direkt in den Mund nimmt und dass man das jeweilige Besteckteil aus der Hand legt, während man etwas mit den Fingern zum Mund führt. Beides hat nicht zuletzt den Sinn, sich selbst vor Verletzungen zu schützen. Aus diesem Grund nimmt man ja auch den Kaffeelöffel aus der Tasse oder dem Becher, ehe man trinkt.

Die Zahl der Sonderbestecke ist in der heutigen Zeit zwar überschaubar, der Umgang damit erfordert jedoch gelegentlich etwas Übung. Betrachtet man die Sache von einem eher pragmatischen Standpunkt aus, erkennt man, dass so manches Gerät im Grunde überflüssig ist und vor allem dem Hersteller dient, der damit ein Geschäft macht. Wer privat Gäste zu sich einladen und kulinarisch verwöhnen möchte, muss sich deshalb nicht die Ausstattung eines Nobelrestaurants zulegen. Wie in vielen Bereichen des Lebens lässt sich auch hier improvisieren. Und wer sich darüber mokiert, dass der Gastgeber kein Fischbesteck, kein Buttermesser, keine Kompottlöffel, keinen Sardinenheber und keine unterschiedlichen Gläser für leichte und schwere Rotweine besitzt – nun, der ist schlicht ein unerzogener Gast.

Ananas und andere exotische Früchte
Heute sind neben der großen Ananas so genannte Babyananasfrüchte im Handel, die nicht größer sind als eine Orange. Wer sie am Stück serviert, muss dazu ein Obstbesteck eindecken. Mit dem Messer viertelt man die Frucht, löst das Fleisch von der Schale und isst es mit der Gabel. Oder man reicht halbierte Früchte, die man mit dem Grapefruitlöffel isst. Scheiben oder Stücke einer frischen großen Ananas (heute sind ja bereits geschälte frische Früchte im Angebot) serviert man mundgerecht zerteilt, sodass zum Verzehr ein Löffel genügt.
Auch frische Mangos, Kakis, Kiwis, Feigen, Kaktusfrüchte, Guaven, kleine Cantaloup-Melonen, Papayas, Cherimoyas, Annonen und was der Exoten mehr sind können halbiert zu Tisch gebracht und ausgelöffelt werden. Die Außenschale lässt man stehen, kleinere Kerne muss man eventuell entfernen. Bei den Granatäpfeln mit ihrer extrem harten Außenhaut sind es gerade die roten Kerne

mit ihrer zarten Fruchthülle, die man auslöffelt. Ganz allgemein ist bei Exoten eine gewisse Vorsicht geboten: Einige enthalten Stoffe, die sich mit Alkohol oder Milchprodukten nicht vertragen. Vor allem die Mango ist diesbezüglich eine heikle Frucht. Andere sind Auslöser von Allergien. Außerdem kann keine exotische Frucht vollreif geerntet und dann erst auf die Reise geschickt werden. Was uns hier im Laden angeboten wird, sind »nachgereifte« (richtiger müsste man sagen, in leichte Fäulnis übergegangene) Früchte, deren Geschmack gegenüber den Früchten, die man an Ort und Stelle bekommen kann, deutlich abfällt. Überlegen Sie, ob der Preis im Verhältnis zum gebotenen Geschmack steht, ehe Sie teuere Exoten kaufen.

Äpfel

Wird – was heute gewiss selten vorkommt – ein roher, ungeschälter Apfel als Dessert gereicht, so wird man ihm ohne Übung nur schwerlich so zu Leibe rücken können, wie es die hohe Schule des guten Tons verlangt. Diese nämlich setzt voraus, dass zum Apfel ein spezielles Obstbesteck aufgedeckt wird. Mit der Gabel hält man den Apfel fest und schneidet ihn mit dem Messer in Viertel oder Achtel – eventuell darf man den Apfel dabei auch mit der Hand auf dem Teller festhalten, nicht jedoch darf man ihn vom Teller weg in die Hand nehmen und durchschneiden. Während man die Teile mit der Gabel auf dem Teller hält, schneidet man das Kerngehäuse aus. Zum Schälen darf man die Viertel in die Hand nehmen. Die mundgerecht geschnittenen Häppchen werden dann mit der Gabel zum Mund geführt.

Angesichts dieser chirurgischen Prozedur auf den Genuss des Apfels zu verzichten ist in der so genannten guten Gesellschaft erlaubt; ihn einfach in die Jacken- oder Handtasche zu stecken, um ihn etwas später – wie jeder vernünftige Mensch – aus der Hand zu essen, leider nicht. Bekommt man bei Freunden oder guten Bekannten einen Apfel zum Nachtisch angeboten, darf man ihn in die Hand nehmen, durchschneiden, schälen (oder auch nicht) und die Viertel aus der Hand verzehren.

Aprikosen und anderes Steinobst

Rohe Aprikosen, aber auch Pfirsiche, Nektarinen, Pflaumen, Zwetschgen, Reneklоden, Susinen oder frische Datteln – also alle Arten von Steinobst, die zu groß sind, als dass man sie wie Kirschen auf einmal in den Mund stecken könnte –, werden mit dem Obstbesteck gegessen (siehe Äpfel). Je nach Art der Früchte kann man die zarte Haut dranlassen.

Artischocken

Sehr junge und entsprechend kleine Artischocken sind bei uns erst seit kurzem auf dem Markt. In Italien stellen sie schon seit den Tagen der alten Römer eine beliebte Delikatesse dar. Sie werden, ob frittiert oder gefüllt, ganz verzehrt und zwar mit Messer und Gabel. Ebenso verfährt man mit (marinierten) Artischockenherzen und -böden aus dem Glas oder der Dose.

Große Artischocken werden im Allgemeinen als Vorspeise mit einer feinen Vinaigrette oder einem Dip gereicht. Dieser Form der Artischockenzubereitung muss man mit den Fingern zu Leibe rücken, weshalb Fingerschalen mit warmem Wasser und einer Zitronenscheibe darin mit auf den Tisch gehören. Die Blätter werden von außen nach innen von der gegarten Artischocke gezupft. Das fleischige untere Ende der Blätter taucht man in die Sauce und lutscht es aus möglichst, ohne auf dem Weg zwischen Dip und Mund zu kleckern und ohne allzulaute Zuzelgeräusche zu machen. Man zieht den unteren Teil der Blätter durch die

Zähne, kaut aber nicht darauf herum. Den Rest legt man auf einem zum Gedeck gehörenden Extrateller ab. Hat man sich bis zum Boden der Artischocke durchgearbeitet, spült man sich die Finger in der kleinen Wasserschale ab, trocknet sie an der Serviette und greift zum bereitliegenden Besteck. Man entfernt mit Messer und Gabel das ungenießbare Heu und isst dann – ebenfalls mit Messer und Gabel – den besonders schmackhaften Boden, wobei man die Stücke wieder in die Sauce tauchen kann.

Aufläufe
Salzige Aufläufe isst man je nach den Zutaten, die sie enthalten, nur mit der Gabel oder mit Messer und Gabel (siehe auch Pastagerichte).
Süße Aufläufe, die wohl selten bei festlicheren Anlässen als Hauptgericht gereicht werden, isst man mit dem Löffel. Korrekt wäre es, Löffel und Gabel wie zu einem Dessert einzudecken.

Austern
Bei Austern, die roh aus der geöffneten Schale verzehrt werden, darf nicht nur, bei ihnen muss geschlürft werden – meinen zumindest echte Gourmets. Menschen, denen jedwede Art von Essgeräusch peinlich klingt, werden den Gebrauch der Austerngabel vorziehen. Die benötigt man ohnehin, um das Muschelfleisch am so genannten Austernpunkt von der Schale zu lösen, eventuell auch, um den Bartrand abzutrennen. Neben den Puristen, die außer dem natürlichen Meerwasser nichts an das Schalentier kommen lassen wollen, gibt es Austernfreunde, die Zitronensaft auf die Muschel träufeln, und solche, die auch einen Tropfen Tabasco nicht ablehnen. (Der Zitronensaft ist auch ein Frischetest: Die noch lebende Auster zuckt zusammen, wenn sie die Säure spürt.)

Ganz gleich, ob so oder anders, der normale Durchschnittsmensch sollte sich jedenfalls nicht der Mühe unterziehen, die Austern selbst zu öffnen. Dazu braucht man nämlich ein kurzes, stumpfes, sehr stabiles Messer, zu Recht Austernbrecher genannt, für die eine Hand und einen möglichst dicken Handschuh für die andere. In Restaurants bekommt man ohnehin nur bereits geöffnete Austern auf einem Eisbett serviert. In echten Gourmettempeln allerdings ist das gestoßene Eis als Unterlage verpönt, weil es für die ja noch lebende Auster zu kalt ist. Dort bevorzugt man eine Austernplatte mit Vertiefungen, die der Schneckenpfanne ähnlich sieht.
Bekommt man die Austern nicht roh serviert, sondern beispielsweise als Austerngratin in kleinen Förmchen, so isst man das Gericht mit der normalen Gabel oder mit der Fischgabel.

Avocados
Werden halbierte, gefüllte Avocados als Vorspeise gereicht, so gibt es dazu meist eine Vorspeisengabel und einen Löffel. Beide Besteckteile kann man wahlweise benutzen, etwa, um erst mit der Gabel die Füllung zu essen und dann mit dem Löffel das weiche Fruchtfleisch von der Schale auszulösen.
Selbstverständlich darf man aber auch alles mit dem Löffel essen. Die Gabel ist aus rein praktischen Gründen nicht so geeignet, weil man die Avocadoschale nicht mitisst, mit der Gabel jedoch die Schale leicht durchstößt beim Versuch, das Fruchtfleisch auszulösen.
Ist die geschälte Avocado fächerartig aufgeschnitten und dient als Beilage zu einem Salat oder Ähnlichem, so verwendet man zum Verzehr das aus Messer und Gabel bestehende Vorspeisenbesteck. Gleiches gilt für ebenso angerichtete Papayas oder Mangos.

Bananen

Eine einzelne rohe Banane zum Dessert wird (wenn überhaupt) in der Schale gereicht. Mit dem Obstmesser entfernt man die Spitze und das Ende und zieht einen Streifen der Schale ab. Nun kann man die Frucht mit Messer und Gabel aus der restlichen Schale essen. Nur im Freundeskreis kann man rohe Bananen aus der Hand essen, wobei man sie rundum zur Hälfte abschält und die verbliebene Schale als natürlichen Fingerschutz benutzt.

Flambierte oder gebackene Bananen, die man gern karamellisiert und mit feiner Sauce als Dessert reicht, sind ganz oder zumindest zum Teil aus der Schale gelöst. Da sie sehr weich sind, verzehrt man sie mit dem Dessertlöffel.

Beeren

Sie werden meist gesäubert und essfertig gereicht, eventuell mit Zucker bestreut oder zu einer Zabaione. Man verzehrt sie demzufolge mit dem Dessertlöffel.

Frische Erdbeeren, an denen die grüne Kelchkrause belassen wurde, werden gelegentlich mit Streu- oder Puderzucker zum Eindippen gereicht. Man nimmt sich von dem Zucker – so man mag – auf den eigenen Dessertteller, fasst die Erdbeere am Stiel, tupft sie in den Zucker und beißt sie ab. Den Stiel legt man auf dem Rand des Desserttellers ab.

Eine ungezupfte Traube Johannisbeeren wird man höchstens als Dekoration eines Desserts erleben. Ist man bei Freunden oder guten Bekannten zu Gast, darf man die Traube am Stiel fassen und die Früchtchen mit den Zähnen abzupfen. In feiner Gesellschaft sollte man sie entweder ignorieren oder durch die Zinken der Dessertgabel ziehen. Dazu darf man den Stiel mit Daumen und Zeigefinger fassen. Die abgelösten Beeren isst man mit dem Löffel, nicht mit der Gabel, von der sie zu leicht herunterkullern.

Birnen (siehe Äpfel)

Bowlenfrüchte
Kleine Fruchtstückchen, die direkt in der Bowle schwimmen, trinkt man mit. Für größere Stückchen wird ein Holz- oder Plastikspieß oder ein kleiner Löffel bereitgelegt. Früchte in anderen Drinks, etwa die unvermeidliche grüne Olive im Dry Martini, werden auf ein Spießchen gesteckt und ins Glas gegeben. Wer mag, kann diese Früchte selbstverständlich essen. Den Kern entsorgt man wie einen Kirschkern (siehe Kirschen), doch gehört er entweder ins Glas zurück oder auf den Teller, auf dem das Glas steht, keinesfalls in den Aschenbecher.
Eine Ausnahme bilden an den Glasrand gesteckte Zitronen-, Limonen-, Orangen- oder andere Fruchtscheiben. Sie sind ungeschält und als reine Verzierung gedacht.

Brot und Brötchen
Wird zu Vorspeisen ein kleines Brötchen, eine Kümmelstange oder Ähnliches gereicht, so liegt dieses Gebäck bereits auf einem kleinen Tellerchen links oberhalb des Platztellers. Toastbrot sollte frisch aus einem Toaster kommen und erst bei Tisch aus einem Brotkörbchen gereicht werden. Man darf es mit den Fingern aus dem Brotkorb nehmen, natürlich ohne die Scheiben anzufassen, die man nicht nimmt.
Gibt es außerdem Butter zu diesem Toast oder dem Brötchen, so erhält jeder Gast zu seinem Brotteller ein eigenes kleines Messer. Die Butter kann als kleines Eck ebenfalls schon auf dem Brotteller liegen, oder es wird eine Butterdose gereicht. Aus ihr bedient sich der Gast mit dem beigefügten Buttermesser. Gibt es kein Buttermesser auf dem Tisch, oder hat einer der anderen Gäste vergessen, es zur Butterdose zurückzulegen, dann nimmt man kurzerhand

und stillschweigend sein eigenes Messer. Der Gast nimmt ein angemessen großes Stück Butter und platziert es am Rande seines Brottellers.

Das Brötchen wird nicht in der Mitte durchgeschnitten und beide Teile sofort mit Butter bestrichen, auch der Toast wird nicht im Ganzen gebuttert, es werden vielmehr jeweils mundgerechte Stückchen abgebrochen, auf die man mit dem Messer kleine Butterreiterchen setzt, ehe man sie mit der Hand zum Mund führt.

All das gilt auch, wenn in einem Restaurant vorab als kleine Aufmerksamkeit des Hauses ein kleines Töpfchen mit Kräuterquark, Schmalz, Leberwurst oder Ähnlichem zu Minibrötchen oder Toast gereicht wird. Auch hier wird das Brot gebrochen und der Aufstrich als Reiter aufgesetzt.

Als Todsünde gilt es in den feinen Kreisen, Brot in die Suppe zu brocken oder mit Brot auf dem Teller verbliebene Sauce aufzuwischen. Allenfalls erlaubt ist es, kleine Vorspeisenstückchen mit dem Brotbrocken auf die Gabel zu schieben – obwohl auch hierbei unter Benimmexperten eine gewisse Uneinigkeit herrscht.

Toastscheiben und Brötchen zum Frühstück nimmt man mit der Hand aus dem Brotkorb. Liegt bei einem Frühstücksbüfett eine Zange beim Brot- oder Brötchenkorb, dann ignoriert man sie natürlich nicht. Toast bestreicht man im Ganzen – Brötchen zuvor halbiert – mit Butter. Konfitüre, Honig oder anderen süßen Belag kann man portionsweise auf den jeweils abzubeißenden Happen geben oder auch auf der ganzen Scheibe oder Brötchenhälfte verteilen. Dazu nimmt man die Konfitüre mit dem dazugehörigen Löffel aus dem Glas oder Schälchen, in dem sie serviert wurde, man fährt nicht mit dem eigenen Messer – an dem möglicherweise noch Butterreste kleben – hinein. Etwas anderes sind die Portionsdöschen, die heute zum Hotelfrühstück gehören. In die darf man mit seinem Messer hineingehen, denn außer einem selbst bedient sich ja niemand daraus.

Ist die Brotscheibe sehr groß, was bei Grau- oder Vollkornbrot vorkommt, schneidet man sie auf dem eigenen Teller oder Frühstücksbrett erst einmal durch, bevor man sie bestreicht.

Auch Frühstücksbrötchen sind gelegentlich unhandlich groß und haben noch dazu oft ein knatschiges Innenleben. Ist man privat zu Besuch, wird man das Brötchen essen, wie es ist. In Hotels, in denen zum Frühstück gleich ein Tischmülleimer aufgedeckt wird, in den all die Reste der zahllosen Miniverpackungen wandern, kann man auch das pappige Füllsel eines Brötchens entsorgen. Unschön ist es freilich, wenn ein Gast die Masse aus seinem Brötchen herauspult und zwischen den Fingern knetet, um sie dann in den Mund zu stecken.

Werden auch Wurst und Käse zum Frühstück gereicht, so isst man das Brötchen, das man damit belegt, aus der Hand. Die salzig belegte Brotscheibe kann man mit Messer und Gabel essen, aber auch aus der Hand, wobei man große Scheiben zuvor zerteilt. Marmelade- und Honigbrote mit Messer und Gabel zu essen ist unüblich.

Belegte Brote zum Abendessen, die man sich am Tisch selbst streicht, behandelt man wie das Frühstücksbrot. Man nimmt die Scheibe mit der Hand vom Brotteller, legt sie auf den eigenen Teller und bestreicht sie mit Butter, wobei man sie mit der Hand festhält. Manche Menschen halten sie dabei mit der Gabel fest, was nicht sehr praktisch ist, denn das Brot kann leicht wegrutschen. Außerdem sieht es auch ein bisschen albern aus. Das belegte Brot isst man im Allgemeinen mit Messer und Gabel, weil man vermeiden möchte, dass man fettige Finger bekommt. Eine Klappstulle sollte man sich allerdings in Gegenwart anderer Tischgäste nicht zubereiten.

Werden belegte Brote, Schnittchen oder Sandwiches gereicht, so bekommt man bei privaten Einladungen dazu meist nur einen Teller und eine Serviette, man isst folglich aus der Hand. Es wäre unhöflich, würde man als Privatgast in einem solchen Fall nach Besteck verlangen, auch wenn streng genommen ein Sandwich nicht zu den so genannten Fingergerichten gehört. Wo das Sandwich also mit Besteck auf den Tisch kommt, sollte man das Besteck auch benutzen – selbst wenn dies der ursprünglichen Absicht des Erfinders der edlen Stulle, J. Montague, 4. Earl of Sandwich, zuwider laufen würde.

Cocktailhappen (siehe Kanapees)

Crêpes
Diese hauchzarten, meist gefüllten Pfannkuchen werden in süßer und salziger Variante gereicht. Salzig gefüllte Crêpes verspeist man nur mit der Gabel, sofern die Füllung das erlaubt. Die rustikalere Variante, den Pfannkuchen, kann man dagegen ruhig mit dem Messer schneiden vor allem, wenn Speck oder Schinken mit eingebacken sind.
Zu süßen Crêpes, wie etwa Crêpes Suzette, wird ein Dessertbesteck gereicht, das aus Gabel und Löffel besteht. Man löffelt die weicheren Bestandteile des Desserts und benutzt für die Crêpes die Gabel.

Desserts
Cremespeise, Flammeri, Eis und Parfait, Fruchtgrütze, Gelee, Obstsalat und Fruchtkompott isst man nur mit dem Löffel. Kerne oder Steine vom Obst gibt man vom Mund auf den Löffel und platziert sie auf dem Unterteller der Dessertschale. Um den letzten Rest der Fruchtsauce auslöffeln zu können, darf man den Teller ein wenig an-

heben und zwar, so sagt die Regel, von sich weg. Eventuell zu solchen Desserts gereichte Plätzchen, darf man aus der Hand knabbern, aber nicht in das Dessert hineinbröseln.
Zu allen Desserts, die mit festen Bestandteilen kombiniert sind, also mit Waffeln, Mürbeteigböden, Baiser, Blätterteig, Brandteig, Crêpes und so weiter, wird ein Dessertbesteck, bestehend aus Gabel und Löffel, eingedeckt.
Gibt es ein Gebäck zum Dessert, etwa Petits Fours, kleine Törtchen oder Strudel ohne Vanillesauce, so wird eine Kuchengabel dazu gereicht; für Strudel mit Vanillesauce braucht man zusätzlich einen Dessertlöffel.

Dips
Die kalten, dickflüssigen Saucen, in die man rohe Gemüse, Cracker oder Chips eintunkt, die man dann als Vorgericht oder kleine Zwischenmahlzeit verzehrt, erfreuen sich auch hierzulande immer größerer Beliebtheit. Man isst, was immer man in die Saucen dippt, aus der Hand, zur Reinigung der Finger genügt die (Papier-)Serviette. Fingerschalen zu Dips sind unüblich. Da alle aus denselben Saucentöpfchen dippen, ist es allerdings nicht sehr fein, mit der Gemüsestange, von der man bereits abgebissen hat, noch einmal in einen Dip zu gehen. Es sei denn, man hat ein eigenes Töpfchen. Man dippt also nur jeweils einmal, und bemüht sich, zwischen Diptöpfchen und Mund keine Kleckerei zu veranstalten, und man passt natürlich auch auf, dass man nicht mit den Fingern in den Dip dippt. Als Gastgeber sollte man darauf achten, dass die Konsistenz der Dips der Stärke der »Träger« angepasst ist. Allzu mürbe Cracker oder Brotchips beispielsweise können in einer festen Creme leicht abbrechen.

Eier und Eierspeisen

Das gekochte Frühstücksei wird üblicherweise mit der Spitze nach oben in den Eierbecher gestellt. Es darf, wenn man den Bogen raus hat, geköpft werden. Wichtig ist, dass bei dieser Prozedur kein weiches Eigelb über den Schalenrand tropft. Man sollte die Kunst des Köpfens also nicht unbedingt üben, wenn man irgendwo zu Gast ist. Ein – mit Verlaub – überflüssiger Firlefanz ist die Eischere, mit der man die Spitze des Eis abschneiden soll. Wer sich das Köpfen nicht zutraut, klopft die Schale an der Spitze an und pult ein wenig davon mit den Fingern ab. Die Schalen kommen auf den unteren Rand des Eierbechers – hat er keinen Rand, ist Rat ein bisschen teuer, denn unter das Ei in den Boden des Bechers gehören die Schalen eigentlich nicht. Im Hotel kann man sie in den heutzutage allgegenwärtigen Tischmülleimer entsorgen. Gibt es den nicht, muss man sie auf dem Rand des Frühstückstellers ablegen. Das Gleiche gilt für den ausgelöffelten »Eikopf«. Man isst das Ei mit einem Eierlöffel, der möglichst nicht aus Silber sein sollte, weil das den Geschmack erheblich beeinträchtigt. Das heißt aber nicht, dass man Eierlöffel aus Perlmutt oder aus echtem Horn besitzen muss. Plastik oder Edelstahl tun es auch in jedem Fall.

Die Schale des ausgelöffelten Eis umgedreht in den Eierbecher zu stecken, sodass es wie ein frisches Ei aussieht, ist ein beliebter Kinderscherz, den sich gelegentlich auch noch mancher Erwachsene aus Spaß leistet.

Auch Eier aus dem Egg-Cobbler oder Eier im Glas isst man mit dem Eierlöffel.

Zu Rührei und Omlett verwendet man üblicherweise lediglich die Gabel ebenso zu reinem Spiegelei. Gerade Spiegeleier können aber manchmal einen kross gebratenen Rand haben, oder sie bilden nur einen Teil des Ganzen, etwa bei »Hamm and eggs« oder bei Gerichten wie Schnitzel Holstein oder Labskaus. Der mitgebratene Schinken, das Schnitzel, der Toast oder was auch immer müssen mit dem Messer geschnitten werden, in diesem Fall darf dann auch das Spiegelei mit einbezogen werden. Wer aber auch sein weiches Omlett oder sein Rührei mit Messer und Gabel essen möchte, soll das getrost tun.

Erdnüsse und Knabbergebäck

Kleine Knabbereien wie Salzstangen, Cracker, Käsegebäck und so weiter stellt man in kleinen Schalen und Behältern auf den Tisch. Der Gast bedient sich zwar mit der Hand, doch sollte man aus hygienischen Gründen eher einzeln mit den Fingern aus der Schale picken, als dass man gleich mit der vollen Hand hineinlangt. Salzstangen nimmt man einzeln, allenfalls paarweise, nicht mit der ganzen Hand als wären es Mikadostäbe vor dem Wurf. Jedem Gast gibt man eine Papierserviette, damit er sich klebrige oder fettige Finger daran abwischen kann, eventuell auch ein kleines Tellerchen, als Zwischenablage.

Erdnüsse, Salzmandeln und Co. stellt man in einer Schale mit Löffel auf den Tisch. Chinesische Porzellansuppenlöffel sind besonders geeignet, weil sie einen hohen Rand und ein gutes Fassungsvermögen haben. Der Gast nimmt sich damit eine kleine Portion in die hohle Hand oder auf ein Tellerchen und isst von da mit den Fingern. Wer den bekannten Trick nicht hundertprozentig beherrscht, sollte die Nüsse nicht einzeln in die Luft werfen und mit dem Mund auffangen. Und, obwohl es fast ein Reflex ist, sollte man die leer gegessenen Hände nicht aneinader abstreifen, sondern an der – hoffentlich von der Gastgeberin bereitgelegten – Serviette.

Fisch

Fisch, der gebraten, gedünstet, pochiert oder sonstwie zubereitet, warm gereicht wird, isst man mit dem Fischbesteck. Es besteht aus einer breiten, kurzen Gabel und einem stumpfen, leicht abgeschrägten Messer, das eigentlich besser Schieber genannt werden sollte, denn schneiden kann man mit diesem Instrument nichts. Aus gutem Grund: Die scharfe Schneide eines Messers würde nur zu leicht eine Gräte durchtrennen und sie dadurch erst wirklich gefährlich machen. Zwei normale Gabeln können das Fischbesteck am besten ersetzen. Wer privat zum Essen einlädt, aber weder Fischbesteck besitzt noch eine entsprechende Anzahl Gabeln, der legt ein normales Besteck auf und lacht nicht über den Gast, der den Rücken und nicht die Schneide der Klinge einsetzt, wenn der Fisch feine Gräten hat. Eine Methode, die man auch anwenden kann, wenn man eine gemischte Kreation vorgesetzt bekommt, die sowohl Fleisch als auch Fisch umfasst. Im Ganzen zubereitete Fische, etwa Forelle blau, isst man korrekt folgendermaßen: Zunächst trennt man die Rücken-, Bauch- und Schwanzflossen ab und bugsiert sie mit dem Fischbesteck auf den Grätenteller. Dann fährt man mit dem Fischmesser am Rücken des Fischs entlang, um die Haut aufzutrennen und abzuheben. Man darf und kann die Haut allerdings auch mitessen, dann löst man sie nicht ab. Sodann nimmt man das obere Filet vorsichtig von der Mittelgräte aus ab, indem man mit dem Fischmesser vom Rücken her unter das Fleisch fährt. Dadurch liegt die Hauptgräte frei, die man nun abheben und ebenfalls auf den Abfallteller legen kann. Auch den Kopf kann man nun beiseite tun, doch vergessen Feinschmecker nie, vorher die Bäckchen der Forelle herauszulösen, die unterhalb des Auges sitzen. In der gehobenen Gastronomie wird der Ober anbieten, Ihnen den Fisch zu filetieren.

Hat man trotz aller Vorsicht eine Gräte in den Mund bekommen, soll man sie diskret und ohne Einsatz der Finger vom Mund aus auf die Gabel und dann zum Tellerrand befördern – sagt der gute Ton. Wer je eine sehr feine Gräte auf der Zunge kleben hatte, und manche Fische haben verdammt feine Gräten (!), der weiß, wie weltfremd dieser Rat ist. Ehe man sich an einer Gräte verschluckt, geht Vernunft vor gutem Benehmen, und man nimmt, so unauffällig wie möglich, die Finger zu Hilfe.
Zu geräuchertem Fisch wie Aal, Lachs, Makrele oder Stör, wird ebenso wie zu Rollmöpsen, Matjesheringen und anderen marinierten Fischen ein ganz normales Besteck gereicht. Bei diesen Fischen besteht kaum eine Gefahr, eine gefährliche Gräte zu erwischen, sie sind aber im Allgemeinen viel zu fest, um ihnen mit einem Fischmesser beikommen zu können.
Zu der berühmten Bouillabaisse, eine leckere französische Fischsuppe, wird in der Gastronomie meist Löffel und Gabel gereicht. Sollte sie allzugroße Stücke von Hummer oder Languste enthalten, denen man mit den gereichten Besteckteilen nicht beikommen kann, darf man um ein Messer bitten, denn ein Fischmesser würde nichts nützen. Die ebenfalls zur Suppe gereichte Rouille, eine Art scharfe Knoblauch-Öl-Sauce, wird entweder in die Suppe gegeben oder auf das Röstbrot, das ebenfalls bei der Bouillabaisse nicht fehlen darf.

Fleisch- und andere Spieße

Schaschlik und Kebab gehören zu den Speisen, die nicht ganz unproblematisch sind, sollte man doch, bevor man zu essen anfängt, den Spieß, der Fleisch, Fisch, Garnelen oder andere Zutaten zusammen mit Gemüsen durchbohrt, zunächst herausziehen. Das klingt leichter, als es in der Praxis oft ist. Am besten hält man den Spieß mit der Hand

am hinteren Ende fest. Doch Vorsicht, sofern es ein Metallspieß ist, kann er sehr heiß sein! Man hält den Spieß schräg bis fast senkrecht und schiebt das Aufgespießte mit der Gabel ab. Lösen sich die Stücke leicht, kann man alles auf einmal von oben her mit der Gabel vom Spieß herunterdrücken. In jedem Fall ist Behutsamkeit geboten. Manchmal hakt es zunächst ein wenig, weshalb man etwas kräftiger drückt, und dann flutscht es plötzlich wie toll – und zwar gleich über den Tellerrand auf die Tischdecke. Es ist folglich zu raten, die Schieberei unten am Spieß zu beginnen und jeweils nur kleine Portionen zu lösen. Den Spieß legt man, wenn kein Tellerchen dafür vorgesehen ist, oben am Tellerrand ab.
Grundsätzlich kann man mit dem Messer auch um den Spieß herum schneiden, es ist aber umständlich und auch nicht sonderlich elegant.
Fleisch und Gemüse direkt vom Spieß abzuknabbern ist erlaubt, aber nur auf der Straße vor der Döner-Bude.

Fondue
Eine Zeitlang war Fondue, ob Bourguignonne, Chinoise, Fisch-, Käse- oder auch Schokoladenfondue, ein kulinarischer Renner. In jedem Fall braucht man dafür Sondergeschirr und -besteck: nämlich Fonduetopf und Rechaud sowie extrem langstielige, zweizinkige Fonduegabeln mit Holz- oder Porzellangriff. Unterteilte Fondueteller müssen nicht unbedingt sein, normale Essteller tun es auch.
Die Fonduegabel dient lediglich dazu, die Fleisch-, Fisch- oder Gemüsestücke im Fett, beziehungsweise in der heißen Brühe zu garen. Die gegarten Brocken schiebt man dann von der Fonduegabel auf den Teller. Zusammen mit den verschiedenen Saucen werden sie dann mit dem normalen Besteck gegessen. Es ist nicht nur unfein, sondern vor allem auch ausgesprochen gefährlich, die Fondue-

gabel in den Mund zu nehmen. Ihr metallischer Teil kann nämlich unverschämt heiß sein.
Zum Schweizer Käsefondue oder zur italienischen Fonduta braucht man einen Caquelon – ein offenes, glasiertes Steingut oder Tongeschirr mit dickem Griff. Zünftige Käsefondueesser nehmen mit der eigenen Gabel einen Brotwürfel, den sie in die zähflüssige, sehr heiße Käsemasse tunken. Soll es feiner zugehen, macht man es wie beim Fondue und verwendet zwei Gabeln.
Zum Sukiyaki und zum Mongolischen Feuertopf (Fondue Chinoise) braucht man Fonduegabeln, respektive kleine Drahtsiebe, und Stäbchen (siehe dort).

Geflügel

Geflügel – egal, ob feine Stubenküken oder Brahthähnchen, Gans, Truthahn, Ente, Fasan oder Taube – muss bei einem feinen Essen grundsätzlich mit Messer und Gabel bezwungen werden. Das ist insofern sinnvoll, als man meist auch Beilagen und im Allgemeinen auch eine feine Sauce zum Geflügel serviert bekommt. Nähme man die Geflügelteile in die Hand, müsste man das Besteck entweder mit fettigen Fingern anfassen oder die Serviette extrem verschmutzen, denn Geflügelfett kann man mit ein wenig Abspülen in der Fingerschale nicht beseitigen.
Wird nur ein saftiges Grillhähnchen ohne weitere Beilagen serviert, was bei einem feinen Festessen wohl kaum der Fall sein dürfte, wohl aber im Bierzelt auf dem Volksfest, dann darf man selbstverständlich mit den Fingern essen. Allerdings nimmt man nicht die ganze Hühnerhälfte mit beiden Händen auf, man löst vielmer Teile wie Flügel und Schenkel ab und hält sie wenn möglich mit den Fingern einer Hand.
Eine Ausnahme gibt es: Die winzigen Wachteln werden in der feinen Gastronomie als Fingergericht angesehen, was

man auch daran erkennen kann, dass der Gast Fingerschalen mit lauwarmem Wasser hingestellt bekommt.

Gemüse (siehe auch Spargel und Maiskolben)
Je nachdem, wie man besser zurechtkommt, darf man Gemüse mit der Gabel zerteilen oder mit dem Messer schneiden. Nur mit der Gabel zu Mus drücken, wie es manche Esser gern mit Erbsen tun, darf man sie in feiner Gesellschaft keinesfalls. Da wir die Gabel immer mit der Wölbung nach unten benutzen, kann man auch die kullerigen Erbsen mit Hilfe des Messers in die Gabelkuhle schieben und anschließend, hoffentlich sicher, zum Mund führen. Leichter, als sie auf der Messerklinge zu balancieren, ist es allemal! Übrigens, mit den Zinken der Gabel einzeln aufspießen sollte man Erbsen und Maiskörner auch nicht.

Hummer und Langusten (siehe auch Krebse, Krevetten)
Wie man Hummer und anderen großen Krustentieren zu Leibe rückt, hängt nicht zuletzt von der Zubereitungsart ab. Im Restaurant bekommt man die schmackhaften Meerestiere so vorbereitet, dass der Verzehr keine Probleme mehr macht. Selbst wenn der Hummer mit Panzer serviert wird, sind die Scheren doch angeknackt, die Beine meist abgelöst (wenn nicht, dreht man sie ab und bricht sie in den Gelenken) und der Panzer aufgeschnitten, sodass man den Rest mit Hummergabel und normalem Besteck erledigen kann. Um aus den Scheren und Beinen das Fleisch mit der Hummergabel – sie sieht einer Fonduegabel ähnlich – herauspulen zu können, muss man sie in die Hand nehmen. Sehr dünne Beine darf man direkt aussaugen, denn meist kann man hier auch mit der Hummergabel nicht viel ausrichten. Für den Hummerschwanz greift man zum normalen Besteck.

Ein Ragout aus Meeresfrüchten, das auch Hummer enthält, kann mit einem Fischbesteck oder einem normalen Besteck gegessen werden. Für große Stücke Hummerfleisch, etwa einen ausgelösten Hummerschwanz, ist ein normales Besteck zu raten, denn das Krustentierfleisch ist für ein stumpfes Fischmesser viel zu fest. Es ist keine Benimmsünde, in einem Restaurant um ein Fleischbesteck zu bitten, falls einem ein Fischbesteck gereicht wurde.

Kanapees
Sie sollten so klein sein, dass man sie unproblematisch aus der Hand in den Mund befördern kann. Leider sind sie das nicht immer. Das heißt, man kriegt sie zwar zur Not in den Mund, ohne davon abbeißen zu müssen, aber der Mund ist dann so voll, dass man keinen sehr schönen Anblick für die Anwesenden bietet. Da Kanapees grundsätzlich aus der Hand gegessen werden und meist nur Servietten, keine Teller, dazu gereicht werden, ist es problematisch, wenn man von den Happen abbeißen muss. Leicht fällt etwas vom üppigen Belag herunter oder man verschmiert sich die Lippen mit Mayonnaise.
Auch wenn es die Häppchen bei einer Stehparty gibt, sollte der umsichtige Gastgeber (Papp-)Teller und auf jeden Fall Papierservietten in ausreichender Menge bereitstellen. Spieße, mit denen irgendwelche Verzierungen auf den Häppchen festgesteckt waren, legt man auf diesem Teller ab oder auf einem Teller am Büfett, nicht in irgendeinem Aschenbecher.

Kartoffeln und Klöße
Kartoffeln, gleich auf welche Weise zubereitet, dürfe man niemals mit dem Messer schneiden, hieß es früher. Man müsse sie mit der Gabel zerkleinern, sonst, so die drastische Mahnung, zerschneide man die Ehre des Hausfrau.

Der Grund für diese Regel war freilich ein anderer: Die nicht rostfreie Messerklinge lief an, wenn man Kartoffeln mit ihr schnitt, und die Kartoffel selbst schmeckte metallisch. Da das mit den heutigen Edelstahlklingen nicht mehr passieren kann, bin ich für einen gelegentlichen klaren Schnitt. Zum Beispiel bei Pommes frites, die manchmal in einer Länge auf den Teller kommen, die für den normalen Mund nicht verkraftbar ist, die aber so kross frittiert sind, dass man sie ohne Mühe und Gefahr mit der Gabel nicht durchteilen kann. Mit der Hand darf man nur die Pommes essen, die man sich an der Frittenbude geholt hat.

Auch kleine, im Ganzen geröstete Kartoffeln darf man mit dem Messer durchschneiden, ehe sie beim Versuch, sie nur mit der Gabel zu zerteilen, vom Teller springen. Ebenfalls ein schwerer Benimmfehler soll es sein, eine Kartoffel mit der Gabel in die köstliche Sauce zu quetschen. Grundsätzlich ist das richtig, doch sollte man ein wenig differenzieren. Ein kleines Stückchen Kartoffel abgeteilt, ganz leicht in die Sauce gedrückt, sofort mit der Gabel aufgenommen und verzehrt – das kann ich persönlich so furchtbar schlimm nicht finden. Unschön ist es allerdings in der Tat, wenn jemand alle Kartoffeln, die er auf dem Teller hat, auf einmal in die Sauce quetscht oder gar das Ganze noch kräftig mit den übrigen Gemüsen vermantscht.

Gebackene Kartoffeln werden in der Alufolie auf dem Teller serviert oder auf einem kleinen Extrateller gereicht; meist mit etwas Butter, eventuell auch mit saurer Sahne oder Kräuterquark. Egal wie, es gibt einen kleinen Löffel dazu, mit dem man die Kartoffel auslöffelt, die Schale lässt man samt Folie stehen. Um gekonnt löffeln zu können, darf man die Kartoffel mit der freien Hand an der Folie festhalten.

Knödel und Klöße, ob auf Kartoffel-, Mehl-, Grieß- oder anderer Basis hergestellt, durften früher ebenfalls niemals mit dem Messer geschnitten werden. Ein dicker, fester Kartoffelknödel, der in einer leckeren Fleischsauce schwimmt, ist aber so ziemlich das Glitschigste, was einem unterkommen kann. Wie oft sind schon saucentropfende Knödel über blütenweiße Damasttischtücher gekullert, nur weil der gute Ton gewahrt werden sollte! Wie viel sicherer ist es da, einen Knödel mit der Gabel zu halten, während man mit dem Messer davon abschneidet (und selbst dabei bei aller Vorsicht kann noch so manches Unglück geschehen).

Käse

Er wird sowohl als Brotbelag als auch zum Abschluss eines Menüs gereicht – entsprechend ändert sich die Art, wie man ihn essen kann.

Hartkäse, der als Brotbelag gedacht ist, wird entweder schon in Scheiben geschnitten aufgetragen oder man legt einen Käsehobel dazu. So kann der Gast sich vom Stück Scheiben abhobeln, die er sich auf das gebutterte Brot legt, das er dann mit Messer und Gabel verzehrt.

Hartkäse, der Bestandteil einer Käseplatte zum Abschluss eines Menüs ist, wird nicht abgehobelt. Man schneidet sich mit dem Käsemesser oder -beil, das auf der Käseplatte liegt, ein Stück ab, das man sich auf den eigenen Teller legt. Von dort isst man es mit Messer und Gabel pur oder mit Brot, das man in mundgerechte Stücke bricht und aus der Hand verzehrt.

Weichkäse als Brotbelag schneidet man in dünne Scheiben, die man sich aufs Brot legt. Dienen Weich- und Edelpilzkäse als Menüabschluss, nimmt man wiederum kleine Portionen auf den Teller und setzt mit dem Messer Reiter auf ein mundgerecht gebrochenes Stückchen Brot, das

man dann mit der Hand zum Mund führt. Man darf Weichkäse auch löffeln, aber Käse und Löffel ist für viele eine höchst ungewohnte Zusammenstellung.
Ob man vom Käse eine grundsätzlich essbare Außenschicht entfernt, ist in vielen Fällen schlicht eine Geschmacksfrage. Es gibt Menschen, die die weiße Schimmelschicht eines Camembert nicht mögen. Es steht ihnen folglich frei, diese zu entfernen. Während man jedoch den Paprika oder die Kräuter nicht abschaben wird, die ein Frischkäsebällchen umhüllen, wird man die gelbe oder rote Wachshaut über einem Geheimratskäse oder einem Gouda ganz sicher entfernen und dabei auch die darunter befindliche Rinde. Die abgeschnittene Käserinde schiebt man an den Tellerrand.
Beim Zusammenstellen einer Käseplatte sollte man sich weitgehend an den Käsesorten eines Landes oder einer Großregion orientieren, also nicht unbedingt einen Gjetöst (brauner norwegischer Ziegenkäse) zu vorwiegend italienischen Käsesorten servieren. Hart- und Weichkäse aus ein und derselben Region kann man dagegen sehr gut kombinieren, also neben einem Pecorino auch einen Gorgonzola und einen Bel Paese auf die Käseplatte legen. Auch sollten immer mehrere Sorten zur Auswahl stehen, es sei denn, ein Käse verträgt seiner ausgeprägten Eigenwilligkeit wegen keinen anderen Käse in seiner Nähe, wie etwa ein Stilton, den man mit frischen Walnüssen, Portwein und Hafermehlcrackern reicht.

Kaviar

Echter Beluga gehört so ziemlich zum Teuersten und Edelsten, was man serviert bekommen kann. Ob nun dieser vom Stör stammende schwarze oder graue Kaviar oder ob der rote Lachskaviar gereicht wird, in jedem Fall streiten sich die Gourmets, wie man ihn essen soll. Nur in einem Punkt herrscht Einigkeit: Sehr gut gekühlt soll er sein, weshalb Kaviar in Restaurants in Spezialschalen auf den Tisch kommt, die auf gestoßenem Eis stehen. Aus diesen Schalen nimmt man sich aus dem ebenfalls dazu eingedeckten Speziallöffel kleine Portionen auf den Vorspeisenteller. Nun kann man den dazu gereichten Toast – andere bevorzugen Schwarzbrot – in mundgerechte Stücke brechen, buttern und dann ein wenig vom Kaviar mit dem Löffel daraufgeben. Oder man isst Kaviar und Brot getrennt.

Werden Blinis (das sind kleine Buchweizenpfannkuchen) oder Pellkartoffeln zum Kaviar gereicht, so isst man mit Messer und Gabel oder mit dem Kaviarbesteck aus Horn oder Perlmutt.

Meist werden nur die unedleren Kaviarsorten mit gehackten Zwiebeln und Ei serviert. Auch dann isst man mit Messer und Gabel.

Diskret verschwiegen wird in allen Benimmbüchern, dass die kleinen schwarzen Kaviarperlen (besonders die vom Seehasen, die man auch gern als Verzierung für andere kalte Zubereitungen wie Kanapees verwendet) die Angewohnheit haben, in winzigsten Zahnlücken sowie zwischen Zähnen und Zahnfleisch hängen zu bleiben – und zwar einen ganzen Abend lang.

Der Champagner, den man gewöhnlich dazu trinkt, spült sie auch nicht weg, es sei denn, man bewegt ihn wie Zahnputzwasser im Mund, was der gute Ton allerdings verbietet. Wer Kaviar gegessen hat, sollte also möglichst nach dem Essen einen diskreten Blick in einen Spiegel werfen und, wenn nötig, kurz entschlossen den Mund gründlich mit Wasser ausspülen.

Kirschen
Frische helle Kirschen (oder auch die relativ kleinen Mirabellen) isst man mit der Hand. Die Kerne bugsiert man von der locker zur Faust gelegten Hand auf den Tellerrand, man spuckt sie nicht direkt auf den Obstteller zurück. Handelt es sich um dicke, dunkelrote Herzkirschen, wird ein umsichtiger Gastgeber Löffel aufdecken, mit deren Hilfe man sich der Kerne entledigt, denn sie würden in der Hand hässliche Obstflecken hinterlassen. Gibt es keine Löffel, behilft man sich, wie von Loriot empfohlen, indem man die Kerne wie ein Hamster in den Backentaschen speichert.

Klopse, Frikadellen, Geschnetzeltes
Weiche Fleischzubereitungen, wie Königsberger Klopse, Frikadellen (Buletten) oder Ähnliches, und Fleisch, das bereits in mundgerechte Stücke geschnitten ist, wie Gulasch oder Geschnetzeltes, wird nicht mit dem Messer, sondern mit der Gabel zerteilt – hieß es früher. Und das ist meiner Meinung nach ein alter Zopf.
Nichts spricht dagegen, einen Klops mit dem Messer zu zerteilen. Ein großer Brocken Rindergulasch ist oft ohne Messer überhaupt nicht zu bewältigen, es sei denn, das Fleisch wäre völlig verkocht. Außerdem hat man ja meist zusätzliche Beilagen auf dem Teller. Allein mit der Gabel lässt sich längst nicht so gut essen, wie mit Messer und Gabel, denn das Messer hat ja auch eine Schieberfunktion. Warum soll man das Messer, das man ohnehin schon in der Hand hat, nicht auch zum Schneiden benutzen? Das gilt übrigens auch für gefüllte Gemüse, beispielsweise gefüllte Paprika, die den Rezepten der neuen Küche entsprechend oft so zubereitet sind, dass das Gemüse noch ausgesprochenen Biss hat. Versuchen Sie einmal, eine bissfeste grüne Paprikaschote nur mit der Gabel zu zerteilen!

Konfekt

Pralinen darf man direkt aus der Packung anbieten, und der Gast darf mit den Fingern zugreifen. Allerdings muss er die Praline, die er angefasst hat, auch nehmen. Abbeißen ist gefährlich. So manche Praline hat, auch wenn man es ihr von außen nicht ansieht, eine flüssige oder cremige Füllung. Pralinen aus der eigenen Herstellung eines Konditors werden im Allgemeinen in Papier- oder Zellophantüten verkauft. Eine solche Tüte lässt man natürlich nicht unter Gästen herumgehen. Vielmehr legt man die Pralinen auf ein Tellerchen oder in eine Konfektschale. Auch hier dürfen sich Gäste mit der Hand bedienen, man muss keine Zucker- oder gar besondere Konfektzange dazulegen. Das gilt auch für trockenes, nicht klebendes Kleingebäck.

Kandierte Früchte sind meist etwas klebrig und oft zu groß, als dass man sie in einem Stück in den Mund stecken könnte. Zu ihnen reicht man kleine Konfektgäbelchen. Holzspieße tun es aber auch.

Krebse

Ein Problem bilden Krebse nur dann, wenn sie frisch gekocht im Ganzen auf den Tisch kommen. Da sie wie kleine Hummer aussehen, werden sie im Prinzip auch auf die gleiche Art verspeist. Da die Panzer aber weicher sind, bekommt man keine Zange, sondern ein spezielles Krebsmesser. Da es bei der Prozedur fast zwangsläufig spritzt, und der rote Krebssaft wunderschöne Flecken macht, die aus empfindlicher Kleidung nie wieder rausgehen, bekommt der Gast eine spezielle Serviette, die wie ein Kinderlätzchen aussieht und auch so angelegt wird.

Dann kann es losgehen: mit Fingern, Krebsmesser und eventuell einer Gabel. Zunächst bricht man dem Krebs den Schwanz ab. Dazu nimmt man ihn in die Hand, biegt

den Schwanz nach oben und dreht ihn ab. Rutscht das Fleisch dabei nicht schon von selbst heraus, schneidet man den Panzer an der Unterseite mit dem Krebsmesser auf oder öffnet es mit den Fingern. Beine und Scherenspitzen werden geknackt, indem man sie durch das Loch im Krebsmesser schiebt, dann kann man die Beine auslutschen. Die Scheren werden mit dem Krebsmesser aufgeschnitten. Das Fleisch aus dem Krabbenschwanz und aus den Scheren kann man mit der Gabel oder direkt aus der Hand zum Mund führen.
Auf jeden Fall müssen zum Krebsessen Fingerschalen und ein Teller für die Abfälle bereitstehen.

Krevetten, Garnelen, Krabben
Diese kleineren Krustentiere werden meist fertig ausgepult zu Tisch gebracht und mit Messer und Gabel verzehrt. Sind sie Bestandteil einer Vorspeise, die meist als Scampi-, Shrimps- oder Garnelen-Cocktail auf Salatblättern im Glas serviert wird, so erhält man dazu eine Vorspeisengabel und einen -löffel.
Kommen die kleinen Krustentiere als Ganzes in der Schale auf den Tisch, werden sie mit den Fingern aufgebrochen und aus der Hand gegessen. Man hält die Garnele am Kopf, biegt den Körper gerade und zieht ihn mit einer Drehung aus dem Panzer.
Bei größeren Exemplaren dreht man zuerst den Kopf ab, drückt auf den Panzer, um ihn zu lockern, und öffnet ihn dann. Auch der wie ein dünner, schwarzer Faden aussehende Darm darf mit den Fingern entfernt werden. Selbstverständlich werden auch hier Fingerschalen mit warmen Zitronenwasser benötigt.

Kuchen und Torten

So genannte trockene Kuchen, also alle Rührkuchen wie Zitronen-, Sand-, Marmorkuchen oder Stolle, werden, so heißt es, mit der Hand gegessen, indem man auf dem Kuchenteller Bröckchen davon abbricht, die man dann zum Munde führt. Leider ist ein Kuchen, der so staubtrocken ist, dass man auf diese Art mit ihm verfahren könnte, eigentlich den Verzehr nicht wert. Abgesehen davon, dass auch trockene Kuchen oft einen dünnen Schokoladen- oder Zuckergussüberzug haben, enthalten sie Fett und manchmal auch Rosinen oder Ähnliches. Kurz und gut, meist hat man zum Schluss ziemlich klebrige Finger, und auch die Papierserviette hilft da wenig. Finger ablecken ist aber nicht erlaubt! Ich reiche zu Gebäck – ausgenommen Weihnachts- oder andere Plätzchen – grundsätzlich einen Teller und Kuchengabeln. Wer die Gabel nicht benutzen möchte, kann es bleiben lassen, ich meinerseits möchte sie beim Kuchenessen nicht vermissen.

Der Anschnitt eines Kastenkuchens, das dicke vordere oder hintere Ende, gehöre nicht auf die Kuchenplatte, las ich gerade neulich erst in einem neueren Benimmbuch. Gut, wenn man feine Gäste erwartet, hält man sich daran. Es gibt aber Leute, die mögen gerade den Anschnitt besonders gern, weshalb ich meine Gäste frage, ob jemand dieses Stück möchte. Oft stellt sich dann heraus, dass es schade ist, dass der Kuchen nur zwei Enden hat.

Stücke von runden Kuchen und Torten kommen in Keilen auf den Teller und sind von der Spitze zum dicken Ende hin zu verzehren. Es genügt, dass man das weiß, um sich im Notfall daran halten zu können. Wenn ich im Café ein Stück Käsekuchen auf den Teller bekomme und sehe, dass hinten eine dicke, harte, wahrscheinlich wenig schmackhafte Mürbeteigkruste sitzt, dann esse ich die zuerst oder lasse sie sogar liegen. Bei Privateinladungen nehme ich mich zusammen und esse nach Vorschrift. Nur bei meiner Freundin verzehre ich das harte Endstück zuerst.

Maiskolben
Frische Maiskolben mit Butter und etwas Salz isst man bei guten Freunden aus der Hand. Im Restaurant bekommt man zu den Maiskolben entweder zwei kleine dreizinkige Gabeln gereicht, oder in den Kolben stecken bereits Spieße, an denen man sie anfassen kann. Man führt die Kolben damit zum Mund und nagt die saftigen Körner direkt ab.

Mirabellen (siehe Kirschen)

Muscheln (siehe auch Austern)
Große Pilger- und Jakobsmuscheln werden oft auf der eigenen Schalenhälfte in cremiger Sauce überbacken als Vorspeise gereicht. Man isst sie mit der Gabel oder mit der Fischgabel. Das Gleiche gilt für überbackene Miesmuscheln. Sind die festfleischigen Pilgermuscheln Bestandteil eines Meerestierragouts, wird dazu ebenfalls ein Fisch- oder Fleischbesteck eingedeckt.
Für im Sud gekochte Miesmuscheln, die in der Schale serviert werden, braucht man kein Besteck, man benutzt eine leere Muschel als Zange. Lediglich die erste Muschel kann mit der Gabel ausgelöst werden. Wer lieber alle Muscheln mit der Gabel aus der Schale angelt, darf das selbstverständlich tun. Auch in diesem Fall wird die Muschel in der einen Hand gehalten. Das heißt, es werden Fingerschalen gebraucht sowie ein Teller, auf dem man die leeren Muschelnschalen ablegen kann. Der Sud, der sich unten im Teller sammelt, wird zum Schluss mit dem Löffel ausgegessen.

Oliven

Sofern ganze Oliven, denen man in bunten Salaten und anderen Gerichten der mediterranen Küche begegnen kann, Kerne enthalten, gibt man sie aus dem Mund auf die Gabel zurück und legt sie am Tellerrand ab. Was die grüne Olive im Dry Martini angeht, siehe Bowlenfrüchte.

Orangen

Mit dem Obstmesser schneidet man die Schale der in der Hand gehaltenen Frucht ringsum jeweils vom Blütenansatz zum Gegenpol ein. Dann zieht man die Schalensegmente beiseite, sodass die Frucht wie auf den Schalenkranz gebettet liegt. Mit der Hand darf man die Fruchtsegmente voneinander trennen, doch führt man sie in feiner Gesellschaft mit der Gabel zum Mund (bei Freunden mit der Hand). Vermutet oder sieht man Kerne in den Segmenten, schneidet man sie vorsichtig auf und drückt die Kerne mit der Gabel heraus.
Andere Zitrusfrüchte, wie etwa Grapefruits, werden eher zum Frühstück gereicht. Die halbierte, aber ungeschälte Frucht liegt auf einem Extrateller. Die einzelnen Segmente sind entweder schon mit einem scharfen Messer angeschnitten, dann kann man sie mit einem normalen Dessert- oder Kaffeelöffel aus der Schale heben, oder man nimmt einen besonderen Grapefruitlöffel, der eine scharfe Innenkante hat. Wer mag, kann die Grapefruit mit Zucker bestreuen.

Pastagerichte (siehe auch Spaghetti)

Italienische Nudelgerichte erfreuen sich auch bei uns immer größerer Beliebtheit. Im Allgemeinen dient allein die Gabel als Hilfsmittel beim Verzehr. Dabei dürfen lange Nudeln, die sich nicht um die Gabel wickeln lassen, wie etwa Makkaroni, mit der Gabel mundgerecht zerteilt

werden. Ebenso darf man große Ravioli zunächst mit der Gabel durchteilen.
Nudelgerichte aus dem Backofen, wie Lasagne und Cannelloni, haben häufig eine feste, knusprige (Käse-)Kruste und dürfen wie ein salziger Auflauf mit Messer und Gabel gegessen werden, wenn die Gabel allein zum Zerteilen nicht ausreicht.

Pasteten

Pasteten sind in Teig gegarte Farcen (Füllungen). Ohne Teigumhüllung in einer Steingut- oder Gusseisenform gegarte Farcen nennt man Terrinen oder, sofern die Umhüllung aus Fleisch, Fisch oder Geflügelfleisch besteht, Galantinen. Alle drei können einen so genannten Kern haben, ein ganzes Fleisch- oder Fischfilet zum Beispiel, bei Gänseleberpastete oft eine schwarze Trüffel.
Die Frage, ob man Pasteten nur mit der Gabel oder mit beiden Besteckteilen isst, kann also nicht einheitlich beantwortet werden. Es kommt drauf an. Gibt es etwas zu schneiden, dann nimmt man das Besteck, sonst bedient man sich nur der Gabel.
Bouchées (mit heißem Ragout gefüllte Blätterteigpasteten) verzehrt man üblicherweise nur mit der Vorspeisengabel. Zu Bouchées, die mit einem Fisch- oder Meerestierragout gefüllt sind, können auch Fischbestecke eingedeckt werden.
Russische Piroggen, spanische Empanadas, indische Samosas und was es sonst an kleinen, teigumschlossenen Pastetchen gibt werden zu Wein und Bier gereicht und aus der Hand genossen. Papierservietten nicht vergessen!

Salat

Salat, so heißt es noch heute in sehr vielen Benimmbüchern, dürfe nur mit der Gabel gegessen werden; das

Messer dürfe nicht einmal als Schieber oder Hilfsmittel beim Aufspießen großer Salatblätter unterstützend eingesetzt werden. Das ist, so wie Salate heute oft serviert werden, ein undurchführbares Kunststück. Oft landen die Kopfsalatblätter in voller Größe auf dem Salatteller. Wenn sie frisch sind, haben sie aber Spannkraft. Wenn man sie also nur mit der Gabel zusammenfaltet und aufpiekst, was in sich schon sehr schwer ist, springen sie meist kurz bevor man sie in den Mund stecken will, wieder auf. Es spritzt nach allen Seiten, das halbe Gesicht ist vom Salatblatt verdeckt, man muss – mit Verlaub – das Maul aufreißen, damit man das Blatt am Stück hineinstopfen kann. Strenge Benimmwächter empfehlen deshalb, im Restaurant nach dem Ober zu rufen, den Salat in die Küche zurückgehen zu lassen und um mundgerechte Zerkleinerung zu bitten. Was für ein Trara!

Ich finde, einen grünen oder gemischten Salat darf man mit Messer und Gabel essen. Und alles, was für einen einfachen Gabelhappen zu groß wäre, darf man selbst mit dem eigenen Messer klein schneiden.

Oft wird im Restaurant der Salat, der zum Hauptgericht gehört, schon vorab serviert. Eigentlich, so heißt es, dürfe man diesen Salat nicht vorweg verzehren. Manche Menschen haben aber einen sehr triftigen Grund, zuerst den kalten Salat zu essen und sich dann dem warmen Hauptgericht zuzuwenden. Dieser Grund ist nicht ihr unbändiger Hunger. Vielmehr haben sie Zähne, die auf heiß und kalt und besonders auf einen Wechsel zwischen den beiden sehr empfindlich und schmerzhaft reagieren. Ihnen – und allen anderen – sollte gestattet sein, die Speisen in der Reihenfolge zu verzehren, wie es ihnen angenehm ist: also beispielsweise auch den Salat bis zum Schluss aufzuheben und nach dem eigentlichen Hauptgang zu essen.

Schinken

So köstlich roher Schinken schmeckt, so hartnäckig gebärdet er sich oft, wenn man ihn schneiden oder gar beißen will. Es ist daher erlaubt und ratsam, Schinken, den man zum Frühstücksbrötchen gereicht bekommt, mit Messer und Gabel zu essen. Das gebutterte Brot oder Brötchen isst man aus der Hand dazu. Als Gastgeber reicht man nach Möglichkeit ein Messer mit Sägeschliff zu rohem Schinken.

Schnecken

Weinberg- oder Achatschnecken sind ebenso wie Froschschenkel heute bei uns eher verpönte Gerichte, denn die Tiere gehören zu den bedrohten Arten. Dennoch kommen sie, vor allem in Frankreich, noch häufig als Delikatesse auf den Tisch.

Für Schnecken braucht man spezielle Schneckenpfännchen. Das sind feuerfeste Geschirre mit meist sechs, manchmal zwölf Vertiefungen. Werden die Schnecken in ihrem Haus serviert, was heute seltener vorkommt, benötigt man außerdem kleine, zweizinkige Schneckengabeln und Scheckenzangen. Die Schnecken kommen in der brutzelnd heißen Kräuter-Knoblauch-Butter direkt aus dem Ofen auf den Tisch. Die Handhabung der Zange, mit der man die Häuser greifen muss, ist nicht ganz einfach: Man braucht dazu Kraft, denn man muss sie so weit aufdrücken, dass sie das Schneckenhaus an seiner dicksten Stelle umfasst. Da man die Zange üblicherweise in der linken Hand hält, ist das besonders schwierig, vor allem muss man darauf achten, dass die Zange das Haus voll umgreift, sonst kann es wegflutschen. Hat man das Haus fest im Zangengriff, lässt man erst einmal die heiße Butter aus dem Haus in die Vertiefung des Tellers laufen. Dann fährt man mit der zweizinkigen Gabel in das Haus

und angelt die Schnecke heraus. Vorsicht, sie ist wahrscheinlich sehr heiß! Die ebenfalls sehr heiße Butter darf man mit Brot auftunken, das Brot isst man aus der Hand. Das leere Schneckenhaus legt man in die Tellerkuhle zurück. Manche Schneckenfans lassen die Kräuter-Knoblauch-Butter lieber auf einen Löffel laufen und genießen sie ohne Brot.
Da der Umgang mit der Schneckenzange so schwierig ist, sind viele Gastronome dazu übergegangen, die Schnecken ausgelöst in den Vertiefungen der Schneckenteller zu servieren. Man kann sie dann mit einer normalen Gabel essen.

Soufflés
Salzige Soufflés werden üblicherweise mit der Gabel gegessen. Zu süßen Soufflés wird meist ein Dessertbesteck mit Gabel und Löffel eingedeckt. Nach eigener Wahl darf man das eine oder andere Besteckteil benutzen.

Spaghetti (siehe auch Pastagerichte)
Es hat sich längst herumgesprochen, dass diese beliebte italienische Vorspeise mit der Gabel, allenfalls mit Gabel und Löffel gegessen wird. In Italien serviert man Spaghetti auf einem tiefen Teller, wobei der Tellerrand die Funktion des Löffels übernimmt. Er gibt der Gabel, die gedreht wird, um die langen Nudelfäden aufzuwickeln, einen Widerpart. Mit den Gabelzinken nimmt man nur ganz wenige Nudeln auf, denn das Wickelpaket kann beachtliche Dicke erreichen, vor allem bei echt italienischer Pasta, die etwa um das Doppelte länger ist als die üblichen deutschen Spaghetti. Hat man sich vertan und eine Rolle auf der Gabel, die man nur in den Mund bekäme, würde man ihn sperrangelweit aufreißen, lässt man lieber die ganze Portion von der Gabel gleiten und fängt noch einmal zu

drehen an. Den Rest der Sauce und die übrig gebliebenen kurzen Nudelstückchen nimmt man mit der Gabel oder dem Löffel auf.
Kindern bereitet es einen Mordsspaß, einzelne Nudeln schlabbernd in den Mund zu saugen. Erwachsene müssen sich dieses Vergnügen in Gesellschaft verkneifen.
Genauso wie Spaghetti isst man auch die langen, flachen und schmalen Fettuccine, Taglierini und Tagliatelle genannten Bandnudeln. Die breiten Papardelle kann man nicht mehr um die Gabel wickeln. Sie werden in Ziehharmonikamanier aufgespießt.

Spargel
Die zarten weißen oder grünen Gemüsestangen durften früher niemals mit dem Messer geschnitten werden. Vielmehr hob man die einzelne Spargelstange mit Unterstützung der Gabel zum Mund, hielt sie dabei mit den Fingern am Ende fest und aß sie in einem Stück vom Kopf zum Fuß, wobei man das eventuell spelzige Ende nur auslutschte.
So kann man es heute auch noch machen, üblich ist es aber nicht mehr. Man darf Spargel heute mit dem Messer in Stücke schneiden, die man mit der Gabel zum Mund führt, wobei man den zarten Kopf jeweils bis zum Schluss aufheben darf. Diese Essweise ist auch insofern sinnvoll, als meist nicht nur der reine Spargel serviert wird. Man bekommt entweder zerlassene Butter oder eine andere Sauce dazu, die beim Essen aus der Hand leicht tropfen könnte. Außerdem könnte es andere Beilagen, vielleicht gekochten Schinken, Räucherlachs, kleine Kalbsmedaillons dazu geben, und die dürfte man ohnehin nicht aus der Hand verzehren.

Stäbchen

Viele Gerichte der chinesischen, der japanischen und anderer asiatischen Küchen werden mit Stäbchen gegessen. Chinesische Stäbchen sind hinten viereckig und vorne rund, aber stumpf. Japanische Stäbchen wirken etwas zierlicher und laufen vorn fast spitz zu.

Auch der Europäer kann die Handhabung dieses Essbestecks lernen: Das erste Stäbchen wird wie ein Bleistift in die Daumenkuhle genommen, jedoch gegen den Ringfinger abgestützt. Dann nimmt man das zweite Stäbchen parallel dazu, ebenfalls wie einen Bleistift, es wird von Zeige und Mittelfinger geführt, der Daumen gibt Halt.

Zwar lässt sich mit Stäbchen, wenn man erst einmal mit ihnen umgehen kann, so präzise greifen, dass man ein einzelnes Reiskorn aufnehmen kann, dennoch ist es in China üblich, die Reisschale in die Hand zu nehmen, nahe an den Mund zu führen und den Reis mit eng zusammengehaltenen Stäbchen zu schaufeln. Fleisch, Fisch und Gemüse werden dann von den zahlreichen Platten auf dem Tisch mit den Stäbchen genommen.

In deutschen Chinarestaurants bekommt der Gast, der mit Stäbchen essen möchte, eine Schale, denn von einem flachen Teller kann man nur schwer mit Stäbchen essen. Wer dagegen mit normalem Besteck essen will, bekommt einen flachen Teller. Es ist ein Gebot der Höflichkeit dem Personal gegenüber, gleich bei der Bestellung zu sagen, welches Besteck man wünscht, damit nicht erst die falsche Garnitur gebracht wird. Oft wird man auch von der Bedienung danach gefragt.

Die Suppe wird ebenfalls in kleinen Schalen serviert und mit dem Porzellanlöffel gegessen. Auch das ist etwas ungewohnt und muss erst ein wenig geübt werden.

Dim Sums, kleine gedämpfte oder frittierte Teigtaschen mit Füllung, werden mit Stäbchen gegriffen und entwe-

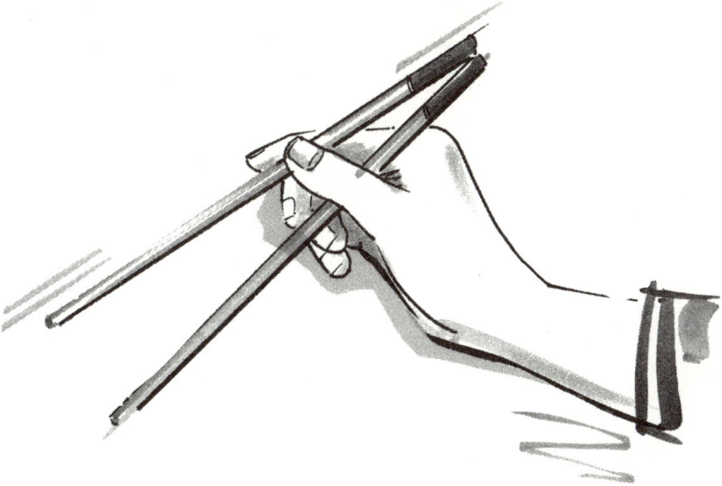

Das erste (untere) Stäbchen zwischen Ringfinger, Mittelfinger und Daumen einklemmen, das zweite Stäbchen parallel dazu legen

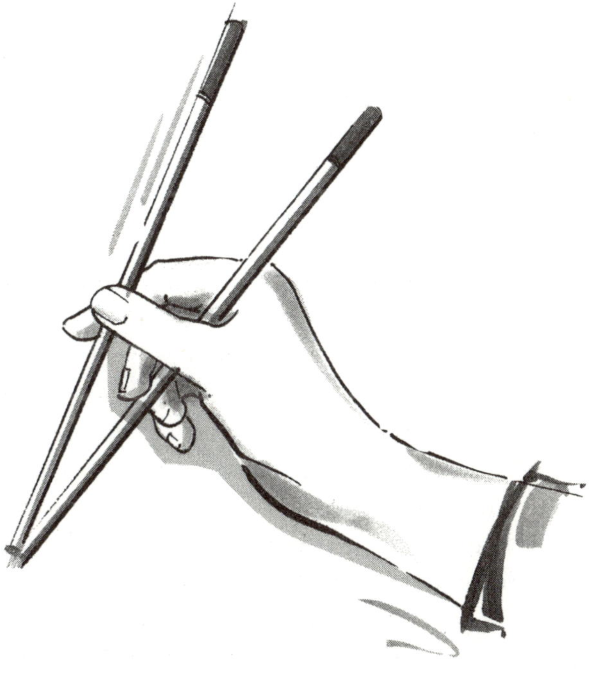

Das untere Stäbchen bleibt fest eingeklemmt, das obere muss frei beweglich sein

der ganz in den Mund gesteckt oder man beißt einmal von ihnen ab. Eine Ausnahme bilden die ziemlich großen Frühlingsrollen. Sie werden bei uns mit der Gabel verspeist. Sollten sie sehr kross frittiert sein, darf man auch das Messer zu Hilfe nehmen.

Weintrauben
Wird eine Schale mit Obst herumgereicht, auf der auch eine ganze Traube liegt, so trennt man von ihr mit der Hand oder mit der Traubenschere, sofern eine auf der Schale liegt, einen Stengel ab. Diesen Stengel legt man sich auf den eigenen Obstteller. Mit den Fingern zupft man die einzelnen Beeren ab und führt sie zum Mund. Auch wenn es für Sterbliche verlockend sein mag, darf nur Gott Dionysos die ganze Traube hochheben und mit dem Mund die Beeren von ihr abzupfen. Kerne und zu harte Schalen spuckt man aus, und zwar zunächst in die zur lockeren Faust gelegte Hand. Von dort befördert man sie an den Rand des Obsttellers.

Würstchen
Würstchen, die ohne Beilagen nur mit einer Semmel und einem Klacks Senf gereicht werden, darf man aus der Hand essen. Man kann das Würstchen auch mit einer nicht fusselnden Papierserviette halten. Wird zu den Würstchen eine andere Beilage als eine trockene Scheibe Brot oder ein Brötchen gereicht, also etwa ein Kartoffel- oder Krautsalat, benutzt man für Beilage und Würstchen das Besteck. In einem feinen Restaurant wird man mit dieser Art von Essen ohnehin nicht konfrontiert. Üblicherweise begegnet man ihm an Imbissständen auf der Straße oder auch auf Messen. Dort bekommt man die Würstchen meist auf einem Pappteller und dazu ein Plastikbesteck. So manches Plastikmesser, auch wenn es eine

Säge hat, ist aber der harten Pelle einer Rinds- oder Rotwurst nicht gewachsen. Ehe man sich versieht, hat man den Griff in der Hand und die Schneide auf dem Teller liegen. Dann gabelt man kurz entschlossen die Beilage und nimmt das Würstchen in die Hand.

Die Weißwurst wird als typisch bayerische Spezialität auch auf bayerische Art gegegessen, und das heißt zunächst: niemals nach zwölf Uhr mittags. Zudem wird nur der eine Zipfel abgeschnitten, dann wird die Wurst in die Hand genommen, in den süßen Senf getunkt und »ausgezuzelt«, also aus der Schläue gesaugt und genuckelt. Die Preußen, denen die Weißwurst meist ohnehin zu fad ist, dürfen das Schmankerl mit Messer und Gabel verzehren.

Zucker und Süßstoff

Zu Streuzucker gehört unbedingt ein Zuckerlöffel, mit dem man sich den Zucker aus der Dose in den Kaffee oder ein anderes Getränk tut, ohne den Löffel dabei in die Flüssigkeit zu tauchen! Man rührt nur mit dem eigenen Kaffeelöffel um. Würfelzucker dagegen darf ohne Löffel oder Zuckerzange auf den Tisch kommen, man bedient sich mit den Fingern. Wenn man eine Zuckerzange besitzt, sollte man sie allerdings nicht verschämt in der Schublade verstecken.

Süßstoff sollte weder in flüssiger Form in Tropfflaschen auf den Tisch kommen, noch in Pastillenform in den handelsüblichen Druckspendern. Das kann man machen, wenn man en famille ist. Für Gäste stellt man ein kleines Schälchen mit Süßstoffperlen auf den Tisch, aus dem man sich wie beim Würfelzucker mit der Hand bedienen kann. Es gibt aber auch – was gibt es nicht? – winzig kleine Zangen für Süßstoff.

Ein Wort zum Schluss

Was soll man machen, wenn man bei Bekannten zum Essen eingeladen ist und mit ungewöhnlichen Besteckteilen konfrontiert wird, deren Handhabung man nicht kennt? Ganz einfach: Man darf höflich und interessiert um Belehrung bitten. Als Gastgeber jedoch sollte man nicht unbedingt eingreifen und den Gast blamieren, indem man sagt: »Schauen Sie mal, das macht man so.« Auch wenn man in einem Restaurant ist, darf man sich vom Versierteren am Tisch zeigen lassen, wie es geht, es sei denn, ein verstohlener Blick würde genügen, sich zu informieren.

Sogar wenn man vom zukünftigen Chef zum so genannten Testessen eingeladen ist, dürfte es wahrscheinlich gescheiter sein, sich zu outen und zu gestehen, dass man noch nie mit einer Schneckenzange hantiert hat, als unsicher damit herumzustümpern und dadurch möglicherweise eine arge Kleckerei zu veranstalten. Solange man sonst über die geforderten Tischmanieren verfügt, sollte der Chef eigentlich erfreut sein, wenn man sich lernbegierig zeigt.

Im Restaurant

Man geht ins Restaurant, um rasch in der Mittagspause eine Kleinigkeit zu essen, um mit dem Partner, mit lieben Bekannten oder Freunden ein exklusives Mahl zu genießen oder um Geschäftspartner zu einem Arbeitsessen einzuladen. Die Gastronomie bietet ein breit gefächertes Sortiment von Lokalitäten, es reicht vom Selbstbedienungslokal bis zum Nobelrestaurant mit Starkoch. In dem einen kann man essen, in dem anderen wird gespeist. So jedenfalls scheint es gelegentlich, wenn man an blasierte Oberkellner gerät, die den Gast spüren lassen, dass sie es im Grunde als Zumutung empfinden, diesen Restaurantbesucher bedienen zu müssen. Zum Glück kommt das nur selten vor, meist trifft man auf sehr höfliches und zuvorkommendes Personal. Dennoch versteht es sich, dass man sich als Gast in einem Restaurant der Spitzenklasse anders verhält, als in der Dorfschänke oder im Speiseraum einer Fast-Food-Kette.

Auch Damen laden ein

Die gängigen Benimmfibeln gehen grundsätzlich von der Situation aus, dass beim Restaurantbesuch mindestens ein Mann dabei ist, und folglich ein Mann auch die allgemeine Führung hat. Er führt zum Tisch, er bestellt, er wählt den Wein, er zahlt. Zwei oder mehrere Damen allein im Restaurant oder gar eine Dame allein, das kommt in den Büchern nur in der Fußnote vor. Im richtigen Leben dafür umso öfter.

Wer eine Laterne trägt, stolpert leichter, als der ihr folgt.
(Jean Paul)

Vor allem gibt es heute immer häufiger die Dame als Einladende, beispielsweise zum Geschäftsessen mit mehreren

Herren. Das bedeutet vor allem auch für die Ober eine Umstellung. Die beteiligten Damen empfinden es schon lange als völlig normal, dass sie je nach Situation die Regie übernehmen.

Wer hat den Vortritt?

Nirgends lässt man einem anderen so gern den Vortritt wie beim Rücktritt.
(Heinz Hilpert)

Nach den Regeln der alten Schule ist schon das Betreten des Restaurants – in Deutschland – eine kleine Zeremonie. Im Ausland ist man gemeinhin praktischer und weniger zeremoniell. Kommt ein Paar allein, so öffnet der Herr der Dame die Tür. Sie geht vor, doch nur, um dem Herrn gleich hinter der Tür ihrerseits wieder den Vortritt zu lassen, denn das Innere des Lokals gilt als unbekanntes Territorium (auch wenn die beiden schon x-mal dort waren). Der Mann aber ist der Kundschafter, der als erster das »gefährliche« Gelände zu sondieren hat. Selbstverständlich hat er einen Tisch vorbestellt. Davon gehen alle Benimmbücher aus, denn die spontane Entscheidung, Essen zu gehen, gibt es bei wohlerzogenen Leuten offensichtlich nicht. Er hat also reservieren lassen und nennt nun dem Kellner, der herbeigeeilt kommt, seinen Namen. Dann geht der Ober voran zum vorbestellten Tisch, ihm folgt die Dame, der Herr bildet das Schlusslicht.

Sollten es zwei Paare sein, die zusammen das Lokal betreten, so hält ein Herr die Tür auf, dann gehen die beiden Damen hinein, zuletzt der zweite Herr. Die Parade zum Tisch behält dann diese Formation bei, sofern kein Kellner die Führung übernimmt. Kommt aber ein dienstbarer Geist des Hauses und führt die Gesellschaft, so hat die ranghöhere Dame hinter dem Ober zu gehen. Ihr folgt der ihr zugehörige Herr, dann die rangniedere Dame und wieder ein Herr. Tja, so war das früher. Welche von zwei gleichaltrigen Damen in gleicher gesellschaftlicher Position die Ranghöhere ist, steht wohlweislich nicht in den

Abhandlungen über den guten Ton. Heute kann es sein, dass die Dame den Tisch auf ihren Namen bestellt hat, folglich erscheint es sinnvoll, dass sie den Kellner informiert, also auch in das Lokal hinein vorgeht. Vielleicht war es auch nur ihr spontaner Vorschlag, noch irgendwo essen zu gehen. Warum sollte sie dann nicht vorgehen und einen Tisch wählen? Schließlich hat sie ja auch eingeladen.

Und wenn zwei Frauen zusammen ein Restaurant besuchen, dann werden sie kein langes Trara darum machen, welche von beiden vorgeht. Es wird ihnen wichtiger sein, dass sie einen guten Tisch bekommen, der nicht direkt neben der Küchen- oder Toilettentür steht. Leider kommt es noch immer vor, dass man Damen, die ohne Herrenbegleitung kommen, an solch ungünstige Tische zu platzieren versucht. Frau darf, wenn im Restaurant genügend freie Tische zur Verfügung stehen, energisch dagegen Einspruch erheben!

An der Garderobe

Ob man zuerst den Mantel an der Garderobe ablegt oder erst zum Tisch geht, hängt von der Größe des Lokals und der Entfernung zur Garderobe ab und auch davon, ob man einen Tisch bestellt hat. Kann man von der Garderobe aus das Lokal nicht einsehen und hat man keinen Tisch bestellt, wird man erst einmal schauen, ob überhaupt ein Tisch frei ist.

Der freundliche Herr hilft zunächst der Dame aus dem Mantel – er überlässt das möglichst nicht dem Ober – und legt dann erst den eigenen Mantel ab. Ist der Herr jedoch in Begleitung von zwei oder mehr Damen, darf er sich gern vom Ober helfen lassen. Er selbst wendet sich der ältesten Dame zu, nicht der, die seinem Herzen vielleicht am nächsten steht.

Man sollte die Wahrheit dem anderen wie einen Mantel hinhalten, dass er hineinschlüpfen kann – nicht wie ein nasses Tuch um den Kopf schlagen. *(Max Frisch)*

Sind die Gäste bereits beim Tisch, nimmt der Herr der Dame den Mantel ab, geht zur Garderobe und zieht dort erst den eigenen Mantel aus. Zwei Damen verhalten sich im Prinzip genauso. Sie können beide gleichzeitig an der Garderobe ihre Mäntel ablegen – gelegentlich eilt dazu ein Ober zu Hilfe. Bei wesentlichem Alterunterschied wird die jüngere der älteren behilflich sein. In keinem Lokal sieht man es gerne, wenn die Gäste ihre Mäntel einfach über die Lehne des Nachbarstuhls legen. Am ehesten wird das noch in Cafés und natürlich in Selbstbedienungslokalen geduldet.

Auch ist es heutzutage unüblich, dass die Frau in einem feinen Speiselokal den Hut aufbehält – im Café, im Fast-Food-Lokal, im Gasthof kommt es vor, und niemand schert sich drum. Als ausgesprochen ungehörig gilt es, wenn der Herr mit den Händen in den Hosentaschen das Lokal betritt oder so durch das Lokal geht. In der Bierkneipe mag er es tun, wenn er glaubt, sein Image erfordere es, dass er den Saloon wie ein Westernheld betritt.

Die Sitzordnung

Wie ein Paar sich setzt, ob nebeneinander, übereck oder gegenüber, ist Geschmackssache. Eine bindende Vorschrift gibt es nicht, doch wird man sich vernünftigerweise so setzen, dass es für beide bequem ist, jeder genügend Platz hat und keiner im Durchzug sitzt. Für eine Unterhaltung ist die Sitzordnung übereck oder gegenüber angenehmer, weil man den Partner dann nicht nur hören, sondern auch sehen kann. Ebenso können zwei Paare sich setzen, wie sie es am besten finden.

Alte Zöpfe schneidet man am besten in der Öffentlichkeit ab, dann jammern die Betroffenen am wenigsten. *(Theodor Fontane)*

Auch im Restaurant rückt der Herr der alten Schule der Dame den Stuhl zurecht. Sollte ein Herr in Begleitung zweier oder gar mehrerer Damen sein, wird hoffentlich ein aufmerksamer Ober zu Hilfe eilen. Sonst bleibt dem

Herrn nichts anderes übrig, als keiner der Damen den Stuhl zurechtzurücken, sofern sie alle etwa gleich alt sind. Ist der Altersunterschied der Damen groß, gebührt selbstverständlich der älteren Dame der Vorzug. Wie schon oben erwähnt, wird das Stühlerücken heute nicht mehr so wichtig genommen. Viele, zumal jüngere Frauen, legen keinen Wert mehr darauf, manchen ist es geradezu lästig. Auch dass alle Herren am Tisch aufspringen, sobald die Dame aufsteht, ist heute ein alter Zopf. Bei einem einzelnen Herrn, der dieses Aufstehen nur andeutet, sich aber nicht zu voller Größe erhebt, fällt es nicht so auf. Aber denken wir an das Beispiel der Geschäftsfrau, die mit drei Herren zum Essen geht. Nach dem Hauptgang möchte sie vielleicht ihr Lippenrot korrigieren, will das aber nicht am Tisch tun. Sie entschuldigt sich und steht auf, um zur Toilette zu gehen, und alle drei Herren springen auf wie ein Mann. Sobald sie an den Tisch zurückkehrt, noch einmal das gleiche Schauspiel. Das Aufsehen, das dadurch entsteht, hat eher etwas Peinliches. Behalten Sie also ruhig Platz, meine Herren!

Fremde an meinem Tisch

In einem eher schlichten Lokal in England sah ich einmal ein Schildchen auf dem Tisch stehen auf dem geschrieben stand: »This is not the Ritz«. Ich verstand die Bedeutung der Notiz in dem Augenblick, als der Kellner zwei weitere Gäste an unseren Tisch führte, die, ohne zu grüßen, Platz nahmen.

Wer in England gut essen will, muss dreimal am Tag frühstücken.
(William Somerset Maugham)

Die Engländer stehen in dem Ruf, abweisend, kühl, arrogant und auf Distanz bedacht zu sein. Das Schild auf dem Tisch machte deutlich: So fein wie das Ritz sind wir nicht. Sie müssen schon damit rechnen, dass Sie keinen Tisch für sich allein haben. Dass man trotzdem Abstand wahren kann, zeigten die Herren, die an unseren Tisch gekom-

Wenn mich jemand zwingt, Abstand zu wahren, habe ich den Trost, dass er ihn gleichfalls wahrt.
(Jonathan Swift)

men waren. Obgleich auch mein Begleiter – selbst Engländer – und ich Englisch miteinander sprachen, fiel zwischen den Neuankömmlingen und uns kein einziges Wort. Ja selbst mein Lächeln und grüßendes Kopfnicken wurde nicht erwidert. Wahrscheinlich war mein Verhalten in ihren Augen sogar ein Fauxpas. »We hadn't met« – wir waren uns eben nicht vorgestellt worden. Mein Begleiter übrigens würdigte die Hinzugekommenen keines Blickes. Es war also, als säßen sie an einem eigenen Tisch.
In einem feinen Lokal der gehobenen Klasse wird es hier ebensowenig wie im Ritz geschehen, dass man Ihnen weitere Gäste mit an den Tisch setzt. In einem Mittelklasserestaurant kann es sein, dass man sie fragt, ob es Ihnen etwas ausmacht, wenn noch ein oder zwei Gäste dazukommen. Sie können das ablehnen, sehr freundlich ist es allerdings nicht.

Manchmal fragen auch Gäste selbst, ob sie sich dazusetzen oder auch nur ob sie einen freien Stuhl vom Tisch entführen dürfen. Je nach Gelegenheit wird man es gestatten oder auch nicht.

Ist man selbst in der Situation, noch einen Platz zu suchen, so ist das heute vor allem für eine Frau, die allein unterwegs ist, keine kompromittierende Angelegenheit mehr. Die Sitten haben sich da zum Glück sehr geändert. Früher hätte eine Frau ein Restaurant, in dem nur an »Herrentischen« noch Plätze frei waren, hungrig verlassen müssen. Sie hätte ihren Ruf gefährdet, hätte sie von sich aus einen Herrn angesprochen und gefragt, ob an seinem Tisch noch ein Platz frei sei. Zwar kann es ihr heute auch noch passieren, dass sie sich gegen unerwünschte »Einladungen« wehren muss. Aber sie kann von einer ganz anderen Basis aus operieren und höflich, im Zweifel aber auch energisch ablehnen.

Lediglich in Zugrestaurants braucht man eigentlich nicht zu fragen, ob man sich dazusetzen darf. Die Kapazität des Raumes ist so beschränkt, dass ständig Fremde miteinander am Tisch sitzen. Dennoch freundlich zu grüßen, sei es mit Worten, sei es auch nur mit einer Geste, schafft eine nettere Atmosphäre.

Verabredungen im Restaurant

Hat man sich in einem Restaurant verabredet, so ist derjenige, von dem die Einladung ausgeht, zu absoluter Pünktlichkeit verpflichtet. Ist ein Herr mit einer Dame verabredet, so kommt er möglichst ein wenig vor der Zeit und wartet – sofern es nicht gerade in Strömen gießt – vor dem Lokal. Auf einen anderen Herrn kann er im Lokal warten. Selbstverständlich kann die Dame heute ungeniert allein in das Lokal hineingehen, dem Kellner sagen, sie sei mit Herrn Soundso verabredet, und er möge sie doch bitte zum reservierten Tisch führen – der in dem Fall hoffentlich in der Tat vorbestellt wurde.

Pünktlichkeit ist die Kunst, richtig abzuschätzen, um wieviel der andere sich verspäten wird. *(Bob Hope)*

Trifft sich ein Grüppchen, kann, wer zuerst kommt, ins Lokal hineingehen und dort auf die anderen warten. Und man darf sich als Wartender auch einen Aperitif oder ein anderes Getränk bestellen. Auch einen Blick in die Speise- und Weinkarte werfen, darf man gern. Mit der Bestellung allerdings wartet man, bis alle, die sich verabredet haben Verabredeten versammelt sind.

Jemanden in einem Lokal unverhältnismäßig lange warten zu lassen ist grob unhöflich. Wie bei der privaten Einladung bemüht man sich in jedem Fall, das Restaurant anzurufen und dem wartenden Gast ausrichten zu lassen, dass man sich – aus sehr triftigem Grund – verspäten wird. Wer länger als zwanzig Minuten gewartet hat, darf entweder allein für sich bestellen oder gehen.

Optimisten haben ja keine Ahnung von den freudigen Überraschungen, die Pessimisten erleben.
(Peter Bamm)

Unerwartete Bekannte

Es kommt immer mal vor, dass man in einem Restaurant unerwartet Bekannte oder Freunde antrifft. Wie verhält man sich in dieser Situation?

Sind es enge, sehr gute Freunde wird man sich eventuell mit ihnen zusammensetzen. Sind es Bekannte, so verschafft man sich erst rasch einen Überblick über die Situation. Essen sie bereits? Dann grüßt man auf größere Entfernung mit einem Kopfnicken, falls man direkt am Tisch vorbeigeht mit einem der Tageszeit entsprechenden Gruß, doch ohne stehen zu bleiben. Würde man stehen bleiben, müssten die Bekannten ihr Essen unterbrechen, der Herr müsste sich sogar erheben.

Ist an einem Tisch eine größere Runde versammelt, aus der man nur eine Person kennt, so grüßt man diese im Vorbeigehen.

Bemerkt man die Bekannten erst, nachdem man selbst schon am eigenen Tisch Platz genommen hat, genügt ebenfalls ein Lächeln und Kopfnicken zu ihnen hinüber. In jedem Fall ist es ein stummer Gruß, eventuell kann man sich zutrinken. Doch niemals grüßt man laut, gar noch mit Namensnennung quer durchs Lokal. Und man ist auch nicht verpflichtet, aufzuspringen und an den Tisch der Bekannten zu eilen, schon gar nicht, wenn man sieht, dass am anderen Tisch bereits gegessen wird.

Die Bestellung

Noch vor wenigen Jahren soll es Nobelrestaurants gegeben haben, in denen Damen in Begleitung von Herren Speisekarten ohne Preisangaben vorgelegt bekamen. Heute gibt es das wohl nicht mehr. Auch die Dame, die nicht zahlt, darf wissen, was die Chose kostet – nicht, um zu sehen, wie viel sie dem Herrn wert ist, sondern um eventuell auf seine Situation Rücksicht nehmen zu können. Und zahlt die Dame, muss sie erst recht wissen, mit welchem Endbetrag sie in etwa zu rechnen hat.

Meist fragt der Ober, schon wenn er die Karte bringt, ob ein Aperitif gewünscht wird. Man kann sich dann in Ruhe dem Studium der Karte widmen, während man an seinem Sherry oder Tomatensaft nippt.

Wirklich verewigt ist man erst dann, wenn eine kulinarische Köstlichkeit nach einem benannt wird.
(Igor Strawinsky)

Handelt es sich um eine erste private Einladung ins Restaurant, sollte der Eingeladene ganz besonders aufmerksam sein und sich nach seinem Gastgeber richten. Sagt der Einladende beispielsweise nichts von einer Vorspeise, sondern schlägt beim Blick in die Karte gleich eines der Hauptgerichte vor, so sollte man als Eingeladener nicht erst den Hummercocktail und dann ein Kräutercremesüppchen bestellen, ehe man zum Hauptgericht kommt. Ist eine Vorspeise durchaus im Rahmen des Budgets des Einladenden, mangelt es ihm selbst nur am Appetit, so schlägt er eine Vorspeise vor, sagt aber, dass er selbst keine nehmen möchte. Noch besser wäre es, er nimmt selbst etwas Leichtes, wenig Sättigendes.

Ähnlich verhält es sich mit dem Hauptgericht. Auch hier macht der Einladende einen Vorschlag, der in etwa den Rahmen absteckt. Als Gast muss man auf den Vorschlag nicht eingehen, man sucht sich jedoch kein anderes Gericht aus, das deutlich teurer ist.

Die Absprache mit dem Essenspartner ist auch in Bezug auf das Getränk nicht ganz unwichtig. Möchte man einen Wein zum Essen und werden keine offenen Weine ausgeschenkt, so ist es ungünstig, wenn der eine sich für Hirschbraten Hubertus entscheidet, der andere Forelle blau wählt. Zu Wild passt nun einmal besser ein Rotwein, zum Fisch dagegen eher ein trockener Weißwein.

Keinesfalls aber bevormundet der Einladende seinen Gast. Er macht, wie gesagt, Vorschläge: »Was würden Sie von dem Entrecôte für zwei Personen halten ...?«

Ein echter deutscher Mann mag keinen Franzosen lieben, doch ihre Weine trinkt er gern.
(Johann Wolfgang Geothe)

Oft finden sich auf Menükarten mehr französische als deutsche Bezeichnungen – ohne weitere Erläuterungen. Man kann dann selbstverständlich den Ober bitten, einem zu erklären, um was es sich dabei handelt. Dabei ergeht es einem hoffentlich besser als Evelyn Hamann und Loriot in »Ödipussi«, die sich im piekfeinen Lokal erkundigen, welches Gericht sich hinter einem komplizierten französischen Namen verbirgt. Der leicht blasierte Ober verspricht, sich zu informieren, und kommt mit einem ebenso komplizierten, nur anderen französischen Namen zurück. Die beiden sind so klug als wie zuvor.
Üblicherweise bestellt man Vorspeise und Hauptgericht zusammen. Nicht nur, weil sie geschmacklich harmonieren sollen, sondern auch, weil nun in der Küche genau koordiniert werden muss. In einem guten Restaurant bekommen alle Gäste eines Tisches ihre Speisen möglichst gleichzeitig aufgetragen. Hat einer der Gäste etwas gewählt, das eine deutlich längere Zubereitungszeit benötigt, wird der Ober darauf aufmerksam machen. Das Dessert wählt man meist erst, nachdem man das Hauptgericht verzehrt hat. Erst dann kann man entscheiden, ob für eine Süßspeise, für Obst oder Käse überhaupt noch Platz »im Bauch« ist.
Heutzutage darf jeder Gast seine Wünsche dem Ober selbst vortragen. Hat man sich mit einem Partner abgestimmt, kann natürlich auch einer der beiden die Bestellung für beide aufgeben, er nennt dabei das, was der andere wünscht, zuerst, dann seine eigenen Wünsche. Sitzt eine größere Runde am Tisch, wäre es ohnehin etwas viel verlangt, sollte der Einladende erst alle Wünsche memorieren. Vor allem, wenn man zu einem Gericht eine Frage hat, ist es besser, man fragt auch selbst.
Noch immer ist es weit verbreitet, dass der Ober wie selbstverständlich dem Herrn die Weinkarte reicht. Nicht

erst, seit Christina Fischer beim »Kochduell« die passenden Weine vorstellt, und Paula Bosch vom Münchner Spitzenrestaurant »Tantris« zu Deutschlands berühmtester Sommelière avancierte, ist bekannt, dass auch Damen sehr viel von Wein verstehen können und sich möglicherweise sogar besser auskennen als manche Herren. In einem solchen Fall wird die Dame den Wein wählen. Der aufmerksame Ober wird dann auch ihr die Flasche vorzeigen, damit sie Etikett und Jahrgang prüft und er wird sie den Probeschluck nehmen lassen.

Man führt gegen den Wein nur die bösen Taten an, zu denen er verleitet, allein er verleitet auch zu hundert guten, die nicht so bekannt werden. *(Georg Christoph Lichtenberg)*

Kommen wir noch einmal auf die eingangs erwähnte Situation zurück: Eine Dame hat zwei oder drei Herren zum Geschäftsessen eingeladen. Dem Ober ist klar, die Dame ist Gastgeberin. Nun möchte er es ganz korrekt machen und reicht ihr die Weinkarte. Eins rauf für den Ober! Doch der Teufel will's, dass die Dame zwar eine Menge von Bankgeschäften jedoch nichts von Wein versteht. Sie darf dann gern fragen: »Wer von den Herren ist Weinkenner?« und die Karte an ihn weiterreichen. Und sollte niemand in der Runde wirklicher Kenner sein, sollte sie auf den guten Rat des Obers oder Sommeliers vertrauen.

Servieren und Nachnehmen

Je nach Noblesse der Lokalität bekommt der Gast die Speisen vorgelegt. In Gasthäusern und in schlichten Restaurants, in der Pizzeria, beim Griechen, Spanier, Türken und im Chinarestaurant werden im Allgemeinen entweder portionierte Teller aufgetragen oder Platten, auf denen das Bestellte arrangiert ist. Der Gast ist gehalten, sich selbst nach Appetit aufzutun und nachzunehmen. Auch vom Wein, sofern man eine Flasche oder eine Karaffe vom Offenen bestellt hat, schenkt man sich selbst nach. In Restaurants der gehobenen Klasse legt der Ober von den Platten, die auf einem Beistelltisch stehen, dem Gast vor. Oder er bringt in der Küche gefüllte und garnierte Teller unter einer Metallhaube. Da die Platten nicht in Reichweite des Gastes stehen, kann er sich nicht selbst nachnehmen. Er müsste dazu von seinem Platz aufstehen. Das Personal behält im Allgemeinen alle Tische so gut im Blick, dass niemand vor einem leeren Teller sitzen muss. Möchte man von einem Gericht noch einmal nachnehmen, legt man das Besteck gekreuzt auf den Teller. Der Kellner nimmt den Teller dann und legt neu auf. Eventuell bekommt man für die zweite Portion sogar einen frischen Teller. Sämtliche Teller werden – sofern die Raumarchitektur es zulässt – von rechts angereicht und von dieser Seite auch wieder abgedeckt. Bekommt man nur die Platte angereicht, von der man sich selbst bedienen soll, so geschieht das von links.

Restaurants sind Gelegenheiten, wo Wirte grüßen, Gäste bestellen und Kellner essen.
(Karl Kraus)

Der Wein wird ebenfalls von rechts ein- und nachgeschenkt. Man darf aber auch darum bitten, dass der Wein in eigener Reichweite steht, sodass man sich selbst bedienen kann.

Übrigens ist es erlaubt, die Aufmerksamkeit des Obers mit einem freundlichen Lächeln und/oder einem »Dankeschön« zu quittieren. Und das darf sogar jeder einzelne Gast für sich tun. Die Zeiten, in denen die Dame stumm dabeisaß, während allein der Herr mit dem Kellner kommunizierte, sind endgültig vorbei. Und auch die Zeiten, als Kellner reines Dienstpersonal waren, dem man Anweisung gab, das man aber ansonsten wie Luft behandelte. Wenn es ein wenig eng zugeht, und das Personal nur schwer an die Gäste herankommt, ist es kein Verbrechen, dem Kellner den Teller anzureichen, obwohl manche Leute glauben, Personal sei Personal und es müsse gefälligst sehen, wie es seine Aufgabe erfüllt. Solche Leute neigen sich häufig nicht einmal ein wenig zur Seite, um Platz zu machen und so einem Ober seine Arbeit zu erleichtern.

In guten Restaurants wird normalerweise darauf geachtet, dass alle Gäste am Tisch ihr Essen etwa zur gleichen Zeit serviert bekommen, auch wenn sie unterschiedliche Gerichte bestellt haben. Manchmal ist das wegen der unterschiedlichen Garzeiten der Speisen nicht gewährleistet. Wer zuerst serviert bekommt, legt nicht gleich los, sondern wartet. Ein höfliches, aufmerksames Gegenüber wird dann erlauben, dass man schon zu essen anfängt. Geschieht das nicht und fürchtet man, das eigene Essen könne kalt werden, darf man fragen: »Stört es Sie, wenn ich schon anfange?«

Es bedarf großer Geduld, um sie zu lernen.
(Stanislaw Jerzy Lec)

»Waren die Herrschaften zufrieden?«

Ist man fertig mit Essen und möchte nichts mehr nachgereicht bekommen, legt man die Besteckteile parallel zueinander auf dem Teller ab. Der aufmerksame Ober wird vielleicht dennoch fragen, ob man noch einmal nachnehmen möchte. Er kann ja nicht wissen, ob der Gast die »Bestecksprache« beherrscht oder sein Besteck unbewusst so abgelegt hat.

Meist wird der Gast gefragt, ob er mit dem Essen zufrieden war. Das kann eine rhetorische Frage sein, auf die der Kellner eigentlich gar keine Antwort wünscht, es kann aber eine sehr ernst gemeinte, ehrliche Frage sein, auf die man dann auch ehrlich und möglichst differenziert antworten sollte. Der Gast darf auch von sich aus Fragen stellen, etwa nach dem Gewürz, das der Sauce so eine interessante Note verlieh. Er muss natürlich damit rechnen, dass der Koch sein Geheimnis bewahren will.

Tadeln können zwar die Toren, aber besser machen nicht.
(nach A. F. E. Langbein)

Hier, wie in so vielen anderen Fällen, macht der Ton die Musik. War man mit dem einen oder anderen nicht hundertprozentig zufrieden, kann man das in freundliche, versöhnliche Worte kleiden und zugleich das, womit man zufrieden war, lobend erwähnen. Ebenso bei den Fragen.

Es muss deutlich werden, dass man angetan ist und aus Interesse fragt, es darf nicht der Eindruck entstehen, die Frage bemäntele eine heimliche Kritik.

Wir leben in einer Zeit, in der die Menschen nicht wissen, was sie wollen, aber alles tun, um es zu bekommen.
(Donald Marquis)

Sonderwünsche, Reklamationen und Missgeschicke

Sonderwünsche sollten begründet und im Rahmen des Machbaren sein, und sie sollten sich in Grenzen halten. Je mehr der Gast befiehlt und kommandiert, desto unwilliger wird das Personal reagieren. Besonders unbeliebt sind Gäste, die zu jedem einzelnen Bestandteil des Menüs einen Sonderwunsch haben: Die Zwiebelsuppe soll nicht mit Käse überbacken sein; statt des gemischten Salats nur einen grünen, aber mit Zitronensaft, nicht mit Essig angemacht; statt der Kroketten Kartoffelpüree und so weiter und so fort.

Ein einzelner, freundlich vorgetragener Sonderwunsch wird im Allgemeinen gern erfüllt. Und dem Gast fällt kein Zacken aus der Krone, wenn er sich nach Erfüllung seines Wunsches beim Ober bedankt oder den Dank an die Küche weitergeben lässt.

Hat man ernsthaften Grund, etwas zu beanstanden, so geht man auch bei einer Reklamation behutsam und freundlich vor. Vor allem lässt man seinen Ärger nicht an dem aus, der wahrscheinlich am wenigsten dafür kann, nämlich dem Ober. Er ist ja nicht verantwortlich dafür, dass die Muscheln noch Sand enthalten oder das Steak zäh ist wie Schuhleder.

Was auch immer es zu beanstanden gibt, reklamieren Sie sofort. Ist die Suppe kalt oder versalzen, dann löffeln Sie sie nicht aus und sagen hinterher, dass Sie nicht zufrieden waren. Wie soll man Ihre Beschwerde jetzt noch prüfen?

Passiert dem Kellner ein Missgeschick, dann kann der Schaden zwar beträchtlich sein, ein Riesengeschrei macht es aber auch nicht ungeschehen. Schließlich nennt der

Kellner einen Gast ja auch nicht »altes Ferkel«, wenn er beim Abräumen bemerkt, dass gekleckert wurde.
Ist durch ein Missgeschick eines Obers Ihre Kleidung stark beschmutzt worden, ist das Haus verpflichtet, sie reinigen zu lassen. Eventuell wird man ein abgekürztes Verfahren wählen und bei der Rechnung große Kulanz zeigen. Je nach Verhalten des Obers wird man aber auch selbst ein oder beide Augen zudrücken.
In Italien passierte mir einmal Folgendes: Ich war mit einer kleinen Reisegruppe fünf Tage in einem Hotel in Florenz. Gleich am ersten Abend landete eine Cannelloni von der großen Servierplatte, die der Cameriere auf seiner linken Hand balancierte, statt auf meinem Teller auf meiner Schulter. Selten habe ich einen Menschen so entsetzt schauen sehen wie den Kellner Angelo. Es hätte nicht viel gefehlt und er hätte vor Schreck die ganze Platte fallen lassen. Dann sprudelte er eine Tirade von Entschuldigungen hervor, wagte aber nicht, mir bei der Beseitigung des Teigwarenschlauchs behilflich zu sein. Schließlich glischte mir das Ding wie eine Schnecke über die Brust, wo also hätte er wischen sollen?

Zu oft mit der Faust auf den Tisch schlagen bekommt der Faust schlechter als dem Tisch.
(Willy Brandt)

Die anderen aus der Reisegruppe, die mit mir am Tisch saßen, meinten, ich müsse unbedingt den Geschäftsführer rufen, Rabatz machen, Schadenersatz verlangen. Zum Glück konnte keiner genügend Italienisch, um sich ernsthaft einzumischen.
Ein Kollege von Angelo kam mit einer Tüte Talkumpuder gerannt, das ziehe das Fett aus dem Blusenstoff, meinte er hilfreich besorgt. (Was übrigens stimmt, es gibt in der Tat nichts Besseres gegen frische Fettflecken! Die damit vorbehandelte, dann gewaschene Bluse war später wieder tipptopp.) Angelo stand noch immer da und murmelte hilflos Entschuldigungen, doch mir war inzwischen eine Idee gekommen. »Prego, porti mi una tovaglia!«, bat ich

den verdutzten Angelo, der sofort losflitzte, mir das gewünschte Tischtuch zu bringen. Ich nahm das Tuch wie eine Stola um die Schultern und schritt, als wäre es das normalste Kleidungsstück der Welt durch die Halle zum Aufzug, ging in mein Zimmer, zog mich um, kam frisch an meinen Platz zurück, drückte Angelo das verschmierte Tischtuch in die Hand und aß zu Abend, als wäre nichts gewesen.

Fremdes Missgeschick zu tragen, sind wir alle stark genug.
(François de La Rochefoucauld)

Fünf Tage lang bekam ich bei jedem Essen vom Feinsten und wurde – von allen Kellnern, nicht nur von Angelo! – auf das Zuvorkommendste bedient. Als wir abreisten, verabschiedete sich Angelo persönlich mit Handschlag und einer großen Tüte typisches Florentiner Gebäck von mir, und ich erfuhr: Er hatte seinen Dienst in diesem Hotel erst wenige Tage vor dem Unglück angetreten und war in der Probezeit. Hätte ich Krach geschlagen und den Geschäftsführer kommen lassen, er wäre wahrscheinlich nicht fest angestellt worden. Als ich drei Jahre später (!) wieder in diesem Hotel abstieg, erkannte er mich auf Anhieb wieder und begrüßte mich herzlich wie einen alten Stammgast.

So viel zu Missgeschicken, die dem Ober passieren können. Doch auch der Gast ist ein fehlbarer Mensch, auch ihm kann ein Missgeschick passieren. Kleinere Flecken auf dem Tischtuch sind das Risiko des Hauses. Geht allerdings durch Verschulden des Gastes beispielsweise ein Glas zu Bruch, so muss der Gast für diesen Schaden aufkommen. Es liegt natürlich im Ermessen des Geschäftsführers oder des Wirtes, ob er dem Gast den Schaden auch tatsächlich berechnet.

Ein kleineres Malheur ist es, wenn dem Gast ein Besteckteil zu Boden fällt. Dann ruft man nach dem Kellner und bittet um ein neues. Man krabbelt nicht unter den Tisch, um es selbst aufzuheben.

Herr Ober – Frau Oberin?

Man ruft nach dem Kellner, man bittet den Ober – so hieß es die ganze Zeit. Und in der Tat sind in den Restaurants der Spitzenklasse kellnernde Frauen noch immer die seltene Ausnahme. Das ändert sich hoffentlich bald. Dennoch sind Frauen in der Gastronomie natürlich vertreten. »Fräulein!«, schallt es dann meistens durch die Gasträume. Die Frage, wie man die Kellnerin anspricht, ist bei uns nicht eindeutig entschieden, doch weder »Frollein«, noch »Bedienung« oder »Hallo!« sind sehr schön und werden vor allem von den Betroffenen selbst, wie man sich denken kann, nicht sehr gerne gehört. In Amerika und Großbritannien gibt es zum männlichen »waiter« die »waitress« als weibliches Pendant, in Spanien zum »camarero« die »camarera« und in Italien neben dem »cameriere« die »cameriera«, die man alle mit diesen Bezeichnungen herbeirufen und ansprechen darf. Die Franzosen wiederum haben, ähnlich wie wir zu unserem Ober, zu ihrem »garçon« kein weibliches Gegenstück. Die deutsche Bezeichnung »Frau Oberin« ist leider schon vergeben: Die Oberin ist nun mal eine Äbtissin, eine ehrwürdige Mutter Oberin, oberste Klosterfrau eines Ordens.

Der Kellner ist ein Mensch, der einen Frack anhat, ohne dass man es merkt. Hinwieder gibt es Menschen, die man für Kellner hält, sobald sie einen Frack anhaben. Der Frack hat also in keinem Fall einen Wert.
(Karl Kraus)

Während »Herr Kellner« im Gegensatz zu dem korrekten »Herr Ober« ungebräuchlich ist, wäre »Frau Kellnerin« durchaus möglich, wenn auch eine bisher nur selten gehörte Bezeichnung. Ebenso selten, aber völlig korrekt ist: »Frau Ober«.

Man kann sich natürlich um jegliche Anrede herumdrücken, die Kellnerin per Handzeichen heranwinken und dann nur mit »Sie« ansprechen. Besucht man ein bestimmtes Lokal häufiger, darf man die Kellnerin (und natürlich auch den Kellner) nach ihrem (seinem) Namen fragen, vielleicht tragen sie auch ein Schildchen, auf dem ihre Namen stehen. Mit diesem Namen darf man sie als

»Frau/Herr Soundso« ansprechen. Und man darf die weibliche Bedienung auch freundlich fragen, welche Anrede sie wünscht.

An dieser Stelle sei noch ein Wort zum ausländischen Gastronomiepersonal gesagt. Nicht nur in den ausländischen Lokalen, in Pizzerien und Chinarestaurants, bedienen uns ausländische Kellner und Kellnerinnen, auch in deutschen Lokalen tun sie zuvorkommend, fleißig und höflich ihren Dienst. Man muss sich vor Augen führen, dass sie häufig unter besonders schwierigen Bedingungen arbeiten, denn sie müssen sich, sofern sie nicht schon in Deutschland aufgewachsen sind, einer erst später erlernten Fremdsprache bedienen.

Überlegen Sie einmal kurz, wie es wäre, wenn Sie in China oder Thailand diesen Beruf ausüben müssten! Es sollte eine Selbstverständlichkeit sein, dass man mit ausländischem Gastronomiepersonal normales, richtiges, möglichst nicht zu stark dialektgefärbtes Deutsch spricht, dass man sich um eine klare Aussprache bemüht und ihnen die Arbeit nicht durch undeutliches Genuschel zusätzlich erschwert.

»Ein Geschenk des Hauses«

Der geschenkte saure Apfel gilt für süß.
(Lettisches Sprichwort)

Es gibt Restaurants, die den Gästen grundsätzlich einen kleinen Aperitif auf Kosten des Hauses servieren. In Chinarestaurants ist das häufig ein Gläschen Pflaumenwein. In anderen Restaurants bekommen ausgewählte Gäste, die umfangreich getafelt haben, auf Kosten des Hauses noch ein Gläschen Hochprozentiges serviert, einen Grappa, einen Ouzo, einen Cognac. Ob vorher oder nachher: Es ist eine sehr freundliche Geste, die den Gast freilich in Verlegenheit bringen kann.

Manch einer mag das angebotene Getränk nicht, andere dürfen es nicht trinken, wenn es Alkohol enthält.

Hat man das Lokal schon mehrmals besucht, kann man gleich mit sehr freundlichen Worten darum bitte, nichts gebracht zu bekommen. Darf man das angebotene Getränk aus gesundheitlichen oder anderen Gründen nicht zu sich nehmen, dann lässt man es natürlich stehen, bedankt sich aber dennoch bei der Bedienung und erklärt vielleicht mit wenigen Worten, nicht mit einer langen Geschichte, warum man es zurückgehen lässt. Wer freilich schon ein paar Bierchen oder eine Bouteille Rotspon gepichelt hat, kann schlecht mit dem Argument aufwarten, Alkohol sei ihm verboten.

Konzessionen und Geschenke sind eine Speise, die den Appetit reizen. *(Otto von Bismarck)*

Liegt lediglich eine überwindbare Abneigung gegenüber dem angebotenen Getränk vor, dann sollte man wenigstens die Hälfte trinken, schließlich handelt es sich um ein Gastgeschenk. Sitzen die Gäste recht dicht beisammen und geht es ein wenig rustikal zu, dann darf man sein Getränk auch einem anderen Gast anbieten – vorausgesetzt, man fällt ihm nicht lästig.

Eine Besonderheit der gehobeneren Gastronomie ist das so genannte Amuse-gueule, das besser und richtiger Amuse-bouche genannt werden sollte. Auch diese kleinen Appetithäppchen sind eine Aufmerksamkeit des Hauses und erscheinen nicht als ausgewiesener Posten auf der Rechnung. Es gilt sinngemäß, was für die Getränke gesagt wurde. Wer absoluter Fischverächter ist, wird ein kleines Fischpastetchen nicht mögen. Meist aber handelt es sich bei diesen Amuse-bouche um ganz besonders köstliche Kleinigkeiten, in die der Küchenchef viel Mühe und Kreativität steckt.

Noch kurz als Erklärung zum Begriff: Das französische Amuse-gueule, bedeutet keineswegs, wie oft vermutet wird, »Gaumenkitzel«. Gueule heißt vielmehr Schnauze oder Maul. Das in Frankreich üblichere Amuse-bouche ist hingegen etwas, was den menschlichen Mund erfreut.

Rauchen im Restaurant

Hier gilt, was schon an anderer Stelle allgemein zum Rauchen gesagt wurde (siehe Seite 141). Wer rauchen möchte, fragt die Tischnachbarn, ob es gestattet ist. Doch gibt es heute Feinschmeckerlokale, wo sich die Frage erübrigt: Rauchen ist dort in jedem Fall unerwünscht, weil es den Genuss der anderen Gäste stören könnte. Ob es sich um ein Nichtraucherlokal handelt, erkennt man beispielsweise daran, dass keine Aschenbecher auf dem Tisch stehen. Wenn geraucht werden darf, dann bitte erst nach dem Dessert. Unter Umständen, wenn allgemeines Einverständnis besteht, auch vor dem Essen, doch in keinem Fall zwischen den Gängen, schon gar nicht, wenn einer der Gäste am Tisch noch isst. Genauso störend übrigens, aber bisher nicht verboten, sind schwere Parfüms! Vor allem den Damen, aber auch einigen Herren, die gewisse Reklamesendungen missverstanden zu haben scheinen, sei es gesagt.

Eine Zigarette ist das vollendete Beispiel eines vollenderen Genusses. Sie ist köstlich und lässt einen unbefriedigt.
(Oscar Wilde)

Wer zahlt?

In den meisten Fällen ist klar, wer der Einladende ist. Und wer einlädt, der zahlt, egal ob Dame oder Herr. Zahlt die Dame, so tut sie es selbstverständlich selbst. Sie reicht nicht verschämt unter oder über dem Tisch dem Herrn ihr Portemonnaie und lässt ihn die Sache erledigen. Auch nicht, um sein Selbstwertgefühl zu stärken. Es gibt nämlich Männer, die nichts dagegen haben, dass für sie gezahlt wird; dem Ober gegenüber ist es ihnen aber peinlich, weshalb sie den Eindruck erwecken möchten, der Zahlende zu sein.

Nicht nur junge Paare machen heute oft vorher getrennte Kasse aus. Auch Arbeitskollegen, Freunde, Freundinnen, die einfach nur gemütlich gemeinsam essen wollen, begleichen ihre Rechnungen häufig getrennt.

Wegen der besonderen Form der Abrechnungen haben es die Kellnerinnen und Kellner gern, wenn man ihnen das gleich zu Anfang sagt, sie können dann die Bons an der Kasse nach Personen, nicht wie sonst allgemein üblich nach Tischnummern drücken. Aus diesem Grund sollte man das Personal auch nicht für unhöflich halten, wenn schon bei der Bestellung gefragt wird: »Zahlen die Herrschaften zusammen oder getrennt?« In unserer von Computern beherrschten Zeit bleibt dem Personal kaum eine andere Wahl. Ein späteres Auseinanderfieseln der Einzelposten ist oft nicht mehr oder nur schwer möglich, vor allem, wenn die Gäste dann auch noch einzelne Quittungen haben wollen.

Noch ein weiteres Wort zur getrennten Rechnung. Es soll Frauen geben, die sich etwas dabei denken, wenn sie mit einem Mann von vornherein getrennte Kasse ausmachen. Was auch immer ihr Grund sein mag, sie sehen ihn gern respektiert. Der Herr, der entgegen der Abmachung heimlich die gesamte Rechnung begleicht, kann eine unerwartete Überraschung erleben: Es könnte sein letztes Essen mit dieser Dame gewesen sein. Selbst wenn er selbst meint, doch nur Kavalier gewesen zu sein, es läuft auf eine Bevormundung der Dame und eine Missachtung ihres Wunsches hinaus, wenn sich der Herr an die getroffene Abmachung nicht hält.

Abgeredet vor der Zeit gibt nachher keinen Streit.
(Sprichwort)

Umgekehrt jedoch sollte die Dame nicht erst, wenn es ans Zahlen geht, ihren Wunsch nach Selbständigkeit entdecken und den Herrn, der eben gerade anbot »alles zusammen« zu zahlen, vor dem Kellner mit einem schroffen: »Danke, aber ich zahle meine Sachen selbst« brüskieren. Hat sie keine vorherige Abmachung mit dem Herrn getroffen und war auch nicht eindeutig klar, dass sie die Einladende ist, dann lässt sie den Herrn, der zahlen möchte, das, bitteschön, auch erledigen. Sie kann freilich mit ihm ausmachen, dass beim nächsten Mal sie die volle Rechnung übernehmen wird. Man kann sich auch darauf einigen, dass der eine das Essen der andere die Getränke zahlt.

Manchmal führt ein Rechenfehler zur richtigen Lösung. *(Stanislaw Jerzy Lec)*

Wie auch immer, einer verlangt die Rechnung, und die kommt in feinen Lokalen auf einem Tellerchen, diskret gefaltet oder unter einer Serviette versteckt. Selbstverständlich darf man einen prüfenden Blick auf die Rechnung werfen. Ja, man sollte das sogar tun, denn Irrtümer sind immer möglich. Freilich, den Taschenrechner zücken, die Lesebrille herauskramen, zum Preisvergleich noch einmal die Karte verlangen, um alles auf den Pfennig genau nachkontrollieren zu können, sollte man lieber nicht tun.

Ebenso diskret, wie die Rechnung gereicht wurde, legt man das Geld auf den Teller, und zwar zwischen oder unter die gefaltete Rechnung und einschließlich des rasch im Kopf ausgerechneten Trinkgelds. Das Trinkgeld beträgt etwa zehn Prozent des Rechnungsbetrages. Je höher die Rechnung, desto geringer das Trinkgeld, doch unter fünf Prozent geht man nicht. Wurde man, was eigentlich kaum vorkommt, ausgesprochen patzig und schlecht bedient, ist man natürlich nicht verpflichtet, auch noch eine Prämie dafür zu zahlen.

Angenommen, die Rechnung belief sich auf DM 148,70. Dann kann der Zahlungsvorgang entweder so aussehen, dass man DM 160,– in die gefaltete Rechnung legt. Wenn der Ober kommt, sagt man: »Stimmt so«. Dann weiß er, dass die überschüssige Summe als Trinkgeld gedacht ist. Hat man es nicht passend, gibt es zwei andere Möglichkeiten. Man legt beispielsweise zwei Hundertmarkscheine in die Rechnung und bittet um Herausgabe auf die Summe, die man plus Trinkgeld zahlen möchte (»Geben Sie mir bitte auf 160,– Mark heraus«; »Wenn Sie mir bitte

40 Mark zurückgeben würden«). Oder man bittet um genaues Wechselgeld und lässt davon das Trinkgeld auf dem Tellerchen zurück.

Bei Geschäftsessen, die steuerlich absetzbar sind, braucht man einen Beleg. Er wird meist nachdem man mit Trinkgeld bezahlt hat, inklusive Trinkgeldbetrag ausgestellt.

Im Zuge der immer weiter um sich greifenden Benutzung von Kreditkarten, kann man natürlich auch damit zahlen. Und man kann sich die Rechnung auch schicken lassen und sie per Überweisung begleichen, was man allerdings nur tun wird, wenn ein größerer Betrag bei der Bewirtung einer größeren Zahl von Gästen zusammenkam. Das Trinkgeld hinterlegt man dennoch in bar, nicht zuletzt, damit es der bekommt, dem es zusteht.

Nach einem guten Festmahl knausert man nicht mit Kleingeld.
(Henrik Ibsen)

Der Aufbruch

Das Zeichen zum Aufbruch kann jeder geben, der nach dem Zahlen den Zeitpunkt für gekommen hält. Beim Verlassen des Lokals geht die Dame vor. An der Garderobe schlüpft zuerst der Herr rasch in seinen Mantel, dann hilft er der Dame. In schlichten Lokalen kann er erst zur Garderobe gehen, den Mantel der Dame zum Tisch holen und ihr dort hineinhelfen, in gehobenen Betrieben sieht man das allerdings nicht gern. Stehen die Tische sehr dicht und besteht Gefahr, dass man mit einem Mantelärmel in einem Teller landet oder ein Glas umwirft, bringt man die Mäntel ebenfalls nicht zum Tisch.

Die schwierigste Turnübung ist immer noch, sich selbst auf den Arm zu nehmen.
(Werner Finck)

Den guten Ton und das physisch Machbare in Einklang zu bringen ist gerade beim Verlassen von Lokalen oder anderen öffentlichen Gebäuden für den Herrn oft eine reife artistische Leistung. Die gesetzliche Vorschrift besagt nämlich, dass Türen an öffentlichen Gebäuden nach außen aufzugehen haben. Eine sinnvolle Vorschrift, denn wenn ein Feuer ausbricht, stürzt alles zur Tür und will hinaus. Nun soll der Herr der Dame diese Tür, die sich nach außen öffnet, aufhalten (eine Tür, die häufig mit einem automatischen Türschließer ausgestattet ist, wodurch zum Öffnen erheblicher Druck nötig wird) und ihr dennoch den Vortritt lassen. Das ist ein Kunststück, das die Wenigsten beherrschen. Es ist deshalb sinnvoller, wenn bei solchen Türen der Herr vorgeht und die Tür von außen für die Dame aufhält. Muss er vermuten, für unhöflich gehalten zu werden, kann er ja zwei Worte dazu sagen: »Ich darf bitte vorgehen, damit ich Ihnen die Tür aufhalten kann.« Dann bemerkt jeder, dass es ihm nicht an Benimm, sondern vielleicht nur an Muskelkraft fehlt. Auch bei Drehtüren, die es in Deutschland aus Sicherheitsgründen heute so gut wie nicht mehr gibt, geht der Herr vor.

Man kann sich auch an offenen Türen den Kopf einrennen.
(Erich Kästner)

Wenn der neue Arbeitgeber ins Restaurant einlädt

Es sei an dieser Stelle auf eine Sache hingewiesen, die vor allem Berufstätige angeht, und zwar Berufsanfänger ebenso wie Stellenwechsler. Es kommt gar nicht so selten vor, dass der Personalchef, der Abteilungsleiter, der unmittelbare oder gar der nächst höhere Vorgesetzte einen neuen Mitarbeiter, der noch in der Probezeit ist, zum Essen einlädt. Je nach der Position, für die man vorgesehen ist, kann die Einladung sogar schon zum Vorstellungsgespräch erfolgen.

Bei Prüfungen stellen Narren Fragen, die Weise nicht beantworten können.
(Oscar Wilde)

Es sollte sich hier niemand Illusionen machen. Eine solche Einladung ist ein Test und sonst nichts! Der Vorgesetzte und/oder der Personalchef wollen wissen, wie sich die Kandidatin beziehungsweise der Kandidat verhält, manchmal sind sogar die jeweiligen Partner mit eingeladen und diese befinden sich ebenfalls auf der Teststrecke.
Bei solchen Gelegenheiten ist alles auf dem Prüfstand: die äußere Erscheinung, die Kleidung, das Auftreten im Lokal, der Umgang mit der Bedienung, was und wie man bestellt, die Tischmanieren, das Gespräch ...
Es soll naive Zeitgenossen und -genossinen geben, die die Welt nicht mehr verstehen: »Gestern hat mich der zukünftige Chef noch ganz groß zum Essen eingeladen, und heute kriege ich 'ne Absage.«
Müssen Sie vermuten, dass ein solches Testessen auf Sie zukommt, tun Sie gut daran, sich an geeigneter Stelle – etwa in einem ausgesprochenen Benimmkurs – schulen zu lassen.

Höflicher Umgang mit Arbeitskollegen

Zwischen den Umgangsformen, die man am Arbeitsplatz den Kolleginnen und Kollegen gegenüber an den Tag legen sollte, und dem höflichen Umgang, den man im Alltagsleben mit Bekannten oder Freunden pflegt, besteht kaum ein Unterschied. Allerdings wird es Unterschiede geben zwischen der Art, in der gleichrangige Kollegen miteinander umgehen, und dem Verhalten zwischen Vorgesetzten und Untergebenen.
Die Kollegen, die an einem Fließband miteinander arbeiten, werden sich wahrscheinlich duzen und einen kumpelhaften Ton miteinander pflegen, den sie gegenüber dem Direktor des Betriebs nicht anschlagen werden. Der Direktor seinerseits wird mit den Arbeitern am Laufband, wenn er denn überhaupt mit ihnen spricht, anders sprechen als mit einem seiner Kollegen aus der Chefetage. Auf allen Ebenen, unter Arbeitern und Angestellten ebenso wie unter den Führungskräften, wird es Duzfreunde geben. Weit auseinanderliegende Schichten in den Hierarchien werden aber wohl kaum durch Duzverbindungen durchbrochen.
Früher vertrat man die Ansicht, es schade dem Ansehen des Vorgesetzten, wenn irgendjemand ihn duzt, und sei es ein Mitarbeiter auf gleicher Ebene. Das sieht man heute nicht mehr so. Der Chef verliert nicht an Respekt, weil ein alter Studienkollege, der im gleichen Haus arbeitet, mit ihm per Du ist. Heute wird man eher den Kopf schütteln, wenn er um der Fassade des Ansehens willen die private Freundschaft mit einem innerbetrieblich Rangniederen leugnet.

Zwanghaftes Arbeiten allein würde die Menschen ebenso verrückt machen wie absolutes Nichtstun. Erst durch die Kombination beider Komponenten wird das Leben erträglich.
(Erich Fromm)

Wer grüßt wen?

Ganz gleich, wie vielschichtig ein Betrieb aufgebaut sein mag, ein höflicher Umgangston ist dem Betriebsklima in jedem Fall zuträglich. Jeder sollte sich im Interesse der guten Zusammenarbeit an die üblichen Regeln des guten Tons halten.

Wie kann man jemanden, der sich die Arbeit anderer nimmt, Arbeitgeber nennen? *(Klaus Wagenbach)*

So darf der Direktor ruhig den Pförtner grüßen respektive dessen Gruß erwidern, wenn er sich morgens vom Chauffeur aufs Betriebsgelände kutschieren lässt. Auch die Kollegen werden sich untereinander morgens grüßen und abends voneinander verabschieden. Der Handschlag ist dabei allerdings im Allgemeinen nicht üblich, es sei denn die Mehrzahl der Mitarbeiter legt ausdrücklich Wert darauf. Freilich wird man sich nur in kleinen Kreisen täglich mit Handschlag grüßen, etwa wenn zwei oder drei Kollegen miteinander das Büro teilen. Wollte man sich in einem Großraumbüro, in dem vielleicht mehr als zwanzig Angestellte sitzen, überall per Handschlag begrüßen, ginge ein großer Teil der Arbeitszeit für die Begrüßungszeremonien drauf. Im Sinne des Arbeitgebers wäre das sicherlich nicht.

Etwas anderes ist die Verabschiedung, bevor man in Urlaub fährt oder der erste Gruß, wenn man aus dem Urlaub zurück ist. Da wird man sich von den nächsten Kollegen wohl schon mit Handschlag verabschieden. Und noch eine Regel gilt grundsätzlich heute noch: Ein Handschlag zwischen Chef und Untergebenem hat vom Chef auszugehen. Wer also zum Direktor gebeten wird, sollte – auch als Frau – ihm nicht von sich aus im Überschwang der Freude über die vielleicht zu erwartende Gehaltserhöhung oder Beförderung gleich die Hand hinstrecken.

Man ist gehalten abzuwarten, ob der Vorgesetzte die Hand zum Gruß anbietet, wobei er bei einem männlichen Mitarbeiter sitzen bleiben kann, bei einem weiblichen sollte er, wenn er schon die Hand reicht, auch aufstehen. Ob sich die Mitarbeiter eines Betriebes zwischendurch noch weitere Tageszeiten entbieten, etwa zur Mittagspause ein »Mahlzeit«, das ist individueller Regelung unterworfen. Manchen Leuten geht gerade der genannte Gruß furchtbar auf die Nerven.

Ohne Ausnahme gilt: Wer einen Raum betritt, grüßt zuerst alle darin Anwesenden. Sind das mehrere, entbietet man einen allgemeinen Gruß. Ist nur einer im Raum anwesend, grüßt man denjenigen mit Namen, sofern man ihn kennt. Das heißt, auch die Abteilungsleiterin, die eines der Büros des Hauses betritt, grüßt zuerst. Weder die Tatsache, dass sie eine Dame, noch die Gegebenheit, dass sie die Chefin ist, enthebt sie dieser Pflicht. Stumm einzutreten und zu erwarten, dass alles sofort von den Stühlen aufspringt, war zu Kaisers Zeiten ein Privileg der Vorgesetzten und der Schulmeister. Die Tage von Wilhelm zwo sind vorbei.

Ein Chef ist ein Mensch, der anderer bedarf.
(Paul Ambroise de Valéry)

Anders ist die Situation auf den Fluren oder auf anderen freien Geländen eines Hauses. Da gilt die übliche Höflichkeitsregel, der Rangniedere grüßt zunächst den Ranghöheren. In der Praxis kann das natürlich eine komplizierte Auslegungssache werden. Ist der 35jährige Chef der Abteilung Grafik und Layout ranghöher als die gleichaltrige zweite Lokalredakteurin einer Tageszeitung? Meines Erachtens sollte es möglich sein, einfach, ohne lange zu zögern und zu überlegen, zu grüßen, wenn man einen Kollegen oder eine Kollegin auf sich zukommen sieht. Leider kommt es aber immer wieder vor, dass Mitarbeiter eines Betriebes glauben, solche Rangfragen aushandeln zu müssen und ein Anrecht darauf zu haben, zuerst gegrüßt zu werden. Wenn man es mit solchen schwierigen Mitarbeitern oder Mitarbeiterinnen zu tun hat, ist man großzügig. Und sollten zwei dieser Art aneinandergeraten, brau-

chen sich die Kollegen nicht den Kopf darüber zu zerbrechen, wie die beiden das miteinander ausmachen.
Das gleiche Problem wie beim Grüßen ergibt sich bei der Frage des Vortrittlassens an Türen und an Aufzügen. Grundsätzlich hat der Herr der Dame die Tür aufzuhalten, der Rangniedere dem Ranghöheren. Es bricht aber einer sowohl älteren als auch im beruflichen Rang höherstehenden Dame kein Zacken aus der Krone, wenn sie dem Hausboten des Betriebs die Tür aufhält, der mit seinem Wagen voller Akten und Hauspost unterwegs ist. Genausowenig vergibt sich der Herr Direktor etwas, wenn er der jungen Frau aus der Kantine die Tür aufhält, die auf einem Tablett den Kaffee für die Herren in der Besprechungsrunde bringt, sofern er gerade an der Tür steht.
An geschlossene Türen, hinter denen sich kleine Büros mit höchstens drei Mitarbeitern befinden, klopft man üblicherweise an. Man wartet, bis ein »Herein« signalisiert, dass man eintreten darf. Befindet sich hinter der Tür allerdings ein größeres Büro oder sogar eine Werkstatt oder Ähnliches, darf man ohne anzuklopfen eintreten. Das Klopfen würde wohl ohnehin niemand hören.
Außerhalb des Betriebs sind Mitarbeiter und Vorgesetzte normale Privatleute, die in die Kategorie »Bekannte« fallen. Man grüßt sie auf der Straße, im Restaurant oder wo immer man ihnen fern vom Arbeitsplatz begegnet wie man Bekannte grüßt (siehe Seite 76), darüber hinaus ist man zu nichts verpflichtet.

Rauchen am Arbeitsplatz

Ob wo wie und wann in einem Betrieb geraucht werden darf, wird zunächst durch die Betriebsordnung festgelegt. Die verschärften Bedingungen, denen sich Raucher heute überall gegenüber sehen, werden dazu führen, dass sie auch am Arbeitsplatz immer seltener ungehindert rauchen können. Sofern Kollegen, die in einem Raum zusammensitzen sich einig sind, wird es keine Probleme geben. Eventuell ist es möglich, in einem Büroraum nur Raucher, im anderen Nichtraucher zusammenzusetzen. Wo das nicht möglich ist, hat der Raucher heute uneingeschränkt auf den Nichtraucher Rücksicht zu nehmen.

Neue Kollegen

Neue Kolleginnen und Kollegen sind oft in einer ähnlichen Situation wie ein Partygast, der als Einziger alle anderen nicht kennt. Nicht jeder Mensch kann mit dieser Situation souverän umgehen.

Ein umsichtiger Chef wird den neuen Mitarbeiter den Kollegen vorstellen, wie ein Hausherr seinen Gast den anderen Gästen vorstellt. Wer den Betrieb und die Kollegen schon gut kennt, weil er schon seit längerer Zeit im Hause angestellt ist, hat sozusagen den Heimvorteil. Es wäre also schön, wenn einer oder alle Kollegen sich darum bemühen, dem neu Hinzugekommenen die Eingewöhnung so leicht wie möglich zu machen. Dazu gehört natürlich ein neuer Kollege, der sich für entsprechende Hilfestellungen empfänglich zeigt. Wer glaubt, alles besser zu können und alles besser zu wissen, den werden die Kollegen bald im Regen stehen lassen.

Die Superklugheit ist eine der verächtlichsten Arten der Unklugheit.
(Georg Christoph Lichtenberg)

Es herrschen nun einmal in den unterschiedlichen Betrieben auch unterschiedliche Gepflogenheiten. Wer mit offenen Augen und Ohren an einen neuen Arbeitsplatz kommt, wird bald sehen, was beispielsweise in puncto Kleidung üblich ist. Außerdem wird man bald spitz haben, was für ein Umgangston herrscht. Ob beispielsweise eine eher freundschaftliche Sprache vorherrscht – was ja noch nicht heißen muss, dass alle sich duzen – oder ein eher steifer Ton. Sollte es Dinge geben, mit denen man sich absolut nicht einverstanden erklären

Der größte Feind des Rechts ist das Vorrecht.
(Marie von Ebner-Eschenbach)

kann, so wird man das irgendwann schon ins Gespräch bringen können, um gemeinsam eine Lösung zu finden. Auch die Frage, ob ein neuer Mitarbeiter seinen Einstand feiert und in welcher Weise das gegebenenfalls geschieht, wird von den üblichen Gepflogenheiten des Hauses oder der Abteilung abhängen. Im Zweifelsfall kann man sich erkundigen, was im Haus üblich ist, damit man einerseits die Erwartungen der Kollegen nicht enttäuscht und andererseits den Chef nicht verprellt.

Schwierige Kollegen

Im Privatleben kann man unangenehmen Zeitgenossen im Allgemeinen aus dem Weg gehen. Im Berufsleben hat man diese Möglichkeit meist nicht. Jeder, der im Berufsleben steht, kennt wohl die peinlichen Situationen, die sich ergeben können, wenn man mit schwierigen Kollegen zu tun hat. Da gibt es die notorischen Schnorrer, die einen ständig um etwas bitten, sei es ein Papiertaschentuch, eine Zigarette, ein Tütchen Pulverkaffee oder Münzgeld für den Getränkeautomaten. Selbst bieten sie nichts an, und oft vergessen sie auch, ihre kleinen Schulden zurückzuzahlen. Meist kommt man ihnen erst nach längerer Zeit auf die Schliche. Wenn es soweit ist, sollte man klar und unmissverständlich sagen, dass man es unkollegial findet, immer nur der Geber zu sein. Man braucht deswegen ja nicht unhöflich oder gar grob zu werden.
Doch nicht nur die Schnorrer gehören zu den wenig geliebten Kollegen. Da sind auch die Verweigerer, diejenigen, die sich an intern getroffene Abmachungen nicht halten, die also beispielsweise nicht mitziehen, wenn es um das Kaffeekochen oder den Büroabwasch geht, obwohl ausgemacht ist, dass reihum für Kaffee gesorgt wird und dass jeder mal in die Kantine geht, um das benutzte Geschirr zurückzubringen.

Dann wiederum gibt es Kollegen und Kolleginnen, die durch andere Unarten auffallen, etwa durch ein allzu aufdringliches Parfüm. Oder sie sind Gesundheitsfanatiker und essen jeden Morgen zum Frühstück drei rohe Knoblauchzehen. Andere klatschen und traschen, schwätzen einem das Ohr ab und stehlen einem mit ihrem Gelaber die Zeit. Wieder andere haben ein wunderbares Talent, anderen ihre Arbeit aufzuhalsen. Dann gibt es die ewig Pikierten, die Streitsüchtigen und so weiter und so fort. Ja sogar winzige Kleinigkeiten können einem irgendwann entsetzlich auf die Nerven gehen. Etwa, wenn ein Kollege die Angewohnheit hat, seinen Kaffee drei Minuten lang hörbar umzurühren und dann den Löffel schmatzend abzuschlecken, seinen heißen Tee hörbar zu schlürfen, immer wieder irgendeine dumme Redensart zu verwenden, sich jeden morgen mit einem Stoßseufzer auf seinen Schreibtischstuhl plumpsen zu lassen und was der strapaziösen Angewohnheiten mehr sein können.

Nichts bedarf so sehr der Reform wie die Gewohnheiten der Mitmenschen.
(Mark Twain)

Aus übertriebenem Taktgefühl heraus versuchen die Kolleginnen und Kollegen dann erst ihr Glück mit zarten Andeutungen, die meist nicht oder falsch verstanden werden. Als Nächstes nehmen sie eventuell Zuflucht zur Ironie, was die Sache noch schlimmer machen kann, denn Ironie wird meist noch weniger verstanden. Zum Schluss ist aus der berühmten Mücke ein Elefant geworden und aus der verfahrenen Situation gibt es kaum noch einen vernünftigen Ausweg.

Ironie ist keine Waffe, sondern eher ein Trost der Ohnmächtigen.
(Ludwig Marcuse)

Deshalb ist ein klares, unmissverständliches und trotzdem höfliches, vor allen Dingen aber diskretes Wort meist die beste Lösung. Das fällt aber, dies sei eingeräumt, oftmals nicht leicht. Wer getraut sich schon, einfach herzugehen und zu sagen: »Entschuldigen Sie, Frau Kollegin, aber das Parfüm, das Sie benutzen, hat einen zu schweren Duft. Würden Sie bitte ein leichteres Duftwasser wählen?«

Takt ist die Fähigkeit, einem anderen auf die Beine zu helfen, ohne ihm dabei auf die Zehen zu treten. *(Curt Goetz)*

Das wird umso schwieriger, wenn gerade diese Kollegin außerdem dafür bekannt ist, leicht beleidigt zu sein, oder wenn sie die einzige Frau unter männlichen Kollegen ist. Trotzdem sollte derjenige, der den besten Draht zu dem Kollegen oder der Kollegin hat, diese heikle Aufgabe übernehmen und unter vier Augen ein taktvolles Gespräch mit ihm/ihr führen.

Zugegeben, man ist gelegentlich mit hartgesottenen Kollegen konfrontiert, denen auch das klare, freundliche Wort nicht imponiert. Sie trinken zwar regelmäßig vom Kaffee, doch selbst welchen zu besorgen oder zu kochen fällt ihnen nicht ein, und mal die Tassen abzuspülen ist auch unter ihrer Würde. Auf die Bitte, sich die eine oder andere unangenehme Angewohnheit doch vielleicht wieder abzugewöhnen, antworten sie nur mit einem »Hab dich nicht so«.

Taktlosigkeit ist der lästigste und widerwärtigste der menschlichen Fehler; denn du kannst dich nicht verteidigen; nicht einmal durch Grobheit. *(Anselm Feuerbach)*

Da ist guter Rat teuer. Je nach der Situation wird es eventuell unvermeidlich sein, dass sich die anderen Kollegen zu einer Aktion zusammentun. Wenn fünf Kollegen einem saumseligen Kaffekocher auf die Pelle rücken, wacht er vielleicht auf. In anderen Fällen wird man den Chef einschalten müssen – etwa wenn durch gewohnheitsmäßige Tratscherei einem Mitarbeiter ernsthafter Schaden zugefügt wird. Die Beschwerde beim Vorgesetzten sollte aber wirklich das äußerste Mittel sein.

Ganz schwierig wird es natürlich, wenn der Chef selbst oder ein anderer in der Hierarchie höher angesiedelter Mitarbeiter der unliebsame Kollege ist. Ein allgemeingültiger Ratschlag ist hier nicht zu geben, doch darf in unserer heutigen Zeit wohl jeder auch dem Vorgesetzten gegenüber deutlich machen, dass bestimmte Dinge ihm oder ihr nicht angenehm sind. Je länger man damit zögert und je länger man sich irgendetwas gefallen lässt, desto komplizierter wird es allerdings.

Wenn umgekehrt ein Einzelner den ständigen Sticheleien, Schikanen und Gemeinheiten der Kollegen ausgesetzt ist, und zwar mit dem erklärten Ziel, diesen Kollegen systematisch hinauszuekeln, so haben wir es mit einem Phänomen zu tun, das heute leider schon so weit um sich greift, dass bereits eine Bezeichnung dafür geschaffen wurde. Man spricht von Mobbing (nach dem englischen Wort mob, das so viel wie Pöbel bedeutet). Da es beschönigend wäre, im Fall von Mobbing von ungebührlichem Betragen zu sprechen, denn Mobbing weist eindeutig kriminelle Züge auf, andererseits der Gemobbte sich mit Höflichkeit und mit gutem Benehmen überhaupt nicht wehren kann, hat dieses Thema in einem Buch über Umgangsformen eigentlich keinen Platz. Wer Mobbingopfer wird, muss sich möglichst rasch nach starker Hilfe umschauen. Es gibt inzwischen bereits viele Bücher zum Thema, aber auch Selbsthilfegruppen und Beratungsstellen. Sie aufzusuchen sollte man sich nicht scheuen, wenn man in die höchst unangenehme Situation des Mobbingopfers gekommen ist.

Betriebsfeste und -ausflüge

Ein Leben ohne Feste ist eine weite Reise ohne Gasthaus. *(Demokrit)*

Sie sind eigentlich in allen Betrieben ein Teil des Arbeitslebens. Es ist nämlich eine sehr alte Erkenntnis, dass besser gearbeitet wird, wenn ab und zu auch einmal gefeiert werden darf. Freilich ist zu unterscheiden zwischen den Betriebsfesten, die von »oben« ausgehen, beispielsweise weil das Firmenjubiläum gefeiert wird, und den abteilungsinternen Feiern, bei denen ein Mitarbeiter seinen Geburtstag, seine Beförderung oder Ähnliches feiert. Während die von der Geschäftsleitung ausgehende Feier »offiziell« und somit genehmigt ist, kann die kleine interne Feier vor allem, wenn sie während der Arbeitszeit stattfindet, zu Ärger im Betrieb führen. Ehe man also zu seinem Geburtstag die Korken knallen lässt, sollte man sich erkundigen, was im Hause üblich und erlaubt ist.

Die Trunkenheit bringt nur zum Vorschein, was schon in uns liegt. – Die Trunkenheit entstellt nicht, sie übertreibt.
(André Gide)

Den ganzen Betrieb betreffende Feste gehen alle an. Auch wenn man von solchen Festivitäten persönlich nichts hält, kann man sich nicht ohne Weiteres ausschließen. Aber man kann sich zurückhalten. Man muss sich nicht voll laufen lassen, man muss auch nicht in bierseliger Stimmung einer allgemeinen Verbrüderung zustimmen. Gehört Tanz zum Programm, verhält man sich grundsätzlich, wie im Kapitel »Auf der Tanzfläche« ausgeführt wird. Auch der Kollege oder die Kollegin wird begreifen, dass man nicht tanzen kann oder möchte, wenn man es in höfliche Worte kleidet. Umgekehrt wird auch der Chef nichts dagegen haben, wenn er von einer Mitarbeiterin zum Tanz aufgefordert wird. Es kommt eben ganz auf die Gesamtatmosphäre an.

Allerdings sollte man sich darüber im Klaren sein, dass gerade bei Betriebsfesten alle wie auf einer Art Präsentierteller sitzen. Mehr noch als im normalen Berufsleben kommt es hier auf Taktgefühl und guten Umgang an. Die Mitarbeiterin, die glaubt, der Betriebsausflug sei die Gelegenheit, sich endlich mal an den jungen Mann aus dem Vertrieb 'ranzupirschen oder dem Chef ein wenig zu schmeicheln, kann genauso schief liegen wie der Mitarbeiter, der endlich seine Chance bei der Kollegin für gekommen sieht. Abgesehen davon, dass beide abblitzen können, wird auch noch der ganze Betrieb von der peinlichen Niederlage erfahren.

Denn einige Neugierige haben die Situation bestimmt beobachtet, und Klatschbasen, männliche wie weibliche, gibt es in fast jedem Betrieb. Und selbst wenn es gut geht oder wenn es mächtig funkt, muss das ja auch nicht gleich die ganze Belegschaft wissen. Wer ernsthaft persönlich an einem Kollegen oder an einer Kollegin interessiert ist, sollte sich andere Gelegenheiten suchen, um die Gegenseitigkeit der Neigungen und der Gefühle füreinander auszutesten.

Ist ein Festprogramm ausgearbeitet, an dem vielleicht auch Mitarbeiter des Betriebes beteiligt sind, dann ist es nur fair, die Leistungen gebührend zu beklatschen und sich bei den Mitarbeitern zu bedanken, auch wenn ihre Leistungen als Zauberkünstler, Stepptänzer oder Conférencier möglicherweise nicht Weltklasseniveau hatten. Wer jedoch den Kollegen seine Kunststückchen ungebeten aufdrängt, weil er, vielleicht gar in schon leicht alkoholisiertem Zustand, seine Fähigkeiten nicht mehr so recht einzuschätzen vermag, wer andere mit zotigen oder blöden Witzen anödet, der braucht auf Applaus nicht zu hoffen.

Er oder sie sollte aber daran denken, dass auch Vorgesetzte anwesend sind, die aus solchem Verhalten ihre Schlüsse ziehen. Betriebsfeste sind nicht zuletzt dazu da, die möglicherweise steife Atmosphäre zwischen Kollegen zu lockern. Sie sind nicht dazu gedacht, sämtliche Schranken niederzureißen.

Klatsch ist eine feste Verbindung zwischen zwei losen Zungen.
(Willy Reichert)

Gelegentlich kommt es vor, dass zu Betriebsfesten auch die Ehepartner der Betriebsangehörigen eingeladen sind. Manchmal ist auch nur die Ehefrau des Chefs dabei. Sie ist schlicht »Frau Soundso«, sie wird nicht »Frau Generaldirektor« angesprochen, und man verhält sich ihr gegenüber nicht devoter als gegenüber jeder anderen anwesenden Dame.

Ist es im Trubel der rauschenden Feier zu Verbrüderungsszenen gekommen – wenn man den Berichten glauben darf, ist das fester Bestandteil fast jeder Betriebsfeier –, zu denen man am nächsten Tag eigentlich nicht mehr stehen möchte, dann sollte man gleich am nächsten Arbeitstag Farbe bekennen und deutlich zum gewohnten alten Sie zurückkehren. Besser ist es freilich, gleich kühlen Kopf zu bewahren und gar nicht erst mitzumachen, wenn die allgemeine Verbrüderung beginnt.

Gratulationen zu Festen und Jubiläen

Meist sind die Geburtstage der Kollegen und Vorgesetzten bekannt. In vielen Betrieben ist es üblich, dass vorher einer der Mitarbeiter von allen Kollegen ein wenig Geld einsammelt, um einen Blumenstrauß oder ein anderes Geschenk für das Geburtstagskind zu besorgen. Im Laufe des Tages kommt es dann zu einer Gratulationskur, und manchmal gibt der Jubilar nach Dienstschluss einen aus. Im Zusammenhang mit solchen persönlichen Festen ergeben sich natürlich Fragen. Muss derjenige, der die guten Wünsche entgegennimmt, dazu von seinem Platz aufstehen oder kann er sitzen bleiben? Grundsätzlich gelten zwar die üblichen Regeln des höflichen Umgangs in Gesellschaft, da aber eine Gratulation etwas anderes ist, als eine reine Begrüßung, muss man die Sache etwas differenzierter sehen.

Gratulationen: die Höflichkeit des Neides.
(Ambrose Bierce)

Eine Gratulation, egal ob zum Geburtstag, zur Hochzeit, zur Geburt eines Kindes, zur Beförderung oder zu welcher Gelegenheit auch immer, ist ja ein umfassender Austausch von Höflichkeitsfloskeln, der im Allgemeinen auch mit einem Händedruck einhergeht.

Der eine gratuliert mit mehr oder weniger gewählten und gescheiten Worten, der andere dankt für die Gratulation; vielleicht erwidert der erste darauf noch einmal etwas. Ein solcher Austausch wirkt merkwürdig, wenn dabei einer steht und einer sitzt.

Eine Ausnahme mögen extreme Unterschiede im beruflichen Rang sein, etwa wenn der Azubi der Chefin gratuliert, und Gratulationen, die sozusagen im Vorübergehen in einem großen Raum ausgesprochen werden, also beispielsweise, wenn der Chef beim Kontrollgang durch einen Raum, in dem Näherinnen an ihren Maschinen sitzen, kurz stehen bleibt, um einer Näherin zu gratulieren. Es würde wahrscheinlich den Arbeitsablauf ziemlich stören, wenn sie aufstünde.

Manchmal kommt es vor, dass im Rahmen einer Betriebsversammlung oder auch bei einem Betriebsfest Mitarbeiter erwähnt werden, die ihr zehn-, zwanzig- oder fünfundzwanzigjähriges Dienstjubiläum feiern. Wenn im Rahmen einer Ansprache diese Kollegen lediglich namentlich erwähnt werden, dann dürfen sie dabei ruhig sitzen bleiben. Sie brauchen nicht aufzustehen und sich in die Runde zu verbeugen.

Etwas ganz anderes ist es, wenn ihnen eine Urkunde verliehen wird, vielleicht auch ein Geschenk dazu. Das ist eine kleine Zeremonie, und dazu erhebt man sich als Betroffener, man wird möglicherweise ohnehin nach vorne zu einer Art Podium gehen müssen, um seine Urkunde abzuholen.

Ein Jubiläum ist ein Datum, an dem eine Null für eine Null von mehreren Nullen geehrt wird.
(Peter Ustinov)

Auf der Tanzfläche

Schon altsteinzeitliche Felsbilder zeigen Menschen beim Tanz, und bei vielen Völkern ist der Tanz noch heute eng mit Religion und Magie verknüpft, ohne dass deshalb profane ästhetische Momente außer Acht bleiben. Man denke etwa an die schwierigen, große Körperbeherrschung voraussetzenden indischen Tempeltänze. Wenn man den Völkerkundlern glauben darf, dann gibt es kein Volk auf unserem Planeten, bei dem der Tanz völlig unbekannt wäre. Freilich hat der Tanz eines indianischen Schamanen, der den Regen herbeizaubern soll, mit einem modernen Gesellschaftstanz nur noch eines gemein: Es handelt sich in beiden Fällen um rhythmische Bewegung mit einer im weitesten Sinne gesellschaftlichen Funktion. Doch während der Schamane durchaus ein Publikum haben kann, tanzt er nicht vorrangig, um gesehen zu werden. Der reine Schautanz – ob hohe Schule des Balletts oder Cancan im Moulin Rouge – ist eine spätere Entwicklung, und auch der Paartanz ist eine relativ junge Erscheinung. Wenn wir heute bei einer Hochzeit einen Walzer tanzen oder uns im flimmernd zuckenden Discolicht zu den aller neuesten Rhythmen bewegen, dann denken wir kaum an die uralten Funktionen des Tanzes. In unserer Gesellschaft ist der Tanz nur noch reines Vergnügung und doch weist er eine ganz entscheidende Besonderheit auf: Es ist die einzige Gelegenheit, bei der völlig fremde Menschen kurzfristig engsten Körperkontakt miteinander haben, ohne dass sie das als unangenehm empfinden würden.

Der Tanz ist das stärkste Ausdrucksmittel der menschlichen Seele. *(Thomas Niederreuther)*

Da der Mensch aber ein Wesen ist, das ein Minimum von Abstand zum unbekannten Mitmenschen braucht, ist auch der Tanz Regeln unterworfen, die dafür sorgen, dass trotz der Nähe der Abstand gewahrt wird. So muss man den Partner bei einem Paartanz auch heute in jedem Fall fragen, ob er oder sie mit einem tanzen möchte.

Tanz ist Esperanto mit dem ganzen Körper.
(Fred Astaire)

Aufforderung zum Tanz

Bei einer Tanzveranstaltung im Kurcafé, bei einem Ball oder einer anderen offiziellen Gelegenheit, etwa beim Betriebsfest, sieht die Aufforderung zum Tanz anders aus als in der Disco. Erstens hindert einen die Discolautstärke daran, mit langen Worten um einen Tanz zu bitten, zweitens erlaubt die schon erwähnte Enge kaum das Zeremoniell der Bitte um den Tanz. Doch selbst da, wo diese Bitte noch ihren Platz hat, sieht die Prozedur heute anders aus als früher.

Jede Frau hat heute grundsätzlich das Recht, allein oder mit einer Freundin zu einer Tanzveranstaltung zu gehen. Früher wäre das unmöglich gewesen, sie hätte einen männlichen Begleiter haben müssen. Das hätte ihr Bruder, ein anderer Verwandter, ihr Verlobter, ihr Ehemann sein können. In jedem Fall wäre dieser männliche Begleiter von dem Herrn, der mit der Dame hätte tanzen wollen, um Erlaubnis gefragt worden. Eine heute geradezu grotesk anmutende Situation, impliziert sie doch, dass ein Mann darüber befindet, was eine Frau tut oder lässt, denn der begleitende Herr hatte selbstverständlich das Recht, über den Kopf der Dame hinweg den Tanz abzulehnen. Da dieses »Früher« noch nicht so sehr lange her ist, kommt es noch immer zu gelegentlichen Missverständnissen. Selbstbewusste Frauen verbitten sich, dass andere über sie bestimmen und verfügen. Ein Herr, der zunächst bei ihrem Begleiter anfragt, ehe er sie selbst um den Tanz bittet, kann allein aus diesem Grund abblitzen. Nun stehen diesen modernen Frauen auch heute noch Damen gegenüber, die es streng mit der alten Etikette halten. Wenn sie im Beisein ihres Begleiters, meist ihr Ehemann, direkt selbst um einen Tanz gefragt werden, sind sie empört, zumindest verunsichert und wissen nicht, wie sie reagieren sollen. Es lässt sich deshalb auch kaum eine verbindliche Aussage darüber machen, wie der Mann sich verhalten soll. Genaue Beobachtung der Lage ist wohl die beste Voraussetzung, die jeweils richtige Lösung zu finden. In keinem Fall sollte der Kavalier, der die Dame zum Tanz bittet, deren Begleiter völlig ignorieren. Auch wenn er ihn nicht ausdrücklich bittet, mit der Dame tanzen zu dürfen, sollte er ihm doch mindestens grüßend zunicken. Mit einem »Gestatten Sie?« oder »Darf ich bitten?«, »Darf ich Sie zu diesem Tanz einladen?« oder einer ähnlichen Floskel kann der Herr die Dame zum Tanz bitten – und umgekehrt. Denn es ist heute durchaus üblich, dass eine Dame einen Herrn auffordert. Dazu muss nicht extra »Damenwahl« angesagt sein. Freilich stelllt sich nun die schon behandelte Frage mit umgekehrtem Vorzeichen: Muss die Dame, die den Herrn auffordert, zuerst dessen Begleiterin um Erlaubnis fragen? Gerechterweise müsste es analog zur alten Etiketteregel wohl so sein, in der Praxis würde man aber kaum auf diese Idee kommen.

Unter Intuition versteht man die Fähigkeit mancher Leute, eine Lage in Sekundenschnelle falsch zu beurteilen.
(Heinz Hilpert)

Der Herr, der die Dame auffordern möchte, muss erst einmal an ihren Tisch kommen, oder, sofern er schon an ihrem Tisch sitzt, sich zur Bitte um den Tanz erheben. Umgekehrt braucht die Dame ihrerseits nicht aufzustehen, wenn sie einen Herrn, der an ihrem Tisch sitzt, zum Tanz auffordert.

Der Herr erhebt sich also von seinem Platz und schließt sein Jackett, sofern er einen Anzug oder eine Kombination mit Jacke trägt. Er kommt nicht mit wehenden Rockschößen an den Tisch der Dame. Und sollte er Raucher sein, hat er seine Zigarette bereits an seinem Tisch ausge-

Heutzutage gilt ein Mann schon als Gentleman, wenn er die Zigarette aus dem Mund nimmt, bevor er eine Frau küsst. *(Barbara Sreisand)*

macht. Auch auf die Gefahr hin, dass er einen Korb bekommt, und es dann vielleicht schade um den halbgerauchten Glimmstengel wäre, kommt er nicht mit brennender Zigarette an den Tisch der Dame, wo er erst im Fall der Zusage die Zigarette in den Aschenbecher drückt. Es ist bei öffentlichen Tanzveranstaltungen übrigens nicht (mehr) nötig und auch nicht (mehr) üblich, dass man sich vor der Bitte um den Tanz vorstellt.

Obwohl es in der Disco lockerer zugeht, wird man sich auch dort darüber verständigen, wenn man miteinander tanzen möchte, und sei es nur mit Handzeichen oder Augenzwinkern. Allerdings ist es in den Discotheken heutzutage auch üblich, allein auf die Tanzfläche zu gehen.

Einen Korb geben, einen Korb kriegen

Ersteres sollte man mit Takt tun, Letzteres möglichst lässig wegstecken.

Es gibt eine Reihe von Gründen, warum man eine Aufforderung zum Tanz ablehnt. Es kann sein, dass einem der Mensch, der da auf einen zukommt, auf Anhieb so unsympathisch ist, dass man nicht mit ihm tanzen möchte. Dann hat man selbstverständlich das Recht, mit höflichen Worten – »Nein Danke, ich möchte jetzt bitte nicht tanzen« – abzulehnen. Wenn irgend möglich, nimmt man nicht im nächsten Augenblick ein anderes Angebot an. Sollte tatsächlich Sekunden, nachdem man einen Bewerber hat abblitzen lassen, der Traumpartner auf einen zukommen, dann darf man die Situation ruhig erklären: »Ich habe eben gerade jemandem diesen Tanz abgeschlagen. Es wäre unhöflich ihm gegenüber, wenn ich jetzt annähme. Aber den nächsten oder übernächsten Tanz mache ich gern mit Ihnen.«

Es kann auch passieren, dass zwei potenzielle Partner auf einen zukommen. Dann kann man den einen der beiden auf den nächsten Tanz vertrösten. Schließlich kann es vorkommen, dass man sich aus beruflichen oder privaten Gründen in einer Gesellschaft befindet, in der getanzt wird. Man selbst ist aber überzeugter Nichttänzer. Niemand kann oder darf einen anderen zum Tanzen zwingen. Wenn die Lautstärke der Musik es zulässt, darf man aber beispielsweise Folgendes sagen: »Ich kann und ich möchte nicht tanzen, ich würde mich aber gern ein wenig mit Ihnen unterhalten. Wollen Sie sich zu mir setzen?«

Grundsätzliches Einverständnis ist die höflichste Form der Ablehnung. *(Hans Jaray)*

Einen Korb zu bekommen ist allemal unangenehm. Angeblich soll die Angst davor der Hauptgrund sein, warum Frauen noch immer selten die Initiative ergreifen. Dass Frauen zurückhaltender sind, hat aber häufig einen anderen Grund: Die Aufforderung zum Tanz wird nämlich gelegentlich nur zu enthusiastisch aufgenommen. Der »Herr«, der von der Dame aufgefordert wurde, vermutet (oder hofft), es gehe um mehr als nur den Wunsch zu tanzen, und wird zudringlich. Sie hat ihn sich ja schließlich ausgesucht. Die Situation kann heikel werden. Es soll sehr resolute Frauen geben, die sich Zudringlichkeiten so laut verbitten, dass alles auf den »Herrn« starrt. Es soll aber auch Frauen geben, die glauben, einer solchen Situation nicht gewachsen zu sein, weshalb sie von sich aus gar nicht erst auffordern. Und es soll so genannte Herren geben, die eine Abfuhr nicht verwinden können und mit ausfallenden Bemerkungen kontern. Frauen neigen weniger zu solchen verbalen Ausrutschern. Wenn es geschieht, geht man am besten schweigend darüber hinweg.

Der Tanz geht los

Sofern es sich um einen der Standardtänze handelt, müssen die beiden nun Tanzhaltung einnehmen und in möglichst großer Harmonie miteinander die entsprechenden Tanzschritte ausführen. Das heißt, alle Tänze, bei denen eine Abstimmung der Schritte aufeinander nötig ist, muss man gelernt haben. Man muss dazu nicht unbedingt eine Tanzschule besucht haben, aber Foxtrott, Tango, Walzer, Rumba und so weiter kann man nicht allein aufgrund von Intuition tanzen. Man kann so eine Art Universalschrittfolge üben, die man nur den jeweiligen Rhythmen anpasst. Ein entsprechend geübter Partner wird darauf eingehen können.

Der Tanz ist ein gutes Training für junge Mädchen. Sie lernen dabei zu erraten, was der Mann im nächsten Augenblick tun wird. *(Christopher Morley)*

Tritt man dem Partner auf die Füße oder stößt man ein anderes Paar an, so entschuldigt man sich natürlich. Beides kann aus Versehen passieren und ist nicht sonderlich tragisch. Es kann aber, wenn zwei sehr ungleiche Tänzer aneinander geraten, zur Dauereinrichtung werden. Es ist also auch beim Tanzen unbedingt nötig, dass man sich ein wenig abstimmt und Rücksicht aufeinander nimmt. Keiner von beiden darf erwarten, dass der Partner die kompliziertesten Schrittfolgen kennt und mitmachen kann. Vor allem muss der Herr Rücksicht darauf nehmen, dass die Dame möglicherweise ein langes Kleid trägt, das nicht bis zum Oberschenkel geschlitzt ist.

Spielt eine Kapelle, so ist es üblich, dass man ihr nach Beendigung des Stücks applaudiert. Kommt die Musik aus der Konserve, wird es nach dem Tanz höchstens dann Applaus geben, wenn ein Paar eine turnierreife Leistung aufs Parkett gelegt hat. Normalerweise wird während eines Tanzes nicht »abgeklatscht«; Partnerwechsel während des Tanzes ist eine Besonderheit, die nur bei Tanzveranstaltungen vorkommt, die unter der Leitung eines Conférenciers stehen.

Ob man mit demselben Partner noch weitere Tänze wagt, wird sich auf der Tanzfläche entscheiden. Jeder von beiden hat das Recht, das Zeichen zum Schlussmachen zu geben. Der Herr geleitet die Dame dann an ihren Tisch zurück, auch dann, wenn sie ihn aufgefordert hat. Mit einer leichten Verbeugung wird er sich bedanken, was die Dame möglichst nicht vollkommen schweigend hinnimmt, und zu seinem eigenen Tisch zurückgehen oder eine andere Dame auffordern.

Dieses Auffordern einer anderen Dame hat wiederum an deren Tisch zu geschehen. Bei normalen Tanzveranstaltungen, die keinen Discocharakter haben, sei es nicht angebracht, die nächste Dame – oder den nächsten Herrn – schon gleich auf der Tanzfläche aufzufordern. So jedenfalls steht es in den gängigen Ratgebern. Ich denke, man muss das im Rahmen der Veranstaltung sehen. Wenn es locker und nett zugeht, ist es durchaus denkbar, dass die Partner direkt auf der Tanzfläche nach einem Tanz wechseln, ohne dass erst das große Gerenne zu den Tischen stattfindet. Andererseits wird man nicht auf der Tanzfläche bleiben, wenn die Kapelle eine Pause einlegt.

Während des Tanzes kann man sich unterhalten, eine Verpflichtung zur Konversation besteht jedoch nicht. Und die Herren seien vor allzu abgegriffenen Komplimenten gewarnt. Auf ein »Gnädige Frau, Sie schweben leicht wie eine Feder« kann es heute schon mal eine spitze Replik geben.

Ein Kompliment ist eine freundliche Wahrheit mit etwas Make-up.
(Hannelore Schroth)

In der Disco sieht das alles wieder etwas anders aus. Da man fast nur »auseinander tanzt«, wie es Wolf Biermann in seiner »Ballade vom Drainageleger Fredi Rohsmeisl aus Buckow« nennt (wobei der Liedermacher darauf hinweist, dass diese Form des Tanzes in der damaligen DDR aus ihm unerfindlichen Gründen verboten war), da man also auseinander tanzt, und auch ganz allein für sich, gibt es keine Regel, wer wen wann wohin begleitet. Hat man genug getanzt, geht man zu seinem Platz an der Bar, allein, zu zweit oder wie es sich eben ergibt.

Bleibt noch zu erwähnen, dass bei einem Hausball der Herr des Hauses mit allen eingeladenen Damen einmal tanzen sollte. Die anderen Herren sollten sich ebenfalls bemühen, mit allen anwesenden Damen einmal zu tanzen. Sich den ganzen Abend lang nur an eine einzige Partnerin zu halten, ist den anderen Damen gegenüber unhöflich. Was anderes ist die Tanzparty zu Fasching oder Silvester. Hier kommt es weniger auf Etikette als auf das runde Vergnügen an. Man tanzt folglich, wie man und mit wem man will.

Mode und korrekte Kleidung

Seit der Mensch angefangen hat, sich zum Schutz vor den Einfüssen der Witterung zu kleiden, legt er auch Wert darauf, dass diese Kleidung einigermaßen hübsch anzusehen ist. Überall, wo es Kleidung gibt, und sei sie noch so spärlich, sind auch gesellschaftliche Aspekte mit ihr verknüpft.
Das beginnt bei der strikten Trennung zwischen männlichen und weiblichen Kleidungsstücken. Einst ein Punkt, der wichtig genug war, um Eingang in die großen Gesetzesbücher zu finden, wie etwa das Gesetz des Mose (Deuteronomium 22,5), und es setzt sich fort in den Bestimmungen, denen zufolge bestimmte Kleidungsstücke besonderen Gruppen innerhalb einer Gesellschaft vorbehalten sind – wie Talare, Roben und so weiter. Darüber hinaus konnte und kann Kleidung als reines Statussymbol und Prestigeobjekt dienen. Man denke daran, dass es einst nur den Angehörigen der höheren Stände erlaubt war, wertvolle Pelze, teure Seidenstoffe und feinste Wollprodukte zu tragen.
Da Kleidung also sehr viel mehr ist als reiner Körperschutz, kann sie zum Mittel der Provokation und zum Stein des Anstoßes werden. Als am 30. Mai 1431 ein neunzehnjähriges Mädchen in Rouen auf dem Scheiterhaufen starb, da geschah das, weil sie gegen die oben erwähnte »göttliche Kleiderordnung« verstoßen hatte: Das Bauernmädchen Jeanne d'Arc, das eine Woche vorher, am 24. Mai, wegen Aufruhr, Ketzerei, Hexerei und anderer ihr zur Last gelegter Vergehen zu lebenslanger Haft in Frauenkleidern verurteilt worden war, hatte im Gefängnis ihre Männerkleidung wieder angelegt und

Scham gab es eher als Kleidung, und sie wird wieder geboren werden, wenn es keine Kleidung mehr gibt.
(Mark Twain)

damit das ausgesetzte Todesurteil zur Wirkkraft gebracht. Es geht hier nicht um die Frage, was sie veranlasst hatte, das zu tun, es geht allein um die Bedeutung des Phänomens Kleidung. Denn was da 1431 geschah, das kingt so mittelalterlich wie es ist, und doch ist es von heutiger Wirklichkeit gar nicht weit entfernt: Frauen, die sich in bestimmten fundamentalistisch-islamischen Ländern weigern, den Tschador (das die Haare verhüllende Kopftuch) oder die Burka (den afghanischen Ganzkörperschleier mit dem Gitter vor den Augen) zu tragen, provozieren damit genau dieselben (Männer-)Ängste, wie einst Johanna von Orléans. Und die Strafen fallen mitunter kaum weniger drastisch aus.

Kleidung als Statussymbol und Prestigeobjekt

Die Hose ist mittlerweile ein so weibliches Kleidungsstück geworden, dass sich die Männer nach einem anderen Geschlechtssymbol umsehen sollten. *(Peter Ustinov)*

Inzwischen scheint in unseren Breiten die Grenze zwischen typischer Männer- und Frauenkleidung so gut wie aufgehoben. Kein Mensch, weder Mann noch Frau, regt sich heute auf, wenn Frauen Hosen tragen. Doch wenn man genau hinschaut, sieht man, dass mit der Kleidung natürlich noch immer eine eindeutige Wertung verknüpft ist.

Bei einer der vielen politischen Talkrunden, die regelmäßig im Fernsehen zu verfolgen sind, saß neulich unter den geladenen Gästen als einzige Frau in der Runde eine Journalistin. Diese einzige Frau im Kreis der Herren trug einen Nadelstreifenanzug mit Weste und Krawatte, dazu einen Herrenhaarschnitt. Sie wurde von allen Anwesenden voll akzeptiert. Ihre Meinung, außerordentlich fundiert und präzise vorgetragen, wurde anerkannt. Ob der eine oder andere Mann in der Runde von Kleidung und Frisur der Kollegin irritiert war, lässt sich nicht sagen, anmerken ließ sich jedenfalls keiner etwas. Während ich mir das anschaute, fragte ich mich, was wäre, wenn einer der Männer ein Kleid trüge, eine Perlenkette um den Hals,

Ohrringe, halblange gelockte Haare, lackierte Fingernägel und so weiter. Würden die anderen Männer ihn für voll genommen haben? Würde eine Frauenrunde ihn ernst genommen haben? Hätte möglicherweise sogar die anwesende Journalistin mit Befremden reagiert?
Wohlgemerkt, es geht nicht um die Anerkennung, die ein Georg Preusse in seiner Rolle als Mary erfährt. Es geht auch nicht um echte Transsexuelle, die eine Geschlechtsumwandlung haben vornehmen lassen. Es geht um die Frage, ob ein Mann in Frauenkleidern in einer ganz normalen Alltagssituation dieselbe Anerkennung fände, die heute eine Frau erfährt, die in Männerkleidung auftritt. Die Antwort ist klar. Und das heißt: Männerkleidung ist in unserer Kultur mit deutlich mehr Prestige besetzt als Frauenkleidung.

Der oberster Herrscher der Welt ist das Prestige. Es regiert die Regierungen. *(Jules Romain)*

Dasselbe Phänomen finden wir, wenn es um verschiedene Kulturen geht. Nehmen wir dazu ein Beispiel aus jüngerer Zeit. Anfang Februar 1993 reiste Papst Johannes Paul II. nach Benin in Westafrika, wo er auch mit Anhängern und Priestern traditioneller religiöser Kulte zusammentraf. Unter der Überschrift »Tohuwabohu in Afrika« vermeinte eine deutsche Regionalzeitung vermelden zu müssen: »... Dann stürmten die Voodoo-Großmeister und Häuptlinge mit ihren abenteuerlichen Kopfbedeckungen, die von Phantasiekronen über Tropenhelme bis zu Turbanen reichten, geschmückt mit Ketten und allerlei merkwürdigen Fetischen auf den Heiligen Vater zu, um von ihm persönlich eine Gedenkmünze im Empfang zu nehmen ...«
Der Tenor der ganzen Spalte war von dieser deutlichen Herablassung geprägt. Der Schreiber der Zeilen schaut aus seinem Blickwinkel auf eine ihm fremde, von ihm nicht verstandene, ihm daher lächerlich erscheinende Welt. Die Kopfbedeckung eines Voodoo-Priesters ist »abenteu-

erlich«. Ob sie in den Augen des Trägers eine wie auch immer geartete symbolische Aussagekraft hat, wie beispielsweise die Mitra des Papstes für den Katholiken, braucht sich der Journalist gar nicht zu fragen. Er hat es ja hier mit primitiven Wilden zu tun, die sicherlich von Symbolik keinen Dunst haben.

Statussymbole sind Orden, die man sich selbst kauft. *(Bernhard Wicki)*

Das Phänomen ist das Gleiche, wie bei dem Beispiel mit der Talkrunde. Es zeigt sich, dass es im Endeffekt eine Frage der Macht ist: Was der gesellschaftlich Mächtigere trägt, ist anerkannt und akzeptabel, auch wenn der weniger Mächtige sich dieser »Mode« bedient. Was der Schwächere dagegen als für ihn passend zugewiesen bekommt oder für sich wählt, kann vom Mächtigeren nicht übernommen werden. Es würde Prestigeverlust bedeuten. Es lohnt sich tatsächlich, darüber nachzudenken, was wir in die Kleidung hineininterpretieren. Man kann dann nämlich sehr viel lockerer über gewollte oder ungewollte Verstöße gegen die Kleiderordnung hinwegsehen. Und auch die Hintergründe mancher Provokationen lassen sich dann besser verstehen. Man kann anfangen, darüber nachzudenken, ob die Kleidung in der Tat außer ihrer Funktion als Körperschutz und Körperschmuck noch unbedingt eine Prestigefunktion haben muss. Ist beispielsweise das Violinspiel eines Nigel Kennedy deshalb weniger hörenswert, als das eines Yehudi Menuhin, weil der inzwischen auch nicht mehr ganz junge Provokateur früher gern als gemäßigter Punker auftrat? Sein Lehrer Menuhin meinte das nicht, auch wenn er selbst es bis zuletzt vorzog, im alten Stil aufzutreten.

Mode und eigener Stil

Nach dieser nachdenklich stimmenden Einführung, soll es im Folgenden um das gehen, was heute im Großen und Ganzen in puncto Kleidung in den verschiedenen Lebenssituationen als angemessen angesehen wird. Das ist, wie wir gesehen haben, vorrangig eine Frage des gesellschaftlichen Diktats. Hinzu kommt das Diktat der Mode, und schließlich haben wir es auch noch mit dem individuellen Stil zu tun, der sich an der Mode orientiert und mit der Mode Schritt hält. Es geht also auch um die Frage, ob das, was gerade Mode ist, unbedingt von allen getragen werden kann und sollte. Eine Frage, die Männer ebenso betrifft wie Frauen.

Mode ist die bereitwillige Bejahung der rätselhaften Tatsache, dass heute etwas schön ist, was gestern hässlich war und morgen unerträglich sein wird. *(Senta Berger)*

Nicht jeder Frau steht jede Farbe, die gerade im Augenblick der letzte Schrei ist. Nicht jede hat die Figur, die die Mode einer bestimmten Epoche gerade zwingend vorschreibt. Mehr und mehr wird besonders von Frauen erkannt, dass Mode ein Diktat ist. Oft genug ein verhängnisvolles, wie jede Frau weiß, die einmal mit engem Rock und hohen Stöckelschuhen versucht hat, davonzulaufen, oder auch nur die letzte Straßenbahn zu erwischen.

Neben dem, was Mode ist, gibt es das, was man den eigenen Stil nennt, also das, was der einzelne Mensch aus der herrschenden Modeströmung für sich macht. Die Bandbreite ist groß. Sie kann von einer traumwandlerischen Stilsicherheit reichen, mit der ein Mensch sich jederzeit so kleidet, dass seine Erscheinung schlichte Eleganz ausstrahlt, bis hin zu der gleichen traumwandlerischen Sicherheit, mit der andere regelmäßig haargenau daneben liegen. Es scheint eine intuitive Begabung zu sein, die schwer zu definieren ist. Man erkennt sie lediglich am Ergebnis, denn es gibt Frauen, die können den billigsten Fummel so tragen, dass sie hinreißend aussehen, und es gibt Frauen, die können das eleganteste Modellkleid anhaben, und doch sieht das edle Kleidungsstück wie ein Fetzen aus dem vorletzten Schlussverkauf aus.

Bis zu einem gewissen Grad ist das Geheimnis zu erklären. Je nach natürlicher Haut-, Haar- und Augenfarbe, nach Größe und Figur gibt es Schnitte und Farben die einen Menschen kleiden, weil sie mit seiner gesamten Erscheinung harmonieren. Dementsprechend gibt es das Gegenteil, Schnitte und Farben, die der Gesamterscheinung total zuwiderlaufen. Das modischste Kleid kann an einer Frau scheußlich aussehen, wenn es nicht »ihre« Farbe ist, und das einfachste Fähnchen kann toll aussehen, wenn die Farbe ihrem Typ entspricht. Und so kann ein giftgrünes Hemd für den einen Mann genau das richtige sein, wohingegen der andere damit einfach verboten aussieht.

Eine Dame trägt keine Kleider. Sie erlaubt den Kleidern, von ihr getragen zu werden. *(Yves Saint-Laurent)*

Das gilt natürlich auch für die kosmetischen Bestandteile wie Lippenstift, Augen-Make-up, Nagellack und künstliche Haarfarben. Was bei einer Frau umwerfend toll aussieht, kann bei einer anderen geradezu ordinär wirken. Wobei, das sei hier einschränkend noch einmal deutlich betont, die Grundeinschätzung dessen, was als toll und was als ordinär gilt, eine völlig willkürliche Festlegung innerhalb einer herrschenden Epoche und Gesellschaft ist. Man denke daran, dass es Zeiten gab, in denen es nicht unüblich war, dass Männer von Adel sich ein Schönheitspflästerchen ins Gesicht klebten sowie ein wenig (oder auch mehr) Rouge auf die Wangen tupften, und dass es Zeiten gab, in denen es bereits als gewöhnlich und unanständig galt, wenn eine Frau nur die Zehen unter dem langen Kleid hervorschauen ließ.

Neben der Farbe spielen selbstverständlich auch die richtigen Proportionen eine Rolle. Ein kleiner, eher pummeliger Mensch wirkt bei Betonung der Breite entweder durch sehr lockere oder durch auffällig quergestreifte Kleidung natürlich noch breiter. Dagegen wird die Größe eines hoch gewachsenen, schlanken Menschen durch enganliegende, die Längsachse betonende Kleidung zusätzlich verstärkt. Die Mode nimmt auf solche Dinge wenig Rücksicht. Da sind eben plötzlich ausladende Schulterpolster modern. Und wenn die zierliche Dame, mit solchen Schulterpolstern wie ein verhinderter Catcher aussieht, dann ist der Mode das egal. Der Dame oder dem Herrn aber sollte es nicht egal sein. Man sollte Mode als Angebot verstehen, aus dem man frei das wählen kann, was dem eigenen Stil und Geschmack entspricht. Dass nicht alles, was dem eigenen Geschmack entgegenkommt, zwangsläufig auch anderen gefällt, wussten schon die alten Römer, die den Spruch prägten: »De gustibus non est disputandum« – »Über Geschmack lässt sich nicht streiten«. Und doch herrscht in jeder Gesellschaft zu jeder Zeit ein gewisser Konsens darüber, was gerade als »guter Geschmack« zu gelten hat. Und daran kann und sollte man sich, wenn man nicht anecken will, orientieren.

Alltags- und Freizeitkleidung

Der einzige Geschmack, der einem Menschen wirkliche Befriedigung geben kann, ist sein eigener.
(Philip Rosenthal)

Die größte Wahlfreiheit hat man heute bei der so genannten Alltags- und Freizeitkleidung. Da ist heute fast alles erlaubt. Sehr junge Leute nehmen sich natürlich – aus der Sicht der älteren – größere Freiheiten heraus. Allerdings zeigt sich bei genauerem Hinsehen, dass innerhalb der sozialen Gruppen erstaunlich wenig Freiheit gewährt wird. Die siebzehnjährige Schülerin, die im Chanelkostüm oder der Schüler, der in Anzug mit Krawatte daherkäme, wäre in der eigenen Gruppe ebenso mitleidigem Lächeln ausgesetzt, wie die ältere Dame, die mit einem Augenbrauenpiercing, schwarz lackierten Fingernägeln und grünen Strähnchen im Haar zum Kaffeekränzchen käme. Dennoch kann auch die sportliche siebzigjährige heute durchaus in bequemen Jeans und lockerem T-Shirt zum Supermarkt fahren, um dort ihren Einkauf zu erledigen, und genauso kann sie ins Kino gehen oder zum Gartenfest bei Freunden.

In den eigenen vier Wänden kann man heutzutage ohnehin sehr viel legerer herumlaufen, als das früher üblich war. Selbst wenn unverhoffter Besuch kommt, bedeutet es keinerlei Peinlichkeit, wenn man in irgendeiner Art Hausdress erscheint. Niemand kann heute erwarten, dass man zu Hause zu jeder Zeit so gekleidet ist, als ob man Besuch erwarte. Straßen- und Freizeitkleidung kann sich heute wirklich jeder nach Geschmack und Geldbeutel wählen. Dennoch gibt es ein paar Dinge, die bei uns noch immer nicht zum normalen Straßenbild gehören, wie etwa die Frau, die mit Lockenwicklern unter dem Kopftuch unterwegs ist. In Amerika war und ist das hingegen ein gewohntes Bild.

Die besondere Gelegenheit

Eleganz ist das Was, Chic ist das Wie.
(Pierre Cardin)

Unter dieser Überschrift geht es um all jene Gelegenheiten, die durchaus noch in den Bereich der normalen Alltagssituation gehören, die aber doch nicht den gänzlich uninformellen Charakter des Straßenbummels oder der Freizeitgestaltung haben. Also Einladungen zu Freunden oder guten Bekannten zu einer netten Plauderrunde, normale Theaterbesuche, öffentliche Veranstaltungen mit inoffiziellem Charakter, wie Vorträge aller Art oder Kurse, normale Restauranbesuche und was es sonst so an gesellschaftlichen Kleinereignissen geben mag.
Zu solchen Anlässen wird man »normal« gekleidet erscheinen, sprich in gepflegter, guter, ordentlicher Kleidung. Man wird darauf achten, dass man nicht provoziert, was man auf zweierlei Weise tun könnte. Einmal, indem man »overdressed« daherkommt. Der aus dem Englischen übernommene Begriff bedeutet nicht ein Zuviel an Kleidung, sondern für den gegebenen Anlass einen Stich zu elegant, zu kostbar, zu auffällig. Zum anderen, indem man »underdressed« erscheint, was wiederum

nicht ein Zuwenig an Kleidung bedeutet, sondern zu leger, zu sportlich, zu unordentlich, zu »billig«. In beiden Fällen wäre die Kleidung der Situation einfach nicht angemessen. Man würde gegenüber den anderen aus dem Rahmen fallen, weil man allzu offensichtlich von ihnen absticht.

Der Kleiderschrank ist das Möbelstück, in dem Frauen, die nichts anzuziehen haben, ihre Kleider aufbewahren.
(Liv Ullmann)

Den meisten Menschen, die eine solche Diskrepanz nicht absichtlich herbeigeführt haben, ist sie peinlich. Um zu vermeiden, dass man, etwa bei einer Einladung »falsch angezogen« erscheint, kann man sich ruhig beim Gastgeber erkundigen, welche Art von Kleidung richtig wäre. Es gibt aber auch Situationen, da ist so eine vorherige Rückfrage nicht möglich. Ist man aufgrund dessen im falschen Outfit erschienen, sollte man so souverän wie möglich darüber hinweggehen und hoffen, dass auch den anderen das gelingt. Am wenigsten angebracht ist es, auch noch bei jedem um Entschuldigung zu bitten und langatmige Erklärungen dafür zu finden, warum man sich aus der falschen Abteilung des Kleiderschranks bedient hat. Bei der heutzutage doch recht großen Spannweite des Rahmens, ist es ja ohnehin einigermaßen schwierig, ohne Absicht total aus demselben zu fallen.

In unserer gänzlich vom Fernsehen beherrschten Zeit, in der die Talkshows so selbstverständlich sind, wie die täglichen Nachrichtensendungen, kommen uns jeden Tag Gäste der genannten Art ins Haus. Hier zeigt sich am besten und am deutlichsten, welcher Wandel sich gerade in Bezug auf die Kleiderordnung in unserer Gesellschaft vollzogen hat.

Längst sind die Zeiten vorbei, wo Moderatoren unbedingt Anzug und Krawatte tragen mussten. Pullover sind absolut salon- und tv-fähig, wie nicht nur ein Eugen Drewermann oder ein Klaus Bednarz deutlich machen. Und längst muss das Oberhemd nicht mehr rein weiß oder uni pastelfarben sein. Es darf in allen dezenten Farben und Mustern prangen, und auch der Sakko, sofern der Herr einen trägt, kann durchaus einen kräftigen Fabton oder ein Muster aufweisen. Der gute alte Anzug ist deshalb aber nicht passé. Nur die Variationsmöglichkeiten, die die Herren heute haben, nähern sich denen der Damen.

Dennoch sind gewisse Freiheiten nicht erlaubt: Selbst wenn draußen unerträgliche Tropenschwüle herrscht und im Studio noch die Hitze der Scheinwerfer hinzukommt, wird kein Moderator einer halbwegs ernsthaften Sendung in Netzhemd und Bermudas dasitzen. Das wäre ein dramatischer Fall von »underdressed« und als solcher eine Provokation, die sich vor allem ein Gastgeber nicht erlauben darf. Hemden mit kurzen Ärmeln sind dagegen, mit Einschränkungen, heute erlaubt. Genauso wird auch der privat zu sich nach Hause einladende Gastgeber seine Gäste nicht im Unterhemd empfangen, und er darf davon ausgehen, dass diese nicht in Shorts erscheinen werden.

Umgekehrt sieht man in einer Talkrunde wie bei Sabine Christiansen, beim Literarischen Quartett, in der Kulturzeit oder in vergleichbaren Sendungen – und sie alle entsprechen in gewisser Weise der kleinen Privateinladung – keinen männlichen Gast oder Moderator im Smoking oder Frack und keine Moderatorin, keinen weiblichen Gast im glitzernden Cocktailkleid. Man sieht allerdings – etwa wenn große Hitze herrscht – schon einmal einen Gast oder auch Moderator, der das Jackett abgelegt hat. Oder man sieht ein verkrumpeltes Leinenjackett, einen gelockerten Krawattenknoten oder auch ein luftiges Sommerhemd, das ohne Krawatte getragen werden kann.

Ist es nicht Wahnsinn, eine Krawatte zu tragen, das heißt, den Kopf in eine Schlinge zu stecken, die jeder zuziehen kann? *(Otto Grünmandl)*

Im Gegenzug dürfen Frauen heutzutage in so einer Situation sehr sportlich auftreten oder auch schlicht elegant: Hosen oder Hosenanzüge sind genauso erlaubt, wie Kleider, Rock-Bluse-Kombinationen, Kostüme oder was sonst gerade die Mode bietet. Auch jede Form von »Understatement« ist erlaubt, also wertvolle, teure Stoffe oder Materialien, die aber so verarbeitet sind, dass der Gesamteindruck aus ihrer Schlichtheit entsteht. Eine Seidenbluse oder ein Kaschmirpullover kann sündhaft teuer gewesen sein, dennoch kann man sie zu einer einfachen Einladung anziehen, sofern man ihnen die Exklusivität nicht auf zwanzig Meilen Entfernung ansieht. Unangebracht wäre es allerdings, dazu noch ein teures Collier zu tragen. Selbst wenn in Bezug auf die Wahl der Kleidungsstücke heute sehr große Freiheit herrscht, hört der Spaß auf, wenn die Kleidung ungepflegt ist. Dabei macht es einen gewaltigen Unterschied, ob eine saubere Leinenjacke die für dieses Material typischen Krumpelfalten aufweist oder ob eine Jacke, eine Hose, ein Hemd, eine Bluse speckig ist, weil sie zu lange getragen und zwischendurch nicht gereinigt oder gewaschen wurde.

Der schlechte Geschmack gefällt, sobald er Mode wird.
(Félicien Marceau)

Kurz, man muss – und wird – unterscheiden können zwischen dem Malheur und dem Laisser-faire. Die Dame, die eben an einem Stuhl hängen geblieben ist und sich eine Laufmasche gezogen hat, wird das als ausgesprochen peinlich empfinden. Aber was soll sie machen? Vielleicht hat sie ein Paar Ersatztrümpfe oder Strumpfhosen in der Tasche. In jedem Fall ist dieses Missgeschick etwas, über das man hinwegsehen kann und sollte. Kommt sie aber in Schuhen, deren Absätze völlig schiefgelaufen sind, dann wird man nicht davon ausgehen können, dass sie eben gerade einen kilometerlangen Gewaltmarsch mit Sturmgepäck hinter sich hat. Die abgelaufenen Absätze sind einfach ein Zeichen dafür, dass sie auf diesen Aspekt der Kleidung nicht genügend achtet.

Das betrifft die Herren gleichermaßen. Ein frisches Hemd, das an einem heißen Sommertag Schwitzflecken bekommen hat, kann man eigentlich nicht beanstanden, schließlich ist die Transpiration nicht nur eine notwendige und gesunde Körperfunktion, sie ist auch in keiner Weise der willkürlichen Steuerung unterworfen. Beanstanden kann man nur, wenn dieses Hemd einen zweiten oder gar einen dritten Tag lang angezogen wird.

Die festliche Gelegenheit

Der Blickfang eines Kleides liegt immer dort, wo gar kein Kleid mehr ist. *(Peter Frankenfeld)*

Der normale Durchschnittsmensch erlebt in seinem Leben selten Situationen, in denen er sich außergewöhnlich festlich oder gar einem Protokoll gemäß kleiden muss – oder darf. Solche Gelegenheiten sind Hochzeiten, Galapremieren, Festspielaufführungen, Bälle, Bankette, Empfänge und Ähnliches.

Wer von berufs- oder seiner gesellschaftlichen Stellung wegen häufig in großer Festgarderobe erscheinen muss, wird als Mann in seinem Kleiderschrank das Nötige hängen haben. Denn auch hier sind die Männer einmal mehr im Vorteil. Kein Mensch wird sagen: »Jetzt sieh dir das an, hat der doch denselben Smoking an wie letzte Woche!«

Keine Frau trägt gerne ein Kleid, das eine andere abgelegt hat. Mit Männern ist sie nicht so heikel. *(Françoise Sagan)*

Die Dame dagegen, die zweimal hintereinander im selben Abendkleid erscheint, kann sich einiger bissiger Kommentare hinter ihrem Rücken sicher sein. Doch es kann schlimmer kommen: Es können zwei Damen aufeinandertreffen, die dasselbe Modell tragen! In unseren Breiten geradezu eine Tragödie. Als vor Jahren zwei Damen der Gesellschaft zu den Bayreuther Festspielen in identischen Designerroben erschienen, war das der Lokalpresse tagelang ganze Kolumnen wert.

Genau umgekehrt ist die Situation in einigen afrikanischen Ländern. Wenn dort bei einem Volk wie den Yoruba in Westnigeria zu einer großen Familienfeier nicht alle in absolut gleicher Aufmachung, in Gewändern aus demselben Stoff und mit hundertprozentig übereinstimmenden Accessoirs erscheinen, dann wird das als ungeheuer

Mögliche Bekleidungsvorschriften auf Einladungen können lauten:		
	Das bedeutet für ihn:	**Das bedeutet für sie:**
leger	Jeans und Pullover sind erlaubt, dunkler Anzug wäre »overdressed«	normale, bequeme Alltagskleidung
sommerlich	farbiges Sommerhemd ohne Krawatte, leichter Sakko oder Ähnliches; Bermudas oder Shorts und Hawaiihemd wäre »underdressed«	luftige, geschmackvolle Sommerkleidung
Straßenanzug	etwas feiner als »leger«; Kombinationen, normale Anzüge	Elegantes Tageskleid
dunkler Anzug	schwarzer oder dunkelblauer Anzug	Köstum, elegantes Jackenkleid, eleganter Hosenanzug
festlich (Tagesveranstaltung)	Stresemann oder Cut	elegantes Kostüm in gedeckten Farben
festlich (Abendveranstaltung)/ Cravatte noir/ Black tie	Smoking, Dinnerjacket, Spencer	Abendkleid (kurz oder lang) oder festlicher Abendanzug
großer Gesellschaftsanzug/ Cravate blanche/ White tie	Frack mit weißer Fliege	großes Abendkleid

Wer im Bilde ist, fällt nicht so leicht aus dem Rahmen.
(Hans Clarin)

peinlich für den Abweichler empfunden. Hier ist nicht die Rede von einer traditionellen Dorfgemeinschaft – da würde es solche Uniformität nicht geben –, sondern von modernen Familien in Lagos oder anderen Großstädten. Das Beispiel soll lediglich noch einmal verdeutlichen, was schon öfter in diesem Buch betont wurde: Nur das Vorhandensein einer Regel ist fix, der Inhalt der Regel ist völlig willkürlich und kann sich über Nacht ändern.

Was in unseren Breiten zu welcher Gelegenheit an festlicher Kleidung vom gedeckten Straßenanzug und Frack für den Herrn bis zum Hemdblusenkleid und der langen Abendrobe für die Dame angemessen ist, wurde auf Seite 357 in tabellarischer Form kurz zusammengefasst. Hier folgen ein paar ausführlichere Erläuterungen dazu.

Anzug

Der Körper ist ein notwendiges Vehikel, weil er die Kleidung trägt und mit den Kleidern die Taschen.
(Alfred Jarry)

Der so genannte Büro- oder Straßenanzug kann unifarben oder (bei einer Kombination) dezent gemustert und aus unterschiedlichen Stoffen gearbeitet sein. Ist das Jackett gemustert, so soll das Hemd unifarben sein, hieß es noch gestern – heute ist das, wie man gelegentlich sehen kann, überholt. Wichtig ist, wie man kombiniert, das heißt, ob die Kombination dem Manne zu Gesicht steht.

Einen Stich feiner sind die so genannten Konferenzanzüge, dunkel gehaltene, meist blaue oder graue Anzüge, gelegentlich mit Weste und Nadelstreifen, zu denen grundsätzlich eine Krawatte getragen wird. Ausnahmen bestätigen die Regel.

Ist bei einer Einladung »Dunkler Anzug« vermerkt, dann wird ein dunkelblauer, schwarzgrauer oder schwarzer Anzug erwartet, zu dem ebenfalls eine Krawatte – uni oder gemustert – getragen wird, dazu ein entweder farblich passendes oder ein weißes Einstecktuch in der äußeren Brusttasche.

Zu allen Anzügen, so heißt es, sollte der Herr passende Lederschuhe mit glatten Sohlen und zum dunklen Anzug schwarze Schuhe und schwarze Strümpfe tragen.

Cut oder Cutaway, Stresemann und Frack

Stresemann und Cut sind Gesellschaftsanzüge, die tagsüber zu festlichen Gelegenheiten getragen werden können. Der Cut ist um einen Hauch feiner als der Stresemann. Beide bestehen aus schwarzgrau gestreifter Hose, zu der beim Stresemann ein einreihiges schwarzes Jackett gehört, ein weißes Hemd (mit Schmuck-Manschettenknöpfen) und eine graue Weste. Die dazugehörige Krawatte ist silbergrau oder grau.

Das Jackett des Cutaway verrät seine Herkunft in seinem Namen, der auf Deutsch »abgeschnitten« bedeutet. Es entwickelte sich nämlich aus dem fast knielangen Gehrock der Herren, dem die Vorderseite der Schöße schräg zur Seite hin abgeschnitten wurden. Auch diese hinten

Den größten Wert auf schicke Kleider legen: der dumme Mann und die kluge Frau.
(Aleksander Swietochowski)

Dunkler Anzug Stresemann Cut Smoking Frack

fast bis zu den Kniekehlen reichende lange Jacke ist schwarz und einreihig und wird mit weißem Hemd (Manschettenknöpfe!) grauer Weste und grauer Krawatte kombiniert. Wie beim Stresemann sollte dazu eine Krawattennadel – bevorzugt eine Perle – getragen werden. Bei Anlässen wie Hochzeiten und Pferderennen gehört der graue Zylinder zum Cut. Mit schwarzer Weste, schwarzer Krawatte und schwarzem Zylinder ist der Cut ein Traueranzug für Staatsbegräbnisse.

Zu den größten Leistungen europäischer Außenminister in Afrika gehört es, bei vierzig Grad im Schatten einen Frack zu tragen.
(Roger Peyrefitte)

Das Protokoll der Bundesregierung sieht nur noch zwei Gelegenheiten vor, bei denen der Cut zwingend vorgesehen ist: beim Neujahrsempfang des Bundespräsidenten für das diplomatische Corps und bei der Beglaubigung eines Botschafters. In beiden Fällen dürfen die Gäste, wozu ja die Botschafter und Botschafterinnen gehören, in ihrer Nationaltracht erscheinen, was, wie man an den jeweils ausgestrahlten Fernsehbildern sehen kann, vor allem von Vertretern der Länder Afrikas und Asiens sehr gern gemacht wird. Und das nicht zum Schaden des tristen, grauen Protokolls!

Der festlichste unter den großen Gesellschaftsanzügen ist der Frack, der schwarz oder von sehr dunklem, so genanntem Nachtblau zu sein hat. Die schmal geschnittene Hose hat einen hohen Bund und seitlich seidene Doppeltressen, »Galons« genannt. Die Jacke ist vorn kurz tailliert und reicht hinten bis an die Kniekehlen – Schwalbenschwänze nennt man diese langen Zipfel. Das Jackett wird offen getragen, das Frackhemd ist gestärkt und hat ausgearbeitete Ecken. Ferner gehört zum Gesamtensemble eine gestärkte, ein- oder zweireihige weiße Pikeeweste. Die Frackschleife ist weiß. Die Knöpfe von Hemd und Weste sind natürlich angemessen kostbar, also mindestens aus Permutt, eventuell können es auch Perlen sein, sogar Brillanten können den Frack ergänzen. Wie der Cutaway

wird auch der Frack im Allgemeinen nur noch bei hochoffiziellen Anlässen getragen.
Lediglich Oberkellner tragen in manchen Restaurants der Spitzenklasse noch heute einen Frack als Dienstkleidung; damit sie aber als Kellner zu erkennen sind und nicht etwa mit einem Gast verwechselt werden, legen sie eine schwarze Weste und eine schwarze Fliege zu ihrem ziemlich unbequemen Arbeitsanzug an.

Smoking, Dinnerjackett, Spenzer
Engländer und Amerikaner nennen das, was bei uns unter der Bezeichnung Smoking läuft, gern Dinnerjacket. Sie meinen damit die dunkle, das heißt, schwarze oder nachtblaue Hose ohne Aufschlag, aber mit aufgesetztem einfachen seidenen Längsstreifen an der Außenseite (Galon), und das farblich zugehörige Jackett mit seidenem Schalkragen oder seidenem Revers, das, sofern einreihig, zur Ergänzung einer Weste bedarf. Diese Weste kann schwarz oder bunt sein, doch ist sie in jedem Fall aus Seide. Bei einer weniger eleganten, zweireihigen Jacke kann man auf sie verzichten. Außerdem gehört zur klassischen Version eine schwarze Fliege zum weißen, durchaus reichlich mit Biesen, Spitzen oder Rüschen verzierten Hemd. Dieser schwarzen Fliege wegen nennt man den Anzug im Französischen auch »cravatte noire«, im Englischen »black tie«. Statt der erwähnten Weste kann der Herr einen »Kummerbund« um die Taille legen und die Fliege farblich dazu abgestimmt wählen. Der Name dieser Taillenzierde ist übrigens eine Verballhornung des Hinduwortes »kamerband«, jener Schärpe, die indische Männer der hohen Kasten um ihre knielangen Jacken schlingen. Der Name hat nichts mit dem Kummer zu tun, den der gefältelte Seidengürtel seinem Träger verursacht, sollte die Leibeswölbung gar zu ausgeprägt sein.

Die Troubadoure von heute benutzen keine Mandolinen mehr, sondern Autohupen.
(Igor Strawinski)

Um die Verwirrung zu steigern, versteht man hierzulande unter einem Dinnerjackett die helle, fast weiße Smokingjacke, die im Sommer, in den Tropen, an Bord eines Kreuzfahrtschiffes et cetera zu der schon erwähnten dunklen Hose getragen und die mit weißem Smokinghemd und ebenfalls dunkler Schleife ergänzt wird.

Der Smoking gilt als Abendanzug und sollte vor 19 Uhr in der Öffentlichkeit nicht auftauchen – heißt es. Ja, noch in einem 1997 veröffentlichten Umgangsformenratgeber findet man kursiv hervorgehoben die Mahnung: »Stresemann und Smoking dürfen sich nie begegnen!«, als ob es sich um eine Kollision katastrophalen Ausmaßes handelte, nur noch dem Zusammenstoß von Erde und Riesenkomet vergleichbar. Dieser Vorgabe zufolge wären all jene Bräutigame grobe Regelverstößler, die beispielsweise beim Gang zum Standesamt oder bei der kirchlichen Trauung am Morgen oder frühen Nachmittag einen Smoking tragen. Da es sich bei einer Trauung im Allgemeinen um eine tagsüber stattfindende Feierlichkeit handelt, wären Stresemann oder Cut angesagt. Höchstens zum abendlichen Hochzeitsball dürften der Bräutigam und die männlichen Gäste im Smoking erscheinen. Viele junge Leute, die gern eine rauschende Feier aus ihrer Hochzeit machen wollen, halten sich an diese strikte Kleidervorschrift nicht mehr – und es hat, soweit ich weiß, dadurch auch noch niemand einen ernsthaften Schaden erlitten. Die Hupkonzerte, die Jungvermählte und ihre Freunde zu veranstalten pflegen, sind für die unbeteiligte Bevölkerung weit störender als der Verstoß gegen die Kleiderordnung.

Übertretungen kommen nur von Geboten wie Hühneraugen von zu engen Schuhen.
(Peter Hille)

Als jüngste und modischste Variante der festlichen Herrenbekleidung hat sich der Spenzer entwickelt, den man getrost tagsüber tragen kann. Er wird je nach Geschmack mit flotter farbenfreudiger Masche (Schleife, Fliege) und Kummerbund ergänzt.

Großes und kleines Abendkleid

Unter einem großen Abendkleid versteht man eine bodenlange, festliche, meist dekolletierte oder völlig schulterfreie, möglicherweise aber auch hochgeschlossene Robe aus irgendeinem kostbaren Stoff. Zur Ergänzung ist festlicher, nicht unbedingt echter, aber mindestens echt wirkender Schmuck erforderlich. Die große Abendgarderobe der Dame kann aber auch eine Kombination aus langem Rock und festlicher Bluse oder auch eine Kreation mit Hosen sein.

Kein Couturier kann ein Kleid so exakt beschreiben wie eine Frau, die die Robe einer Rivalin ignoriert.
(Hubert de Givenchy)

Zum tief dekolletierten oder schulterfreien Abendkleid gehört entweder ein langer Mantel (Cape), eine kurze Jacke oder eine Stola. Nerzjäckchen und Pelzstolen sind bei Tierschützern und anderen umweltbewussten Menschen seit längerer Zeit schon verpönt. Die Textilindustrie bietet jedoch entsprechende Kleidungsstücke aus den verschiedensten hochwertigen Stoffen an. Da diese Ergänzungsstücke zum Kleid gehören, werden sie, mit Ausnahme des Capes, nicht an der Garderobe abgegeben, sondern bei Bällen von der Dame über der Rückenlehne des Stuhls abgelegt, ehe sie sich beispielsweise zur Tanzfläche führen lässt.

Der Einzige, der einen Ozelotpelz wirklich braucht, ist der Ozelot.
(Bernhard Grzimek)

Das kleine Abendkleid, früher auch gern Cocktail- oder Nachmittagskleid genannt, kann vom berühmten »kleinen Schwarzen«, das im Allgemeinen durch seine elegante Schlichtheit besticht, bis zu einer supermodernen Neonfarbenkreation reichen. Die Grenzen zum großen Abendkleid sind fließend, das heißt, das große Abendkleid kann heute durchaus auch kurz sein, das kleine Abendkleid wird dagegen im Allgemeinen nicht lang sein – sofern die Mode in der kommenden Saison nicht etwas anderes vorschreibt.

Kleidung und Beruf

Während sich heute jeder, egal in welchem Beruf er oder sie tätig ist, in der Freizeit kleiden kann, wie es ihm oder ihr behagt, gelten im Berufsleben strengere Regeln. Obgleich sich auch hier in den letzten Jahren vieles deutlich gelockert hat. Einst unterschieden sich Handwerker der verschiedenen Zünfte schon äußerlich durch ihre Kleidung, und manche Berufsstände behalten einige dieser »Uniformen« noch bei wie etwa Köche ihre Mützen, weißen Jacken und besonders gebundenen Halstücher.

Wer die Uniform erfunden hat, wollte keine Gesichter mehr sehen. *(Thomas Niederreuther)*

Oft ist es nicht der Arbeitnehmer selbst, der hier entscheidet, sondern die Unternehmensleitung, der Arbeitgeber. Das kann so weit gehen, dass bestimmte Uniformen vorgeschrieben sind, obwohl der Dienstherr keineswegs wie bei Soldaten und Polizisten, der Staat ist, sondern ein freies Wirtschaftunternehmen. Ein typisches Beispiel sind die Mitarbeiter und Mitarbeiterinnen der verschiedenen Fluggesellschaften.

Je nach Beruf und Art des Unternehmens wird bezüglich der Kleidung mehr oder weniger starker Einfluss genommen. Noch vor 25 Jahren durften weibliche Bankangestellte im Schalterdienst keine Hosen tragen, die männlichen Kollegen durften auch im Hochsommer nicht in kurzärmeligen Hemden erscheinen. Heute ist beides kein ungewöhnlicher Anblick mehr.

Die Variationsbreite dessen, was in den einzelnen Branchen möglich und erlaubt ist, und die Geschwindigkeit, mit der sich diese Regeln ändern, lassen es sinnlos erscheinen, hier auch nur andeutungsweise Regeln aufzählen zu wollen. Es gibt Branchen, in denen eine betont modische Kleidung üblich, ja geradezu gefordert ist, und solche, in denen eine eher konservative Note gefragt ist. Wer sich an dem orientiert, was innerhalb des gesteckten Rahmens üblich ist, liegt richtig.

Kleidersünden

Angeblich ist es nach wie vor ein Verstoß gegen die Kleiderordnung, vor 19 Uhr im Smoking zu erscheinen. Vor gar nicht langer Zeit war es auch eine Kleidersünde, wenn der Herr, der Hosenträger trug, diese sehen ließ. Und geradezu »shocking« war es, wenn er, von der Dame an einem heißen Sommertag dazu ermuntert, seinen Sakko ablegte, aber ganz vergessen hatte, dass er ja Ärmelhalter trug, die man jetzt sehen konnte. Heute gelten Hosenträger ebenso wie Ärmelhalter bei manchen jungen Leuten – Frauen wie Männern – als fetziges Accessoire. Man trägt besonders farbenfrohe, breite Exemplare, die dadurch zur Geltung kommen, dass irgendein Darüber, sei es Sakko, Strickjacke oder Pullover, von vornherein nicht geplant ist.

Die Regel interessiert mich überhaupt nicht. Ich habe genug Scherereien mit der Ausnahme. *(Wieslaw Brudzinski)*

Auch in Sachen Schuhe und Strümpfe konnten und können Männer angeblich unverzeihliche Sünden begehen. Schon mit der falschen Schuhwahl geht es los. Ein dicke Gummi- oder Kreppsohle, überhaupt ein kräftiger, derb gearbeiteter Schuh passe nicht zu einem Anzug, heißt es. Es sei denn, es wäre ein Anzug aus breitrippigem Cordstoff oder es handele sich um einen Trachtenanzug, zu dem natürlich ein Haferlschuh erlaubt ist, oder es läge eine der vielen anderen Ausnahmen vor, die es bekanntlich zu jeder Regel gibt.

Was nun die Strümpfe anlangt, so wird gesagt, es müssten immer Kniestrümpfe, mindestens jedoch hohe Wadenstrümpfe, niemals jedoch kurze Socken sein. Denn sonst könnte ja, wenn der Herr mit bequem übereinander geschlagenen Beinen sitzt, das Hosenbein so weit hochrutschen, dass man ein Stück unbekleidete, wahrscheinlich stoppelig bis kraus behaarte Männerwade zu sehen bekommt. Man stelle sich das nur vor! Des Weiteren haben die Kniestrümpfe der Herren der Anzugfarbe angepasst, möglichst dunkel und unauffällig, zu sein. Quietschgelbe Strümpfe darf Mann, so er ein Herr sein will, offensichtlich (leider) nur dann tragen, wenn er Heinrich Maria Ledig-Rowohlt heißt. Oder hat sich da doch schon etwas bewegt?

Man muss sich weit mehr vor den kleinen menschlichen Fehlern hüten als vor den großen, wie man sich mehr vor Läusen als vor Löwen hüten muss.
(Aleksander Swietochowski)

Selbstverständlich haben die Männer kein Monopol auf Kleidersünden. Auch Frauen können sie begehen, und ihre Auswirkungen sind in der Tat blamabler. Die größten Sünden sind – oder kann man bereits sagen: waren – blitzende Unterwäsche, das heißt, der unter dem Rock hervorlugende Unterrock, der sichtbare, gar über den Oberarm fallende Träger von Hemd oder Unterrock, der durch die Kleidung durchschimmernde Büstenhalter, der sich unter allzu engen Hosen abzeichnenden Schlüpfer ...

Nun gilt es freilich genau zu unterscheiden. Die kostbare Spitze eines Seidenunterhemdes darf, ja sie soll, im tiefen Ausschnitt eines edlen Pullovers oder einer Bluse hervorschauen. Die Grenze verläuft also zwischen dem, was ästhetisch erscheint, und dem, was einfach schlunzig wirkt. Wenn unter einem ärmellosen Sommerkleid mit tiefen Armausschnitten ein Stück vom Seitenteil des Büstenhalters blitzt, dann darf man davon ausgehen, dass die betreffende Frau auf die Wahl von Kleid und dazu passendem Dessous nicht viel Aufmerksamkeit verwendet hat, sonst wäre ihr das aufgefallen. Erst recht sollte frau einige Anstandsregeln beachten, wie beispielsweise kein Top mit Spaghettiträgern anziehen, wenn sie glaubt, auf die stützende Funktion des Büstenhalters mit breiten Trägern nicht verzichten zu können. Der schwarze Schlüpfer, der durch den dünnen Stoff der hellgelben Hose schimmert, die dunkelblaue Bluse, die in den hellen Rockbund gezogen darunter sichtbar wird – all das sind vermeidbare Unschönheiten, die vielleicht zu Recht Anstoß erregen. Auch wenn sich unter einem hellen Männerhemd ein

allzu farbenfreudiges Unterhemd abzeichnet und wenn unter seiner Hose ein Stück der langen Unterhose über den Socken herausschaut, so ist das nicht gerade ein angenehmer Anblick.
Doch wer könnte sagen, dass er vor solchen Peinlichkeiten gänzlich gefeit wäre? Der brasilianische Schriftsteller Darcy Ribeiro berichtet von seinem Freund Anísio Texeira, der im Begriff war, Priester zu werden und eine Audienz beim Papst erhalten hatte, folgende Geschichte: »Anísio traf den Papst in der Engelsburg. Der Papst trug eine Sommersoutane und stand vor einem großen Fenster. Anísio trat näher, kniete sich nieder, schaute auf und rührte sich nicht mehr. Der Papst segnete ihn und wartete. Vielleicht betete Anísio. Als der Papst nicht länger warten wollte, bat er ihn aufzustehen, um mit ihm zu reden. Anísio war völlig verwirrt und rührte sich nicht. Er war wie gelähmt, weil er im Gegenlicht durch die Soutane die Unterhosen des Papstes sah …«
Nun, vielleicht sollten wir bei der Beurteilung von Kleidersünden nicht päpstlicher als der Papst sein und auch die schlimmeren Ausrutscher unserer Mitmenschen souverän und tolerant übersehen.

Körperpflege

Der tollste Frack verliert schlagartig an Eleganz, wenn sein Träger möpselt. Das exklusivste Abendkleid sieht billig aus, wenn der Nagellack der Dame schon teilweise abgeblättert ist. Man behauptet zwar, Kleider machten Leute, doch die Kleidung allein genügt nicht, es gehört auch die Körperpflege dazu.
Hier wird einerseits gern zu viel und andererseits manchmal zu wenig getan. Wer täglich duscht und dabei Seife oder ein Duschgel benutzt, braucht bei normalen Klimaverhältnissen – in unseren Breiten die Hundstage ausge-

Kosmetik ist eine Maßnahme mit aufschiebender Wirkung.
(Helmar Nahr)

Menschliche Eigenschaften sind wie Parfüm, sie riechen in zu starker Konzentration penetrant. *(Aleksander Swietochowski)*

nommen – kein zusätzliches Deodorant. All das Zeugs, das man sprühen, rollern oder sonstwie applizieren kann, dient eigentlich nur der Bereicherung der Kosmetikindustrie, die ihrerseits gezwungen ist, in teuren Tierversuchen die Hautverträglichkeit jener Mittel zu testen, deren ein Mensch, der sich gewaschen hat, nicht bedarf. Hat er sich aber nicht gewaschen, ist auch die Anwendung dieser Mittelchen nicht hilfreich.

Während beim Gebrauch solcher Körperpflegeartikel gern zuviel getan wird, hapert es häufig – gerade bei den Herren – an anderen Dingen. Am auffälligsten ist der Unwillen der Männlichkeit, auf gepflegte Hände und Fingernägel zu achten.

Viele glauben auch, es genüge völlig, sich gelegentlich mit markanter Geste durch die Haare zu fahren; der Gebrauch von Kamm oder Bürste erübrige sich dann. Oder sie verwenden solche Geräte, achten dann aber nicht sonderlich darauf, dass Haare und Schuppen auf den Schultern liegen – was man bei dunklen Anzügen besonders gut sieht.

Frauen, die aus vielerlei Gründen auf ihr äußeres Erscheinungsbild meist mehr Wert legen, begehen seltener solche Sünden, doch sind auch sie nicht gänzlich frei von ihnen. Häufiger als Ungepflegtheit in der Erscheinung ist bei Frauen eine andere Unart: der übermäßige Gebrauch von Duftwässern.

Wer täglich schwere Parfüms verwendet, desensibilisiert die eigenen Geruchsnerven. Diese Frauen riechen das eigene Parfüm längst nicht mehr so deutlich wie die Menschen ihrer Umgebung, weshalb sie mit der Zeit immer mehr davon auftragen und bald von einer ständigen schweren Duftwolke umhüllt sind. Tagsüber sollte die Dame auf jegliches Parfüm verzichten. Ein Eau de Toilette genügt völlig.

Auch das Make-up sollte dezent und genau überprüft sein. Weder ist Lippenstift auf den Zähnen sonderlich attraktiv noch verlaufene Schminke irgendwo im Gesicht. Und selbst wenn Kleidung und Körperpflege stimmen, kann doch immer noch die Körperhaltung die Gesamterscheinung beeinträchtigen. Wer wie ein nasser Sack in seinem Kaschmiranzug hängt, wird einen besonderen, aber keinen positiven Eindruck hinterlassen. Kleidung, Körperhaltung und Körperpflege müssen zusammenwirken, um ein ästhetisch ansprechendes Erscheinungsbild zu erzeugen.

Höflicher Umgang mit Freunden und Verwandten

Mit guten Freunden kann man im Allgemeinen lockerer umgehen als mit entfernten Bekannten. Verwandte – ob angeheiratete oder Blutsverwandte – sind meist wie Freunde, doch gelegentlich sind sie uns ferner als die fernsten Bekannten. Wir wollen hier im Großen und Ganzen den Idealfall der intakten Verwandtschaftsbeziehungen annehmen und nur am Rande auf problematische Fälle eingehen. Grundsätzlich lässt sich wohl sagen, dass man schwierigen Verwandten am besten mit zurückhaltender Höflichkeit begegnet.
Was die Begriffe Freund und Bekannter angeht, sind die Definitionen natürlich individuell verschieden. Was der eine »Freund« nennt, würde ein anderer höchstens als »Bekannter« bezeichnen. Die Begriffe unterscheiden sich hauptsächlich im Grad der persönlichen Nähe zueinander, was wiederum eine Frage der individuellen Interpretation ist.
Angeblich soll man in Amerika, wo man ja sehr schnell zur Anrede mit dem Vornamen übergeht, sehr viel leichter Freundschaften schließen. Ob diese Verbindungen in jedem Falle den Namen »Freundschaft« verdienen, sei dahingestellt. Der englische Exzentriker Quentin Crisp sagte dazu einmal sinngemäß, in England dauere es Jahre, bis man einen Menschen zum Freund gewinne, und, wenn es so weit sei, würde man ihn ein Leben lang nicht wieder los. In Amerika hingegen sei man innerhalb von Stunden gut Freund und in vierzehn Tagen sei zum Glück alles wieder vorüber.
Es sei an dieser Stelle noch eine Bemerkung zum Englischen »you« erlaubt, das nämlich nicht, wie oft fälschlich ange-

Seitdem es Flugzeuge gibt, sind die entfernten Verwandten auch nicht mehr, was sie einmal waren.
(Helmut Qualtinger)

nommen, »du« bedeutet. Das echte Du – englisch »thou« (mit den zugehörigen Formen thee, thine, thy) – war im Altenglischen normaler Bestandteil der Sprache. Im Mittelenglischen wich es langsam zugunsten der Formen »ye, you, your und yours«, die dem Deutschen »Ihr, Euch, Euer« entsprechen. Die alten Formen finden sich beispielsweise bei Shakespeare und in der Bibel. Doch lediglich die Mitglieder der Glaubensgemeinschaft der Quäker benutzen sie noch heute untereinander. Die Briten sind also weit entfernt davon, sich alle miteinander zu duzen. Und man tut gut daran, etwa als Tourist, die britische Höflichkeitsregel Nummer eins zu beherzigen: Lieber ein bisschen zu viel Distanz halten als zu wenig. Das unterscheidet die Briten, wie Quentin Crisp andeutete, von den Amerikanern.

In Amerika ist Verschiedensein nahezu gleichbedeutend mit Landesverrat. *(Henry Miller)*

Mit echten Freunden kann man anders umgehen als mit Fremden oder entfernten Bekannten. Das heißt nicht, dass man im Umgang mit ihnen Höflichkeit und gutes Benehmen außer Acht lässt, dass man bei ihnen – umgangssprachlich gesagt – »die Sau rauslassen« könnte. Aber es heißt, dass man auf rein äußerliche Konventionen verzichten kann. Wenn ich weiß, dass der Freund eine Nachteule ist, kann ich auch nach den üblichen Telefonzeiten noch bei ihm anrufen. Wenn ich weiß, dass die Freundin ein bestimmtes Eau de toilette benutzt, dann kann ich ihr das statt Blumen mitbringen. Ich kann auch einmal mit leeren Händen erscheinen, und, wenn sie gerade frisch geputzt hat, kann sie mich bitten, die schmutzigen Schuhe auszuziehen, wenn draußen Matschwetter herrscht. Kurz, vieles im Umgang miteinander gestaltet sich unter Freunden/innen unkomplizierter.

Vom Sie zum Du

Längst nicht immer ist das Du ein Gradmesser der Intensität der Verbindung. Eines der berühmtesten Paare dieses Jahrhunderts, Simone de Beauvoir und Jean Paul Sartre, haben sich bis zum letzten Tag gesiezt. Für viele Menschen aber ist das Du Ausdruck besonderer Verbundenheit und Zuneigun,g und sie würden gern vom offizielleren Sie zum Du übergehen – aber wie?

Junge Leute, die sich am Arbeits- oder Ausbildungsplatz, an der Uni, in der Disco, bei der Demo oder sonstwo kennen lernen, fangen erst gar nicht an, sich zu siezen. Sie sagen gleich du zueinander, manchmal ohne ihre Nachnamen richtig oder vollständig zu kennen.

Gelegentlich kommt es vor, dass in einem bestimmten Kreis, etwa in einem Kurs bei der Volkshochschule, in einer Sportgruppe oder im Ferienklub, ausgemacht wird, dass sich alle duzen. Dann sollte man sich nicht ausschließen. Doch die Situation innerhalb des Kreises und die außerhalb sind zwei Paar Schuhe. Sowie man den Raum verlassen hat und der Skikurs oder die Ferien vorüber sind, kann man zur distanzierteren Anrede zurückkehren.

Aus Vertraulichkeit entsteht die zarteste Freundschaft und der größte Hass.
(Antoine de Rivarol)

Was unternimmt man aber, wenn man zum Du übergehen möchte? Wer darf das vorschlagen? Früher hätte sich eine Frau, die einem Mann das Du anbot, unmöglich gemacht. Das sieht man heute nicht mehr so eng. Die Initiative kann selbstverständlich von ihr ausgehen, aber auch von ihm, und es muss auch nicht unbedingt die oder der Ältere sein, der den Übergang zum Du anbietet. Viel wichtiger ist die innere Bereitschaft, die auf beiden Seiten vorhanden sein sollte. Sie ist eventuell daran zu erkennen, dass man ganz deutlich auf einer Wellenlinie liegt und dass einem gelegentlich schon mal ein Du rausgerutscht ist, ohne dass der andere deswegen gleich er-

staunt bis indigniert die Augenbrauen hochgezogen hätte. Spürt man eine solche Distanz, wird man das Du nicht anbieten, sondern vielmehr darauf achten, dass einem der Patzer nicht wieder unterläuft.
In keinem Fall ist es verkehrt, lange zu prüfen und gut abzuwägen, bevor man sich gegenseitig duzt.
Während übrigens die Engländer, wie gesagt, sehr auf Abstand halten, sind die Italiener, die den Unterschied zwischen »tu« (du) und »Lei« (Sie) ja ebenfalls kennen, sehr viel schneller mit der vertraulichen Form bei der Hand: »Diamoci del tu«, wörtlich: »Geben wir uns das Du«, ist ein oft gehörtes Angebot. Und kein Italiener nimmt Anstoß, wenn man die Abschiedsformel »Arrivederci« benutzt, die eigentlich Duzfreunden vorbehalten sein müsste, bedeutet das »ci« am Ende doch »uns«.

Familienfeste

Das Familienleben ist ein Eingriff ins Privatleben.
(Karl Kraus)

Es gibt keine Gesellschaft auf Erden, die nicht irgendwelche Feste feiern würde. Die Anlässe sind unterschiedlich, es können religiöse Vorstellungen oder soziale Einrichtungen sein, die Menschen in Gruppen zusammenführen und sie gemeinsam ein Fest begehen lassen. Das aber ist der springende Punkt: Menschen kommen zusammen – und wo Menschen zusammenkommen, sind Verhaltensregeln erforderlich. Also sind auch Feste gewissen Regelungen unterworfen, was nicht ausschließt, dass der Individualität viel Raum gegeben ist.
In unserer Zeit und in unserem Land ist niemand mehr verpflichtet, irgendetwas zu feiern. Doch die meisten Menschen feiern gern, manche machen allerdings auch nur aus bloßer Konvention mit. Während es bereits viele Menschen gibt, die Pfingsten oder Ostern nicht mehr un-

bedingt als Fest begehen, ist die Zahl derer, die freiwillig auf ein Weihnachtsfest mit Lichterbaum verzichten, noch immer recht gering. Dabei hat das wenig mit ihrer religiösen Einstellung zu tun.
Auch wenn für die Überschrift dieses Kapitels der Sammelbegriff »Familienfeste« gewählt wurde, wird es hier jedoch nicht um solche Feste gehen, die in der Tat traditionsgemäß vor allem die Familien zusammenführen – wie es etwa beim Weihnachtsfest der Fall ist –, die aber die ganze Gesellschaft zugleich betreffen. Weihnachten wird bei uns nun einmal von allen am 24. Dezember gefeiert. Hier geht es um jene mehr oder weniger individuellen Einzelfeste, zu denen man Verwandte und Freunde einlädt, also Geburtstage, Jubiläen, Verlobungen, Hochzeiten, Taufen und so weiter.

Geburtstage, Examensfeiern, Jubiläen

Man muss die Feste feiern, wie sie fallen.
(Deutsches Sprichwort)

Seinen Geburtstag, bestandene Prüfungen oder ähnliche Ereignisse darf jeder feiern, wie es ihm oder ihr beliebt. Selbst runde Geburtstage müssen nicht an einer Kaffeetafel oder mit einem rauschenden Fest begangen werden. Man kann sie auch einfach ungefeiert übergehen. Da Geburtstage regelmäßig wiederkehrende Ereignisse sind, weiß man in der Familie und im Freundeskreis irgendwann, in welche Kategorie das Geburtstagskind gehört, ob es ein Feiermuffel ist oder schon immer Wochen vorher auf das Ereignis hinfiebert. Entsprechend weiß man auch, ob es angebracht ist, zu schreiben, anzurufen oder persönlich vorbeizuschauen, um zu gratulieren.
Auch Freunden und Verwandten, die nicht feiern, gebührt ein kurzer Gruß in Form eines Anrufs, einer Karte oder eines kleinen Briefes. Es sei denn, der oder die Betroffene hat ausdrücklich darum gebeten, dass vom Geburtstag (Examen, Jubiläum) in keiner Weise Notiz zu

nehmen sei. Auch wenn man selbst noch so gerne feiert, sollte man seine eigene Lust und Freude am Feiern anderen nicht aufdrängen. Die Idee, für jemanden eine Überraschungsparty zu organisieren, ist meist nur im Film wirksam. Einem entschiedenen Partygegner tut man gewiss keinen Gefallen, wenn man heimlich seine Bude dekoriert, jede Menge Leute einlädt und ihn mit einem Riesenhallo überfällt.

Wer seinen Geburtstag feiern möchte und dazu Verwandte, Freunde und Bekannte einlädt, sollte eins bedenken. Ferne Bekannte unter den Eingeladenen können in eine unangenehme Lage kommen, wenn sie nicht wussten, dass hier ein Geburtstag gefeiert wird, und folglich kein Geschenk mitgebracht haben. Das hat nichts damit zu tun, dass Sie als Feiernder ja nicht eingeladen haben, um beschenkt zu werden. Da der oder die Eingeladene Ihnen das auch sicherlich nicht unterstellt, plädiere ich dafür, bei einer Einladung den Grund für das Fest anzugeben. Also geradeheraus zu sagen, dass man zum Geburtstag einlädt, eben um dem Gast die Peinlichkeit zu ersparen, möglicherweise als Einziger ohne eine entsprechende Aufmerksamkeit aufzukreuzen und auch bei der Begrüßung keinen Glückwunsch auszusprechen.

Mit dem Aberglauben ist es auch so eine Sache. Ich habe noch keinen Menschen getroffen, der sein 13. Monatsgehalt zurückgegeben hat. *(Fritz Muliar)*

Gratuliert wird dem Geburtstagskind am Geburtstag. Respektieren wir die Tatsache, dass es abergläubische Menschen gibt, die glauben, es werde Schreckliches geschehen, wenn man ihnen zu früh gratuliert. Komischerweise besteht diese Angst bei schriftlichen Glückwünschen nicht. Wer also vorher gratulieren möchte, der kann auf die schriftliche Form der Gratulation zurückgreifen.

Noch ein kurzes Wort zu Kindergeburtstagen. Erwachsene, die zu Kindergeburtstagen eingeladen sind, seien es Onkel oder Tanten, die Großeltern oder die Eltern von Nachbarskindern, sollten an einem solchen Tag auf ihre

Vorrechte zugunsten des im wahrsten Sinne des Wortes Geburtstagskindes verzichten. Sie sollten also nicht erwarten, dass sie zuerst von der Torte bekommen, dass die Kinder nicht solchen Lärm machen, weil die Erwachsenen sich unterhalten wollen, und so weiter.

Große, runde Geburtstage, die in einem besonderen Rahmen gefeiert werden, sind besonders zeremonielle Feste. Gelegentlich sind außer dem Jubilar oder der Jubilarin selbst andere Ehrengäste anwesend, der Pfarrer, der Bürgermeister oder ein anderer Vertreter der Stadt. Bei einem Neunzigsten oder gar Hundertsten Geburtstag ist auch damit zu rechnen, dass ein Reporter der Lokalpresse auftaucht. Bei der eigentlichen Feier wird man eine Sitzordnung bei Tisch haben, es wird vielleicht auch eine Rede auf den Jubilar gehalten. Die Geschenke werden möglicherweise nicht direkt übergeben, sondern auf einem Geschenktisch abgelegt.

Je älter man wird, desto mehr ähnelt die Geburtatagstorte einem Fackelzug. *(Katherine Hepburn)*

An dieser Stelle sei noch kurz erwähnt, dass alle noch folgenden Abschnitte dieses Kapitels zusätzliche Informationen enthalten können, die auch für Geburtstage und andere Privatfeste gelten.

Auch Schulabschluss- oder Examensfeiern und Ähnliches können je nach Gusto der Betroffenen schlicht ausfallen oder in großem Stil begangen werden. Grundsätzlich gilt für sie, was bereits zum Geburtstag gesagt wurde: Wenn man einlädt, nennt man den Grund der Einladung. Man gratuliert erst, wenn der Kandidat sein Examen bestanden hat. Man respektiert den Wunsch des Betroffenen, dass er feiern will, ebenso wie den Wunsch, dass er nicht feiern möchte. Selbstverständlich können sich mehrere, die eine Prüfung bestanden haben, zusammentun und ein Gemeinschaftsfest steigen lassen.

Verlobung

Es besteht weder ein juristischer noch ein gesellschaftlicher Zwang, einer Eheschließung eine Verlobungszeit vorausgehen zu lassen. Wenn man sich allerdings offiziell verlobt, dann muss man sich darüber im Klaren sein, dass man im juristischen Sinne einen Vertrag abschließt. Und das heißt, die beiden Vertragsparteien müssen erstens geschäftsfähig sein und sie können zweitens bei Vertragsbruch, also bei Lösung des Verlöbnisses, unter Umständen zu Schadensersatzleistungen herangezogen werden. Welche rechtlichen Konsequenzen ein offizielles Verlöbnis hat, kann und sollte(!) man unbedingt in einschlägigen Büchern nachlesen.

Die meisten Verlobungen enden glücklich – aber einige führen zur Ehe. *(Anonymes Graffito)*

So wenig eine juristische Verpflichtung zum Verlöbnis besteht, so wenig sind alle anderen mit einer Verlobungsfeier verbundenen Einzelheiten verbindlich geregelt. Schon gar nicht gibt es eine feste Bestimmung darüber, wer für die Kosten aufzukommen hat. Wer jedoch über der Frage der Finanzierung der Verlobungsfeier mit dem zukünftigen Ehepartner in Streit gerät, hat eine wunderbare Gelegenheit, noch einmal genauestens zu überdenken, ob er oder sie nicht dabei ist, einen falschen Schritt zu tun. In jedem Fall sind die Zeiten, als die Eltern froh sein mussten, ihre Tochter unter die Haube gebracht zu haben, wofür sie mit der Ausrichtung der Verlobung und einer verlockenden Mitgift zu zahlen hatten, ein für alle Mal vorbei. Die Brauteltern dürfen die Kosten tragen, aber sie müssen nicht. Die Kosten können von allen gemeinsam, aber genauso auch von einem reichen Onkel übernommen werden.

Schließlich wird auch kaum noch ein junger Mann beim Vater der Braut um die Hand der Tochter anhalten, was gelegentlich in Verkennung der zugrunde liegenden Tatsachen als »hübsche alte Sitte« beschrieben wird. Diese

Sitte stammt aus einer Zeit, als die Frau keinerlei selbstbestimmende Verfügungsgewalt über sich hatte und folglich aus der Vormundschaft des Vaters von diesem in die Vormundschaft des Ehemannes entlassen wurde.

Eine Verlobung ist bedingte Verurteilung zu lebenslanger Doppelhaft mit vorläufigem Strafaufschub. *(August Strindberg)*

Allerdings sollte sich ein junger Mann bei den Eltern seiner Braut als zukünftiger Schwiegersohn vorstellen. Und auch sie sollte sich seinen Eltern vorstellen, wenn man sich nicht ohnehin bereits kennt, weil die jungen Leute schon vor der Verlobung häufig zusammen waren und sich gegenseitig zu Hause besuchten. Ein solcher »Antrittsbesuch« hat durchaus eine wichtige Funktion. Es kann nichts schaden, darauf zu achten, dass man rundum einen guten ersten Eindruck macht, also im Großen und Ganzen all das beachtet, was so zum guten Ton gehört. Haben sich die beiden Heiratswilligen fernab von zu Hause kennen gelernt – vielleicht am gemeinsamen Studienort –, dann wird die Verlobungsfeier unter Umständen die erste Gelegenheit sein, bei der sich die neuen Verwandten, die Eltern und eventuell auch die Geschwister des Brautpaares, begegnen. Das wird von den zukünftigen Schwiegereltern gelegentlich als Anlass verstanden, vom Sie zum Du übergehen zu können oder gar zu müssen. Von einer Verpflichtung dieser Art kann freilich überhaupt keine Rede sein. Man weiß ja noch gar nicht, ob die Verlobung wirklich zur Ehe führt, ob man tatsächlich künftig verschwägert sein wird. Wer also gern noch ein wenig Abstand wahren möchte, braucht bei dieser Gelegenheit nicht zum allgemeinen Du zu wechseln.

Ob die Brautleute die jeweiligen Schwiegereltern, wenn sie denn zum Du übergehen, mit den Vornamen ansprechen – bei jüngeren Leuten heute recht beliebt – oder mit »Mutter« und »Vater« (oder mit einer der familiären Variationen dieser Begriffe), ist individuell verschieden und keiner Regel unterworfen. Es ist allerdings, man sollte es

Eltern, die Respekt verlangen, haben auch nicht mehr verdient.
(Peter Tille)

kaum für möglich halten, gelegentlich ein Streitpunkt. Es gibt konservative Vertreter der älteren Generation, die meinen, die Anrede mit dem Vornamen sei ein Zeichen mangelnden Respekts. Nun gibt es aber heute schon sehr viele Kinder, die ihre Eltern mit Vornamen ansprechen, ohne es deshalb an Anerkennung und Respekt mangeln zu lassen. Es handelt sich offenbar um eine der vielen Übergangssituationen. Die sehr streng klingenden Formen »Mutter« und »Vater« werden für die direkte Anrede der Eltern ja auch nur noch selten benutzt. Dennoch kommen auch besagte ältere Herrschaften nicht auf den Gedanken, zu unterstellen, dass »Mutti/Mama« oder »Vati/Papa« eine respektlose Anrede sei. Bei den amerikanisierten Formen »Mom« und »Daddy« haben sie dagegen wieder Vorbehalte.

Der gesellschaftliche Wandel zeigt sich auch beim Kauf der Ringe. Früher war es üblich, dass der Mann die Ringe allein kaufte und bezahlte. Heute will die Frau in den meisten Fällen mitbestimmen, wie das Schmuckstück aussieht, das sie am Finger tragen soll. Und niemand kann ihr verbieten, sich an den Kosten zu beteiligen.

Nicht nur der möglichen rechtlichen Konsequenzen wegen, sondern einfach, weil sie es für überholt und altmodisch halten, übergehen viele Heiratswillige die offizielle Verlobung. Andere sehen darin eine gute Möglichkeit, ein rauschendes Fest zu feiern. Ihnen sei die Freude daran unbenommen. Freilich kann man sich auch heimlich, still und leise verloben.

Wer seine Verlobung mit einem großen Fest oder auch nur mit einem kleinen Vormittagsempfang begehen möchte, verschickt Verlobungsanzeigen verbunden mit einer Einladung an Verwandte und Freunde. Und zwar rechtzeitig, also etwa drei bis vier Wochen vor dem großen Tag.

Wer sich heimlich verlobt hat, braucht das auch hinterher niemandem mitzuteilen. Es können aber auch Anzeigen verschickt und/oder in die Zeitung gesetzt werden, die lediglich die Tatsache der bereits erfolgten Verlobung bekannt geben. Jede Form der Bekanntgabe kann von den Eltern ausgehen. Heute ist es jedoch allgemein üblich, dass die Verlobten selbst und in eigener Regie ihre Verlobung anzeigen.
Während man auf eine Verlobungskarte, die man persönlich zugeschickt bekam, mit einem schriftlichen oder gegebenenfalls auch telefonischen Glückwunsch antwortet, braucht man auf eine Zeitungsanzeige nicht zu reagieren.

Polterabend

Poltern ist ein altes deutsches Verb, mit dem man ausdrückt, dass ein lautes Getöse veranstaltet wird, vornehmlich ein spukhafter Lärm, wie man ihn von Poltergeistern erwarten darf. Polterei und Gepolter wiederum sind alte Ausdrücke für abgenutztes Hausgerät und Gerümpel. Und damit ist die Funktion des Polterabends umrissen: Am Abend vor der Hochzeit nämlich soll alter Hausrat mit so viel Getöse zerschmissen werden, dass es die Geister und Dämonen graust und sie sich holterdipolter verziehen.

Eine Komödie, die mit einer Hochzeit endet, ist der Anfang einer Tragödie.
(George Bernard Shaw)

An böse Geister wird heute zwar angeblich nicht mehr geglaubt, weshalb der Polterabend auch ruhig ein paar Tage oder eine Woche vor der Hochzeit stattfinden kann. Wer es jedoch wagen sollte, beim großen Geschirrzerdeppern auch Gläser oder gar Spiegel zu zerschlagen, der wird erfahren, dass so mancher Aberglaube noch sehr tief sitzt. Auch sollte, will man den alten Regeln genau folgen, das Brautpaar selbst kein Porzellan zertrümmern, denn auch das bringt Unglück. Diese Freude bleibt also den Gästen vorbehalten, das Brautpaar hat lediglich gemeinsam den

Scherbenhaufen zusammenzukehren. Und zwar, wenn er irgendwo in der Öffentlichkeit herum liegen sollte – also in einem Treppenhaus, einem Hof oder auf der Straße –, sehr gründlich!

Natürlich kann man den Polterabend als eine Riesengaudi ansehen, zu der man Freunde und Verwandte einlädt und vor der man die Nachbarn rechtzeitig warnt! In Anbetracht des Geschehens ist besonders festliche Kleidung nicht angebracht. Ob am Abend vor der Hochzeit in irgendeiner Weise gefeiert werden soll oder nicht, ist allerdings eine Entscheidung, die allein das Brautpaar trifft. Schließlich ist die Bewirtung von Gästen mit Kosten verbunden. Überhaupt keine gute Idee ist es, ein junges Brautpaar mit einem Polterabend zu überraschen, noch dazu, wenn die Brautleute bereits unmissverständlich zu verstehen gegeben haben, dass sie von jedweder Feier dieser Art nichts halten. In jedem Fall haben derart Überfallene das Recht zu verlangen, dass die Witzbolde den Scherbenhaufen auf ihre eigenen Kosten beseitigen.

Standesamtliche und kirchliche Trauung

Eine Trauung geht ja sehr schnell, nur die Scheidung ist immer so zeitraubend.
(Brigitte Bardot)

Die standesamtliche Trauung hat der kirchlichen ausnahmslos vorauszugehen. Das hat nichts mit gutem Ton zu tun, das ist eine Frage der gesetzlichen Regelung. Die kirchliche Trauung ist ein religiöser Akt, der in einem weltlichen Staat keine Rechtsverbindlichkeit besitzt. Das heißt, man kann sich standesamtlich trauen lassen und auf die kirchliche Trauung verzichten. Die kirchliche Trauung allein hat vor dem Gesetz unseres Landes hingegen keine Gültigkeit, und sie darf auch erst vollzogen werden, wenn das Paar einen standesamtlichen Trauschein besitzt.

Zwischen standesamtlicher und kirchlicher Trauung kann theoretisch ein unbegrenzt langer Zeitraum liegen.

Ein heiratswilliges Paar, das für eine große Hochzeitsfeier kein Geld hat oder auf eine solche Feier keinen Wert legt, kann sich standesamtlich trauen lassen und dann nach Hause gehen. Welche rechtlichen Voraussetzungen zu erfüllen sind, und wie die Zeremonie vor sich geht, erfährt man auf dem Standesamt.

Ist ein Jahr später das nötige Kleingeld vorhanden oder haben es sich die Eheleute anders überlegt, können sie zur kirchlichen Trauung schreiten und ein rauschendes Fest folgen lassen. Was für die kirchliche Trauung zu bedenken ist, erfährt man bei den zuständigen Pfarrämtern und im Gespräch mit dem Pfarrer oder der Pfarrerin. Auf dieses Gespräch sollte man sich gut vorbereiten. Am besten macht man sich vorher eine genaue Liste, auf der alle Fragen vermerkt sind. Es gibt nämlich sowohl nach Konfessionen als auch nach örtlichen Gebräuchen unterschiedliche Regelungen dazu, wie die Brautleute die Kirche betreten und verlassen, wann der Bräutigam die Braut wo trifft, wie die Kirche zu schmücken ist, welche Musik gespielt wird und so weiter und so fort. Da all dies keiner festen und verbindlichen Regelung unterliegt, soll hier auch nicht weiter darauf eingegangen werden.

Die Heirat ist die einzige lebenslängliche Verurteilung, bei der man aufgrund schlechter Führung begnadigt werden kann.
(Alfred Hitchcock)

Für die standesamtliche Trauung gibt es keine zwingenden Kleidervorschriften, allerdings wird eine festliche Kleidung gern gesehen. Das bedeutete bis gestern: dunkler Anzug (auch Stresemann oder Cut) und Krawatte oder Fliege für den Herrn. Heute darf es, zumal im Sommer, auch ein heller Anzug sein. Die Dame kann ein schlichtes Kleid, ein Kostüm, einen Hosenanzug oder ein elegantes Complet anziehen. Sie kann, wenn sie möchte, einen Hut tragen und sie kann, wenn sie das will, ein weißes Brautkleid mit Schleier und allem Pipapo anlegen, selbst wenn keine kirchliche Trauung im Anschluss vorgesehen ist. Auch der Smoking, früher nur dem Abend vorbehalten, darf sich heute schon am Vormittag sehen lassen, wenn der standesamtlichen gleich die kirchliche Trauung folgt und sowohl Braut als auch Trauzeugen entsprechend festlich gekleidet sind.

Die Trauzeugen, ihre Anwesenheit auf dem Standesamt ist gesetzliche Vorschrift, sollten sich bemühen – vorherige Absprache ist ja wohl möglich –, nicht festlicher gekleidet zu erscheinen als das Brautpaar selbst. Bei der kirchlichen Trauung sind keine Trauzeugen nötig, doch wer auch bei der kirchlichen Trauung Zeugen dabei haben möchte, kann dafür andere wählen, als für die standesamtliche. Auch Brautführerpaare und/oder Blumenstreukinder sind festliches Beiwerk, und dementsprechend kann man darauf verzichten. All dies sind Punkte, die auf die Liste der Fragen gehören, die man vorher mit dem Pfarrer bespricht.

Die Hochzeitsfeier

Unter allen Festen ist das Hochzeitsfest das unschicklichste. Keines sollte mehr in Stille, Demut und Hoffnung begangen werden als dieses.
(Johann Wolfgang Goethe)

Die Hochzeitsfeier nach der Trauung unterliegt ganz und gar der individuellen Gestaltung. Jedes Paar hat das Recht, seine Hochzeit zu feiern, wie es ihm beliebt: mit hundert Gästen oder zu zweit allein, zu Hause oder in einem Lokal, vom Vormittag bis in die tiefe Nacht oder überhaupt nicht. Es ist auch niemand verpflichtet, seine Eheschließung auf Fotografien oder Videofilmen festzuhalten. Wenn man allerdings im großen Stil feiern will, dann muss man seine Gäste rechtzeitig und am besten schriftlich benachrichtigen.

An dieser Stelle sei ein kleiner Hinweis gegeben. Die neue Gesetzesregelung erlaubt ja eine Reihe von Wahlmöglichkeiten, was den/die neuen Namen der Eheleute betrifft. Zwar wird noch häufig der Name des Mannes als gemeinsamer Ehename gewählt, doch gibt es immer mehr Frauen, die ihren Mädchennamen behalten oder einen Doppelnamen annehmen wollen. Und es gibt gelegentlich auch Männer, die den Namen der Frau annehmen. Es wäre von Vorteil, ließe sich der Heiratsanzeige unvißverständlich entnehmen, welcher Name fortan von wem geführt wird.

Die heute beliebte Formulierung: »Wir werden uns trauen«, der dann die Namen der beiden folgen, beispielsweise »Karin Müller – Kurt Meier«, ist zur Beantwortung der aufgeworfenen Frage wenig hilfreich, denn die Trauung steht bevor. Wie aber heißen die beiden hinterher? Auch wenn die Trauung erst noch erfolgen wird, kann man zum Beispiel schon Formulierungen wie »Kurt Müller, geb. Meier«, »Karin Müller« wählen und damit deutlich machen, wie sich die Nachnamen mit dem Tage der Verheiratung ändern.

Venedig ist meistens die zweite Enttäuschung der Braut auf der Hochzeitsreise.
(Alberto Sordi)

Wo die Feier stattfindet, ist von den finanziellen Möglichkeiten der Betroffenen abhängig sowie von den ihnen zur Verfügung stehenden Räumlichkeiten, aber nicht von irgendwelchen Benimmregeln. Wichtig ist lediglich, dass der Einladung unmissverständlich zu entnehmen ist, wann und wo die große Feier steigt, damit alle Eingeladenen auch mühelos hinfinden und pünktlich da sein können.

Meist gibt es bei einer solchen Feier ein gesetztes Hochzeitsessen, doch auch das ist kein Muss. Selbst bei einer Hochzeit kann man sich auf einen Sektempfang beschränken oder ein Büfett vorbereiten und es dann jedem Gast selbst überlassen, wo er Platz nehmen möchte. Das ist unter Umständen sogar empfehlenswert, wenn man, was ja nicht auszuschließen ist, Gäste hat, die nicht sehr gut miteinander zurechtkommen.

Die übliche Sitzordnung an der Hochzeitstafel sieht vor, dass die Brautleute – im Allgemeinen die Braut zur Rechten des Bräutigams – die mittleren Plätze an der Breitseite

Japanische Sitten haben einen tiefen Sinn. Zum Beispiel lächelt die Japanerin in jeder Lebenslage, nur nicht bei der Hochzeit.
(Pierre Loti)

der Festtafel einnehmen. Rechts von der Braut nimmt dann der Vater des Bräutigams Platz, neben diesem wiederum die Mutter der Braut. Zur linken Seite des Bräutigams sitzen die Eltern gegengleich, also neben ihm seine Mutter und daneben ihr Vater. Neben den Brauteltern können die Großeltern der Brautleute oder andere enge Verwandte oder Freunde platziert sein.

Es sind aber auch andere Sitzordnungen gebräuchlich, etwa: Vater des Bräutigams rechts neben der Braut, Brautmutter links neben dem Bräutigam, die beiden anderen Brauteltern dem Brautpaar auf der anderen Tischseite gegenüber. Normalerweise sitzt außer dem Brautpaar kein Ehepaar beisammen. Nicht, weil man Streit vermeiden will, sondern weil sich die beiden Familien näher kennen lernen sollen. Freilich gibt es auch regional unterschiedliche Bräuche und es kommen jede Menge Gegebenheiten vor, die alle Etikette über den Haufen werfen. Da können die Eltern der Brautleute bereits verstorben sein, die Eltern können geschieden und wiederverheiratet, untereinander oder mit den Kindern zutiefst verfeindet und zerstritten sein. Letztlich wird man die Tischordnung nicht nach der Etikette, sondern nach praktischen und vernünftigen Gesichtspunkten festlegen.

Wie die Tafel zu einem Festessen eingedeckt wird, wurde schon erwähnt. Findet die Feier in einem Restaurant statt, wird das ohnehin vom Personal übernommen. Es empfiehlt sich jedoch, die Sitzordnung vorher mit dem Oberkellner abzusprechen, wenn man Tischkarten aufstellen möchte. Die Karten müssen rechtzeitig vorbereitet werden, damit sie auch aufgestellt werden können (siehe auch Seite 393).

Für große Hochzeitsfeiern gibt es so viele Möglichkeiten und so viele Dinge zu beachten, dass hier nicht im Detail darauf eingegangen werden kann. Die Ausgestaltung

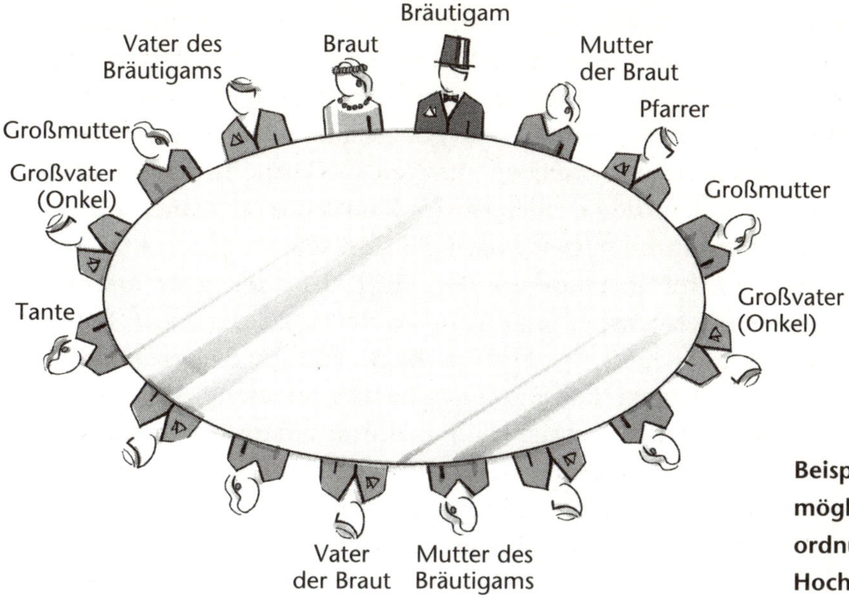

Beispiel für eine mögliche Tischordnung an der Hochzeitstafel

eines Festes ist ja letztlich nicht nur eine Frage des guten Umgangs, sondern auch eine Sache der Fantasie. Es gibt eine Menge einschlägiger Literatur, mit deren Hilfe man sich genauestens über alle Fragen, die im Zusammenhang mit Trauung und Hochzeit auftauchen, informieren kann. Übrigens bieten auch Tanzschulen so genannte Hochzeitskurse an, in denen nicht nur die Tanzkünste ein wenig aufgefrischt oder überhaupt erst erworben werden können. Man kann bei diesen Kursen die Tanzlehrer und -lehrerinnen auch zu allen anderen Fragen, die die Etikette betreffen, um Rat und Auskunft bitten.

Hochzeitstage

Vielen Menschen ist jeder wiederkehrende Hochzeitstag eine kleinere oder größere Feier wert. Manche finden, dass nur die Silberhochzeit, nach fünfundzwanzig Jahren Ehe, die Goldene Hochzeit, nach fünfzig Ehejahren, die

Ob zwei Leute gut getan haben, einander zu heiraten, kann man bei ihrer Silberhochzeit noch nicht wissen. *(Marie von Ebner-Eschenbach)*

Diamantene nach sechzig und die danach im Fünfjahresabstand folgenden Jubiläen der Eisernen, der Gnaden- und der Kronjuwelenhochzeit (fünfundsiebzig Ehejahre) gefeiert werden sollten. Wieder andere sind so feierfreudig, dass sie nach 6 1/2 Jahren die Zinnerne, nach 12 1/2 die Petersilien Hochzeit und nach 37 1/2 Jahren die Aluminiumhochzeit feiern. Hier, wie beim ersten Mal gibt es keinerlei bindende Vorschriften, ob wann wo und wie gefeiert wird.

Lediglich eins ist zu bedenken: Je älter das Jubelpaar ist, desto mehr Rücksicht ist auf ihre Wünsche zu nehmen. Gnadenhochzeiter, die ja wohl mindestens hoch in den Achtzigern sein müssen, überfällt man nicht mit einem heimlich für sie organisierten Riesenfest. Auch wenn man es noch so gut meint, kann es die Kräfte der Jubilare übersteigen.

Scheidung und Trennung

Es soll hier nicht der Teufel an die Wand gemalt werden. Aber es ist nun einmal eine Tatsache, dass immer weniger Ehen ein Leben lang halten. Es ist sicherlich (noch) ungewöhnlich, die Trennung oder Scheidung von einem Partner ebenso öffentlich bekannt zu geben wie die Verlobung oder Eheschließung. Aber warum eigentlich? Im Umgang mit unseren Freunden und Bekannten wäre es oft sehr hilfreich, wären wir klar und eindeutlich informiert, statt auf Getuschel hinter vorgehaltener Hand angewiesen zu sein. Vor allem wäre es gut zu wissen, ob die von nun ab getrennt Lebenden dennoch zur selben Party eingeladen werden dürfen, ob sie das vielleicht sogar wünschen oder ob sie sich so spinnefeind geworden sind, dass sie sich überhaupt nie wieder begegnen möchten.

An Scheidungsgründen fehlt es nie, wenn nur der gute Wille da ist. *(Johann Nepomuk Nestroy)*

Wer seine Trennung bekannt geben will, der sollte sich nicht scheuen, das zu tun, notfalls auch im Alleingang:

»Ich, Karin Meier, habe mich scheiden lassen und führe jetzt wieder meinen Geburtsnamen Karin Müller.« Allerdings ist aus Gründen der Fairness auf eine sachliche Sprache ohne triumphierenden, höhnenden oder sonstwie abwertend-beleidigenden Unterton zu achten. Die reine Information, dazu die Adresse und Telefonnummer sowie der eventuell wieder geänderte Name genügt.

Warum geht eigentlich die Familie nie zur Scheidung mit? *(Brigitte Schwaiger)*

Geburt, Taufe, Namensgebung

Wenden wir uns wieder einem erfreulicheren Thema zu, der Geburt und Taufe, beziehungsweise Namensgebung eines neuen Erdenbürgers. Es ist allgemein üblich, die Geburt eines Kindes in der Zeitung durch eine Anzeige und/oder durch private Anzeigen bekannt zu machen. Verpflichtet ist man dazu nicht. Welche Form der Anzeige man wählt, ist Privatsache. Es gibt vorgedruckte Karten, in die man nur noch die entsprechenden Angaben einzusetzen braucht. Man kann in einer Druckerei aber auch eine Anzeige und Karten nach eigenen Angaben und Vorstellungen in Auftrag geben (siehe hierzu auch »Vorgedruckte Karten«, Seite 399).

Man muss sich durchsetzen können, von Geburt an. Die Geburt selbst ist ein Akt der Durchsetzung; der erste und folgenreichste von vielen. *(Kurt Marti)*

Auf eine Geburtsanzeige, die man persönlich zugeschickt bekam, antwortet man selbstverständlich. Nach Möglichkeit schriftlich, eventuell auch telefonisch, vielleicht schickt man der Mutter auch Blumen oder dem Kind ein kleines Geschenk. Ein Geschenk verpflichtet die Eltern wiederum zu einer Danksagung. Doch sollte man hier Geduld aufbringen; die Eltern, vor allem die Mutter, haben jetzt andere Dinge zu erledigen.

Besuche bei der jungen Mutter sind anzumelden, und niemand hat das Recht, beleidigt zu sein, wenn er oder sie hört, dass Besuche zur Zeit unerwünscht sind.

Die Taufe ist ein religiöser Akt und somit Mitgliedern der entsprechenden Glaubensgemeinschaften vorbehalten.

Es kommt auf dieser Welt viel darauf an, wie man heißt; der Name tut viel.
(Heinrich Heine)

Der Name ist ein Stück des Seins und der Seele.
(Thomas Mann)

Doch auch das nicht getaufte Kind muss standesamtlich gemeldet werden und natürlich einen Namen haben. Man kann also die Geburt des Kindes und die Namensgebung auch feiern, ohne dass damit ein kirchliche Zeremonie verbunden sein müsste. Wann man diese Feier abhält, ist in allererster Linie eine Frage der Gesundheit von Mutter und Kind. Eine Vorschrift, wann ein Kind getauft zu werden hat, gibt es nicht, bekanntlich kann sich auch ein Erwachsener noch taufen lassen. Die Einzelheiten der kirchlichen Zeremonie bespricht man mit dem Geistlichen, sie sind je nach Konfession und Region unterschiedlich. Mit ihm bespricht man auch, wer Taufpate sein darf. Es gibt hier möglicherweise Einsprüche von kirchlicher Seite, wenn der Pate/die Patin nicht die »richtige« Konfession hat. Als Gast darf an der Taufzeremonie in der Kirche selbstverständlich jeder teilnehmen, der eingeladen ist. Hier spielt die Religionszugehörigkeit keine Rolle.

Wie es grundsätzlich keine zwingenden Kleidervorschriften für die Trauung gibt, extravagante Bräute heiraten ja in dunkelrot oder sogar schwarz, so herrscht auch bei der Taufe bedingte Freiheit, was die Wahl der Kleidung betrifft. Das heißt, man kleidet sich gut bis festlich, in jedem Fall ordentlich und gepflegt. Der Täufling kann ein besonderes Taufkleid oder einen Taufanzug anhaben. Das kann ein altes Familienerbstück sein oder ein neues Kleidchen aus Battist und Spitze, doch wenn es die ganz normale Säuglingskleidung ist, wird der Geistliche die Taufe deshalb auch nicht verweigern.

Der Taufe kann sich eine kleine oder größere Feier im Hause der Eltern oder in einem Restaurant anschließen. Unabhängig davon, ob noch gefeiert wird oder nicht, ist es üblich, dass die Paten dem Kind ein besonderes Geschenk machen, das von einer gewissen Beständigkeit und bleibendem Erinnerungswert ist. Das braucht nun wahrhaftig nicht mehr der gravierte Silberlöffel zu sein. Es könnte aber ein Sparbuch mit einer gewissen Einlage und einer langen Sperrfrist sein, das dem Kind beim Übertritt zum Erwachsenenalter ein erkleckliches Sümmchen verspricht.

Kommunion, Konfirmation, Jugendweihe

Grundsätzlich gibt es zu den christlichen Zeremonien der Erstkommunion und der Konfirmation oder Firmung nichts anderes zu sagen als zu den anderen Festen im Zusammenhang mit religiösen Bräuchen. Der in der Kirche stattfindende Teil der Feierlichkeit unterliegt größtenteils den Vorgaben des Geistlichen, der auch in der Frage der Kleidung der Konfirmanden meist ein entscheidendes Wort mitspricht.

Dies gilt sinngemäß auch für die weltliche Feier der Jugendweihe, die in der DDR die christliche Zeremonie in gewisser Weise ersetzte und sich weiterhin eine sinnvolle Berechtigung erhalten hat. Auch hier haben die Veranstalter das Sagen, was den äußeren Rahmen anbelangt.

Es sind nicht alle fromm, die in die Kirche gehen.
(Deutsches Sprichwort)

Die Gestaltung der sich anschließenden privaten Feiern, ist dagegen völlig frei und wiederum ganz den individuellen Vorstellungen der Beteiligten unterworfen. Es muss freilich auch nicht gleich so derb und rustikal zugehen, wie es Fitzgerald Kusz in seinem fränkischen Mundartstück »Schweig Bub!« beschreibt. Man kann einladen, wen man will, und feiern, wo und wie man will.

Eines sollte man allerdings unbedingt beachten: Kommunion, Konfirmation und Jugendweihe sind Gruppenfeste. Mehr noch als bei Hochzeiten, Taufen oder Geburtstagen, die sich über das ganze Jahr verteilen, muss man hier die Termine im Auge behalten. Viele Familien wollen am selben Tag in einem Restaurant feiern. Bestel-

Wer Geld schenkt, schenkt immer ein bisschen Freiheit mit. *(Sigmund Graff)*

len Sie also rechtzeitig vor! Auch die Termine bei Friseuren und Kosmetiksalon, beim Fotografen und was der Dinge mehr sind, wollen rechtzeitig gebucht sein. Und denken Sie auch daran, dass Geschenke gekauft werden müssen.

Es geht das böse Wort, viele junge Menschen ließen sich lediglich der zu erwartenden (Geld-)Geschenke wegen konfirmieren. Dem mag so sein. Sind Sie in der Verlegenheit, ein Kommunions-, Konfirmations- oder Jugendweihegeschenk machen zu müssen, dann drücken Sie alle Augen zu und geben Sie den – hoffentlich erschwinglichen – Wünschen der jungen Leute nach. Besonders Konfirmanden und Jugendweihler, die ja meist so etwa vierzehn Jahre alt sind, haben schon sehr konkrete Wünsche und sparen oft auf eine größere Sache, die sie sich dann selbst kaufen möchten. Deshalb ist oft schlicht Geld erwünscht, mit dem sie sich dann einen CD-Spieler mit guten Boxen, die einen Supersound haben, ein Mountainbike, einen ersten PC oder besondere Software anschaffen können.

Wiederum sind es vor allem oft die Mädchen, die hier im Nachteil sind, weil ältere, konservativ denkende Verwandte gern Ausstattungsgeschenke machen, die zur späteren Aussteuer dienen. Da wird dann Bett- oder Tischwäsche, ein Service oder Silberbesteck geschenkt. Dinge, die für ein junges Mädchen eher lästig, aber kaum eine Freude sind. Und gerade, weil manche jungen Menschen sich nicht unbedingt aus tiefer religiöser Überzeugung konfirmieren lassen, sind auch teure Bibeln mit Goldschnitt oft wenig geliebte Geschenke.

Selbst mit allerbester Absicht gemachte Geschenke, können bei den jungen Leuten also schlecht ankommen.

Tischkarten und Placement

Tischkarten sind bei großen Festen mit festgelegter Sitzordnung unerlässlich. Manche stellen sie aber auch gern bei kleinen Essen mit nur wenigen Gästen auf, weil sie einen hübschen Tischschmuck darstellen. Man kann Tischkarten kaufen. Wenn man künstlerisch begabt ist, kann man sie selber basteln und aus der freien Hand beschriften, oder auch Schablonen oder Abreibebuchstaben zu Hilfe nehmen. Und schließlich man kann die Tischkarten auch drucken lassen.

Sinn und Zweck der Tischkarte liegt bei großen Festen nicht nur darin, dass der einzelne Gast seinen Platz findet. Sie soll auch eine Hilfe für den Tischnachbarn darstellen, der anhand der Karte erfährt oder sich noch einmal ins Gedächtnis rufen kann, wie sein/e Tischnachbar/in heißt.

Haben bei einem großen Familienfest mehrere Gäste denselben Vornamen, dann ist Verwirrung unvermeidlich, wenn nur der Vorname auf der Tischkarte steht. Und, wenn etwa bei einer Hochzeit zwei Familien zum ersten Mal zusammenkommen, dann ist es besser, die Tischkarten sind offiziell gehalten und nennen die vollen Vor- und Zunamen der Gäste als die Verwandtschaftsbezeichnungen. Denn was soll ein Mitglied der Familie A mit einer Karte anfangen, die für ein Mitglied der Familie B aufgestellt ist, auf der aber nur »Tante Helga« steht. Tante Helga ist aber vielleicht die verheiratete Schwester des Brautvaters und heißt folglich mit Nachnamen ganz anders als die Braut und ihre Eltern.

Damit nicht erst bei Tisch die Suche nach dem eigenen Platz losgeht, liegt im Vorraum oder auf einem kleinen Beistelltisch vor der Tafel ein Plan aus, »Placement« genannt. Das ist eine Platte aus Pappe oder Leder in Form des Tisches mit Einstecktaschen für Kärtchen, auf denen die Namen der Gäste stehen. Auf diesem ausgelegten Placement kann jeder rechtzeitig schauen, wo sein respektive ihr Platz ist. Vor allem aber kann der Herr sich darüber informieren, welche der anwesenden Damen seine Tischdame ist. Nach alter Etikette müsste er diese nämlich an den Tisch führen, ihr den Stuhl zurechtrücken und auch sonst darauf achten, dass es ihr bei Tisch an nichts mangelt, weder an Unterhaltung noch an Speisen oder Getränken.

Tischreden

Die Engländer haben die Tischreden erfunden, damit man ihr Essen vergisst.
(Pierre Daninos)

Bei großen und kleineren Festen, die mit einem Essen verbunden sind, wird häufig eine Tischrede gehalten. Tischreden können sehr belebend, aber auch ungeheuer einschläfernd, ja sogar peinlich sein. Leider halten sich gelegentlich diejenigen, die es am wenigsten können, für die besten Redner. Manch einer fühlt sich auch in die Pflicht genommen, weil er meint, es gehöre zum guten Ton, eine Rede zu schwingen. Niemand ist bei einer normalen Familienfeier verpflichtet, eine Tischrede zu halten. Es besteht also kein Grund, irgendjemanden zu drängen, sich doch ein paar passende Worte zurechtzulegen. Auch der oder die in der Rede Angesprochene ist nicht zu einer Antwortrede verpflichtet.

Um aus dem Stegreif eine gute Rede halten zu können, braucht man mindestens drei Wochen Vorbereitungszeit.
(Mark Twain)

Möchte aber einer der Festteilnehmer – egal ob Gast oder Gastgeber – eine Tischrede halten, so sollte das in jedem Fall mit der Küche abgesprochen sein: also entweder mit der Hausfrau, die für das Essen sorgt, oder mit der Bedienung des Lokals, in dem die Festlichkeit stattfindet. Während der Rede sollte nämlich nicht gegessen und nicht an- oder abserviert werden. Man möchte ja dem Redner zuhören. Die übliche Empfehlung lautet heute, die Tischrede vor dem Dessert einzuplanen. Früher war es üblich, die Rede vor dem Fleischgang zu halten. Mündet die Rede in einen Toast, beispielsweise auf das Brautpaar, muss dafür gesorgt sein, dass auch jeder ein gefülltes Glas vor sich hat, um auf das Wohl der Brautleute anstoßen zu können.

Wer immer die Tischrede hält, und das kann selbstverständlich auch eine Frau sein, sollte ein paar Punkte beherzigen. Er oder sie muss aufstehen und laut, klar und deutlich sprechen. Alle wollen und sollen die Worte verstehen, nicht nur die beiden Tischnachbarn des Redners. Wer selten vor Publikum spricht, muss das laute, deutliche Sprechen vielleicht ein wenig üben: entweder vor versammelter Familie, allein im Wohnzimmer oder auf einem Waldspaziergang. Wer fürchten muss, vor Lampenfieber keinen Ton rauszukriegen, sollte sich besser nicht als Redner zur Verfügung stellen.

Eine gute Rede soll das Thema erschöpfen, nicht die Zuhörer. *(Winston Churchill)*

Eine Tischrede sollte vor allen Dingen knapp und wenn möglich auch ein wenig spritzig sein. Der Redner sollte sofort zum Thema kommen. Langatmige Vorreden inklusive gedrechselter Entschuldigungen dafür, dass man ja eigentlich kein Redner sei und sich dieser Aufgabe auch nicht recht gewachsen fühle, sind für die Zuhörer lästig und ermüdend. Natürlich ist es schön, wenn der- oder diejenige, die paar Sätze, die es zu sagen gibt, frei vortragen kann. Aber lieber drei oder vier treffende und gute Sätze von einem Blatt ablesen, als zehn Minuten freies Dahinstammeln.

Wer reden möchte, macht auf sich und die Rede aufmerksam, beispielsweise indem er an sein Glas klopft – möglichst ohne es dabei zu zerbrechen oder umzustoßen – und sich erhebt. (Vorher die Serviette beiseite legen!) Für die übrigen Gäste ist das das Zeichen, ruhig zu sein, nicht mit Besteck und Gläsern zu klappern und zuzuhören. Wer weit vom Redner wegsitzt, schlecht hört und nichts versteht, schreit bitte nicht: »Lauter!«, sondern wartet ab und fragt hinterher seinen Tischnachbarn, was gesagt wurde. Hinterher, nicht während der Rede.

Der- oder diejenige, dem/der die Rede galt, darf sich selbstverständlich mit kurzen Worten bedanken. Bei einem frisch vermählten Ehepaar spricht nichts dagegen, dass die Braut diese kurze Dankrede hält, wenn sie wortgewandter ist als der Ehemann.

Geschenke

Ein Geschenk ist genau so viel wert wie die Liebe, mit der es ausgesucht worden ist.
(Thyde Monnier)

Der Austausch von Geschenken hat eine wichtige soziale Funktion, weshalb er in allen Gesellschaften der Erde bekannt ist und gepflegt wird. Der französische Soziologe und Ethnologe Marcel Mauss macht in seinem Buch »Die Gabe« deutlich, dass der Austausch von Geschenken in so genannten primitiven Gesellschaften nicht nur ein ökonomisches Phänomen ist, sondern auch juristische, moralische, religiöse, ästhetische und mythologische Aspekte hat, die auch in unserer Gesellschaft noch zum Tragen kommen, wenngleich sie auch kaum noch erkennbar sind.

Fast alle Familienfeste sind mit der Vergabe und dem Erhalt von Geschenken verbunden. So sehr ein Geschenk eine Freude sein kann, so sehr kann es eine Last darstellen. Für den, der schenken muss, ebenso wie für den, der das Geschenk erhält.

Von kleinen Gastgeschenken und Mitbringseln war bereits die Rede. Schwieriger wird es, wenn es um große Geschenke, wie beispielsweise Hochzeitsgeschenke geht. Einen allgemeingültigen guten Rat, was man da schenken könnte, kann wahrhaftig niemand geben, doch hat sich gerade für das Hochzeitsgeschenk eingebürgert, dass die (meist jungen) Brautleute in einem bestimmten Geschäft ihrer Wahl, das Hausrat und Ähnliches verkauft, eine Liste auslegen, in der vermerkt ist, was sie sich wünschen.

Die zum Schenken Verpflichteten und die, die gern etwas schenken wollen, können dann anhand dieser Liste etwas aussuchen, was das Paar sich wünscht. Man muss ja nicht gleich wie Prinz Edward und Sophie Rhys-Jones hinlangen, die zu ihrer Hochzeit im Juli 1999 eine Liste auslegten, die als billigstes Präsent Kaffeetassen zum Stückpreis von 85 Pfund auswies, aber auch ein Milchkännchen für schlappe 10 000 Pfund.

Das Rechte nach Bedarf zu schenken, macht immer nötig scharf zu denken.
(Eugen Roth)

Bei allen Gelegenheiten, bei denen Berge von Geschenken zu erwarten sind, die meistens extra auf einem Gabentisch abgelegt werden, versieht der Schenkende sein Geschenk zweckmäßigerweise mit einer Karte, auf der sein Name steht. Zusätzlich ein paar nette Worte, ein Glückwunsch oder Ähnliches können nicht schaden. Das ist deshalb nötig und sinnvoll, weil man nicht erwarten kann, dass die Beschenkten im Kopf behalten, was sie von wem bekommen haben. Da sie sich aber individuell bedanken wollen (und sollen!), sind die beigelegten Kärtchen einfach eine Gedankenstütze.

Ist die Zahl der Geschenke nicht sonderlich groß, weil nur drei Freunde und eine Tante zum Geburtstag kommen, die jeweils eine Kleinigkeit mitbringen, dann öffnet man das Päckchen und bedankt sich sofort an Ort und Stelle. Ein einzelnes Geschenk einfach unausgepackt beiseite zu legen ist nicht sehr freundlich und aufmerksam gegenüber dem Schenkenden.

Das Heikelste im Bereich der Geschenke sind wohl Gaben, mit denen der Beschenkte nichts anfangen kann. Das mag eine Schachtel Geleefrüchte sein, die man als Mitbringsel überreicht bekommt, deren Geschmack man aber überhaupt nicht mag. Das kann aber auch ein großes Geschenk von möglicherweise hohem Preis sein, das man jedoch potthässlich oder geschmacklos findet. Leider gehen viele Menschen davon aus, dass ihr eigener Geschmack auch der aller Anderen sein müsse. Obendrein sind bedauerlicherweise gerade diejenigen, die ihren eigenen Geschmack für das Maß aller Dinge halten, auch diejenigen, die am tiefsten beleidigt sind, wenn ihre Geschenke auf Nimmerwiedersehen in einer Vesenkung verschwinden. Da werden für teures Geld Nippesfiguren gekauft, die dann beim Beschenkten nie wieder zu sehen sind; Frust auf beiden Seiten. Der eine hat nach bestem Wissen und eigenem Geschmack sorgfältig gewählt, der andere kann nur die Hände über dem Kopf zusammenschlagen.

Wie wir von manchen Menschen verkannt werden, beweisen uns nicht selten ihre Geschenke.
(Sigmund Graff)

Wir kommen auf das zurück, was schon ganz am Anfang gesagt wurde: Rücksicht und Aufmerksamkeit sind die Eckpfeiler guten Umgangs. Wer auf den, der zu beschenken ist, ein wenig Aufmerksamkeit verwendet hat, wird wissen, ob Geleefrüchte oder Hummelfiguren auf seiner Geschmackslinie liegen oder nicht. Auch wenn der Schenkende selbst bestimmte Dinge nicht sehr anziehend findet, kann er sie dennoch zum Geschenk machen, wenn er weiß, dass des anderen Herz daran hängt. Wenn es möglich wäre, auch über Geschenke ein offenes, ehrliches Wort auszutauschen, könnten wir uns viele Enttäuschungen und verletzte Gefühle ersparen. Vielleicht sollte jeder einfach ein wenig mehr Courage aufbringen und eine klare Frage stellen, ehe er zum Kauf oder auch zur eigenen Herstellung eines Geschenks schreitet. Und wer ein ungeliebtes Geschenk bekommt, sollte je nach Situation den Mut und den Anstand haben, die gute Absicht in aller Form dankend anzuerkennen, und gleichzeitig deutlich zu machen, dass der eigene Geschmack in eine völlig andere Richtung tendiert.

Für Geschenke, und seien sie noch so klein, bedankt man sich. Entweder direkt und sofort oder später, wenn der ganze Trubel des Festes vorüber ist. Man kann das mündlich, fernmündlich und schriftlich tun. Manchmal sieht man auch in den Zeitungen Anzeigen, die Dank für Glückwünsche und Geschenke zum Ausdruck bringen. Auf diese pauschale Form der Danksagung sollte man nur dann zurückgreifen, wenn man aus schwerwiegenden, allgemein nachvollziehbaren Gründen zu individuellem Dank nicht fähig ist. Dass beispielsweise ein junger, gesunder Konfirmand sich nicht individuell bei jedem Schenker bedanken kann, erscheint, selbst wenn die Flut der Geschenke groß gewesen sein sollte, ziemlich unwahrscheinlich. Die beiden Neunzigjährigen, die ihre Eiserne Hochzeit feierten, mögen dagegen in der Tat körperlich nicht in der Lage sein, auch nur ein einziges persönliches Dankschreiben zu verfassen.

Eine andere Sache sind die Danksagungen nach einem Todesfall. Nicht jedem, der gerade einen nahen Verwandten, den Ehemann oder gar ein Kind verloren hat, steht der Kopf nach handgeschriebenen Danksagungen für Kondolenzbriefe, Kränze und Blumenspenden. Hier ist der Vordruck, eventuell durch eine Anzeige in der Zeitung ergänzt, durchaus üblich.

Begegnet uns jemand, der uns Dank schuldig ist, gleich fällt es uns ein. Wie oft können wir jemandem begegnen, dem wir Dank schuldig sind, ohne daran zu denken?
(Johann Wolfgang Goethe)

Vorgedruckte Karten

Für beinahe jeden Anlass kann man heute vorgedruckte Karten kaufen. Ob das Glückwünsche zum Geburtstag, zum bestandenen Examen, zur Beförderung oder zum Einzug ins eigene Haus sind, ob Genesungswünsche zu übermitteln sind oder ob man Grund hat, um Entschuldigung zu bitten – zu allem und jedem gibt es mehr oder weniger geschmackvolle Vordrucke.

Und selbstverständlich kann man auch in eine nahe gelegene Druckerei gehen und Karten zu jedem nur denkbaren Anlass mit einem selbstverfassten Text und eventuell einem passenden Cartoon drucken lassen.

Nichts ist gefährlicher als der Gedanke – ausgenommen Gedankenlosigkeit.
(Karlheinz Deschner)

Mit dem guten Geschmack ist es ganz einfach: Man nehme von allem nur das Beste. *(Oscar Wilde)*

Diese vorgedruckten Karten sind eine zweischneidige Angelegenheit. Vor allem, was die Kartenindustrie an Fertigprodukten anbietet, sollte man sehr gründlich anschauen, ehe man es erwirbt, und dann noch einmal, ehe man es verschickt. Gehen Sie bei der Auswahl solcher Karten nicht nur von Ihrem eigenen Geschmack und Humor aus, versetzen Sie sich immer auch in die Situation desjenigen, der die Karte bekommt.

Je einmaliger die Gelegenheit ist, zu der die Karte verschickt werden soll, desto gründlicher sollten Sie prüfen, ob der Text der Situation angemessen ist. Eine ganz normale Geburtstags- oder Neujahrskarte mag ein bisschen dümmlich oder kitschig sein, was soll's. Wahrscheinlich ist das nach ein paar Tagen wieder vergessen. Aber eine Geburtsanzeige mit einem angeblich witzigen Text, kann eine Peinlichkeit bedeuten, die lange anhält. »Aus deutschen Lenden frisch auf den Tisch«, eine Geburtsanzeige mit diesem Text, lag vor rund 20 Jahren in meinem Briefkasten. Die junge Frau, deren Vater – seines Zeichens Werbetexter – diesen markigen Spruch zu ihrer Geburt verfasst und obendrein mit grafischen Einzelheiten, die an Deutlichkeit nichts zu wünschen übrig ließen, eigenhändig geschmückt hatte, schämt sich noch heute für einen verbalen und zeichnerischen Ausrutscher, den sie selbst nicht einmal zu verantworten hat.

Überlegen Sie also zweimal, ob ein Vordruck wirklich nötig ist und ob Sie den Wortlaut, sei er fabrikmäßig oder selbst produziert, wirklich vertreten wollen und können. Wer beispielsweise Grund hat, sich bei einem anderen für etwas zu entschuldigen, kann das besser und gewiss effektiver mit eigenen Worten tun als mit einer vielleicht nur vermeintlich witzigen Karte, die schlimmstenfalls die Situation nur noch weiter zuspitzt. Auch Wünsche zur Genesung können je nach Art der Erkrankung ziemlich danebengehen, wenn man sich auf Vorfabriziertes verlässt. Schließlich gibt es ja auch sehr schöne Schmuckkarten mit dekorativen Motiven, die keine textlichen Vorgaben enthalten. Man muss also keineswegs schmuck- oder farblos bleiben.

So verständlich es ist, dass niemand große Lust hat, vierzig oder fünfzig individuelle Danksagungen für Kartengrüße, Geschenke und Aufmerksamkeiten zur Hochzeit zu verfassen, so deutlich muss man doch abraten von vorgedruckten Danksagungen, die wie ein Amtsformular nach dem Motto »Nichtzutreffendes bitte streichen« gestaltet sind, also Dank für Glückwünsche, Blumen, Aufmerksamkeiten, Geschenke und so weiter mit Kästchen zum Abhaken auflisten. Wer mit einer solchen Art von Dank abgespeist wird, ist wohl nicht grundlos vergnatzt.

Man stattet Dank nur deshalb ab, um die Dankbarkeit loszuwerden.
(Eduard von Hartmann)

Todesfälle sind eine weitere Gelegenheit, bei der vorgedruckte Karten und Zeitungsanzeigen üblich sind. Gerade hier ist die Gefahr, dass man sich in der Formulierung der Texte vergreift, sehr groß und sehr verständlich. Wer gezwungen ist, eine Todesanzeige aufzusetzen, ist mit anderen Sorgen belastet und hat meist nicht den Kopf, sich geschliffene Formulierungen auszudenken. Es scheint eine Art Hemmschwelle zu bestehen, sich rechtzeitig einen passenden Wortlaut zurechtzulegen. Andererseits soll es Menschen geben, die ihren Hinterbliebenen auch in dieser Richtung nichts zutrauen und deshalb sogar den Text ihrer eigenen Todesanzeige in ihrem Testament festlegen. Vielleicht nicht einmal die schlechteste Idee?

Nun haben die Beerdigungsinstitute in ihren Mappen zwar jede Menge Muster mit Schrift- und Textproben, doch auch diese Texte sind nicht unbedingt vorbildhaft, ja leider oft genug unfreiwillig komisch. Der berühmte, oft verwendete Satz: »Nach langer Krankheit hat Gott, der Herr, meine liebe Frau zu sich genommen ...«, besagt nun

Beim Lesen von Todesanzeigen wird man belehrt, dass nur engelsgleiche Wesen die Welt verlassen.
(Hans Arndt)

einmal, dass Gott, und nicht etwa die Verstorbene, lange krank gewesen ist.
Während man die vielleicht missglückte Formulierung des vom Trauerfall Betroffenen großzügig übersieht, sollte man als derjenige der zu kondolieren verpflichtet ist, möglichst auf Vordrucke verzichten. Ein paar eigene Worte auf einem neutralen Briefbogen oder einer schlichten Briefkarte tun dem Leidtragenden wohler, als ein vorgedrucktes und gerade deswegen völlig unbeteiligtes »Aufrichtiges Beleid« mit Unterschrift.

Visiten- und Geschäftskarten

Zu den vorgedruckten Karten im weitesten Sinne gehören auch die Visiten- oder Besuchskarten für den privaten sowie die Geschäftskarten für den dienstlichen, aber heute ebenfalls privaten Gebrauch. Früher gab es strenge Reglements zur Beschriftung und zum Format der Visitenkarten. Außerdem bediente man sich einer Reihe von Abkürzungen (siehe nebenstehenden Kasten), mit denen man die Karte versah, ehe man sie überreichte oder verschickte. Man antwortete auf diese Karten je nach Kürzel mit der eigenen Karte und entsprechendem Gegenkürzel, niemals jedoch mit: »Du mich auch«. Zu den strengen Regeln gehörte, dass beispielsweise nur die Karte des Herrn (Standardmaß 9 x 5 cm) neben dem Namen auch seinen Titel und/oder die Berufsbezeichnung und die Adresse, nicht aber die Telefonnummer aufweisen durfte. Außerdem hatte die linke Ecke für die erwähnten Kürzel frei zu bleiben.
Auf der Besuchskarte der Ehefrau, die gebührend kleiner zu sein hatte (7,5 x 4,5 cm), stand lediglich ihr Name, wobei sie die Möglichkeit hatte, zwischen drei Varianten

Abkürzungen auf Besuchskarten	
p.c.	steht für: pour condoler Bedeutet: um Beileid auszusprechen Man antwortet mit: **p.r.**
p.p.p.	Steht für: pour prendre part Bedeutet: um Anteilnahme auszusprechen Man antwortet mit: **p.r.**
p.f.	Steht für: pour féliciter Bedeutet: um Glück zu wünschen Man antwortet mit: **p.r.**
p.f.n.a.	Steht für: pour féliciter nouvel an Bedeutet: um zum neuen Jahr Glück zu wünschen Man antwortet mit: **p.f.n.a.** oder **p.r.p.f.**
p.p.	Steht für: pour présenter Bedeutet: um (einen Dritten) vorzustellen (der ebenfalls seine Karte abgibt) Bleibt ohne Antwort
p.p.c.	Steht für: pour prendre congé Bedeutet: um Abschied zu nehmen Bleibt ohne Antwort
p.r.	Steht für: pour remercier Bedeutet: um zu danken
p.r.p.f	Steht für: pour remercier pour féliciter Bedeutet: um für die Glückwünsche zu danken

zu wählen. Sie durfte sich als »Karin Mayer, geb. Müller«, als »Frau Karin Mayer« oder als »Frau Klaus Mayer« auf ihrer Karte präsentieren. Jeder weitere Zusatz, gar die Preisgabe ihrer Adresse oder Telefonnummer, wäre absolut kompromittierend gewesen.

Eine Karte, auf der lediglich ein Name und sonst nichts steht, wird heute zu Recht als ziemlich nutzlos angesehen, weshalb die reine Besuchs- oder Visitenkarte auch kaum noch vorkommt.

Als ausgesprochen hilfreich sieht man dagegen die Geschäftskarten an, die heute umgangssprachlich oft Visitenkarten genannt werden. Ohne lange diktieren oder selbst schreiben zu müssen, kann man sein Gegenüber über seinen Namen, seine Dienst- und Privatadresse und seine Telefon- und Faxnummer informieren. Weil eine solche Karte aber auch Ausdruck persönlichen Stils oder Aushängeschild einer Firma ist, wird der individuellen Gestaltung großer Freiraum gegeben. Die Karten brauchen nicht mehr reinweiß zu sein. Farbige Karten sind üblich und beliebt, sie können grafisch interessant gestaltet sein und zusätzliche Kurzinformationen enthalten, beispielsweise einen Ausschnitt aus dem Straßenplan, damit man die Adresse leichter findet. Das Format liegt je nach Geschmack zwischen maximal 10 x 7 cm und minimal 7 x 4 cm, die Karte kann einfach oder geklappt sein. Auch auf diesen Karten kann man mit den erwähnten Kürzeln eine Nachricht hinterlassen, man ist aber nicht verpflichtet, den anderen mit einem »p.f.« oder einem »p.r.« zu verwirren, man darf auch einfach »Herzlichen Glückwunsch» oder »Mit herzlichem Dank« auf die Karte schreiben.

Der Ton macht die Musik

Zum guten Schluss sei noch eine heikle Frage aufgegriffen, die immer wieder gestellt wird: Wer darf wen auf einen möglichen Benimmfehler aufmerksam machen? Wie so oft gibt es natürlich auch hier keine eindeutige Antwort, sondern nur das Berühmte: »Es kommt ganz drauf an«.

Toleranz heißt, die Fehler des anderen entschuldigen. Takt heißt, sie nicht bemerken. *(Arthur Schnitzler)*

Zur Illustration diene einmal mehr eine aus dem Leben gegriffene Geschichte. Vor einiger Zeit hatte ich meine sechzehnjährige Nichte während der Ferien eine Zeitlang bei mir zu Besuch. In dieser Zeit war mir nicht aufgefallen, dass sie es an Freundlichkeit oder Höflichkeit mangeln ließ, allerdings geht es in meinem Privathaushalt auch nicht zu wie bei einem Staatsempfang. Da immer eine gewisse Hektik herrscht, geht es eher leger zu. Nun hatte ich an einem Tag eine ältere Dame zu Besuch, die ich selbst auch als schwierig empfinde. Nachdem wir alle drei zusammen Kaffee getrunken hatten, stand meine Nichte auf und wollte sich gerade mit den Worten: »Ich geh' noch was lesen«, vom Tisch entfernen, als die Dame sie streng anblickte und spitz bemerkte: »Hör mal, junges Fräulein, das gehört sich aber nicht. Man steht nicht einfach auf, und geht. Man fragt, ob man den Tisch verlassen darf.«

Natürlich hatte die Dame Recht. Korrekterweise hätte meine Nichte zunächst die Dame, dann mich um Genehmigung fragen müssen. Doch war das Verhalten der Dame mindestens genauso unhöflich, denn man weist andere im Beisein Dritter nicht auf ihre Benimmfehler hin, auch dann nicht, wenn man selbst deutlich älter ist oder weiter oben in der Hackordnung rangiert. Deshalb hatte auch ich nichts gesagt, mir aber vorgenommen, meine Nichte nachher, wenn wir beide wieder allein wären, freundschaftlich über den kleinen Fauxpas aufzuklären. Auch die Dame hätte eine entsprechende Gelegenheit ergreifen und meine Nichte in aller Diskretion auf den kleinen Formfehler aufmerksam machen können. Das Ungehörige am Verhalten der Dame war ihr Ton, und die Tatsache, dass sie meine Nichte durch die Zurechtweisung bloßstellte und in Verlegenheit brachte.

Der modische Irrtum ist, dass wir durch Erziehung jemand etwa geben können, das wir nicht haben. *(Gilbert Keith Chesterton)*

Genau das ist der springende Punkt. Wenn man einem anderen einen wirklichen Dienst damit erweisen kann, dass man ihn auf einen Benimmfehler hinweist, dann tut man das. Aber man geht dabei äußerst diskret vor und zeigt dadurch selbst ein Höchstmaß an Höflichkeit. Ergibt sich zu einer diskreten Belehrung keine Gelegenheit, übergeht man den Fehler des anderen schweigend.

Doch nehmen wir noch ein anderes Beispiel. An der Uni meines derzeitigen Wohnortes fand ein kleines Literaturseminar statt. Als Übersetzerin eines der Bücher, um die es dabei gehen sollte, war ich eingeladen, um zunächst ein Kapitel dieses Buches zu lesen und dann bei der anschließenden Diskussion mit den Autoren und Unidozenten, sofern nötig, zu dolmetschen. Veranstaltungsort war ein altes Gebäude der Stadt mit einer großen geschnitzten Eichentür, das auch ein kleines Museum beherbergt. Es herrschte also reger Publikumsverkehr. Ich war bereits an der Tür, direkt hinter mir folgte ein Mann. Ich öffnete, nicht ohne Mühe, denn die Tür ist schwer und von innen mit einem jener Mechanismen versehen, die dafür sorgen, dass die Tür von selbst wieder zufällt. Nachdem ich hineingegangen war, konnte ich die Tür nicht einfach loslassen, sie wäre sonst dem Mann, der mir unmittelbar folgte, direkt vor der Nase zugeknallt. Also hielt ich sie weiter auf, und er stiefelte, ohne sie seinerseits zu übernehmen, ohne Dank und ohne Gruß hindurch. Ich stand quasi da wie der Portier vom Grand-Hotel, der dem Herrn Generaldirektor die Tür aufhält; hätte bloß noch gefehlt, dass ich mir die Mütze vom Kopf gerissen und einen Diener gemacht hätte.

Ein guter Mensch gibt gerne Acht, Ob auch der andre was Böses macht; Und strebt durch häufige Belehrung Nach seiner Bessrung und Bekehrung. *(Wilhelm Busch)*

Wenige Minuten später wurde mir der Mann vom Seminarleiter als Herr Dr. Soundso und einer der Seminarteilnehmer vorgestellt, und er erfuhr, in welcher Funktion ich hier teilnahm. »Ach, Sie sind die Übersetzerin? Das wusste ich gar nicht«, sagte er. Und mir entfuhr es: »Das habe ich unten an der Tür bereits gemerkt.« Da er daraufhin einen Satz roter Ohren bekam, war mit klar, er wusste genau, dass er sich ziemlich unhöflich benommen hatte. Er gehörte wohl zu denen, die genau wissen, wie man sich korrekt zu verhalten hat, die aber der Meinung sind, Höflichkeit gegenüber Unbekannten sei reine Energieverschwendung.

War die Replik, die mir da herausgerutscht war, etwa ungehörig? Immerhin war ein Dritter anwesend, der sich leicht zusammenreimen konnte, dass der Unidozent – ich schätzte ihn eine gute Dekade jünger als ich selbst bin – sich mir gegenüber irgendeine Unhöflichkeit erlaubt hatte.

Zwei Kleinigkeiten gibt es bei der Beantwortung zu beachten. Auch meine Nichte hatte eine allgemeine Regel der Höflichkeit verletzt. Aber man kann ihr nicht unterstellen, sie habe es der älteren Dame gegenüber wider besseres Wissen an Respekt mangeln lassen, indem sie nicht dezidiert fragte, ob es ihr gestattet sei, den Tisch zu verlassen. Anders der junge Mann. Ihm war selbst eben gerade eine Höflichkeit erwiesen worden, für die er sich nicht bedankt hatte – schließlich hätte ich ihm ja auch die Tür ins Gesicht fallen lassen können –, und obendrein machte er sich einer Missachtung schuldig, indem er mich zu seinem Türaufhalter degradierte. In einem solchen Fall darf man, glaube ich, wenn sich die Gelegenheit fügt, so reagieren, wie ich es tat. Immerhin habe ich ihn ja nur indirekt für sein Verhalten gerügt. Etwas anderes wäre es gewesen, wenn ich in Gegenwart des Seminarleiters zu ihm gesagt hätte: »Hören Sie mal, Sie Stoffel, es ist grob unhöflich ...« Damit hätte ich den Startschuss zu einem handfesten Streit geben können, denn das wäre als Reaktion auf sein Verhalten denn doch zu viel gewesen.

Mit meiner kleinen Spitze waren wir quasi quitt. Er hatte sich reichlich taktlos verhalten, ich hatte ihn wissen lassen, dass mir das deutlich aufgefallen war. Vielleicht achtet er in Zukunft auf einen etwas weniger rüden Umgang mit seinen Mitmenschen.

Auch im Ausland comme il faut

»Andere Länder, andere Sitten«, lautet eine deutsche Redensart, und die Engländer sagen: »When in Rome, do as the Romans do« – In Rom benehme man sich tunlichst wie ein Römer. Ehe man ins Ausland reist, sei es als Tourist oder als Geschäftsfrau oder -mann, sollte man sich also genauestens informieren, was im jeweiligen Land Brauch ist, damit man nicht gegen die dort herrschenden Sitten und Höflichkeitsregeln verstößt. Je weiter man sich von Mitteleuropa entfernt, desto größer können die Unterschiede zu den bei uns üblichen Gepflogenheiten sein. Bei uns als harmlos oder sogar freundlich eingestufte Gesten können in anderen Ländern schlicht unverständlich sein und schlimmstenfalls eine grobe Beleidigung darstellen, die gegebenenfalls mit einem körperlichen Angriff beantwortet wird. So ist beispielsweise die Geste des Daumendrückens bei uns gern gesehen. Briten dagegen verstehen sie nicht, weil es bei ihnen üblich ist, zum Zeichen des Glückwünschens den Mittel- über den Zeigefinger zu legen (to cross ones fingers). In wieder anderen Gegenden der Welt ist der in die geschlossene Faust gesteckte Daumen, vor allem, wenn die Daumenspitze zwischen Mittel- und Ringfinger sichtbar wird, eine unanständige und derb beleidigende Geste, die unserer Geste des hochgetreckten Mittelfingers entspricht. Genauso wird der über der geschlossenen Faust gerade hochgestreckte Daumen in manchen islamischen Ländern, etwa im Iran, verstanden. Bei uns und in vielen anderen Ländern steht diese Geste hingegen für »o.k.«, »sehr gut«.
Die hier nun folgende kleine Auflistung kann nicht mehr als

einen knappen und sehr groben Überblick bieten. Je intensiver sich der Kontakt mit den Menschen des fremden Landes gestalten wird – wer aus beruflichen Gründen ins Ausland reist, wird auf mehr Etiketteregeln achten müssen als der Pauschaltourist, der in einer geschlossenen deutschen Reisegruppe unterwegs ist –, desto genauer sollte man sich im Vorfeld über Landessitten, Bräuche und Besonderheiten unterrichten. Vor allem strikt zu beachten und unbedingt zu respektieren sind religiöse Tabus, Bekleidungsvorschriften und deutlich von den unseren abweichende Verhaltensnormen.

Nordeuropa

In den skandinavischen Ländern, Norwegen, Finnland, Schweden, Dänemark, kann man kaum etwas falsch machen, wenn man sich nach den auch bei uns geltenden Regeln der Höflichkeit verhält. Kleine Ausrutscher wird die unkonventionelle Bevölkerung dieser Länder großzügig übersehen. In einem Punkt allerdings ist man empfindlich: Man achtet die Natur und sieht auch kleinste Umweltsünden überhaupt nicht gern. Entsprechend sind Rauchverbote strenger als bei uns und müssen unbedingt beachtet werden.

Osteuropa

Auch hier liegt man grundsätzlich mit den bei uns herrschenden Regeln der Höflichkeit richtig. Vor einer Reise nach Russland sollte man sich mit dem kyrillischen Alphabet vertraut machen, damit man Orts- und Straßennamen sowie Hinweisschilder entziffern kann. Im tief vom Katholizismus geprägten Polen spielen auch die hierarchischen Strukturen weiterhin eine wichtige Rolle; gesellschaftliche Rangfolgen und Titel werden deutlicher beachtet als bei uns.

Mitteleuropa

Im Großen und Ganzen gelten für die Länder Mitteleuropas, zu denen wir selbst ja auch gehören, die auch bei uns üblichen Umgangsformen.
In Österreich legt man bei offiziellen Anlässen mehr Wert auf die protokollarische Rangordnung als bei uns, was sich auch auf das allgemeine Verhalten auswirkt. Man liebt Titel und hoffiert einander gern. Der Handkuss ist noch immer weit verbreitet, auch die bloße Redensart »Küss die Hand!« als Grußformel. Vielleicht ist all das ein gewisser Ausgleich dafür, dass das Führen von Adelstiteln seit 1919 amtlich untersagt ist, was nicht heißt, dass man Adlige nicht trotzdem im täglichen Umgang mit ihren Titeln anspricht.
In der Schweiz mit ihren vier Amtssprachen Deutsch, Französisch, Italienisch und Rätoromanisch kann man davon ausgehen, dass die Umgangsformen in den jeweiligen Landesteilen etwa denen der Länder entsprechen, denen sie vom Sprachraum her zugehören. Das heißt, in Aargau wird man sich »deutscher« verhalten als im französischen Waadt oder im italienischen Tessin.
In Belgien mit seiner »Europahauptstadt« Brüssel ist man auch in puncto Umgang vollkommen mitteleuropäisch. Allerdings leidet das Land an seinem Konflikt zwischen Wallonen und Flamen. Diese Tatsache sollte man kennen und beachten, jedoch nicht von sich aus in Unterhaltungen ansprechen. Höchstens, wenn man ausdrücklich danach gefragt wird, äußert man sich dazu.

Die Bevölkerung der Niederlande neigt zwar zu einem erfrischend unkonventionellen, aufgeschlossenen Verhalten, doch bestehen gerade gegenüber Deutschen noch gewisse und durchaus verständliche Ressentiments. Ein natürlich höfliches Benehmen, das alle typisch deutschen Unarten meidet, hilft am besten, diese seit dem Zweiten Weltkrieg verwurzelte Feindseligkeit zu überwinden.
Die Franzosen sind sich ihres Ranges als kulturprägende Nation mit Stolz bewusst. Man erwartet vom Gast, dass er diesen Status des Landes kennt und respektiert, dass er sich vor allem französische Sprachkenntnisse aneignet und die herrschenden Regeln des Umgangs beachtet, die grundsätzlich nicht sehr von den unseren abweichen. Wangenküsse zur Begrüßung sind häufiger als bei uns, bei der Kleidung achtet man auf mehr Eleganz und man speist ausgedehnter als bei uns. Das nielmals fehlende Weißbrot (Baguette) wird bei Tisch immer gebrochen. Es zu schneiden, gilt bei den Franzosen als barbarisch. Erlaubt ist es hingegen, damit die Sauce vom Teller aufzunehmen, was bei uns verpönt ist. Anders als bei uns ist die Anrede Mademoiselle (Fräulein) – auch ohne Namen – noch üblich. Die verheiratete Frau wird mit »Madame«, der Herr mit »Monsieur« angesprochen. Sofern man sie weiß, setzt man natürlich die Namen hinzu.

Großbritannien, Nordirland, Irland

Unsere Nachbarn auf den britischen Inseln stehen im Ruf, skurril, distanziert, konservativ, eben »very british«, zu sein. Es stimmt, dass die Briten außer dem Linksverkehr noch ein paar andere typische Gepflogenheiten haben, die sie von den Kontinentaleuropäern unterscheiden, aber sie sind Weltbürger genug, andere Verhaltensweisen mit Großmut zu ertragen. So wird kein Brite Anstoß nehmen, wenn man beispielsweise mit dem Essbesteck nach kontinentaler Sitte umgeht. Übel vermerken wird er jedoch undiszipliniertes Verhalten, vor allem beim Schlangestehen. Auch mag es der Brite nicht sehr, wenn man ihm zu nahe auf die Pelle rückt, und so gehört auch der Händedruck eigentlich nur zum Gruß beim Kennenlernen und zur Verabschiedung vor längerer Abwesenheit. Man schätzt Pünktlichkeit, und die »tea time« ist nahezu heilig. Großen Wert legt man auch auf die Unterscheidung zwischen Waliser, Schotte und Engländer, die zusammen Briten genannt werden. Die Pauschalbezeichnung »Engländer« ist schlicht falsch. Die Dame, deren Namen man nicht kennt, spricht man mit »Madam«, den namentlich nicht bekannten Herrn mit »Sir« an. Kennt man die Namen, heißt es »Missis XY« (Mrs.) und »Mister XY«, auch »Miss« für die unverheiratete junge Frau ist durchaus noch üblich.

Die streng katholischen Iren sind zwar von großer Gastfreundschaft und Herzlichkeit, doch bedingt die Religiosität eine konservative Note, die es unbedingt zu achten gilt. Vor allem die Emanzipation der Frauen ist noch nicht sehr weit vorangeschritten, weshalb Frauen gut daran tun, in der Öffentlichkeit eine gewisse Zurückhaltung zu üben.

Südeuropa

Zu den europäischen Mittelmeerländern gehören vorwiegend katholische Länder, aber auch islamische wie die Türkei. Entsprechend gibt es Unterschiede zu beachten. Die einst blühende Kolonialmacht Portugal erlebte nach tiefen, nicht nur wirtschaftlichen Einbrüchen einen gewissen Aufschwung. Da es einst Konkurrent der anderen großen Kolonialmacht Spanien war, sollte man in Gesprächen den Vergleich mit Spanien meiden. Das gilt gegengleich auch für Spanien, wo man außerdem einen empfindlichen Nerv trifft, wenn man gegen den heißgeliebten Stierkampf polemisiert. Während im Allgemeinen in beiden Ländern der Iberischen Halbinsel in jeder Beziehung kontinentaleuropäische Umgangsformen richtig sind, sollte man die Besonderheiten der tiefen Religiosität respektieren und vor allem nicht durch allzu freizügige Kleidung provozieren. Pünktlichkeit wird nur im Geschäftsleben erwartet, privat ist sie eher ungelegen; man gibt gern ein halbes Stündchen zu. Wie in allen heißen Ländern hält man eine lange Mittagspause ein (etwa 13 bis 16 Uhr), während derer eine Störung als sehr unhöflich empfunden wird. Wie in Frankreich kennt man auch hier für die unverheiratete junge Frau noch die Anrede »Señorita« in Spanien und »Senhorita« in Portugal. Herr und Frau sind »Señor/Senhor« und »Señora/Senhora«, jeweils mit oder ohne Namen. Bei der Begrüßung ist der Handschlag üblich und unter Bekannten auch die herzliche Umarmung.

Sinngemäß Gleiches gilt für Italien. Absolutes Tabuthema ist hier die Mafia, man hält die Mittagspause ein, man provoziert nicht durch superfreizügige Kleidung, vor allem nicht beim Besuch von Gotteshäusern. Pünktlichkeit wird, zumal im Norden, geschäftlich wie privat gern gesehen, wobei man bei Privateinladungen 15 bis 20 Minuten zugibt. Die Anrede für den Herrn lautet »Signore«, sofern er entsprechende Titel erworben hat auch »Dottore« oder »Professore«, wenn man den Namen nicht kennt. Der namentlich bekannte Herr ist »Signor XY« (das »e« am Ende fällt dann weg), die Dame ist »Signora« – mit und ohne Namen –, die unverheiratete junge Frau

»Signorina«. Wie in den anderen Mittelmeerländern ist auch in Italien die Familie sehr wichtig. Sich nach ihr zu erkundigen ist keineswegs indiskret. Besonders für Frauen gilt in Italien: Je weiter man nach Süden kommt, desto konservativer ist die Haltung, und umso mehr müssen sie auf »züchtige« Kleidung und entsprechendes Benehmen achten.
Auch für Griechenland gilt das Gesagte. Man ist hier in den so genannten besseren Kreisen etwas förmlicher als in den anderen Ländern, man umarmt sich nicht so häufig, auch der Handschlag ist weniger gebräuchlich, man ist pünktlich, toleriert aber das akademische Viertel. Das hier zu meidende Tabuthema ist das Zypernproblem und die Beziehung zum Erzfeind Türkei.
Die Türkei selbst ist in jüngster Zeit mit dem Erstarken islamisch-fundamentalistischer Kreise wieder etwas konservativer geworden, weshalb Frauen mehr als vor einigen Jahren noch auf züchtige Kleidung und vor allem auch Kopfbedeckungen (Kopftuch) achten sollten. Vorsichtshalber sollten Frauen immer ein Kopftuch dabei haben. Die Zeiten der fünf täglichen Gebete sind zu beachten, vor allem Moscheen sind dann nicht zu besichtigen. Die durch den Islam geprägten Ess- und Trinkgebote sind ebenso zu respektieren wie die Besonderheiten des Fastenmonats Ramadan. Filmen und fotografieren darf man Menschen nur mit deren persönlicher Zustimmung. Junge Leute, und seien sie noch so frisch verliebt, sollten in der Öffentlichkeit keine Zärtlichkeiten austauschen (schon Händchenhalten gilt als solche). Unbedingt zu vermeiden sind Gespräche über das Kurdenproblem, auch sollte man bei Privatbesuchen keine Gegenstände bewundern – der Gastgeber sieht sich sonst verpflichtet, das bewunderte Stück dem Gast zu schenken. Zu Geschäftstreffen kommt man pünktlich, privat darf man 15 Minu-

ten zugeben. Eine private Einladung abzulehnen ist eine Beleidigung. Wenn irgend möglich wird eine Gegeneinladung, auf jeden Fall jedoch ein Gastgeschenk erwartet.

Naher Osten, arabische Staaten, islamische Länder

Da es sich bei den meisten dieser Staaten um mehr oder weniger stark vom Islam geprägte Länder handelt, trifft hier zu, was schon für die Türkei gesagt wurde. Je stärker der Einfluss fundamentalistischer Kräfte ist, desto stärker findet auch der Scharia, die Gesetzgebung des Korans, Beachtung. Das bedeutet vor allen Dingen für Frauen die Anerkennung der Tatsache, dass es sich hier um Männergesellschaften handelt, in denen die Frauen mehr oder minder tiefgreifenden Vorschriften und Beschränkungen unterworfen sind. In fast allen streng islamischen Ländern haben Frauen in der Öffentlichkeit so gut wie nichts zu suchen, und gerade in jüngster Zeit haben sich diese Eingriffe in das Leben der Frauen in manchen Ländern drastisch verschärft. Man denke nur an die Entwicklung in Algerien oder Afghanistan.

In allen islamischen Ländern, auch in den gemäßigten wie Syrien, Ägypten, Tunesien und Marokko kann es gefährlich werden, wenn man religiöse Gebote und Sittengesetze missachtet oder auch nur aus Unwissenheit gegen sie verstößt. Eine genaue, gründliche und aktuelle Vorinformation ist deshalb in jedem Falle dringend angeraten. In der Öffentlichkeit strikt zu meiden sind Berührungen zwischen Mann und Frau (auch zwischen Ehepaaren). Man sollte auch nie von sich aus einem arabischen Mann oder einer arabischen Frau die Hand reichen und auch Kinder soll man nicht streicheln oder hätscheln. Ebenso ist die Frage nach der Frau und den Töchtern eines Gastgebers ungehörig, man erwähnt die Frauen eines Haushalts schlicht überhaupt nicht. Eine an einen Mann ergehende Einladung bezieht normalerweise dessen Frau nicht mit ein, die dennoch mitgebrachte Frau wird unter Umständen vollkommen unbeachtet gelassen oder in die Frauengemächer verwiesen. Grob unhöflich ist es auch, den Blicken eines Arabers die Fuß- oder Schuhsohlen zu präsentieren. Eine Warnung also an alle Herren, die dazu neigen, die Beine allzu großzügig und raumgreifend übereinander zu schlagen.

Niemals sollte man in islamischen Ländern nur mit dem Zeigefinger auf etwas deuten – schon gar nicht auf eine Person. Man zeigt immer mit der ganzen Hand. Die linke Hand gilt als unrein! Man darf also, wenn man Hände schüttelt, nicht auch noch die linke dazulegen. (Was ja bei uns als ein Zeichen besonderer Herzlichkeit gilt.) Auch darf man niemandem etwas mit der linken Hand reichen, etwa dem Taxifahrer das Fahrgeld, und man darf nichts mit der linken Hand zum Mund führen oder Speisen mit der linken Hand berühren.

Mehr noch als in den katholischen Ländern ist auf bedeckende Kleidung zu achten. Frauen sollten zusätzlich beachten, dass sie arabischen Männern nicht direkt ins Gesicht, in die Augen, schauen. Das gilt als respektlos. Auch dürfen in Saudi-Arabien Frauen nicht am Steuer eines Wagens sitzen. Die Zahl der möglichen Fehltritte ist also groß, deshalb nochmals die dringende Ermahnung, sich vorher kundig zu machen, wie man sich in diesen Ländern zu verhalten hat. Man denke an den Fall des deutschen Geschäftsmannes, der im Iran zum Tode durch Steinigung verurteilt wurde, weil er angeblich ein Verhältnis mit einer Iranerin hatte, und der den Mühlen der Justiz noch immer nicht entkommen ist.

Israel

Für Geschäftsleute und Touristen gibt es hier kaum Besonderheiten zu beachten. In Europa geltende Umgangsformen sind auch in Israel angebracht und korrekt, eher geht es etwas legerer zu. Man grüßt sich mit Handschlag, meist mit der Formel »Schalom« (Frieden). Israelis sind gastfreundlich und erwarten höchstens eine kleine Aufmerksamkeit als Mitbringsel, etwa Blumen. Ein vor sich hin murmelnder orthodoxer oder ultra-orthodoxer Jude, er ist an seiner dunklen Kleidung, dem Hut und der Haarlocke zu erkennen, ist ins Gebet vertieft, auch wenn er dabei im Bus oder Zug sitzt oder an einer Straßenecke steht. Man wird ihn dann unter keinen Umständen ansprechen oder stören. Was die arabische Bevölkerung Israels und der angrenzenden Länder angeht, so gilt hier, was bereits an anderer Stelle zu den islamischen Gepflogenheiten gesagt wurde.

Afrika

Nur ein kleiner Teil der mehr als fünfzig Staaten des großen afrikanischen Kontinents sind regelmäßig besuchte Touristenländer. Dazu gehören vor allem die bereits erwähnten islamischen Staaten Nordafrikas wie Ägypten, Tunesien und Marokko. Das durch Jahrzehnte der Apartheid geprägte Südafrika ist durch den Einfluss der Buren und Briten stark europäisiert. Viele der schwarzafrikanischen Staaten sind durch endlose Bürgerkriege und/oder Diktaturen und Militärregime zermürbt und kommen als Touristenländer schon allein deshalb praktisch nicht in Betracht. Sofern sich Geschäftsleute hier einfinden, werden sie sich vorher bei Botschaften und diplomatischen

Vertretungen erkundigen, was zu beachten ist. In Ländern wie Kenia oder Senegal, die als klassische Touristenländer noch immer eine Rolle spielen, kommen die Reisenden oftmals kaum näher mit der einheimischen Bevölkerung in Kontakt. Während es einerseits natürlich unbedingt geboten ist, den Einheimischen mit freundlichem Respekt und Höflichkeit zu begegnen (siehe auch die entsprechenden Kapitel dieses Buches), darf man andererseits nicht verkennen, dass die Kriminalitätsrate in vielen Ländern hoch ist. Man sollte Diebstähle und Überfälle nicht dadurch provozieren, dass man mit Schmuck behängt durch die Straßen geht oder teure Kameras und Ähnliches mit sich herumschleppt. Gar nichts »Lohnendes« bei sich zu haben, kann freilich auch verkehrt sein. Eine billige Uhr zu tragen oder einen verschmerzbaren Geldbetrag mit sich zu führen, mit dem man einen Straßenräuber zufriedenstellen kann, dürfte im Notfall sehr nützlich sein.

Vereinigte Staaten von Amerika

Die Tatsache, dass die breite Masse der Amerikaner nicht nur Fast Food und Coca-Cola, sondern auch legere Kleidung und einen kumpelhaften Umgangston liebt, wobei auch auf eine gepflegte Sprache oft genug verzichtet wird, sollte nicht zu dem Fehlschluss verleiten, man lege hier generell auf Umgangsformen wenig Wert.
Die amerikanische Gesellschaft ist durchaus einer strengen hierarchischen Gliederung unterworfen, und vor allem im Geschäftsleben spielen Umgangsformen eine enorm wichtige Rolle. Schon im Kapitel »Korrektes Verhalten gegenüber Ausländern« wurde erklärt, dass das englische »you« nicht dem deutschen Du entspricht, und

die in Amerika beliebte Anrede mit dem Vornamen bedeutet keineswegs größere Zwanglosigkeit im Umgang (siehe auch Seite 371). Wie in Großbritannien verwendet man gegenüber Menschen, deren Namen man nicht kennt, die Anrede »Madam«, beziehungsweise »Sir«. »Missis« und »Mister« benutzt man nur in Verbindung mit dem Nachnamen oder einem Amtstitel (Mister President aber Madam Foreign Secretary). Die Anrede »Miss« ist in den Vereinigten Staaten noch strenger geächtet als in Deutschland das »Fräulein«.

Vor allem im Business legt man Wert auf Pünktlichkeit und ist allgemein in diesem Bereich dem Briten sehr ähnlich. Man achtet auf eine genügend große Distanzzone, der Handschlag gehört zur ersten Begrüßung und hat, wie bei uns, von der Dame beziehungsweise dem ranghöheren Herrn auszugehen. Kennt man sich erst einmal, ist der Handschlag unüblich. Die amerikanische Essgewohnheiten unterscheiden sich von den kontinentaleuropäischen, doch ist man demokratisch genug, gute europäische Tischmanieren uneingeschränkt gelten zu lassen.

Typisch für gehobene amerikanische Kreise ist eine unverbindliche Höflichkeit, die mit verschiedensten Floskeln einhergeht, aber im Grunde nichts zu besagen hat. Weder Komplimente noch Aufforderungen, doch mal anzurufen oder zu Besuch zu kommen, sind ernst gemeint. Und auch auf Titulierungen wie »Darling« oder »Honey« ist nichts zu geben. Sie kaschieren möglicherweise nur, dass der Sprecher den Namen der angeredeten Person vergessen hat.

Besonders für Herren wichtig: Die Krawatte wird in den USA häufiger und strenger verlangt als bei uns, wo man ja langsam anfängt, mehr und mehr darauf zu verzichten.

Kanada

Im zweitgrößten Staat der Erde spricht man nicht nur zwei Amtssprachen, nämlich Englisch und Französisch, es herrscht auch eine beispielhafte Toleranz, nicht nur zwischen den eigenen Bevölkerungsgruppen, sondern auch gegenüber Ausländern. Was die Umgangsformen anbelangt, so liegt man richtig, wenn man sich nach europäischen Gepflogenheiten richtet. Die Kanadier selbst verhalten sich im Großen und Ganzen wie ihre amerikanischen Nachbarn.

Mittel- und Südamerika

Die meisten Länder Lateinamerikas waren einst spanische Kolonien, bis auf das heutige Brasilien, das den Portugiesen zugefallen war, sowie das einst britische Belize und Guyana, das ehemals niederländische Suriname und Französisch-Guayana. Im Geschäftsleben und im Umgang der gehobeneren Schichten gelten daher bis heute südeuropäisch geprägte Verhaltensnormen, was auch eine große Gastfreundschaft einschließt.
Besonders zu beachten ist der tief verwurzelte Katholizismus sowie der sprichwörtliche Stolz, den man auch den Spaniern des Mutterlandes nachsagt. Man liebt die Anrede mit Titeln und Amtsbezeichnungen, ist auch im Geschäftsleben nicht zu penibel in Sachen Pünktlichkeit und hält wie in Südeuropa geringere körperliche Distanz als in Nordamerika.

Westindische Inseln

Die Westindischen Inseln sind vor allem beliebtes Touristenziel. Je nach ehemaliger Kolonialmacht spricht man Spanisch wie auf Kuba, Französisch wie in Haiti oder Englisch wie auf den Bahamas. Die Umgangsformen im Business richten sich nach den Gepflogenheiten der ehemaligen Kolonialherren, wobei sich zusätzlich, zumal auf den englischsprachigen Inseln, nordamerikanische Einflüsse bemerkbar machen. Als Tourist sollte man sich so verhalten, wie man sich weltweit als Urlaubsreisender aufführen sollte: also die Landessitten respektieren und der einheimischen Bevölkerung gegenüber Höflichkeit an den Tag legen. Immer gilt es zu bedenken, dass man auch dann, wenn man zahlt, lediglich Gast im Lande ist.

Australien

Obgleich auf der anderen Seite des Globus gelegen, ist Australien durch seine Geschichte ein britisch geprägter Staat, in dem man in den gehobenen Kreisen der Großstädte britische Lebensart pflegt. Für Geschäftsleute gelten die Regeln internationaler Etikette, privat neigt man eher zu amerikanischem Verhalten. Man spricht sich gern mit dem Vornamen an und gibt sich etwas legerer als im britischen Mutterland. Das gilt auch für das ebenfalls sehr stark europäisch geprägte Neuseeland.

Südostasien und Ostasien

Die verschiedenen Länder dieser Region verlangen dem Europäer Bereitschaft zur Einfügung in völlig andere Sitten und Gebräuche ab. Die islamischen Länder wurden zum Teil bereits erwähnt. Hier ist im eigenen Interesse größte Rücksicht auf religiöse Vorschriften und Tabus zu nehmen. Das gilt natürlich auch für Länder, in denen die Mehrheit der Bevölkerung anderen Religionen angehört, etwa dem Buddhismus, dem Hinduismus, dem Taoismus, Konfuzianismus, Schintoismus oder anderen Glaubensrichtungen.

Mehr als bei uns ist in den Ländern Asiens Respekt vor dem Alter geboten. Ebenfalls unbedingt zu beachten ist die Tatsache, dass man in den Ländern Asiens größere emotionale Zurückhaltung übt, also Gefühle wenig oder kaum zum Ausdruck bringt und entsprechend auch körperlich deutlich mehr Abstand hält, was bis zur völligen Meidung des Handschlags gehen kann. Genauso wichtig ist es, dass man alles vermeidet, was den so genannten Gesichtsverlust des Asiaten bewirken könnte. Eine Anekdote mag das verdeutlichen: Zwei chinesische Geschäftsleute wurden von einem deutschen Businesspartner in ein Restaurant zum Hummeressen eingeladen. Da schon eine Frage zu stellen und damit Unwissenheit zu demonstrieren, Gesichtsverlust bedeutet, fragten die Chinesen nicht, was es mit den Fingerschalen auf dem Tisch auf sich hatte. Vielmehr nahmen sie die Schalen, tranken das Wasser aus und aßen die Zitronenscheibe. Geistesgegenwärtig nahm der deutsche Geschäftsmann ebenfalls seine Fingerschale, trank sie leer und verzehrte die Zitrone. Die Chinesen auch nur ahnen zu lassen, dass sie mit den Fingerschalen falsch umgegangen waren, hätte für sie eine katastrophale Blamage bedeutet. Zu einem Geschäftsabschluss wäre es danach gewiss nicht mehr gekommen.

Ebenfalls unbedingt zu beachten ist auch der Respekt vor Kindern. In Thailand, Vietnam und anderen Ländern dieser Region, aber auch in Indonesien darf man einem Kind niemals über den Kopf streicheln, denn der Kopf ist der Sitz der Seele. Auch ist zu bedenken, dass in vielen Kulturen Asiens Weiß als die Farbe des Todes und der Trauer gilt. In Japan ist die Zahl 4 eine Unglückszahl, die man ängstlicher meidet als bei uns die 13. Auch hält man hier, wie überall in Asien grundsätzlich großen körperlichen Abstand, doch im Gedränge der U-Bahnen rückt man dichter zusammen, als es sogar die weniger Distanz fordernden Südländer noch erträglich finden.

Da es im großen asiatischen Raum also eine Vielzahl komplizierter Regeln und besonderer Verhaltensnormen zu beachten gilt, die obendrein von Land zu Land und innerhalb des Landes nochmals von Region zu Region sehr unterschiedlich gestaltet sein können, ist je nach Reiseziel und Reisegrund – beruflich oder privat – eine umfassende, spezielle Information nötig, die im Rahmen dieses Buches nicht gegeben werden kann.

Register